에듀윌과 함께 시작하면,
당신도 합격할 수 있습니다!

비전공자여서 망설였지만
한 달 만에 합격해 자신감을 얻은 20대

새로운 도전으로 ERP MASTER 자격증을 취득해
취업에 성공한 30대

아이들에게 당당한 모습을 보여주고 싶어
ERP, 전산세무회계 자격증 9개를 취득한 40대 주부

누구나 합격할 수 있습니다.
시작하겠다는 '다짐' 하나면 충분합니다.

마지막 페이지를 덮으면,

에듀윌과 함께
ERP 정보관리사 합격이 시작됩니다.

ERP 정보관리사 회계 1급

합격 플래너

세상을 움직이려면
먼저 나 자신을 움직여야 한다.

– 소크라테스(Socrates)

에듀윌
ERP 정보관리사
회계 1급

"ERP 정보관리사는 기업 업무 프로세스를 선행할 수 있는 유일한 자격증"

ERP 프로그램에 대한 기업들의 관심이 높아져 과거 단순한 회계 프로그램을 사용하던 기업이 이제는 회계, 인사, 생산, 물류까지 모두 컨트롤할 수 있는 ERP 프로그램을 사용하고 있다. 실무에서의 변화 덕분에 회계 전문가뿐만 아니라 회계를 접하는 특성화 고등학교 학생 및 세무 · 회계 전공자 그리고 자기계발을 하는 일반인들까지도 ERP에 관심을 두고 있다.

이 책의 특징은 다음과 같다.

첫째, 2024년 출제기준과 프로그램을 반영하였다. 방대한 양을 공부하는 수험생의 부담을 줄이고자 TIP, 밑줄, 중요 표시 등을 통해 중요한 내용을 한눈에 확인할 수 있도록 하였다.

둘째, 이론 학습 후 기출&확인 문제를 배치하여 바로 문제를 확인할 수 있도록 구성하였다. 반복학습으로 자연스럽게 이해하고 좀 더 빠른 암기가 가능하도록 하였다.

셋째, 실제 기출 백데이터와 유사하게 실무 시뮬레이션을 구성하였다. 백데이터를 복원한 후 조회하는 기출문제와 흡사한 방식으로 수록하여 기출문제 유형에 익숙해지도록 하였다.

본 교재를 통해 ERP 정보관리사를 준비하는 수험생이 단기간에 꼭 합격할 수 있길 바라며, 출간까지 온 마음을 다해 도움을 주신 에듀윌 출판사업본부 직원들에게 감사의 말씀을 드린다. 마지막으로 일 욕심 많은 아내, 엄마, 딸로 인해 고생한 남편 김광모, 오늘도 씩씩하게 하루를 시작한 나의 딸 김나윤 그리고 늘 마음을 다해 도와주시는 부모님께 사랑한다는 말을 전한다.

유슬기

| 약력 |

충남대학교 회계학과 학사
서울시립대학교 경영대학원 석사
직업훈련교사 3급
(現) 일타클래스교육그룹 온라인 강사
(現) 휴넷 사이버 평생교육원 세법강좌 첨삭지도 교수

(前) 더조은아카데미 강사
(前) 삼육대학교 ERP 컨설턴트 육성과정 강사
(前) 평택대학교 ERP 강사
(前) 이패스코리아 온라인 강사

GUIDE
시험안내

1. 시험 방법

시험 과목	응시교시	응시교시	비고
회계 1·2급	1교시	• 입실: 08:50 • 이론: 09:00~09:40(40분) • 실무: 09:45~10:25(40분)	※ 시험시간은 정기시험기준으로 시험 일정에 따라 변경될 수 있습니다. ※ 같은 교시의 과목은 동시 응시 불가(예: 회계, 생산 모듈은 동시 응시 불가)
생산 1·2급			
인사 1·2급	2교시	• 입실: 10:50 • 이론: 11:00~11:40(40분) • 실무: 11:45~12:25(40분)	※ 시험 준비물: 수험표, 신분증, 필기구, 계산기(공학용, 윈도우 계산기 사용 불가)
물류 1·2급			

2. 합격기준

구분	합격점수	문항 수
1급	70점 이상(이론, 실무형 각 60점 이상)	이론 32문항(인사 33문항), 실무 25문항(이론문제는 해당 과목의 심화 내용 수준 출제)
2급	60점 이상(이론, 실무형 각 40점 이상)	이론 20문항, 실무 20문항(이론문제는 해당 과목의 기본 내용 수준 출제)

3. 응시료

구분	1과목	2과목	납부방법	비고
1급	40,000원	70,000원	전자결제	※ 동일 등급 2과목 응시 시 응시료 할인(단, 등급이 다를 경우 할인 불가) ※ 최대 2과목 접수 가능(단, 같은 교시의 과목은 1과목만 접수 가능)
2급	28,000원	50,000원		

4. 2024 시험일정

회차	원서접수		수험표 공고	시험일	성적 공고
	온라인	방문			
제1회	23.12.27.~24.01.03.	24.01.03.	01.18.~01.27.	01.27.	02.13.~02.20.
제2회	02.21.~02.28.	02.28.	03.14.~03.23.	03.23.	04.09.~04.16.
제3회	04.24.~05.02.	05.02.	05.16.~05.25.	05.25.	06.11.~06.18.
제4회	06.26.~07.03.	07.03.	07.18.~07.27.	07.27.	08.13.~08.20.
제5회	08.28.~09.04.	09.04.	09.19.~09.28.	09.28.	10.15.~10.22.
제6회	10.23.~10.30.	10.30.	11.14.~11.23.	11.23.	12.10.~12.17.

※ ERP 영림원은 5월, 11월 정기 시험 시 시행
※ 시험주관처에 따라 시험일정이 변동될 수 있습니다.

5. 이론 세부 출제범위

구분	내용	
재무회계의 이해	1. 회계의 정의와 회계의 목적	회계의 정의
		회계의 분류
	2. 재무제표와 구성요소	재무상태표
		손익계산서
	3. 회계공준 및 회계정보의 질적 특성	
	4. 재무제표	재무상태표(대차대조표)
		손익계산서(포괄손익계산서)
		현금흐름표
	5. 회계순환과정	
	6. 회계정보의 계정별 처리	유동자산
		재고자산
		채무증권, 비유동자산
		부채
		자본
세무회계의 이해	1. 부가가치세	부가가치세의 특징
		부가가치세법 총칙
		과세거래
		영세율과 면세
		과세표준과 세액
	2. 법인세	법인세의 기본개념
		법인세의 계산구조와 소득처분
		소득처분의 목적과 내용
		법인세 과세표준과 납부세액의 계산
관리회계의 이해	원가의 개념과 분류	원가회계의 기초
		원가의 개념과 분류
		요소별 원가계산
		부문별 원가계산
		개별원가계산
		종합원가계산
		표준원가계산
		변동원가계산과 CVP 분석

6. 실제 시험 프로그램 화면

ERP 정보관리사는 이론, 실무 모두 시험이 CBT(Computer Based Testing) 방식으로 진행되며, 컴퓨터상에서 문제를 읽고 풀며 답안을 작성한다. 단, 계산문제가 있으므로 기본형 계산기와 간단한 필기구를 준비하는 게 좋다.

• ERP 정보관리사 시험 로그인 화면

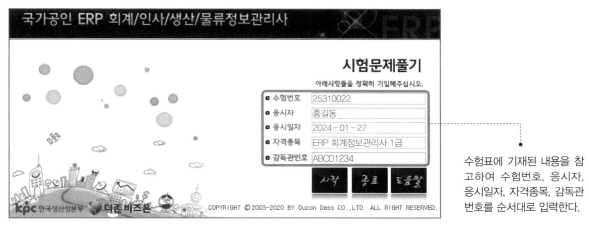

수험표에 기재된 내용을 참고하여 수험번호, 응시자, 응시일자, 자격종목, 감독관번호를 순서대로 입력한다.

• ERP 정보관리사 로그인 후 화면

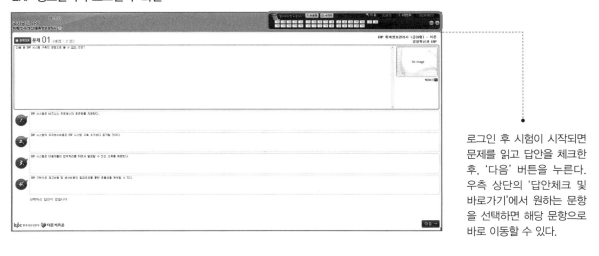

로그인 후 시험이 시작되면 문제를 읽고 답안을 체크한 후, '다음' 버튼을 누른다. 우측 상단의 '답안체크 및 바로가기'에서 원하는 문항을 선택하면 해당 문항으로 바로 이동할 수 있다.

시험에 출제된 내용만 담은 이론!

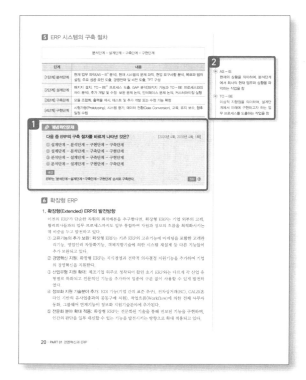

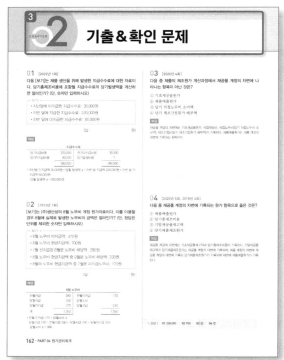

❶ 개념 확인문제

이론과 관련된 문제를 수록하여 학습한 내용을 바로 확인할 수 있다.

❷ 용어 및 개념 설명

어려운 용어 및 개념은 바로 설명하여 해당 내용을 이해하는 데 어려움이 없도록 하였다.

❸ 기출&확인 문제

각 CHAPTER별로 기출&확인 문제를 수록하여 기출 유형을 파악하고 학습 내용을 점검할 수 있다.

실전 감각을 키울 수 있는 실무 시뮬레이션!

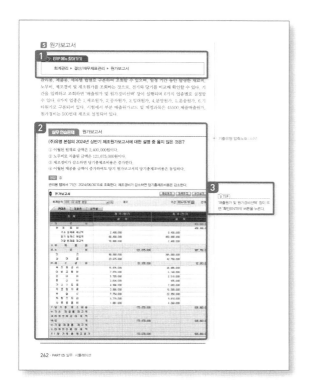

최신 기출문제 5회분으로 확실한 마무리!

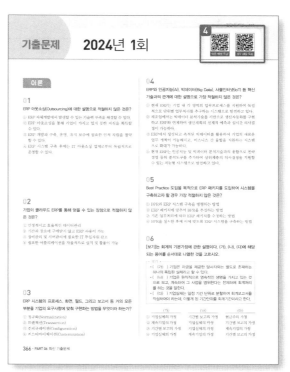

1 ERP 메뉴 찾아가기

생소한 프로그램을 보다 빠르게 익힐 수 있도록 해당 메뉴의 경로를 제시하였다.

2 실무 연습문제

실무 연습문제를 통해 ERP 프로그램에 익숙해질 수 있도록 하여 실전에 대비할 수 있다.

3 저자 TIP

저자가 직접 제시하는 TIP을 수록하여 효율적인 학습을 할 수 있다.

4 기출문제 해설 특강

2023년 3회부터 2024년 1회까지 최신 기출문제 5회분의 해설 특강을 수록하였다.

+ 유형별 완벽 대비 가능한 기출유형 압축노트(부록)

[PART 05 실무 시뮬레이션]과 함께 더 많은 기출문제를 학습할 수 있도록 유형별로 기출문제를 구성하였다.

CONTENTS
차 례

실무 시뮬레이션

PART 05 | 실무 시뮬레이션

최신 기출문제

PART 06 | 최신 기출문제

PART 01

경영혁신과 ERP

Enterprise Resource Planning

경영혁신과 ERP

1 ERP의 개요

1. ERP의 정의

ERP(Enterprise Resource Planning)란 자재, 생산, 판매, 회계, 인사 등 기업 전반의 업무를 재구축하거나 하나의 체계로 통합하여 관련 정보를 서로 공유하며, 신속한 의사결정 및 업무가 가능하도록 선진 업무 프로세스(Best Practice)를 기반으로 IT를 활용하여 설계된 고성능 업무용 소프트웨어이며 전사적 자원관리라고도 한다.

2. MIS(경영 정보 시스템)와 ERP의 비교

구분	MIS	ERP
시스템 구조	폐쇄성	개방성, 확장성, 유연성
업무처리	수직적	수평적
업무처리 방식	부분 최적화(기능 및 일 중심)	전체 최적화(프로세스 중심)
업무범위	단위 업무	통합 업무
생산 형태	소품종 대량생산	다품종 소량생산
전산화 형태	중앙집중식 구조	분산처리 구조
의사결정 방식	Bottom – Up	Top – Down
데이터베이스 형태	파일 시스템	관계형 데이터베이스, 원장형 통합 데이터베이스

> **TIP**
>
> MIS는 과업, 일(Task) 중심으로 업무를 처리하지만 ERP는 프로세스(Process) 중심으로 처리한다.

3. ERP의 역할

① 산업별 선진 업무 프로세스(Best Practice)를 내재화하여 업무 프로세스 혁신을 지원할 수 있다.
② 기업의 다양한 경영활동에 대한 시스템을 통합적으로 구축하여 생산성을 극대화시킨다.
③ 기업 내에서 분산된 모든 자원을 부서 단위가 아닌 기업 전체의 흐름에서 최적관리가 가능하도록 하는 통합 시스템이다.
④ 기업 내의 모든 인적·물적자원을 효율적으로 관리하여 기업의 경쟁력을 강화시킨다.
⑤ 글로벌 환경에 쉽게 대응할 수 있다.
⑥ 신속한 의사결정이 가능하도록 실시간으로 정보를 제공한다.
⑦ 실시간으로 처리되는 경영 정보를 제공하고 경영 조기경비체계를 구축하여 투명경영의 수단이 된다.
⑧ 기업 내 경영활동에 해당되는 생산, 판매, 재무, 회계, 인사관리 등의 활동을 통합적으로 개발·운영하여 전체를 최적화시킨다.

ERP의 의미를 기업의 경영활동과 연계하여 볼 때 옳지 않은 것은?　　　[2019년 3회, 2017년 3회]

① 산업별 Best Practice를 내재화하여 업무 프로세스 혁신을 지원할 수 있다.
② 기업 경영활동에 대한 시스템을 통합적으로 구축함으로써 생산성을 극대화시킨다.
③ 기업 내의 모든 인적, 물적자원을 효율적으로 관리하여 기업의 경쟁력을 강화시킨다.
④ ERP는 패키지화되어 있어서 신기술을 도입하여 적용시키는 것은 어렵다.

해설

ERP는 패키지화되어 있으며 언제든지 신기술을 도입하여 적용시킬 수 있다.　　　정답 ④

2　ERP의 발전과정

MRP Ⅰ → MRP Ⅱ → ERP → 확장형 ERP
---

1. MRP I(Material Requirement Planning)

MRP I(자재소요량계획, 1970년대)은 종속적인 수요를 가지는 품목의 재고관리 시스템이다. 구성 품목의 수요를 산출하고 중요한 시기를 추적하며, 품목의 생산 혹은 구매에 사용되는 리드타임(Lead Time)*을 고려하여 작업주문 혹은 구매주문을 발주하기 위해 개발된 재고통제 시스템이다.

❋ 리드타임(Lead Time)
제품 설계가 끝나고 생산이 시작되기까지의 시간으로, ERP 도입 시 리드타임이 감소할 것으로 예상됨

2. MRP II(Manufacturing Resource Planning)

MRP II(생산자원계획, 1980년대)는 생산에 필요한 모든 자원을 효율적으로 관리하기 위하여 이전 단계의 개념이 확대된 것으로, 생산능력이나 마케팅, 재무 등의 영역과 다양한 모듈, 특징들이 추가된 새로운 개념이다.

3. ERP(Enterprise Resource Planning)

ERP(전사적 자원관리, 1990년대)는 MRP II(생산자원계획)의 경영혁신을 위해 개발된 시스템이다.

💡 TIP

재료를 구매(MRP I)하고 생산(MRP II)을 고민하며, 이후 좀 더 효율적으로 생산하여 판매(ERP)하며 그 과정을 혁신적으로(확장형 ERP) 하기 위해서 발전해 나갔다고 생각하며 암기한다.

4. 확장형 ERP(Extended Enterprise Resource Planning)

확장형 ERP(2000년대)는 기존 ERP보다 확대된 경영혁신을 지원하며 시스템의 고유 기능과 선진 정보화 지원기술이 추가된 것을 의미한다.

다음 중 ERP의 발전과정으로 옳은 것은?　　　[2018년 4회]

① MRP Ⅱ - MRP Ⅰ - ERP - 확장형 ERP
② ERP - 확장형 ERP - MRP Ⅰ - MRP Ⅱ
③ MRP Ⅰ - ERP - 확장형 ERP - MRP Ⅱ
④ MRP Ⅰ - MRP Ⅱ - ERP - 확장형 ERP

해설

ERP는 'MRP Ⅰ - MRP Ⅱ - ERP - 확장형 ERP' 순서로 발전해 왔다.　　　정답 ④

3 ERP의 도입

1. ERP 도입의 최종 목적

ERP 도입의 최종 목적은 **고객만족과 이윤 극대화**이다. 이 외에도 기업의 다양한 업무 지원, 효율적 의사결정을 위한 지원 기능, 통합 정보 시스템 구축, 선진 업무 프로세스(Best Practice) 도입, 재고비용 절감과 생산성 향상, 정보 공유, 자원의 최적화 실현, 투명경영, 기업의 경쟁력 강화를 목적으로 한다.

✎ 개념 확인문제

다음 중 ERP 도입의 최종 목적으로 적절한 것은?　　　　　　[2021년 3회, 1회, 2018년 5회]

① 조직문화 혁신
② 경영혁신의 수단
③ 고객만족과 이윤 극대화
④ 기업 내부의 정보 인프라 구축

해설

ERP 도입의 최종 목적은 고객만족과 이윤 극대화이다.　　　　　　　　　　　**정답** ③

---

2. ERP 도입의 선택 기준

① 기업의 상황에 맞는 패키지 선택
② 경영진의 확고한 의지
③ 경험 있는 유능한 컨설턴트 활용으로 편견 없이 최적의 패키지를 선정
④ 전 임직원의 전사적 참여 유도
⑤ **현업 중심의 프로젝트 진행**
⑥ **최고의 엘리트 사원으로 TFT* 구성**
⑦ 커스터마이징의 최소화
⑧ 총소유비용*의 합리성

➕ 커스터마이징(또는 커스터마이제이션)

'Customize(주문제작하다)'에서 유래된 말로 생산업체, 수공업자들이 고객의 요청에 따라 제품을 제작해 주는 맞춤제작 서비스이다. ERP 시스템의 프로세스, 화면, 필드, 그리고 보고서 등 거의 모든 부분을 기업의 요구사항에 맞춰 구현하는 방법을 의미하며 타사의 솔루션을 자사의 제품에 결합하여 서비스하는 것도 커스터마이징이라고 한다. ERP 도입 시 커스터마이징이 최소화되는 방향으로 선택해야 한다.

---

3. ERP 도입의 예상효과

① 고객서비스의 개선
② **표준화(데이터 일관성 유지), 단순화, 코드화**
③ **통합 업무 시스템의 구축**
④ 투명한 경영
⑤ 업무 프로세스의 단축으로 업무 정확도의 증대, 비효율 감소
⑥ 업무시간의 단축 및 필요인력, 필요자원의 절약
⑦ 불필요한 재고의 감소와 재고물류비용의 절감(재고관리 능력 향상)
⑧ **결산작업, 공급사슬*의 단축**

＊ TFT(Task Force Team)
새로운 프로젝트 또는 중요한 업무를 추진할 때 각 부서에서 선발된 인재들로 임시 팀을 만들어 활동하는 것으로, 회사는 유능한 엘리트 사원으로 TFT를 구성하여 효과적인 도입을 추구함

＊ 총소유비용
ERP 시스템에 대한 투자비용의 개념으로, 라이프사이클(Life－cycle)을 통해 발생하는 전체 비용을 계량화하는 것

💡 TIP
ERP 도입의 예상효과는 대부분 단축 또는 감소한다는 특징이 있다.

＊ 공급사슬
원재료를 획득하고 중간재나 최종재로 변환하여 최종 제품을 고객에게 유통시키기 위한 비즈니스 프로세스의 네트워크. ERP 도입 시 공급사슬이 단축될 것으로 예상됨

⑨ 리드타임, 사이클 타임(Cycle Time)*의 감소
⑩ 기업의 프로세스를 재검토하여 비즈니스 프로세스를 변혁
⑪ 최신 정보기술을 도입하여 클라이언트/서버 컴퓨팅 구현으로 시스템 성능 최적화

ERP 도입의 예상 효과로 가장 적절하지 않은 것은? [2023년 1회]

① 사이클 타임 증가
② 고객 서비스 개선
③ 최신 정보기술 도입
④ 통합 업무 시스템 구축

해설
ERP를 도입하면 사이클 타임이 감소할 것으로 예상된다. 정답 ①

4. ERP 도입의 성공

(1) ERP 도입의 성공 요인

① 업무 단위별로 추진하지 않는다.
② 커스터마이징은 가급적 최소화한다.
③ **IT 업체 중심으로 프로젝트를 진행하지 않는다.**
④ 경영자의 관심과 기업 구성원 전원의 참여가 필요하다. 최고 경영진을 프로젝트에서 배제하지 않는다.
⑤ 자사에 맞는 패키지를 선정한다. 단, 상용화된 패키지를 선정할 경우 자체 개발 인력을 보유하지 않아도 된다.
⑥ **현업 중심의 프로젝트를 진행한다.**
⑦ TFT는 최고의 엘리트 사원으로 구성한다.
⑧ 데이터의 신뢰도를 높이기 위해 관리를 철저히 한다.
⑨ 원활한 사용을 위해 지속적인 교육 및 워크숍 등의 노력이 필요하다.
⑩ 사전 준비를 철저히 한다.
⑪ 장기간의 효과 위주로 구현한다.
⑫ 충분한 시간을 배정하고 다양한 교육도구를 이용하며, 트랜잭션(Transaction)*이 아닌 비즈니스 프로세스에 초점을 맞춰 조직 차원의 변화관리활동을 이해하도록 교육해야 한다.

➕ **자체 개발**

회사가 내부에 개발 인력을 두고 직접 프로그램을 설계하고 구축하는 방식으로, 규모가 있는 기업에서 주로 사용한다. 프로그램 구축 후 수정사항이 발생할 경우 빠른 시간 내에 수정이 가능하며 프로그램 유지 보수도 지속할 수 있다.

(*) 사이클 타임(Cycle Time)
원자재를 투입해서 완성될 때까지의 모든 시간

💡 **TIP**

ERP 시스템은 통합적으로 업무를 관리하기 위한 목적으로 도입하는 것이므로 개별 업무 단위로 도입을 추진하지 않아야 한다.

(*) 트랜잭션(Transaction)
데이터베이스의 상태를 변환시키는 작업의 논리적 단위 또는 데이터베이스 내에서 한 번에 수행되어야 할 일련의 연산 단위

📝 **개념 확인문제**

ERP 시스템을 성공적으로 구축하기 위한 여러 가지 성공 요인이 있다. 다음 중 ERP 구축의
성공적인 요인으로 볼 수 없는 것은?   [2019년 1회]

① IT 중심의 프로젝트로 추진하지 않도록 한다.
② 최고 경영층이 프로젝트에 적극적 관심을 갖도록 유도한다.
③ 회사 전체적인 입장에서 통합적 개념으로 접근하도록 한다.
④ 기업이 수행하고 있는 현재 업무방식을 그대로 시스템으로 잘 반영하도록 한다.

해설
ERP 구축 성공을 위해서는 현재의 업무방식에서 벗어나 BPR을 통한 경영혁신이 진행되어야 한다.   정답 ④

(2) ERP 도입의 성공 여부 – BPR

① **BPR의 정의**: BPR(Business Process Re – Engineering*)이란 원가(비용), 품질, 서비
스, 속도와 같은 주요 성과측정치의 극적인 개선을 위해 업무 프로세스를 급진적으로
재설계하는 것이다. BPR 실시 후 ERP를 구축하는 방법, BPR과 EPR의 구축을 병행하
는 방법 중 선택할 수 있다. 단, ERP 구축 전 BPR을 수행해야 ERP 도입의 성과가 극
대화될 수 있다.

② **BPR의 필요성**
  • 경영환경 변화에 대한 대응방안 모색
  • 정보기술을 통한 새로운 기회 모색
  • 조직의 복잡성 증대와 효율성 저하에 대한 대처방안 모색

✱ Re – Engineering(리엔지니어링)
기업경영의 핵심과 과정을 전면 개
편함으로써 경영성과를 향상시키기
위한 경영기법으로 매우 신속하고
극단적이며, 전면적인 혁신을 강조함

➕ **프로세스 혁신(PI: Process Innovation)**

1992년 하버드 비즈니스 스쿨의 토마스 데이븐포트(Thomas H. Davenport) 교수가 출간한 책의 제목에서 사
용된 용어이다. 정보기술을 활용한 리엔지니어링을 의미하며, ERP 시스템은 이것을 추진하기 위한 핵심도구
로 활용될 수 있다. 프로세스 혁신은 기업의 업무처리 방식, 정보기술, 조직 등에서 불필요한 요소들을 제거
하고 효과적으로 재설계함으로써 기업가치를 극대화하기 위한 경영기법이다.

➕ **BPI(Business Process Improvement)**

BPR의 반대 개념으로 ERP 구축 전에 수행하는 것이다. 단계적 시간의 흐름에 따라 비즈니스 프로세스를 점
증적으로 개선해 가는 방식을 의미한다.

📝 **개념 확인문제**

다음은 조직의 효율성을 제고하기 위해 업무흐름뿐만 아니라 전체 조직을 재구축하려는 혁
신전략기법들이다. 이 중 주로 정보기술을 통해 기업경영의 핵심과 과정을 전면 개편함으로
써 경영성과를 향상시키려는 경영기법으로 매우 신속하고 극단적, 전면적인 혁신을 강조하
는 기법은?   [2019년 3회, 2016년 2회, 2015년 2회, 1회]

① 지식경영   ② 벤치마킹
③ 리스트럭처링   ④ 리엔지니어링

해설
리엔지니어링(Re – Engineering)에 대한 설명이다.   정답 ④

4 ERP의 특징

1. ERP의 기본 특징

    ① 프로세스 중심의 업무처리 방식
    ② 개방성, 확장성, 유연성
    ③ Top-Down 방식의 의사결정 방식
    ④ 전체 최적화 목표

> **➕ Top-Down 방식과 Bottom-Up 방식**
>
> • **Top-Down 방식**: 전체 관점에서 각각의 부문으로 접근하는 방식이다. ERP는 회사 전체의 인프라를 e-Business 환경에 맞춰 변경한 후 부문에 적용 및 구축한다.
> • **Bottom-Up 방식**: 각 구성요소에서 시작하여 전체로 적용시키는 방식이다. 특정 부문에 변화된 방식을 적용해 보고 이후에 회사 전체에 적용하는 방식으로 MIS에서 사용한다.

2. ERP의 기능적 특징

    ① 다국적, 다통화, 다언어 지원
    ② 중복적, 반복적으로 처리하던 업무 감소
    ③ 실시간으로 데이터 입·출력이 이루어지는 정보처리체계 구축으로 신속한 정보 사용
    ④ 정부의 효과적인 세원 파악 및 증대, 기업의 투명회계 구현이라는 성과 달성
    ⑤ 파라미터 지정(Parameter Setting)* 에 의한 프로세스의 정의
    ⑥ 오픈 멀티벤더(Open Multi-Vendor) 시스템*

3. ERP의 기술적 특징

    ① 4세대 프로그래밍 언어(4GL) 활용
    ② 관계형 데이터베이스 관리 시스템(RDBMS) 채택
    ③ 객체지향기술(Object Oriented Technology)* 사용

> **✎ 개념 확인문제**
>
> **ERP 시스템이 갖는 기술적 특징에 해당하는 것은?**   [2022년 3회]
>
> ① 객체지향기술 사용
> ② 투명경영의 수단으로 활용
> ③ 경영정보 제공 및 경영 조기경비체계를 구축
> ④ 표준을 지향하는 선진화된 최고의 실용성을 수용
>
> **해설**
> ERP 시스템의 기술적 특징에는 객체지향기술 사용, 4세대 프로그래밍 언어(4GL) 활용, 관계형 데이터베이스(RDBMS) 채택이 있다.   **정답** ①

※ **파라미터 지정(Parameter Setting)**
ERP 시스템은 시스템 유지 보수 부담에 있어 파라미터 지정을 통해 프로세스 조정이 가능하여 다양한 업종, 규모의 기업에 적용시킬 수 있음

※ **오픈 멀티벤더(Open Multi-Vendor) 시스템**
서로 다른 하드웨어를 조합해서 사용하는 시스템

※ **객체지향기술(Object Oriented Technology)**
각 모듈이 독립된 개체로서의 역할을 하며, 전체 시스템의 효율성을 향상시키는 기술

5 ERP 시스템의 구축 절차

> 분석단계 – 설계단계 – 구축단계 – 구현단계

단계	내용
[1단계] 분석단계	현재 업무 파악(AS–IS* 분석), 현재 시스템의 문제 파악, 현업 요구사항 분석, 목표와 범위 설정, 주요 성공 요인 도출, 경영전략 및 비전 도출, TFT 구성
[2단계] 설계단계	패키지 설치, TO–BE* 프로세스 도출, GAP 분석(패키지 기능과 TO–BE 프로세스와의 차이 분석), 추가 개발 및 수정·보완 문제 논의, 인터페이스 문제 논의, 커스터마이징 실행
[3단계] 구축단계	모듈 조합화, 출력물 제시, 테스트 및 추가 개발 또는 수정 기능 확정
[4단계] 구현단계	시험가동(Prototyping), 시스템 평가, 데이터 전환(Data Conversion), 교육, 유지 보수, 향후 일정 수립

* AS – IS
현재의 상황을 의미하며, 분석단계에서 회사의 현재 업무와 상황을 파악하는 작업을 함

* TO – BE
이상적 지향점을 의미하며, 설계단계에서 미래에 구현하고자 하는 업무 프로세스를 도출하는 작업을 함

✎ 개념 확인문제

다음 중 ERP의 구축 절차를 바르게 나타낸 것은?　　　　　　[2020년 4회, 2018년 4회, 1회]

① 설계단계 – 분석단계 – 구현단계 – 구축단계
② 설계단계 – 분석단계 – 구축단계 – 구현단계
③ 분석단계 – 설계단계 – 구축단계 – 구현단계
④ 분석단계 – 설계단계 – 구현단계 – 구축단계

해설
ERP는 '분석단계–설계단계–구축단계–구현단계' 순서로 구축한다.　　　　정답 ③

6 확장형 ERP

1. 확장형(Extended) ERP의 발전방향

이전의 ERP가 단순한 자원의 최적배분을 추구했다면, 확장형 ERP는 기업 외부의 고객, 협력회사들과의 업무 프로세스까지도 일부 통합하여 자원과 정보의 흐름을 최적화시키는 데 비중을 두고 발전하고 있다.

① **고유기능의 추가 보완**: 확장형 ERP는 기존 ERP의 고유기능에 마케팅을 포함한 고객관리기능, 영업인력 자동화기능, 객체지향기술에 의한 시스템 재설계 등 다른 기능들이 추가 보완되고 있다.

② **경영혁신 지원**: 확장형 ERP는 지식경영과 전략적 의사결정 지원기능을 추가하여 기업의 경영혁신을 지원한다.

③ **산업유형 지원 확대**: 제조기업 위주로 정착되어 왔던 초기 ERP와는 다르게 각 산업 유형별로 특화되고 전문적인 기능을 추가하여 업종에 구분 없이 사용할 수 있게 발전하였다.

④ **정보화 지원 기술분야 추가**: EDI 기능(기업 간의 표준 추구), 전자상거래(EC), CALS(온라인 기반의 유사업종과의 공동구매 지원), 작업흐름(Workflow)에 의한 전체 사무자동화, 그룹웨어 연계기능이 정보화 지원기술분야에 추가된다.

⑤ **전문화 분야 확대 적용**: 확장형 ERP는 전문화된 기술을 통해 진보된 기능을 구현하며, 인간의 판단을 일부 대신할 수 있는 기능을 발전시키는 방향으로 확대 적용되고 있다.

2. e – Business 지원 시스템

(1) 전자상거래(EC) 시스템

(2) 의사결정지원 시스템(DSS)

(3) 고객관계관리(CRM) 시스템

기업이 고객과 관련된 자료를 분석·통합하며 고객 구매 관련 활동을 지수화하고 이를 바탕으로 고객 특성에 맞게 마케팅 활동을 계획·지원·평가하는 과정이다. ERP 시스템이 비즈니스 프로세스를 지원하는 백오피스 시스템(Back – Office System)이라면 CRM은 기업의 고객대응활동을 지원하는 프런트오피스 시스템(Front – Office System)이다.

(4) 공급망관리(SCM)

확장된 ERP 시스템 내에서 물류흐름을 계획하고 관리하는 것이다. SCM은 물건과 정보가 공급자부터 소비자까지 이어지는 물류, 자재, 제품, 서비스, 정보의 흐름 전반에 걸쳐 실시간 정보 공유를 통해 수요와 공급의 일치를 최적으로 운영하고 관리한다.

3. 전략적 부분 지원 시스템 – 전략적 기업 경영(SEM) 시스템

(1) 성과측정관리(BSC; Balanced Score Card)

비전과 전략 실행을 관리하고, 단기와 중장기에 걸친 경영성과 관리를 가능하게 한다.

(2) 활동기준경영(ABM; Activity – Based Management)

활동기준원가계산(ABC)을 통한 수익성 분석으로 전략적 운영 의사결정을 지원한다.

(3) 부가가치경영(VBM; Valued – Based Management)

가치 창출 요인을 관리하고 가치 중심의 사업 운영을 지원한다.

4. 클라우드 ERP

(1) 클라우드 ERP의 등장배경

과거에는 회사 내부의 컴퓨터에서 ERP 프로그램을 운용하였지만 비즈니스 환경의 변화로 장소 및 경제적 개선의 필요성에 따라 클라우드 ERP가 등장하였다.

(2) 클라우드 ERP의 정의

클라우드 컴퓨팅(Cloud Computing)이란 인터넷 기술을 활용하여 가상화된 IT 자원을 서비스로 제공하는 컴퓨팅 기술이다. 사용자가 클라우드 컴퓨팅 네트워크에 접속하여 응용프로그램, 운영체제, 저장장치, 유틸리티 등 필요한 IT 자원을 원하는 시점에 필요한 만큼 사용하고 사용량에 대한 대가를 지불한다.

(3) 클라우드 ERP의 장점

① 안정적이고 효율적인 데이터 관리: 대량의 데이터를 이용하는 기업의 경우 클라우드 ERP로 안정적이고 효율적으로 데이터를 관리할 수 있다.

② IT 자원관리의 효율화: 모든 데이터와 소프트웨어가 클라우드 컴퓨팅 내부에 집중되고 다른 기종 장비 간의 상호 연동이 유연하기 때문에 손쉽게 다른 장비로 데이터와 소프트웨어를 이동할 수 있어 장비 관리 업무와 PC 및 서버 자원 등을 줄일 수 있다.

③ 초기 도입비용 및 관리비용의 절감: 사용자는 하드웨어를 직접 구입, 설치하지 않고 서버 및 소프트웨어(S/W)를 클라우드 컴퓨팅 네트워크에 접속하여 제공받을 수 있으므로 사용자의 IT 투자비용이 줄어든다.

④ 원격근무 환경 구현을 통한 스마트워크 환경 정착: 하드웨어나 소프트웨어를 직접 디바이스에 설치할 필요 없이 자신의 필요에 따라 언제든지 컴퓨팅 자원을 사용할 수 있다.

(4) 클라우드 ERP의 단점

① 개인정보 취급의 취약성: 서버 공격 및 서버 손상으로 개인정보가 유출 및 유실될 수 있다.

② 애플리케이션 서비스의 제약: 모든 애플리케이션을 보관할 수 없으므로 사용자가 필요로 하는 애플리케이션을 지원받거나 설치하는 데 제약이 있을 수 있다.

(5) 클라우드 컴퓨팅(Cloud Computing)의 제공 서비스

종류	내용
SaaS (Software as a Service)	클라우드 컴퓨팅 서비스 사업자가 클라우드 컴퓨팅 서버에 소프트웨어를 제공하고, 사용자가 원격으로 접속해 해당 소프트웨어를 활용하는 모델이다. 예 각종 솔루션, 소프트웨어를 클라우드 형태로 제공
PaaS (Platform as a Service)	사용자가 ERP 소프트웨어를 개발할 수 있는 토대를 제공해 주는 서비스 모델이다. 예 웹 프로그램, 제작 툴, 개발도구지원, 과금모듈, 사용자관리모듈, 카드 결제 처리 플랫폼 등
IaaS (Infrastructure as a Service)	서버 인프라를 서비스로 제공하는 것으로 클라우드를 통하여 저장장치(Storage) 또는 컴퓨팅 능력을 인터넷을 통한 서비스 형태로 제공하는 서비스 모델이다. 예 데이터베이스 클라우드 서비스, 스토리지 클라우드 서비스

(6) 클라우드 ERP의 특징

클라우드에서 ERP는 SaaS, PaaS, IaaS를 통해 제공받는다. 4차 산업혁명 시대에 맞춰 기업의 경쟁력 강화를 위해 지능형 기업이 요구되며, 클라우드 ERP 운용으로 지능형 기업을 운영할 수 있다.

① 클라우드 도입을 통해 ERP 도입의 진입장벽을 획기적으로 낮출 수 있다.

② 클라우드를 통한 ERP 도입은 전문 컨설턴트의 도움 없이 설치 및 운영이 가능하다.

③ 디지털 지원, 인공지능(AI) 및 기계학습, 예측분석 등 지능형 기술을 통해 미래를 대비할 수 있다.

(7) 클라우드 서비스 비즈니스 모델

클라우드 서비스의 비즈니스 모델에는 퍼블릭(Public, 공개형) 클라우드, 사설(Private, 폐쇄형) 클라우드, 하이브리드(Hybrid, 혼합형) 클라우드 등이 있다.

구분	내용
퍼블릭(공개형) 클라우드	• 사용량에 따라 사용료를 지불하며 규모의 경제를 통해 경쟁력 있는 서비스 단가를 제공하는 방식 • 전 세계의 소비자, 기업고객, 공공기관 및 정부 등 모든 주체가 클라우드 컴퓨팅을 사용
사설(폐쇄형) 클라우드	• 특정 기업의 구성원만 접근할 수 있는 전용 클라우드(Internal Cloud) 서비스 • 초기 투자비용이 높으며, 주로 데이터의 보안 확보와 프라이버시 보장이 필요한 경우 사용
하이브리드(혼합형) 클라우드	특정 업무 또는 데이터 저장은 폐쇄형 클라우드 방식을 이용하고 기타 덜 중요한 부분은 공개형 클라우드 방식을 이용

🖊️ 개념 확인문제

클라우드 서비스 기반 ERP와 관련된 설명으로 옳지 않은 것은? [2021년 3회, 2020년 3회]

① ERP 구축에 필요한 IT 인프라 자원을 클라우드 서비스로 빌려 쓰는 형태를 IaaS라고 한다.
② ERP 소프트웨어 개발을 위한 플랫폼을 클라우드 서비스로 제공받는 것을 PaaS라고 한다.
③ PaaS에는 데이터베이스 클라우드 서비스와 스토리지 클라우드 서비스가 있다.
④ 기업의 핵심 애플리케이션인 ERP, CRM 솔루션 등의 소프트웨어를 클라우드 서비스를 통해 제공받는 것을 SaaS라고 한다.

해설

PaaS(Platform as a Service)는 사용자가 소프트웨어를 개발할 수 있는 토대를 제공해 주는 서비스 모델이다. 데이터베이스 클라우드 서비스와 스토리지 클라우드 서비스는 IaaS(Infrastructure as a Service)에 속한다. **정답** ③

7 4차 산업혁명 기술이 적용된 스마트 ERP

미래의 스마트 ERP는 4차 산업혁명의 핵심기술인 사물인터넷(IoT), 인공지능(AI), 빅데이터(Big Data), 블록체인(Blockchain) 등의 신기술과 융합하여 보다 지능화된 기업경영이 가능한 통합 정보 시스템으로 발전할 것이다.

인공지능 기반의 빅데이터 분석을 통해 최적화와 예측분석이 가능하여 과학적이고 합리적인 의사결정지원이 가능하다. 제조업에서는 빅데이터 처리 및 분석기술을 기반으로 생산 자동화를 구현하고 ERP와 연계하여 생산계획의 선제적 예측과 실시간 의사결정이 가능해진다.

최근에는 빅데이터 분석과 인공지능 기술이 적용된 비즈니스 애널리틱스(Business Analytics)가 추가된 스마트 ERP가 활용되고 있다. 비즈니스 애널리틱스는 질의 및 보고와 같은 기본적인 분석기술과 예측 모델링과 같은 수학적으로 정교한 수준의 분석을 지원한다.

1. 사물인터넷(IoT; Internet of Things)

인터넷을 통해서 모든 사물을 서로 연결하여 정보를 상호 소통하는 지능형 정보기술 및 서비스이다. 사물인터넷 기기들은 내장된 센서를 통해 데이터를 수집하고 인터넷을 연결하여 통신하며 수집된 정보를 기반으로 자동화된 프로세스나 제어기능을 수행할 수 있다. 따라서 스마트 가전, 스마트 홈, 스마트 의료, 원격검침, 교통분야 등 일상생활 및 다양한 산업분야에 적용할 수 있다. 더 나아가 만물인터넷(IoE; Internet of Everything)의 개념으로 사물, 사람, 데이터, 프로세스 등 연결 가능한 모든 만물을 인터넷에 연결하여 소통하며 새로운 가치창출을 하는 기술로 발전하게 된다.

2. 인공지능(AI; Artificial Intelligence)

인공지능은 4차 산업혁명의 핵심기술로, 인간의 학습능력, 추론능력, 지각능력, 자연어 이해능력 등을 컴퓨터 프로그램으로 실현한 기술이다.

인공지능 기술은 대량의 정보를 빠르게 분석하여 실시간으로 최적의 의사결정을 내릴 수 있으므로 기존의 사회구조, 운영방법 등의 측면에서 사회와 산업 전반에 많은 영향을 미치게 된다.

3. 빅데이터(Big Data)

빅데이터 또한 인공지능과 같이 4차 산업혁명의 핵심기술로, 규모가 방대한 디지털 데이터이며, 수치, 문자, 이미지, 영상데이터를 포함한 다양하고 거대한 양의 데이터의 집합을 말한다. 수치나 문자를 처리하는 전통적인 데이터베이스 시스템과는 달리, 복잡성과 대량의 규모를 갖는 빅데이터를 처리하기 위해서는 특별한 처리 도구와 기술이 필요하다.

(1) 빅데이터의 특성

가트너 그룹(Gartner Group)은 빅데이터의 특성으로 규모(Volume), 속도(Velocity), 다양성(Variety), 정확성(Veracity), 가치(Value)의 5V를 제시하였다.

구분	내용
규모(Volume)	• 기존보다 데이터 양이 급격하게 증가(대용량화) • 현재 데이터관리 시스템의 성능적 한계 도달
다양성(Variety)	• 데이터의 종류와 근원 확대(다양화) • 로그 기록, 소셜, 위치, 센서 데이터 등 데이터 종류가 다양(반정형·비정형데이터의 증가)
속도(Velocity)	• 소셜 데이터, IoT 데이터, 스트리밍 데이터 등 실시간 성질의 데이터 증가 • 대량 데이터의 신속하고 즉각적인 분석 요구
정확성(Veracity)	• 데이터의 신뢰성, 정확성, 타당성 보장이 필수 • 데이터 분석에서 고품질 데이터를 활용하는 것이 분석의 정확도(예측정확도)에 영향을 줌
가치(Value)	• 빅데이터는 가치 창출을 추구 • 빅데이터 분석을 통해 도출된 최종 결과물은 기업이 당면하고 있는 문제를 해결하는 데 통찰력 있는 정보 제공

※ 출처: 네이버 지식백과

(2) 빅데이터 처리절차

원하는 정보를 얻기 위한 일반적인 빅데이터 처리과정은 데이터 수집, 저장(공유), 처리, 분석, 시각화 5단계의 절차를 가진다.

1단계 데이터 수집	2단계 저장(공유)	3단계 처리	4단계 분석	5단계 시각화
의사결정에 필요한 정보를 추출하기 위해 다양한 데이터를 시작으로 대량의 다양한 유형의 데이터를 수집	낮은 비용으로 대량의 다양한 유형의 데이터를 쉽고 빠르게 많이 저장하기 위하여 대용량 저장시스템을 이용	빅데이터를 효과적으로 분석하기 위하여 사전에 빅데이터 분산처리 기술이 필요한 단계	처리한 데이터를 의미 있는 지표로 만드는 단계로 사용자가 사용할 수 있는 데이터로 분석하는 단계	분석한 데이터를 도표, 그래프, 표 등을 이용해 시각적으로 표현하는 단계

4. ERP와 혁신기술과의 관계

① 빅데이터 분석 가능: 생산관리 시스템(MES), 전사적 자원관리(ERP), 제품 수명 주기 관리(PLM) 시스템 등을 통해 각 생산과정을 체계화하고 관련 데이터를 한 곳으로 모아 빅데이터 분석이 가능하다.

② 과학적이고 합리적인 의사결정 지원 가능: 인공지능 기반의 빅데이터 분석을 통해 도출된 최적화와 예측분석 결과를 이용해 과학적이고 합리적인 의사결정 지원이 가능하다.

③ 생산 자동화 구현 및 실시간 의사결정: 제조업에서는 빅데이터 처리 및 분석기술을 기반으로 생산 자동화를 구현하고 ERP와 연계하여 생산계획의 예측과 실시간 의사결정이 가능해진다.

④ 새로운 분야 개척 및 비즈니스 간 융합 지원: ERP에서 생성되고 축적된 빅데이터를 활용하여 기업의 새로운 업무 개척이 가능해지고, 비즈니스 간 융합 지원 시스템으로 확대가 가능하다.

⑤ 상위 계층의 의사결정 지원: 인공지능 및 빅데이터 분석기술과의 융합으로 전략경영 등의 분석도구를 추가하여 상위 계층의 의사결정을 지원할 수 있는 스마트 시스템으로 발전하고 있다.

5. ERP의 비즈니스 애널리틱스(BA ; Business Analytics)

(1) 비즈니스 애널리틱스의 정의

의사결정을 위한 데이터 및 정량분석과 광범위한 데이터의 이용을 말한다.

(2) 비즈니스 애널리틱스의 지원분야

① 기존 데이터를 기초로 최적 또는 현실적인 의사결정을 위한 모델링을 이용하도록 지원한다.

② 질의 및 보고와 같은 기본적인 분석기술과 예측 모델링과 같은 수학적으로 정교한 수준의 분석을 지원한다.

③ 과거 분석과 이를 통한 새로운 제안과 미래 사업을 위한 시나리오를 제공한다.

④ 구조화된 데이터(Structured Data)*와 비구조화된 데이터(Unstructured Data)*를 동시에 이용한다.

⑤ 미래 예측을 지원해 주는 데이터 패턴 분석과 예측 모델을 위한 데이터 마이닝(Data Mining)*을 통해 고차원 분석 기능을 포함한다.

⑥ 리포트, 쿼리, 알림, 대시보드, 스코어카드뿐만 아니라 데이터 마이닝 등의 예측 모델링과 같은 진보된 형태의 분석 기능을 제공한다.

> **＊ 구조화된 데이터(Structured Data)**
> 파일이나 레코드 내에 저장된 데이터로 스프레드시트와 관계형 데이터베이스(RDBMS)를 포함
>
> **＊ 비구조화된 데이터(Unstructured Data)**
> 전자메일, 문서, 소셜미디어 포스트, 오디오 파일, 비디오 영상, 센서데이터 등
>
> **＊ 데이터 마이닝(Data Mining)**
> 방대한 양의 데이터 속에서 유용한 정보를 추출하는 것

📝 개념 확인문제

다음 중 차세대 ERP의 비즈니스 애널리틱스(Business Analytics)에 관한 설명으로 옳지 않은 것은?

[2020년 4회, 3회]

① 비즈니스 애널리틱스는 구조화된 데이터(Structured Data)만을 활용한다.

② ERP 시스템 내의 방대한 데이터 분석을 위한 비즈니스 애널리틱스가 ERP의 핵심요소가 되었다.

③ 비즈니스 애널리틱스는 질의 및 보고와 같은 기본적 분석기술과 예측 모델링과 같은 수학적으로 정교한 수준의 분석을 지원한다.

④ 비즈니스 애널리틱스는 리포트, 쿼리, 대시보드, 스코어카드뿐만 아니라 예측 모델링과 같은 진보된 형태의 분석 기능도 제공한다.

해설

비즈니스 애널리틱스는 구조화된 데이터(Structured Data)와 비구조화된 데이터(Unstructured Data)를 동시에 이용한다.

정답 ①

8 제조업의 스마트화와 스마트팩토리

1. 스마트팩토리의 구축 필요성

과거에는 생산원가 절감 이유로 제조시설을 해외로 이전하는 추세였으나, 최근에는 국가 경쟁력 회복을 위하여 해외의 제조시설을 다시 자국으로 들여오는 리쇼어링(Reshoring) 경향이 나타나고 있다. 제조업은 국가경제의 핵심적인 요소로, 국가에서는 다시 자국으로 돌아오는 제조기업의 경쟁력을 향상시키기 위하여 스마트팩토리 구축을 적극 지원하고 있다.

스마트팩토리의 도입의 목적은 생산성·유연성 향상을 통한 생산시스템의 지능화, 유연화, 최적화, 효율화 구현에 있다. 세부적으로는 고객서비스 향상, 비용 절감, 납기 향상, 품질 향상, 인력 효율화, 맞춤형 제품생산, 통합된 협업생산시스템, 최적화된 동적생산시스템, 새로운 비즈니스 창출, 제품 및 서비스의 생산통합, 제조의 신뢰성 확보 등의 목적을 갖는다.

2. 스마트팩토리의 구성영역과 기술요소

스마트팩토리는 제품개발, 현장자동화, 공장운영관리, 기업자원관리, 공급사슬관리 영역으로 구성된다.

구분	내용
제품개발	• 제품의 개발, 생산, 유지보수, 폐기까지의 모든 과정을 체계적으로 관리 • 제품 수명 주기 관리(PLM) 시스템을 이용
현장자동화	• 인간과 협업하거나 독자적으로 제조 작업을 수행하는 시스템 • 공정자동화, IOT, 설비제어장치(PLC), 산업로봇, 머신비전 등 기술 이용
공장운영관리	• 자동화된 생산설비로부터 실시간으로 가동정보를 수집하여 효율적으로 공장운영에 필요한 생산계획 수립, 재고관리, 제조자원관리, 품질관리, 공정관리, 설비제어 등 • 제조실행 시스템(MES), 창고관리 시스템(WMS), 품질관리 시스템(QMS) 기술 이용
기업자원관리	• 고객주문, 생산실적 정보 등을 실시간으로 수집하여 효율적인 기업 운영에 필요한 원가, 재무, 영업, 생산, 구매, 물류관리 등을 담당 • ERP 기술 이용
공급사슬관리	• 제품생산에 필요한 원자재 조달에서부터 고객에게 제품을 전달하는 전체 과정의 정보를 실시간으로 수집하여 효율적인 물류 시스템 운영, 고객만족을 목적으로 함 • SCM 기술 이용

3. 스마트팩토리와 ERP

(1) 빅데이터와 ERP

스마트팩토리는 공정별 자동화 설비와 응용 시스템(ERP, MES, PLM 등)을 실시간 연결하고 인공지능에 의한 데이터 분석을 통해 공장운영을 최적화하는 지능형 공장운영 체계 구현을 목표로 한다.

스마트팩토리는 ERP, MES, PLM 등 기존 시스템으로부터 기준정보, 실적정보, 설비상태, 검사정보 등의 실시간 운영데이터와 현장 센서·설비로부터 수집되는 정형·비정형 빅데이터를 모두 통합하여 이를 기반으로 제조 빅데이터 분석을 수행한다.

제조 빅데이터 분석은 스마트팩토리에서 생성되는 정형·비정형데이터를 인공지능기법(신경망 등)을 이용하여 예측, 추측, 최적화 문제를 해결하는 것이다.

(2) 사이버물리시스템(CPS)과 ERP

사이버 물리 시스템(CPS; Cyber Physical System)은 가상(Cyber) 공간에 실제의 물리적인 제품, 생산설비, 공정, 공장을 그대로 구현하고 서로 긴밀하게 통합되어 동작하는 통합시스템이다. 제조 빅데이터를 기반으로 사이버모델을 구축하고 이를 활용하여 최적의 설계 및 운영을 수행하는 방식으로 업무프로세스를 지원한다.

(3) 제품 수명 주기 관리(PLM)와 ERP

제품 수명 주기 관리(PLM; Product Lifecycle Management)는 제품 수명 주기의 모든 단계에 관련된 프로세스와 관련 정보를 통합 관리하는 응용 시스템이며, 사람, 기술, 프로세스 및 모범사례로 구성되는 통합된 정보 지향적 접근방식을 의미한다.

제품 수명 주기 관리는 제품의 설계, 속성, 관련 문서 등의 정보를 관리하고 제품 중심의 수명 주기 관리에 초점을 두어 제품 수명 주기에 따른 프로세스를 계획하고 효과적으로 관리한다.

ERP는 기업 전반의 자원 및 프로세스를 통합적으로 관리하는 데 중점을 두고 있으므로 제품의 생산, 유통, 재무 프로세스를 효율화하는데 PLM과 ERP가 상호작용이 가능하며 설계, 조달, 제조, 생산 프로세스의 효율화와 원가 절감에 활용이 가능하다.

제품, 공정, 생산설비와 공장에 대한 실제 공간과 가상 공간의 통합시스템이며 제조 빅데이터를 기반으로 사이버모델을 구축하고 이를 활용하여 최적의 설계 및 운영을 수행하는 것을 무엇이라 하는가?

① 비즈니스 애널리틱스(BA; Business Analytics)
② 공급사슬관리(SCM; Supply Chain Management)
③ 사이버물리 시스템(CPS; Cyber Physical System)
④ 전사적 자원관리(ERP; Enterprise Resource Planning)

해설

사이버물리 시스템은 제품, 공정, 생산설비와 공장에 대한 실제 세계와 가상 세계의 통합 시스템이며 제조 빅데이터를 기반으로 사이버모델을 구축하고 이를 활용하여 최적의 설계 및 운영을 수행하는 것이다. 정답 ③

9 인공지능과 비즈니스혁신

1. 인공지능의 개요

(1) 인공지능의 기술발전

인공지능의 기술발전 단계는 계산주의 시대부터 연결주의 시대를 거쳐 딥러닝 시대로 구분된다.

① 1단계: 계산주의(Computationalism) 시대

계산주의 시대는 인공지능 초창기 시대이다. 계산주의는 인간이 보유한 지식을 컴퓨터로 표현하고 이를 활용해 현상을 분석하거나 문제를 해결하는 지식기반시스템(Knowledge Based System)을 말한다.

컴퓨팅 성능 제약으로 인한 계산기능(연산기능)과 논리체계의 한계, 데이터 부족 등의 한계를 극복하지 못하였다.

② 2단계: 연결주의(Connectionism) 시대

계산주의로 인공지능 발전에 제약이 생기면서 연결주의가 새롭게 대두되었다. 연결주의는 인간의 두뇌를 모사하는 인공신경망(Artificial Neural Network)을 기반으로 한 모델로 지식을 직접 제공하기보다 지식과 정보가 포함된 데이터를 제공하고 컴퓨터가 스스로 필요한 정보를 학습하도록 한다.

연결주의는 우수한 컴퓨팅 성능과 대용량 학습데이터가 필수적임에도 불구하고 학습에 필요한 빅데이터와 컴퓨팅 파워의 부족이라는 한계를 극복하지 못하였다.

③ 3단계: 딥러닝(Deep Learning)의 시대

계산주의와 연결주의 시대의 한계점인 대용량의 계산문제 대부분을 해결한 딥러닝은 기계학습방법 중 하나로 컴퓨터가 방대한 데이터를 이용해 사람처럼 스스로 학습할 수 있도록 심층신경망* 기술을 이용한 기법이다.

현재 딥러닝은 음성인식, 이미지인식, 자동번역, 무인주행(자동차, 드론) 등에 큰 성과를 나타내고 있으며 의료, 법률, 세무, 교육, 예술 등 다양한 범위에서 활용되고 있다.

＊ 심층신경망(Deep Neural Networks)
입력층(Input Layer)과 출력층(Output Layer) 사이에 다수의 숨겨진 은닉층(Hidden Layer)으로 구성된 신경망이다.

인공지능의 기술발전에 대한 설명으로 옳지 않은 것은?

① 연결주의 시대는 학습에 필요한 빅데이터와 컴퓨팅 파워의 부족이라는 한계를 극복하였다.

② 연결주의는 지식을 직접 제공하기보다 지식과 정보가 포함된 데이터를 제공하고 컴퓨터가 스스로 필요한 정보를 학습한다.

③ 계산주의는 인간이 보유한 지식을 컴퓨터로 표현하고 이를 활용해 현상을 분석하거나 문제를 해결하는 지식기반시스템을 말한다.

④ 딥러닝의 심층신경망은 입력층과 출력층에 다수의 숨겨진 은닉층으로 구성된 신경망이다.

해설

연결주의 시대도 학습에 필요한 빅데이터와 컴퓨팅 파워의 부족이라는 한계를 극복하지 못하였다.   정답 ①

2. 인공지능과 빅데이터 분석기법

빅데이터 분석을 위해 인공지능 기술이 활용된다. 대표적인 인공지능 기반 빅데이터 분석기법으로 기계학습, 데이터 마이닝, 텍스트 마이닝 등이 있다.

(1) 기계학습(Machine Learning, 머신러닝)

① 기계학습(머신러닝)의 유형

기계학습(머신러닝)이란 방대한 데이터를 분석해 미래를 예측하는 기술로 일반적으로 생성(발생)된 데이터를 정보와 지식(규칙)으로 변환하는 컴퓨터 알고리즘을 의미한다.

구분	내용
지도학습 (Supervised Learning)	• 학습 데이터로부터 하나의 함수를 유추해내기 위한 방법 • 학습 데이터로부터 주어진 데이터의 예측 값을 올바로 추측해 내는 것 • 지도학습 방법: 분류모형, 회귀모형
비지도학습 (Unsupervised Learning)	• 데이터가 어떻게 구성되었는지를 알아내는 문제의 범주 • 지도학습 및 강화학습과 달리 입력 값에 대한 목표치가 주어지지 않음 • 비지도학습 방법: 군집분석, 오토인코더, 생성적 적대신경망(GAN)
강화학습 (Reinforcement Learning)	• 선택 가능한 행동들 중 보상을 최대화하는 행동 혹은 순서를 선택 • 강화학습: 게임 플레이어 생성, 로봇 학습 알고리즘, 공급망 최적화 등

② 기계학습(머신러닝) 워크플로우(Machine Learning Workflow)

데이터를 수집하고 머신러닝을 수행하는 과정인 머신러닝 워크플로우는 6단계로 구성된다.

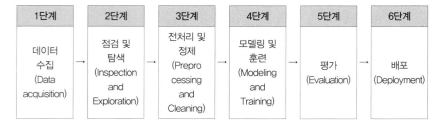

(2) 데이터 마이닝

축적된 대용량 데이터를 통계 기법 및 인공지능 기법을 이용하여 분석하고 이에 대한 평가를 거쳐 일반화시킴으로써 새로운 자료에 대한 예측 및 추측을 할 수 있는 의사결정을 지원하고, 대규모로 저장된 데이터 안에서 다양한 분석기법을 활용하여 전통적인 통계학 이론으로는 설명이 힘든 패턴과 규칙을 발견한다.

(3) 텍스트 마이닝

텍스트, 이미지, 음성데이터 등 비정형데이터에 대해 정보를 분석하여 구매자의 행동예측과 제품선호도를 분석하는 것으로 자연어(Natural Language) 형태로 구성된 비정형 또는 반정형 텍스트데이터에서 패턴 또는 관계를 추출하여 의미 있는 정보를 찾아내는 기법으로 자연어처리(NLP; Natural Language Processing)가 핵심기술이다.

3. RPA(로봇 프로세스 자동화)

(1) RPA 적용단계

RPA(Robotic Process Automation, 로봇 프로세스 자동화)는 소프트웨어 프로그램이 사람을 대신해 반복적인 업무를 자동 처리하는 기술이다. RPA는 기초프로세스 자동화, 데이터 기반의 머신러닝(기계학습) 활용, 인지 자동화의 세 단계 활동으로 구성된다.

구분	내용
[1단계] 기초프로세스 자동화	정형화된 데이터 기반의 자료 작성, 단순 반복 업무 처리, 고정된 프로세스 단위 업무 수행 등이 해당
[2단계] 데이터 기반의 머신러닝 활용	이미지에서 텍스트 데이터 추출, 자연어 처리로 정확도와 기능성을 향상시키는 단계
[3단계] 인지 자동화	RPA가 업무 프로세스를 스스로 학습하면서 자동화하는 단계이며, 빅데이터 분석을 통해 사람이 수행하는 더 복잡한 작업과 의사결정을 내리는 수준

4. 챗봇(ChatBot)

채팅(Chatting)과 로봇(Robot)의 합성어인 챗봇(ChatBot)은 로봇의 인공지능을 대화형 인터페이스에 접목한 기술로 인공지능을 기반으로 사람과 상호작용하는 대화형 시스템을 지칭한다.

챗봇은 채팅을 하듯이 질문을 입력하면 인공지능이 빅데이터 분석을 통해 일상 언어로 사람과 소통하는 대화형 메신저이다.

5. 블록체인(Block Chain)

블록체인(Block Chain)이란 분산형 데이터베이스(Distributed Database)의 형태로 데이터를 저장하는 연결구조체이며, 모든 구성원이 네트워크를 통해 데이터를 검증 및 저장하여 특정인의 임의적인 조작이 어렵도록 설계된 저장플랫폼이다.

• 블록(Block): 거래 건별 정보가 기록되는 단위이다.
• 체인(Chain): 블록이 시간의 순서에 따라 연결된 상태이다.

6. 인공지능 비즈니스 적용 프로세스

기업 경쟁력 향상을 위한 인공지능 비즈니스 적용 프로세스 5단계이다.

> 비즈니스 영역 탐색 → 비즈니스 목표 수립 → 데이터 수집 및 적재
> → 인공지능 모델 개발 → 인공지능 배포 및 프로세스 정비

7. 인공지능 윤리

세계경제포럼(World Economic Forum)에서 인공지능 규범(AI Code)의 5개 원칙을 발표하였다.

① 인공지능은 인류의 공동을 위해 개발되어야 한다.

② 인공지능은 투명성과 공정성의 원칙에 따라 작동해야 한다.

③ 인공지능이 개인, 가족, 지역 사회의 데이터 권리 또는 개인정보를 감소시켜서는 안 된다.

④ 모든 시민은 인공지능을 통해서 정신적, 정서적, 경제적 번영을 누리도록 교육받을 권리를 가져야 한다.

⑤ 인간을 해치거나 파괴하거나 속이는 자율적 힘을 인공지능에 절대로 부여해서는 안 된다.

🖉 개념 확인문제

다음 중 세계경제포럼(World Economic Forum)에서 발표한 인공지능 규범(AI Code)의 5개 원칙에 해당하지 않는 것은?

① 모든 시민은 인공지능을 통해서 정신적, 정서적, 경제적 번영을 누리도록 교육받을 권리를 가져야 한다.

② 인공지능은 인류의 공동 이익과 이익을 위해 개발되어야 한다.

③ 인공지능이 개인, 가족, 지역 사회의 데이터 권리 또는 개인정보를 감소시켜야 한다.

④ 인간을 해치거나 파괴하거나 속이는 자율적 힘을 인공지능에 절대로 부여하지 않는다.

해설

인공지능이 개인, 가족, 지역 사회의 데이터 권리 또는 개인정보를 감소시켜서는 안 된다.　　　　　정답 ③

01 [2021년 5회, 1회]

다음 중 ERP와 기존의 정보 시스템(MIS) 특성 간의 차이점에 대한 설명으로 옳지 않은 것은?

① 기존 정보 시스템의 업무범위는 단위 업무이고, ERP는 통합 업무를 담당한다.
② 기존 정보 시스템의 전산화 형태는 중앙집중식이고, ERP는 분산처리 구조이다.
③ 기존 정보 시스템은 수평적으로 업무를 처리하고, ERP는 수직적으로 업무를 처리한다.
④ 기존 정보 시스템의 데이터베이스 형태는 파일 시스템이고, ERP는 관계형 데이터베이스 시스템(RDBMS)이다.

해설

기존의 정보 시스템(MIS)은 수직적으로 업무를 처리하고, ERP는 수평적으로 업무를 처리한다.

02 [2022년 1회]

다음 중 ERP에 대한 설명으로 옳지 않은 것은?

① 경영혁신 환경을 뒷받침하는 새로운 경영 업무 시스템 중 하나이다.
② 기업의 전반적인 업무과정을 컴퓨터로 연결하여 실시간 관리가 가능하다.
③ 기업 내 각 영역의 업무 프로세스를 지원하고 단위별 업무처리의 강화를 추구하는 시스템이다.
④ 전통적 정보 시스템과 비교하여 보다 완벽한 형태의 통합적인 정보 인프라 구축을 가능하게 해주는 신 경영혁신의 도구이다.

해설

ERP는 단위별이 아닌 통합 업무처리의 강화를 추구하는 시스템이다.

03 [2017년 5회, 2016년 2회, 1회]

다음 중 Best Practice 도입을 목적으로 ERP 패키지를 도입하여 시스템을 구축하고자 할 경우 바람직하지 않은 방법은?

① BPR과 ERP 시스템 구축을 병행하는 방법
② ERP 패키지에 맞추어 BPR을 추진하는 방법
③ 기존 업무처리에 따라 ERP 패키지를 수정하는 방법
④ BPR을 실시한 후에 이에 맞도록 ERP 시스템을 구축하는 방법

해설

ERP를 도입하는 것은 경영혁신을 위해서이다. 기존 업무처리 방식을 개선하고자 도입하는 것이므로 기존 업무처리에 따라 패키지를 수정하는 것은 바람직하지 않다.

04 [2021년 1회, 2018년 4회]

다음 중 ERP 시스템의 도입 효과로 옳지 않은 것은?

① 부문 최적화를 달성할 수 있다.
② 정보 공유와 자원의 최적화가 가능해진다.
③ 비용 절감과 생산성 향상이 가능해진다.
④ 데이터의 정합성이 확보된 통합관리를 실현할 수 있다.

해설

ERP 시스템의 도입은 부문 최적화가 아닌 전체 최적화를 목표로 한다.

05 [2021년 1회]

ERP 구축 시 컨설턴트를 고용함으로써 얻는 장점으로 옳지 않은 것은?

① 프로젝트 주도권이 컨설턴트에게 넘어갈 수 있다.
② 숙달된 소프트웨어 구축방법론으로 실패를 최소화할 수 있다.
③ ERP 기능과 관련된 필수적인 지식을 기업에 전달할 수 있다.
④ 편견이 없고 목적 지향적이기 때문에 최적의 패키지를 선정하는 데 도움이 된다.

해설

프로젝트의 주도권이 컨설턴트에게 넘어가는 것은 장점이 아닌 단점에 해당된다.

| 정답 | 01 ③ 02 ③ 03 ③ 04 ① 05 ①

06 [2018년 6회]

다음 중 ERP를 도입할 때의 선택 기준으로 옳지 않은 것은?

① 경영진의 확고한 의지가 있어야 한다.
② 경험이 있는 유능한 컨설턴트를 활용해야 한다.
③ 전사적으로 전 임직원의 참여를 유도해야 한다.
④ 다른 기업에서 가장 많이 사용하는 패키지를 선택하는 것이 좋다.

해설

타사와 상관없이 자사에 맞는 패키지를 선택해야 한다.

07 [2021년 6회]

ERP 시스템의 프로세스, 화면, 필드, 보고서 등 거의 모든 부분을 기업의 요구사항에 맞춰 구현하는 방법은 무엇인가?

① 정규화
② 트랜잭션
③ 컨피규레이션
④ 커스터마이제이션

해설

커스터마이제이션(또는 커스터마이징)에 대한 설명이다.
① 정규화: 서로 다른 데이터를 분석에 용이하게 하기 위해 일정 규칙에 따라 변형하여 정보를 이용하기 쉽게 만드는 작업
② 트랜잭션: 데이터베이스의 상태를 변환시키는 작업의 논리적 단위 또는 데이터베이스 내에서 한 번에 수행되어야 할 일련의 연산 단위
③ 컨피규레이션: 사용자가 원하는 작업방식으로 소프트웨어를 구성하는 것으로 파라미터를 선택하는 과정

08 [2018년 4회, 2017년 1회]

다음 중 ERP의 도입 목적에 해당한다고 볼 수 없는 것은?

① 재고관리 능력의 향상
② 시스템 표준화를 통한 데이터 일관성 유지
③ 폐쇄형 정보 시스템 구성으로 자율성, 유연성 극대화
④ 클라이언트/서버 컴퓨팅 구현으로 시스템 성능 최적화

해설

ERP는 폐쇄형 정보 시스템이 아닌 개방형·통합형 업무 시스템을 구축한다.

09 [2020년 4회, 2018년 1회]

다음 중 ERP 도입의 예상효과로 옳지 않은 것은?

① 기업의 프로세스를 재검토하여 비즈니스 프로세스를 변혁시킨다.
② 공급사슬의 단축, 리드타임의 감소, 재고비용의 절감 등을 이룩한다.
③ 기업의 입장에서 ERP 도입을 통해 업무 프로세스를 개선함으로써 업무의 비효율을 줄일 수 있다.
④ ERP 도입의 가장 큰 목표는 업무 효율화를 통해 새로운 비즈니스 모델을 창출하고, 이를 통해 사업을 다각화시키는 데 있다.

해설

ERP 도입의 최종 목표는 업무 효율화를 통해 고객만족도를 높이고 이윤을 극대화하는 것이다.

10 [2020년 5회, 2017년 3회]

다음 중 ERP의 도입 효과로 옳지 않은 것은?

① 불필요한 재고를 없애고 물류비용을 절감할 수 있다.
② 업무의 정확도가 증대되고 업무 프로세스가 단축된다.
③ 의사결정의 신속성으로 정보 공유의 시간적 한계가 있다.
④ 업무시간을 단축할 수 있고 필요인력과 필요자원을 절약할 수 있다.

해설

ERP를 도입하면 정보 공유에 시간적 한계가 없어지며 의사결정의 신속성이 증대된다.

11 [2020년 6회]

ERP의 도입전략 중 ERP 자체 개발 방법에 비해 ERP 패키지를 선택하는 방법의 장점으로 옳지 않은 것은?

① 검증된 방법론 적용으로 구현 기간의 최소화가 가능하다.
② 검증된 기술과 기능으로 위험 부담을 최소화할 수 있다.
③ 시스템의 수정과 유지 보수가 지속적으로 이루어질 수 있다.
④ 향상된 기능과 최신의 정보기술이 적용된 버전(Version)으로 업그레이드(Upgrade)가 가능하다.

해설

시스템의 수정과 유지 보수가 지속적으로 가능한 것은 ERP 자체 개발 방식의 장점이다. ERP 자체 개발 방식은 사용자의 요구사항을 충실하게 반영한다.

12 [2018년 6회]

상용화 패키지에 의한 ERP 시스템 구축 시 성공과 실패를 좌우하는 요인으로 보기 어려운 것은?

① 시스템 공급자와 기업 양쪽에서 참여하는 인력의 역량
② 기업 환경을 최대한 고려하여 개발할 수 있는 자체 개발 인력 보유 여부
③ 제품이 보유한 기능을 기업의 업무 환경에 얼마나 잘 적용하는지에 대한 요인
④ 사용자 입장에서 ERP 시스템을 충분히 이해하고 사용할 수 있는 반복적인 교육훈련

해설

상용화 패키지의 경우 이미 개발된 프로그램을 사용하는 것으로 자체 개발 인력이 없어도 가능하다.

13 [2022년 1회]

다음 중 ERP의 선택 기준으로 볼 수 없는 것은?

① 커스터마이징의 최대화
② 자사에 맞는 패키지 선정
③ 현업 중심의 프로젝트 진행
④ 최고의 엘리트 사원으로 TFT 구성

해설

커스터마이징은 ERP 시스템의 프로세스, 화면, 필드 등 거의 모든 부분을 기업의 요구사항을 맞춰 구현하는 방법이다. ERP를 도입하는 과정에서 커스터마이징은 최소화하도록 한다.

14 [2021년 3회]

다음 중 ERP 시스템 구축의 장점으로 볼 수 없는 것은?

① 비즈니스 프로세스의 표준화를 지원한다.
② 유지 보수 비용은 ERP 시스템 구축 초기보다 증가할 것이다.
③ 이용자들이 업무처리를 하면서 발생할 수 있는 오류를 예방한다.
④ 재고비용 및 생산비용의 절감 효과를 통한 효율성을 확보할 수 있다.

해설

ERP 시스템의 유지 보수 비용이 초기보다 증가하는 것은 단점에 해당한다.

15 [2019년 3회]

다음 중 효과적인 ERP 교육을 위한 고려사항으로 옳지 않은 것은?

① 다양한 교육도구를 이용하라.
② 교육에 충분한 시간을 배정하라.
③ 비즈니스 프로세스가 아닌 트랜잭션에 초점을 맞춰라.
④ 조직 차원의 변화관리활동을 잘 이해하도록 교육을 강화하라.

해설

트랜잭션이 아닌 비즈니스 프로세스에 초점을 맞춰 사용자에게 시스템 사용법과 새로운 업무처리 방식을 모두 교육해야 한다.

| 정답 | 11 ③ 12 ② 13 ① 14 ② 15 ③

16 [2021년 5회, 2020년 4회]

다음 [보기]의 (   ) 안에 공통적으로 들어갈 용어는 무엇인가?

> ─ 보기 ─
> ERP 도입의 성공 여부는 (   )을(를) 통한 업무 개선이 중요하며, (   )은(는) 원가, 품질, 서비스, 속도와 같은 주요 성과측정치의 극적인 개선을 위해 업무 프로세스를 급진적으로 재설계하는 것으로 정의할 수 있다.

① BPR(Business Process Re-Engineering)
② MIS(Management Information System)
③ EIS(Executive Information System)
④ MRP(Material Requirement Planning)

해설

BPR에 대한 설명이다.

17 [2022년 1회, 2019년 6회]

급변하는 기업환경 속에서 기업생존 및 경쟁우위 확보 전략으로 다양한 경영혁신운동이 전개되어야 한다. 다음 중 경영혁신도구로 가장 관련성이 낮은 것은?

① 아웃소싱(Outsourcing)
② BOM(Bill Of Material)
③ ERP(Enterprise Resource Planning)
④ BPR(Business Process Re-Engineering)

해설

BOM(Bill Of Material)은 자재명세서로 제품을 구성하는 모든 부품들에 대한 목록이다.

18 [2020년 5회, 2018년 5회]

BPR(Business Process Re – Engineering)이 필요한 이유로 옳지 않은 것은?

① 복잡한 조직 및 경영 기능의 효율화
② 지속적인 경영환경 변화에 대한 대응
③ 정보 IT 기술을 통한 새로운 기회 창출
④ 정보보호를 위해 닫혀 있는 업무환경 확보

해설

BPR을 통해 부서 간 열려 있는 업무환경을 조성하여 정보를 주고 받는다.

19 [2018년 5회]

다음 중 ERP 선택 및 사용 시 유의점으로 옳지 않은 것은?

① 도입하려는 기업의 상황에 맞는 패키지를 선택해야 한다.
② 데이터의 신뢰도를 높이기 위해 관리를 철저히 해야 한다.
③ 지속적인 교육 및 워크숍 등의 원활한 사용을 위한 노력이 필요하다.
④ 현 시점의 기업 비즈니스 프로세스를 유지할 수 있는 패키지를 선택해야 한다.

해설

ERP는 BPR의 한 부분이며 경영혁신을 이루기 위해서 사용하므로 현 시점의 프로세스를 유지하면 안 된다.

20 [2021년 1회]

다음 중 ERP 구축 전에 수행되며 단계적으로 시간의 흐름에 따라 비즈니스 프로세스를 개선해가는 점증적 방법론은 무엇인가?

① BPI(Business Process Improvement)
② BPR(Business Process Re-Engineering)
③ ERD(Entity Relationship Diagram)
④ MRP(Material Requirement Program)

해설

BPR은 급진적으로 비즈니스 프로세스를 개선하는 방식인데 반해 BPI는 점증적으로 비즈니스 프로세스를 개선하는 방식이다.

21 [2019년 1회]

ERP에 대한 설명으로 옳지 않은 것은?

① 프로세스 중심의 업무처리 방식을 갖는다.
② 개방성, 확장성, 유연성이 특징이다.
③ 의사결정 방식은 Bottom-Up 방식이다.
④ 경영혁신 수단으로 사용된다.

해설

MIS의 의사결정 방식이 Bottom-Up 방식이고, ERP의 의사결정 방식은 Top-Down 방식으로 전체 관점에서 각각의 부문으로 접근한다. ERP는 회사 전체의 인프라를 e-Business 환경에 맞춰 변경한 후 부문에 적용 및 구축하는 것이다.

22 [2020년 5회, 2018년 1회]

ERP의 특징 중 기술적 특징에 해당하지 않는 것은?

① 4세대 언어(4GL) 활용
② 다국적, 다통화, 다언어 지원
③ 관계형 데이터베이스(RDBMS) 채택
④ 객체지향기술(Object Oriented Technology) 사용

해설

다국적, 다통화, 다언어 지원은 ERP의 기능적 특징에 해당한다.

23 [2018년 2회]

다음 중 ERP의 기술적 특징으로 볼 수 없는 것은?

① 4세대 프로그래밍 언어를 사용하여 개발되었다.
② 대부분의 ERP는 객체지향기술을 사용하여 설계한다.
③ 기업 내부의 데이터가 집합되므로 보안을 위해 인터넷 환경하에서의 사용은 자제한다.
④ 일반적으로 관계형 데이터베이스 관리 시스템이라는 소프트웨어를 사용하여 모든 데이터를 관리한다.

해설

ERP는 인터넷 환경에서 e-Business를 구동할 수 있다.

24 [2020년 3회, 2017년 5회]

다음 중 ERP의 기능적 특징으로 옳지 않은 것은?

① 중복적, 반복적으로 처리하던 업무를 줄일 수 있다.
② 실시간으로 데이터 입·출력이 이루어지므로 신속한 정보 사용이 가능하다.
③ ERP를 통해 정부의 효과적인 세원 파악 및 증대, 기업의 투명회계 구현이라는 성과를 가져올 수 있다.
④ 조직의 변경이나 프로세스의 변경에 대한 대응은 가능하나 기존 하드웨어와의 연계에 있어서는 보수적이다.

해설

ERP 시스템은 기존의 하드웨어와 연계가 가능한 오픈 멀티벤더 시스템이다.

25 [2020년 5회]

다음 중 ERP의 특징으로 옳은 것은?

① 투명경영 수단으로 활용
② 조직 구성원의 업무 수준의 평준화
③ 담당 부서 업무의 전문성 및 정보의 비공개
④ 중복 업무의 허용 및 실시간 정보처리체계 구축

해설

ERP는 투명경영의 수단으로 활용되며 실시간으로 처리되는 경영 정보를 제공하고 경영 조기경비체계를 구축한다. 서로의 정보를 공유하며 중복 업무는 배제한다.

| 정답 | 21 ③ 22 ② 23 ③ 24 ④ 25 ①

26 [2022년 1회, 2018년 6회, 3회]

다음 중 ERP에 대한 설명으로 옳지 않은 것은?

① 경영혁신 환경을 뒷받침하는 새로운 경영 업무 시스템 중 하나이다.
② 기업의 전반적인 업무과정이 컴퓨터로 연결되어 실시간 관리를 가능하게 한다.
③ 기업 내 각 영역의 업무 프로세스를 지원하고 각각 단위별로 업무처리 강화를 추구하는 시스템이다.
④ 전통적 정보 시스템과 비교하여 보다 완벽한 형태의 통합적인 정보 인프라 구축을 가능하게 해주는 신 경영혁신의 도구이다.

해설

ERP는 각 단위별이 아닌 통합하여 업무처리하는 방식을 추구하는 시스템이다.

27 [2018년 5회, 1회]

ERP의 특징과 그에 대한 설명으로 옳지 않은 것은?

① Open Multi-Vendor – 특정 H/W 업체에 의존하는 Open 형태를 채용, C/S형의 시스템 구축이 가능하다.
② 통합 업무 시스템 – 세계유수기업이 채용하고 있는 Best Practice Business Process를 공통화, 표준화시킨다.
③ Parameter 설정에 의한 단기간의 도입과 개발이 가능 – Parameter 설정에 의해 각 기업과 부문의 특수성을 고려할 수 있다.
④ 다국적, 다통화, 다언어 – 각 나라의 법률과 대표적인 상거래 습관, 생산방식이 시스템에 입력되어 있어서 사용자는 이 가운데 선택하여 설정할 수 있다.

해설

Open Multi – Vendor는 특정 하드웨어 업체에 의존하지 않고 복수의 업체를 사용하는 오픈 형태이다. C/S형이란 Client Server로 정보요청자 역할을 하는 클라이언트와 정보의 제공자 역할을 하는 서버로 이루어진 네트워크 방식이다.

28 [2021년 3회, 2020년 4회]

다음 중 ERP의 구축 절차를 바르게 나타낸 것은?

① 설계단계 – 분석단계 – 구현단계 – 구축단계
② 설계단계 – 분석단계 – 구축단계 – 구현단계
③ 분석단계 – 설계단계 – 구축단계 – 구현단계
④ 분석단계 – 설계단계 – 구현단계 – 구축단계

해설

ERP는 '분석단계–설계단계–구축단계–구현단계' 순서로 구축한다.

29 [2020년 5회]

ERP의 구축 절차 중 TFT 결성, 현재 시스템 문제 파악, 경영전략 및 비전 도출 등을 하는 단계는?

① 구축단계　　　　　　② 구현단계
③ 분석단계　　　　　　④ 설계단계

해설

현재 업무 파악(AS – IS 분석), 현재 시스템의 문제 파악, 현업 요구사항 분석, 목표와 범위 설정, 주요 성공 요인 도출 등은 분석단계에서 진행한다.

30 [2022년 1회]

다음 [보기]는 ERP의 구축 절차 중 어느 단계에 해당하는가?

> **보기**
> TO – BE 프로세스 도출, 패키지 설치, 추가 개발 및 수정 보완 문제 논의

① 설계단계　　　　　　② 구현단계
③ 분석단계　　　　　　④ 구축단계

해설

ERP 구축 절차는 '분석단계–설계단계–구축단계–구현단계'로 진행된다. TO – BE 프로세스 도출, 패키지 설치, 추가 개발 및 수정 보완 문제 논의는 설계단계에 해당한다.

| 정답 | 26 ③　27 ①　28 ③　29 ③　30 ① |

31 [2020년 4회]

클라우드 서비스 사업자가 클라우드 컴퓨팅 서버에 ERP 소프트웨어를 제공하고, 사용자가 원격으로 접속해 ERP 소프트웨어를 활용하는 서비스를 무엇이라 하는가?

① IaaS(Infrastructure as a Service)
② PaaS(Platform as a Service)
③ SaaS(Software as a Service)
④ DaaS(Desktop as a Service)

해설

SaaS(Software as a Service)는 클라우드 컴퓨팅 서비스 사업자가 클라우드 컴퓨팅 서버에 소프트웨어를 제공하고, 사용자가 원격으로 접속해 해당 소프트웨어를 활용하는 모델이다.

32 [2017년 5회]

다음 중 클라우드 ERP의 특징 혹은 효과에 대한 설명으로 옳지 않은 것은?

① 안정적이고 효율적인 데이터관리
② IT 자원관리의 효율화와 관리비용의 절감
③ 원격근무 환경 구현을 통한 스마트워크 환경 정착
④ 폐쇄적인 정보 접근성을 통한 데이터 분석 기능

해설

클라우드 ERP는 클라우드에 정보가 저장되므로 폐쇄적인 정보 접근성으로 볼 수 없다.

33 [2018년 4회]

다음 중 클라우드 ERP와 관련된 설명으로 옳지 않은 것은?

① 서비스형 소프트웨어 형태의 클라우드로 ERP를 제공하는 것을 SaaS ERP라고 한다.
② IaaS 및 PaaS를 활용한 ERP를 하이브리드 클라우드 ERP라고 한다.
③ 클라우드를 통해 ERP 도입에 관한 진입장벽을 낮출 수 있다.
④ 클라우드 ERP를 도입하면 인공지능 및 기계학습, 예측분석 등과 같은 지능형 기술을 사용할 수 있으며 도입을 위해 전문 컨설턴트의 도움이 필요하다.

해설

클라우드를 통한 ERP의 도입은 전문 컨설턴트의 도움 없이 설치 및 운영이 가능하다.

34 [2018년 5회]

다음 중 ERP와 인공지능(AI), 빅데이터(Big Data), 사물인터넷(IoT) 등 혁신기술과의 관계에 대한 설명으로 옳지 않은 것은?

① 현재 ERP는 기업 내 각 영역의 업무 프로세스를 지원하고 단위별 업무처리의 강화를 추구하는 시스템으로 발전하고 있다.
② 제조업에서는 빅데이터 분석기술을 기반으로 생산자동화를 구현하고 ERP와 연계하여 생산계획의 선제적 예측과 실시간 의사결정이 가능하다.
③ 현재 ERP는 인공지능 및 빅데이터 분석기술과의 융합으로 전략경영 등의 분석도구를 추가하여 상위 계층의 의사결정을 지원할 수 있는 지능형 시스템으로 발전하고 있다.
④ ERP에서 생성되고 축적된 빅데이터를 활용하여 새로운 업무 개척이 가능해지고, 비즈니스 간 융합을 지원하는 시스템으로 확대가 가능하다.

해설

ERP는 단위별 업무처리가 아닌 통합 업무처리의 강화를 추구하는 시스템이다.

35 [2020년 1회]

다음 [보기]의 (   ) 안에 들어갈 용어로 가장 적절한 것은?

> **보기**
>
> ERP 시스템 내의 데이터 분석 솔루션인 (   )은(는) 구조화된 데이터(Structured Data)와 비구조화된 데이터(Unstructured Data)를 동시에 이용하여 과거 데이터에 대한 분석뿐만 아니라 이를 통한 새로운 통찰력 제안과 미래 사업을 위한 시나리오를 제공한다.

① 리포트(Report)
② SQL(Structured Query Language)
③ 비즈니스 애널리틱스(Business Analytics)
④ 대시보드(Dashboard)와 스코어카드(Scorecard)

해설

구조화된 데이터와 비구조화된 데이터를 동시에 이용하고 과거 데이터에 대한 분석을 통한 새로운 통찰력을 제안하는 것은 비즈니스 애널리틱스에 대한 설명이다.

36 [2022년 3회]

ERP 구축을 위한 ERP 패키지 선정기준으로 옳지 않은 것은?

① 시스템 보안성
② 사용자 복잡성
③ 요구사항 부합 정도
④ 커스터마이징(Customizing) 가능 여부

해설

ERP 패키지 선정의 최종 목표는 회사의 요구사항에 부합하는 시스템을 선택하는 것이므로 사용자의 복잡성은 선정기준으로 적절하지 않다.

| 정답 | 31 ③ 32 ④ 33 ④ 34 ① 35 ③ 36 ②

37 [2022년 3회]

클라우드 ERP의 특징 혹은 효과에 대한 설명 중 가장 옳지 않은 것은?

① 안정적이고 효율적인 데이터관리
② IT 자원관리의 효율화와 관리비용의 절감
③ 필요한 어플리케이션을 자유롭게 설치 가능
④ 원격근무 환경 구현을 통한 스마트워크 환경 정착

해설

클라우드 컴퓨팅은 모든 어플리케이션을 보관할 수 없으므로 사용자가 필요로 하는 어플리케이션을 지원받지 못하거나 설치하는 데 제약이 있을 수 있다.

38 [2023년 1회]

ERP의 특징에 관한 설명 중 가장 적절하지 않은 것은?

① 세계적인 표준 업무절차를 반영하여 기업 조직구성원의 업무수준이 상향평준화된다.
② ERP 시스템의 안정적인 운영을 위하여 특정 H/W와 S/W 업체를 중심으로 개발되고 있다.
③ 정확한 회계데이터 관리로 인하여 분식결산 등을 사전에 방지하는 수단으로 활용이 가능하다.
④ Parameter 설정에 의해 기업의 고유한 업무환경을 반영하게 되어 단기간에 ERP 도입이 가능하다.

해설

ERP는 특정 하드웨어와 소프트웨어 업체에 의존하지 않고 복수의 업체를 사용하는 형태로 개발되고 있다.

39

다음 [보기]에서 설명하는 클라우드 서비스 유형은 무엇인가?

> ┌ 보기 ┐
> 기업의 업무처리에 필요한 서버, 스토리지, 데이터베이스, 네트워크 등의 IT 인프라 자원을 클라우드 서비스로 빌려 쓰는 형태이다.

① SaaS(Supply as a Service)
② SaaS(Software as a Service)
③ PaaS(Platform as a Service)
④ IaaS(Infrastructure as a Service)

해설

IaaS(인프라형 서비스)는 기업의 업무처리에 필요한 서버, 스토리지, 데이터베이스, 네트워크 등의 IT 인프라 자원을 클라우드 서비스로 빌려 쓰는 형태이다.

40

스마트공장의 구성영역 중에서 생산계획 수립, 재고관리, 제조자원관리, 품질관리, 공정관리, 설비제어 등을 담당하는 것은?

① 현장 자동화
② 제품개발관리
③ 공급망관리
④ 공장운영관리

해설

공장운영관리는 자동화된 생산설비로부터 실시간으로 가동정보를 수집하여 효율적으로 공장운영에 필요한 생산계획 수립, 재고관리, 제조자원관리, 품질관리, 공정관리, 설비제어 등을 담당하며, 제조실행 시스템(MES), 창고관리 시스템(WMS), 품질관리 시스템(QMS) 등의 기술이 이용된다.

41

기계학습에 대한 설명으로 올바른 것은?

① 비지도학습 방법에는 분류모형과 회귀모형이 있다.
② 지도학습은 입력 값에 대한 목표치가 주어지지 않는다.
③ 지도학습은 학습 데이터로부터 하나의 함수를 유추해내기 위한 방법이다.
④ 강화학습은 선택 가능한 행동들 중 보상을 최소화하는 행동 또는 순서를 선택하는 방법이다.

해설

① 분류모형과 회귀모형은 지도학습 방법이다.
② 입력 값에 대한 목표치가 주어지지 않는 것은 비지도학습이다.
④ 강화학습은 선택 가능한 행동들 중 보상을 최대화하는 행동 또는 순서를 선택하는 방법이다.

42

다음 중 인공지능 비즈니스 적용 프로세스의 순서로 올바른 것은?

① 비즈니스 목표 수립 → 비즈니스 영역 탐색 → 데이터 수집 및 적재 → 인공지능모델 개발 → 인공지능 배포 및 프로세스 정비
② 비즈니스 목표 수립 → 비즈니스 영역 탐색 → 데이터 수집 및 적재 → 인공지능 배포 및 프로세스 정비 → 인공지능모델 개발
③ 비즈니스 영역 탐색 → 비즈니스 목표 수립 → 데이터 수집 및 적재 → 인공지능모델 개발 → 인공지능 배포 및 프로세스 정비
④ 비즈니스 영역 탐색 → 비즈니스 목표 수립 → 인공지능 배포 및 프로세스 정비 → 데이터 수집 및 적재 → 인공지능모델 개발

해설

인공지능 비즈니스 적용 프로세스(5단계)는 '비즈니스 영역탐색, 비즈니스 목표 수립, 데이터 수집 및 적재, 인공지능모델 개발, 인공지능 배포 및 프로세스 정비'이다.

43

클라우드 서비스의 비즈니스 모델에 관한 설명으로 올바른 것은?

① 폐쇄형 클라우드는 데이터의 소유권 확보와 프라이버시 보장이 필요한 경우 사용된다.
② 공개형 클라우드는 특정한 기업 내부 구성원에게만 제공되는 서비스(Internal Cloud)를 말한다.
③ 폐쇄형 클라우드는 사용량에 따라 사용료를 지불하며 규모의 경제를 통해 경쟁력 있는 서비스 단가를 제공한다는 장점이 있다.
④ 혼합형 클라우드는 특정 업무는 공개형 클라우드 방식을 이용하고 기타 업무는 폐쇄형 클라우드 방식을 이용하는 것을 말한다.

해설

| 오답 풀이 |
② 폐쇄형 클라우드는 특정한 기업 내부 구성원에게만 제공되는 서비스(Internal Cloud)를 말한다.
③ 공개형 클라우드는 사용량에 따라 사용료를 지불하며 규모의 경제를 통해 경쟁력 있는 서비스 단가를 제공한다는 장점이 있다.
④ 혼합형 클라우드는 특정 업무는 폐쇄형 클라우드 방식을 이용하고 기타 업무는 공개형 클라우드 방식을 이용하는 것을 말한다.

44

다음 중 빅데이터 플랫폼의 빅데이터 처리 과정으로 옳지 않은 것은?

① 데이터 저장(공유)기술
② 데이터 생성 및 수집기술
③ 데이터 복구기술
④ 데이터 시각화기술

해설

빅데이터 처리 과정은 데이터(생성) → 수집 → 저장(공유) → 처리 → 분석 → 시각화이다.

45

다음 [보기]에서 설명하는 RPA(Robotic Process Automation, 로봇 프로세스 자동화) 적용단계는 무엇인가?

→ 보기 ←
빅데이터 분석을 통해 사람이 수행한 복잡한 의사결정을 내리는 수준이다. 이것은 RPA가 업무프로세스를 스스로 학습하면서 자동화하는 단계이다.

① 기초프로세스 자동화
② 데이터 기반의 머신러닝(기계학습) 활용
③ 인지 자동화
④ 데이터 전처리

해설

RPA 적용단계는 1단계 기초프로세스 자동화, 2단계 데이터 기반의 머신러닝(기계학습) 활용, 3단계 인지 자동화로 구성된다.
3단계 인지 자동화는 빅데이터 분석을 통해 사람이 수행한 복잡한 의사결정을 내리는 수준이다. 이것은 RPA가 업무프로세스를 스스로 학습하면서 자동화하는 단계이다.

| 정답 | 41 ③ 42 ③ 43 ① 44 ③ 45 ③

이론

PART

02

재무회계

Enterprise
Resource
Planning

l NCS 능력단위 요소

☑ 전표관리 0203020101_20v4

☑ 결산처리 0203020104_20v4

CHAPTER 01

재무회계의 기초

빈출 키워드
- ☑ 목적적합성
- ☑ 재무제표
- ☑ 신뢰성
- ☑ 손익계산서

1 재무회계의 기초

1. 재무보고

재무보고란 다양한 외부 정보이용자의 공통된 정보 요구를 충족시키기 위한 일반 목적의 재무보고를 의미한다. 외부 이해관계자의 경제적 의사결정을 위해 경영자가 기업실체의 경제적 자원과 의무, 경영성과, 현금흐름, 자본변동 등에 관한 재무정보를 제공하는 것이다. 재무보고는 주로 기업실체의 회계 시스템에 근거한 재무제표에 의해 이루어지며, 이 외의 수단에 의해서도 재무정보가 제공될 수 있다. 재무보고는 기업실체가 외부 정보이용자에게 재무정보를 전달하는 재무제표의 수단으로 진행되며 이러한 재무정보는 경영자의 수탁책임을 평가하는 측면에서 활용될 수 있다. 즉, 재무보고의 목적은 투자자와 채권자의 의사결정, 즉 투자 및 신용 의사결정에 유용한 정보를 제공하는 것이다.

2. 회계의 기본가정(기본전제, 회계공준)

구분	내용
기업실체의 가정	회계실체의 공준이라고도 하며, 특정 기업체를 소유주나 다른 기업실체와는 독립적으로 존재하는 회계단위로 간주하고, 특정 회계단위의 경제활동에 대한 재무정보를 측정·보고 하는 것을 말한다.
계속기업의 가정	목적과 의무를 이행하기에 충분할 정도로 기업실체가 장기간 존속한다는 것을 말한다. 즉, 기업실체의 경영활동을 청산하거나 중대하게 축소시킬 의도와 필요가 없다고 가정한다.
기간별 보고의 가정	기업실체의 기간을 일정 기간의 단위로 분할하여 기간별로 경제적 의사결정에 유용한 정보를 보고하는 것을 말한다.

3. 회계정보의 질적 특성

회계정보가 갖추어야 할 가장 중요한 질적 특성은 목적적합성과 신뢰성이다.

질적 특성	하부구조	내용
목적적합성	예측가치	회계정보를 통해 정보이용자가 기업실체의 미래 재무상태, 경영성과, 현금흐름 등을 예측할 수 있어야 한다.
	피드백가치	회계정보는 이전의 예측치에 대해서 확인 및 수정을 할 수 있어야 한다.
	적시성	회계정보가 필요한 시점에 제공되어야 한다. 이 경우 신뢰성과 충돌이 일어나기도 한다.
신뢰성	표현의 충실성	경제적 자산과 이에 대한 변동을 충실하게 표현해야 신뢰성이 향상된다.
	검증가능성	동일한 사건에 대해 동일한 측정방법을 적용할 경우 동일하거나 유사한 결론에 도달해야 한다.
	중립성	어느 한편에 치우치지 않는 중립성을 갖고 있어야 한다.
비교가능성	기간별, 기업별로 비교가 가능하도록 해야 한다.	
이해가능성	제공되는 회계정보는 이용자가 이해할 수 있어야 한다.	

4. 질적 특성의 상충관계

회계정보의 질적 특성은 서로 충돌하는 상충관계에 있다. 따라서 모든 요소를 만족하는 정보를 제공할 수 없으며 회계정보는 모든 요소가 충족될 수 있도록 최적의 정보를 제공하는 것을 목표로 한다. 그 중에서 특히 목적적합성과 신뢰성 간의 상충관계를 잘 이해해야 한다.

구분	목적적합성	신뢰성
재무제표 작성	반기/분기, 중간 재무제표	연차, 결산 재무제표
공사 수익 인식	진행 기준	완성 기준
수익·비용 인식	발생주의	현금주의
자산의 장부가액	현행원가(시가법)	역사적 원가(원가법)

✎ 개념 확인문제

일반기업회계기준상 재무제표의 기본가정으로 가장 거리가 먼 항목은?　　　[2022년 3회]

① 계속기업의 가정　　　　　　　② 기업실체의 가정
③ 화폐평가의 가정　　　　　　　④ 기간별 보고의 가정

해설

재무제표는 일정한 가정하에서 작성되며, 기본가정은 기업실체의 가정, 계속기업 및 기간별 보고의 가정이 있다.

　　　　　　　　　　　　　　　　　　　　　　　　　　　　정답 ③

TIP

수익을 인식하는 기준인 실현주의와 비용을 인식하는 기준인 수익·비용 대응의 원칙은 발생주의 개념하에서 도출된 개념이다.

5. 재무회계와 관리회계 비교

구분	재무회계	관리회계
정보이용자	외부 정보이용자	내부 정보이용자
정보 시점	과거	과거, 미래
양식	일정한 양식에 의해 작성	기업 내부 이용자의 편의를 고려한 양식
작성서류	재무제표	제조원가명세서 등

6. 보수주의

(1) 보수주의의 의의

자산과 비용을 인식하는 방법에서 두 가지 이상의 선택이 가능할 경우 이익과 순자산을 가능한 작게 기록하여 재무적 기초를 견고히 하는 방법이다. 단, 특정 기간의 과소계상 이익은 이후 다음 기간에 과대계상되므로 순이익의 기간 귀속에만 영향을 미치는 것이며 이익을 조작하는 방법을 의미하는 것은 아니다.

(2) 보수주의의 예

① 재고자산 평가를 저가법으로 하는 경우
② 물가 상승 시 재고자산의 평가에 후입선출법을 사용하는 경우
③ 유형자산 감가상각비 인식을 정액법이 아닌 정률법을 적용하는 경우
④ 소모품을 사용 여부와 상관 없이 모두 소모품비로 비용처리하는 경우

7. 회계상 거래

회사의 자산, 부채, 자본, 수익, 비용에 영향을 미치는 활동으로 회계상 거래가 되기 위해서는 재화 또는 화폐의 이동이 이루어져야 한다. 일상생활에서는 거래로 인식할 수 있으나 회계상 거래가 되지 않는 것들에 주의한다.

일상생활 거래 ○, 회계상 거래 X	일상생활 거래 X, 회계상 거래 ○
주문, 계약, 약속, 담보, 보관, 채용 등	홍수, 화재, 도난, 분실, 대손, 감가상각 등

📝 개념확인문제

다음 중 회계상 거래로 볼 수 없는 것은? [2019년 4회]

① 추후 급여 200만원을 지급하기로 하고 직원 A를 채용하다.
② B기업의 업무용 차량에 300만원 상당의 감가상각이 발생하다.
③ 홍수로 인하여 B기업 소유 건물이 침수되어 1억원 상당의 피해가 발생하다.
④ 은행이자가 입금되었을 때 이자수익에 대한 원천세를 인식하다.

해설
계약의 체결은 경제적 거래이기는 하지만 재무상태에 변화를 가져오지 않으므로 회계상 거래로 볼 수 없다. **정답** ①

2 재무제표

1. 재무제표의 종류

재무제표는 재무상태표, 손익계산서, 현금흐름표, 자본변동표, 주석으로 구성된다. 주석은 다른 4개의 보고서를 더 잘 이해할 수 있도록 추가 정보를 제공하는 역할을 한다.

2. 재무제표의 특징

재무상태표	손익계산서	현금흐름표	자본변동표
일정 시점의 재무상태	일정 기간의 경영성과	일정 기간의 현금흐름	일정 기간의 자본현황
자산, 부채, 자본	수익, 비용	영업, 투자, 재무	소유주 투자, 소유주에 대한 분배
정태적 보고서	동태적 보고서	동태적 보고서	동태적 보고서
발생주의*	발생주의	현금주의*	발생주의

📝 개념확인문제

일반기업회계기준에서 재무제표의 종류에 해당하는 것은? [2022년 1회, 2020년 5회, 2019년 6회]

① 재무상태표
② 총계정원장
③ 분개장
④ 매출장

해설
일반기업회계기준상 재무제표 종류에는 재무상태표, 손익계산서, 현금흐름표, 자본변동표, 주석이 있다. **정답** ①

💡**TIP**
일반기업회계기준상 재무제표에는 기업명, 보고통화 및 금액단위, 보고기간 종료일 또는 회계기간을 표기해야 한다.

✱ **발생주의**
현금의 수수와 관계없이 수익이 실현되거나 비용이 발생되었을 때 인식함

✱ **현금주의**
현금의 유입 및 유출에 따라 수익과 비용을 인식함

---

3. 재무제표의 특성과 한계

① 화폐단위로 측정된 정보를 주로 제공한다.
② 대부분 과거에 발생한 거래나 사건에 대한 정보를 나타낸다.
③ 추정에 의한 측정치를 포함하고 있다.
④ 특정 기업실체에 관한 정보를 제공하며, 산업 또는 경제 전반에 관한 정보는 제공하지 않는다.

3 재무상태표의 작성 기준 중요

구분	내용
재무제표의 작성책임	재무제표의 작성과 표시에 대한 책임은 경영진에게 있다.
자산과 부채의 총액표시	• 원칙: 자산과 부채는 상계하여 표시하지 않는다. • 예외: 매출채권에 대한 대손충당금은 직접 차감하여 표시할 수 있으며, 이는 상계에 해당하지 않는다.
재무제표 항목의 구분과 통합표시	중요 항목은 재무제표의 본문 및 주석에 나타날 수 있도록 구분하여 표시하고, 중요하지 않은 항목은 유사 항목과 통합하여 표시한다.
비교재무제표	기간별로 비교할 수 있도록 전기 재무제표를 당기와 비교하도록 작성한다.
1년 기준	자산과 부채는 1년을 기준으로 하여 유동자산과 비유동자산, 유동부채와 비유동부채로 구분하는 것을 원칙으로 한다.
잉여금 구분원칙	자본 항목의 구분에서 잉여금은 자본거래에서 발생한 자본잉여금과 손익거래에서 발생한 이익잉여금을 별도로 구분하여 표시한다.
미결산 항목 및 비망 계정 표시 금지원칙	가지급금*, 가수금* 등의 미결산 항목은 그 내용을 나타내는 적절한 과목으로 표시하고, 임시 계정은 재무상태표의 자산 및 부채 항목으로 표시해서는 안 된다.
재무제표 항목의 표시와 분류의 계속성	• 비교가능성을 향상시키기 위하여 재무제표의 표시와 분류는 매기 동일하게 한다. • 예외 　– 일반기업회계기준에 의해 재무제표 항목의 표시와 분류의 변경이 요구되는 경우 　– 사업결합 또는 사업중단 등에 의해 영업의 내용이 유의적으로 변경된 경우 　– 재무제표 항목의 표시와 분류를 변경함으로써 기업의 재무정보를 더욱 적절하게 전달할 수 있는 경우
유동성 배열법	자산과 부채는 유동성이 큰 항목부터 배열하는 것을 원칙으로 한다.

❋ **가지급금**
현금의 지출이 있지만 처리해야 할 계정과목을 확실하게 알 수 없는 경우 임시로 사용하는 계정

❋ **가수금**
현금의 입금이 있지만 처리해야 할 계정과목을 확실하게 알 수 없는 경우 임시로 사용하는 계정

✎ 개념 확인문제

일반기업회계기준상 재무상태표에 대한 설명으로 옳지 않은 것은? [2023년 1회]

① 부채는 유동부채와 비유동부채로 구분한다.
② 유형자산과 무형자산은 비유동자산에 속한다.
③ 자산은 유동자산과 비유동자산으로 구분한다.
④ 자본은 유동자본과 비유동자본으로 구분한다.

해설

자본은 자본금, 자본잉여금, 자본조정, 기타포괄손익누계액, 이익잉여금으로 구분한다. 　　정답 ④

4 손익계산서

1. 재무상태표와 손익계산서의 관계

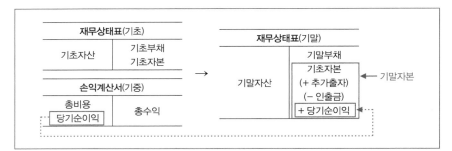

☞ 손익계산서
일정 기간 동안 기업실체의 경영성과에 대한 정보를 제공하는 동태적 재무보고서

2. 재산법

- 자산 = 부채 + 자본
- 자산 − 부채 = 자본
- 기초자산 − 기초부채 = 기초자본
- 기말자산 − 기말부채 = 기말자본
- 기말자본 − 기초자본 = 당기순이익(당기순손실)
- 기말자본 = 기초자본 + 추가출자액 − 기업주인출금 + 당기순이익

🔆 TIP
재산법과 손익법으로 계산했을 때 당기순이익은 항상 동일해야 한다.

3. 손익법

총수익 − 총비용 = 당기순이익(당기순손실)

✐ 개념 확인문제

[보기]는 (주)무릉의 재무상태 및 경영성과 자료이다. 기말부채는 얼마인가?   [2020년 5회]

┌ 보기
- 기초 재무상태: 자산 − 700,000원, 부채 − 300,000원
- 당기 경영성과: 수익 − 900,000원, 비용 − 600,000원
- 기말 재무상태: 자산 − 870,000원

답: (   )원

해설
- 기초자본: 기초자산 700,000원 − 기초부채 300,000원 = 400,000원
- 순이익: 수익 900,000원 − 비용 600,000원 = 300,000원
- 기말자본: 기초자본 400,000원 + 순이익 300,000원 = 700,000원
- 기말자산: 기말부채 x + 기말자본 700,000원 = 870,000원
- ∴ 기말부채 x = 170,000원

정답   170,000

기출&확인 문제

CHAPTER 01

01 [2020년 3회]

다음 중 재무회계정보의 질적 특성이 서로 상충(Trade – Off)하는 회계처리 방법으로 연결된 구성이 아닌 것은?

① 공정가치법 – 취득원가법
② 공사 진행 기준 – 공사 완성 기준
③ 반기 재무제표 – 연차 재무제표
④ 실현주의 – 수익·비용 대응의 원칙

> **해설**
>
> 실현주의는 수익을 인식하는 기준이고, 수익·비용 대응의 원칙은 비용을 인식하는 기준이다. 둘 다 발생주의 개념에서 도출된 개념으로 하나의 회계대상을 선택하여 반대로 처리하는 것이 아니기 때문에 상충하지 않는다.

02 [2020년 5회]

회계정보가 신뢰성을 갖기 위해서 충족해야 하는 질적 특성에 해당하지 않는 것은?

① 적시성 ② 중립성
③ 검증가능성 ④ 표현의 충실성

> **해설**
>
> 적시성은 회계정보의 목적적합성을 갖추기 위해 필요한 질적 특성이다.

03 [2021년 3회]

일반기업회계기준에 의한 재무제표 정보의 질적 특성인 목적적합성에 해당하는 것은?

① 거래나 사건을 사실대로 충실하게 표현하여야 한다.
② 재무정보가 특정 이용자에게 치우치거나 편견을 내포해서는 안 된다.
③ 재무정보가 의사결정에 반영될 수 있도록 적시에 제공되어야 한다.
④ 동일 사건에 대해 다수의 서로 다른 측정자들이 동일하거나 유사한 측정치에 도달하여야 한다.

> **해설**
>
> ③은 목적적합성 중 적시성에 대한 설명이다.
> ①은 표현의 충실성, ②는 중립성, ④는 검증가능성에 대한 설명으로 질적 특성 중 신뢰성에 해당한다.

04 [2020년 3회]

회계는 크게 재무회계와 관리회계로 구분하기도 한다. 다음 중 재무회계의 특성을 설명하는 내용으로 옳은 것은?

① 객관성이 있고 검증 가능한 정보를 제공한다.
② 기업별 고유양식의 특정 보고서에 의한다.
③ 보고 주기가 없으므로 수시로 보고한다.
④ 주로 미래지향적인 정보를 제공한다.

> **해설**
>
> ②, ③, ④는 관리회계의 특성에 대한 설명이다.

05 [2023년 1회]

[보기]는 무엇에 대한 설명인가?

> ─ 보기 ─
> • 한 회계기간 동안 발생한 소유주지분의 변동내역을 주주의 입장에서 한 눈에 알아볼 수 있도록 상세하게 표시한 재무제표
> • 내용 및 구성항목: 자본금의 변동, 자본잉여금의 변동, 자본조정의 변동, 기타포괄손익누계액의 변동, 이익잉여금의 변동 등

① 재무상태표 ② 자본변동표
③ 현금흐름표 ④ 포괄손익계산서

> **해설**
>
> 소유주지분(주주지분)의 변동내용은 자본변동표에 대한 설명이다.

| 정답 | 01 ④ 02 ① 03 ③ 04 ① 05 ②

06 [2019년 4회]

다음 중 재무제표에 대한 설명으로 옳지 않은 것은?

① 재무상태는 일정 기간 동안의 자산, 부채, 자본 등 기업의 재무상태를 나타내는 동태적 보고서이다.
② 포괄손익계산서는 일정 기간 동안의 수익과 비용 및 수익에서 비용을 차감한 이익 등 기업의 경영성과를 나타내며, 일반적으로 발생주의에 따라 작성한다.
③ 현금흐름표는 일정 기간 동안의 기업의 현금 유입과 유출 내용을 나타내며, 일반적으로 현금주의에 따라 작성한다.
④ 자본변동표는 일정 기간 동안의 기업의 자본 크기와 그 변동에 관한 정보를 제공하는 동태적 보고서이다.

해설
재무상태표는 일정 시점에서 기업의 재무상태를 나타내는 정태적 보고서이다.

07 [2018년 3회]

다음 중 현금주의에 의하여 작성된 재무제표는?

① 손익계산서
② 자본변동표
③ 재무상태표
④ 현금흐름표

해설
현금흐름표는 현금주의에 의해서 작성되며 손익계산서, 자본변동표, 재무상태표는 발생주의에 의해서 작성된다.

08 [2020년 4회]

다음 중 현금흐름표에 대한 설명으로 옳지 않은 것은?

① 재무활동, 투자활동, 영업활동에 대한 현금흐름 정보를 제공하는 정태적 보고서이다.
② 기업이 자본을 조달하고 상환하는 과정에서 발생하는 현금의 유입 및 유출은 재무활동에 대한 현금흐름이다.
③ 미래수익과 미래 현금흐름을 창출할 자원의 확보를 위하여 지출된 것은 투자활동에 대한 현금흐름이다.
④ 기업의 주요 수익창출 활동에서 발생하는 것은 영업활동에 대한 현금흐름이다.

해설
현금흐름표는 재무활동, 투자활동, 영업활동에 대한 현금흐름 정보를 제공하는 동태적 보고서이다.

09 [2021년 3회]

재무제표는 투자자나 채권자에게 투자 및 신용 의사결정에 필요한 유용한 정보를 제공하는 것을 목적으로 한다. 재무제표로 기업에 자금이 어떻게 조달되고 조달된 자금이 어떻게 투자되고 운영되었는지에 대한 정보를 알 수 있다. 이 중 자금이 어떻게 조달되었는지에 대한 정보를 얻기 위하여 주로 어느 재무제표의 어떤 부분을 확인해야 하는가?

① 손익계산서의 차변
② 손익계산서의 대변
③ 재무상태표의 차변
④ 재무상태표의 대변

해설
자금의 조달 유형은 타인자본 조달의 부채와 자기자본 조달의 자본으로 확인할 수 있으며, 부채와 자본은 재무상태표의 대변에 기록된다.

10 [2020년 3회, 2019년 5회]

기업에 조달된 자금이 어떻게 투자되어 운영되고 있느냐에 대한 정보는 투자 및 신용 의사결정에 유용한 정보를 제공한다. 자금운영 내용에 대한 투자활동 정보를 얻기 위하여 어느 재무제표의 어느 부분을 주로 확인해야 하는가?

① 손익계산서의 차변
② 손익계산서의 대변
③ 재무상태표의 차변
④ 재무상태표의 대변

해설
유동자산, 비유동자산, 여유자금 등 자금운영에 대한 정보를 얻기 위해서는 자산을 확인해야 한다. 자산은 재무상태표의 차변에 기록된다.

| 정답 | 06 ①   07 ④   08 ①   09 ④   10 ③

11 [2022년 1회]

일반기업회계기준상 재무상태표에 대한 설명으로 옳지 않은 것은?

① 자산, 부채, 자본은 총액표시를 원칙으로 한다.
② 유동성 배열법에 따라 유동성이 높은 항목부터 배열한다.
③ 재무상태표일 현재의 기업의 자산, 부채, 자본을 나타내는 정태적 보고서를 말한다.
④ 자본은 재무활동과 손익활동에서 발생한 이익잉여금을 구분하여 표시한다.

> **해설**
> 자본은 자본활동에서 발생한 자본잉여금과 손익활동에서 발생한 이익잉여금을 별도로 구분하여 표시한다.

12 [2019년 5회]

다음 중 회계거래에 해당하지 않는 것은?

① 화재가 발생하여 200,000원의 집기비품이 소실되다.
② 800,000원에 건물을 구입하기로 약정을 맺다.
③ 거래처에 용역을 제공하기로 하고 계약금으로 100,000원을 받다.
④ 1,000,000원의 토지를 외상으로 구입하다.

> **해설**
> 계약금이 수반되지 않은 단순 약정사항은 회계거래에 해당하지 않는다.
>
> | | | | |
> |---|---|---|---|
> | ① (차) 재해손실 | 200,000 | (대) 비품 | 200,000 |
> | ③ (차) 현금 등 | 100,000 | (대) 선수금 | 100,000 |
> | ④ (차) 토지 | 1,000,000 | (대) 미지급금 | 1,000,000 |

13 [2023년 1회]

재무제표 작성 방법으로 가장 적절하지 않은 것은? (단, 기중에 자본의 증자와 감자 및 배당은 없었다고 가정한다)

① 총수익 = 총비용 + 당기순이익
② 매출총이익 = 매출액 − 매출원가
③ 기말자산 = 기말부채 + 기말자본
④ 기말자산 + 총비용 = 기말부채 + 기말자본 + 총수익

> **해설**
> • 기말자본 = 기초자본 + 총수익 − 총비용
> • 기말자산 + 총비용 = 기말부채 + 기초자본 + 총수익

14 [2021년 3회]

다음은 (주)무릉의 재무상태 및 경영성과 자료이다. 기초자산은 얼마인가?

> **보기**
> • 기초 재무상태: 자산 − (　　　)원, 부채 − 300,000원
> • 기말 재무상태: 자산 − 870,000원, 부채 − 370,000원
> • 당기 경영성과: 수익 − 250,000원, 비용 − 200,000원

답: (　　　　　)원

> **해설**
> • 기말자본: 기말자산 870,000원 − 기말부채 370,000원 = 500,000원
> • 당기순이익: 수익 250,000원 − 비용 200,000원 = 50,000원
> • 기초자본: 기말자본 500,000원 − 당기순이익 50,000원 = 450,000원
> ∴ 기초자산: 기초자본 450,000원 + 기초부채 300,000원 = 750,000원

15 [2023년 1회]

기말 결산공고상의 재무상태표에서 찾아볼 수 없는 계정과목은 무엇인가?

① 선급금
② 선수금
③ 가지급금
④ 미지급금

> **해설**
> 가지급금은 임시 계정으로 그 내용이 확정되면 본래의 계정으로 대체한다.

CHAPTER 02 유동자산

빈출 키워드
- ☑ 당좌자산
- ☑ 현금 및 현금성자산
- ☑ 단기투자자산
- ☑ 매출채권
- ☑ 재고자산

1 유동자산의 구성

유동자산은 당좌자산과 재고자산으로 구성된다. 유동자산은 사용의 제한이 없는 현금 및 현금성자산, 정상적인 영업주기 내에 실현될 것으로 예상하거나 판매·소비 목적으로 보유하는 자산 및 단기매매 목적으로 보유하는 자산으로, 보고기간 종료일로부터 1년 이내에 현금화 또는 실현될 것으로 예상되는 자산이다. 유동자산 이외의 모든 자산은 비유동자산으로 분류한다.

구분	종류
당좌자산	현금 및 현금성자산(현금, 당좌예금, 보통예금, 현금성자산), 단기투자자산(단기매매증권, 단기금융상품, 단기대여금), 매출채권(외상매출금, 받을어음), 선급금, 선급비용, 미수금, 미수수익, 선납세금
재고자산	원재료, 재공품, 반제품, 저장품, 제품, 상품, 미착품, 시송품, 적송품

2 당좌자산

1. 현금 및 현금성자산

현금 및 현금성자산은 현금, 당좌예금, 보통예금, 현금성자산으로 구성된다. 현금 및 현금성자산은 기업의 유동성을 판단하는 데 매우 중요한 항목이다. 따라서 현금, 당좌예금, 보통예금, 현금성자산을 별도의 항목으로 구분하여 표시한다.

(1) 현금

현금	통화(화폐)	지폐, 동전
	통화대용증권	**자기앞수표, 타인(동점)발행 당좌수표**, 가계수표, 여행자수표, 송금수표, 우편환증서, 소액환증서, 전신환증서, 만기가 된 국공사채 이자표, 배당금지급통지표, 국고송금통지서, 일람출급어음

(2) 당좌예금

당좌예금은 보통예금과 함께 요구불예금으로 불린다. 당좌예금 개설 시 보증금이 필요한데, 당좌개설보증금은 '특정 현금과 예금' 계정을 사용한다. 예금한 금액을 초과해서 출금이 가능하다는 점에서 보통예금과 구분된다. 당좌예금 잔액을 초과하여 출금되는 것을 당좌차월이라고 하며, 회계처리의 경우 단기차입금 계정을 사용한다.

(3) 보통예금

보통예금은 요구불예금으로 당좌예금과 달리 입금된 금액 범위 내에서만 입·출금이 자유롭다는 특징이 있다. 타행으로 이체를 하는 경우에는 타행이체 수수료가 발생할 수 있으며, 발생한 수수료에 대해서는 수수료비용(또는 지급수수료) 계정을 사용한다.

(4) 현금성자산

현금성자산은 앞에서 설명한 현금, 당좌예금, 보통예금을 제외한 것으로 현금의 성질을 가지고 큰 거래비용 없이 현금으로 전환이 용이하고, 이자율 변동에 따른 가치변동의 위험이 중요하지 않은 유가증권 및 단기금융상품 등으로서 **취득일(또는 상환일)로부터 만기가 3개월 이내의 채권, 상환우선주, 환매채** 등을 말한다.

① 투자신탁의 계약기간이 3개월 이내인 초단기수익증권
② 3개월 이내의 환매조건인 환매채
③ 취득 당시 만기가 3개월 이내에 도래하는 채권, 상환우선주

(5) 현금 및 현금성자산이 아닌 항목

선일자수표	수표결제일이 발행일보다 미래 시점으로 되어 있는 경우를 의미하며, 이 경우 받을어음 또는 미수금으로 처리한다.
수입인지, 우표	수입인지는 세금과공과, 우표는 통신비로 처리한다.
당좌차월	당좌예금의 (−) 잔액으로 단기차입금(부채) 계정으로 회계처리한다.
종업원 가불금, 차용증서	주·임·종 단기채권 또는 장(단)기대여금으로 처리한다.

📝 개념 확인문제

다음은 (주)한국의 20×9년 12월 31일 현재 금고에 보관되어 있는 통화 등의 내역이다. 20×9년 12월 31일 현재 현금 및 현금성자산 잔액으로 표시될 금액은 얼마인가? [2020년 1회]

> **보기**
> • 통화: 15,000원
> • 지하철공채(만기 90일): 50,000원
> • (주)대한이 발행한 어음: 25,000원
> • (주)대한의 발행주식: 100,000원
> • 송금환: 20,000원
> • 우표: 6,000원

① 35,000원
② 41,000원
③ 85,000원
④ 97,000원

해설
• 통화 15,000원 + 지하철공채(만기 90일) 50,000원 + 송금환 20,000원 = 85,000원
• 지하철공채(만기 90일)는 취득일로부터 만기가 3개월 이내의 채권으로 현금성자산에 해당한다.
• (주)대한의 발행주식은 단기매매증권, (주)대한이 발행한 어음은 받을어음, 우표는 통신비에 해당한다.　　**정답** ③

---

2. 단기투자자산

단기투자자산은 기업이 여유자금의 활용 목적으로 보유하는 단기금융상품(단기예금), 단기매매증권, 단기대여금 및 유동자산으로 분류되는 매도가능증권과 만기보유증권을 포함한다. 단기매매증권, 매도가능증권, 만기보유증권은 유가증권 취득 후 분류하는 명칭이다.

(1) 유가증권의 종류

유가증권은 재산권을 나타내는 증권을 말하며, 실물이 발행된 경우도 있고 명부만 등록된 경우도 있다. 유가증권에는 지분증권(주식)과 채무증권(사채, 국채, 공채 등)이 포함된다. 유가증권의 채무증권은 취득한 후 만기보유증권, 단기매매증권, 매도가능증권 중의 하나로 분류한다. 유가증권은 단기매매증권, 매도가능증권, 만기보유증권, 지분법적용투자주식 등으로 구분하여 표시한다.

구분	내용
단기매매증권	주로 단기간 내의 매매차익을 목적으로 취득한 유가증권으로 매수와 매도가 적극적이고 빈번하게 이루어지는 경우
매도가능증권	단기매매증권, 만기보유증권, 지분법적용투자주식으로 분류할 수 없는 유가증권
만기보유증권	만기가 확정된 채무증권으로 상환 금액이 확정되었거나 확정이 가능한 채무증권을 만기까지 보유할 적극적인 의도와 능력이 있는 경우
지분법적용투자주식	특정 회사의 지배를 목적으로 보유하는 유가증권으로 소유회사의 지분을 20% 이상 취득한 경우도 해당함

(2) 유가증권 종류에 따른 평가

구분	해당 증권	평가방법	평가손익	손상차손
단기매매증권	지분증권, 채무증권	공정가치	단기매매증권평가손익 (영업외손익)	–
매도가능증권			매도가능증권평가손익 (기타포괄손익)	인식 가능
만기보유증권	채무증권	상각후원가	–	
지분법적용투자주식	지분증권	지분법	–	

(3) 유가증권의 재분류

구분	내용
단기매매증권	• 원칙: 재분류 불가능 • 예외: 시장성을 상실한 경우 매도가능증권으로 재분류, 보유목적이 더 이상 단기간 내에 매매차익이 아닐 경우 매도가능증권, 만기보유증권으로 재분류
매도가능증권, 만기보유증권	서로 재분류 가능(매도가능증권 ↔ 만기보유증권)

✎ 개념 확인문제

일반기업회계기준에 의한 유가증권에 관한 설명으로 옳지 않은 것은? [2020년 1회]

① 단기매매증권이나 매도가능증권으로 분류되지 않는 유가증권은 만기보유증권으로 분류한다.
② 유가증권은 취득한 후 만기보유증권, 단기매매증권, 매도가능증권 중의 하나로 분류한다.
③ 매도가능증권은 만기보유증권으로 재분류할 수 있으며 만기보유증권은 매도가능증권으로 재분류할 수 있다.
④ 원칙적으로 단기매매증권은 다른 범주로 재분류할 수 없으며, 다른 범주의 유가증권의 경우에도 단기매매증권으로 재분류할 수 없다.

해설
단기매매증권이나 만기보유증권으로 분류되지 않는 유가증권은 매도가능증권으로 분류한다. **정답 ①**

(4) 단기매매증권의 취득

단기매매증권의 취득원가는 주식 수를 공정가치로 측정한 금액을 의미한다. 매입 과정에서 발생하는 매입수수료 및 증권거래세는 지급수수료(또는 수수료비용) 계정을 사용하여 영업외비용으로 처리한다. 반면, 매도가능증권의 매입부대비용은 취득원가에 포함한다.

(5) 단기매매증권의 평가 _{중요}

단기매매증권은 공정가치로 평가하며, 평가에 대한 손익은 당기손익(영업외수익과 영업외비용)으로 인식한다.

TIP
단기매매증권은 단기매매금융자산, 매도가능증권은 매도가능금융자산 이라고도 한다.

➕ 단기매매증권과 매도가능증권의 비교

구분	평가(공정가치)	처분
단기매매증권	I/S* (영업외수익, 영업외비용)	I/S (영업외수익, 영업외비용)
매도가능증권	B/S* (자본: 기타포괄손익누계액)	I/S (영업외수익, 영업외비용)

매도가능증권에 대한 미실현 보유손익은 기타포괄손익누계액으로 처리하고, 당해 유가증권에 대한 기타포괄손익누계액은 그 유가증권을 처분하거나 손상차손을 인식하는 시점에서 일괄하여 당기손익에 반영한다.

✱ I/S 손익계산서

✱ B/S 재무상태표

(6) 단기매매증권의 처분

처분과정에서 발생하는 처분수수료는 처분손실에 가산하고, 처분이익에서는 차감하여 따로 비용 계정을 사용하지 않도록 회계처리한다.

✏ 개념 확인문제

[보기]를 이용하여 (주)생산성의 2020년 4월 10일 단기매매증권처분손익을 계산하면 얼마인가?

[2021년 1회]

┌ 보기 ┐
- 2019년 9월 5일 단기매매증권을 1,500,000원에 매입하였다(매입수수료 3,000원 발생).
- 2020년 4월 10일 단기매매증권을 2,000,000원에 매도하였다(매도수수료 5,000원 발생).
- 2019년 12월 31일 결산 시 공정가치는 1,700,000원이다.

① 처분이익 295,000원
② 처분이익 300,000원
③ 처분이익 492,000원
④ 처분이익 500,000원

해설
- 단기매매증권은 기말 공정가치로 평가하므로 처분 전 장부 금액은 1,700,000원이다.
∴ 단기매매증권처분이익: 처분 금액 1,995,000원 - 장부 금액 1,700,000원 = 295,000원

정답 ①

3. 매출채권

(1) 매출채권의 의의

매출채권이란 회사의 재고자산(상품, 제품, 원재료 등) 거래를 의미하는 일반적 상거래에서 발생한 외상거래로서 외상매출금과 받을어음을 통합한 계정이다. 이 외의 거래에 대한 외상거래는 미수금 계정으로 회계처리한다. 반대 계정으로는 외상매입금과 지급어음을 통합한 매입채무 계정이 있다.

구분	채권(자산)		채무(부채)	
일반적 상거래 ○	외상매출금	받을어음	외상매입금	지급어음
일반적 상거래 ×	미수금		미지급금	

(2) 대손설정

대손이란 회수 불가능한 채권, 즉 매출채권 및 미수금, 대여금 등의 금액을 수령할 수 없게 된 경우로, 채권에 따라 대손상각의 분류가 다르므로 구분을 명확히 해야 한다.

구분	채권 계정	비용 계정
일반적 상거래 ○	매출채권(외상매출금, 받을어음)	대손상각비(I/S: 판매비와관리비)
일반적 상거래 ×	미수금, 대여금	기타의 대손상각비(I/S: 영업외비용)

대손은 결산일에 남은 채권의 잔액을 기준으로 보충법에 따라 설정하도록 정하고 있다.

> 매출채권 기말잔액(B/S)×대손율 − 대손충당금 > 0 대손상각비(I/S 판매비와관리비)
> < 0 대손충당금환입(I/S 판매비와관리비 (−) 계정)

✏️ **개념 확인문제**

다음 중 기말에 대손충당금 설정 대상으로 옳지 않은 것은? [2021년 6회, 2018년 3회]

① 미수금 ② 받을어음
③ 전도금 ④ 외상매출금

해설
대손충당금은 채권 계정에 설정한다. 전도금은 현금에 해당하므로 대손을 설정하지 않는다.
① 미수금은 기타의 대손상각비(영업외비용), ② 받을어음과 ④ 외상매출금은 대손상각비(판매비와관리비)로 인식한다.
정답 ③

---

(3) 대손확정

채권을 법적으로 회수할 수 없는 상황이 확실한 경우(파산, 부도 6개월 경과, 소멸시효 완성 등) 대손이 확정되어 채권을 대손처리하게 된다. 대손처리 당시 대손충당금의 잔액이 존재하면 대손충당금으로 처리하며, 부족할 경우 대손상각비(또는 기타의 대손상각비) 계정을 사용한다.

(4) 대손채권 회수

전년도에 대손으로 확정된 금액을 다시 회수하게 되었을 경우에 대한 회계처리는 전년도에 대손을 모두 대손충당금 또는 대손상각비로 처리했는지와 관계없이 모두 대손충당금으로 회계처리한다.

기초 대손충당금 잔액이 15,000원이고, 기중 거래처의 외상매출금 9,000원이 회수 불능으로 확정되었다. 결산정리 후 기말 대손충당금 잔액이 18,000원이라면 결산 시 회계처리로 옳은 것은?

[2018년 1회]

① (차) 대손상각비	3,000	(대) 대손충당금	3,000
② (차) 대손상각비	6,000	(대) 대손충당금	6,000
③ (차) 대손상각비	9,000	(대) 대손충당금	9,000
④ (차) 대손상각비	12,000	(대) 대손충당금	12,000

해설

• 외상매출금 회수 불능 시 회계처리

| (차) 대손충당금 | 9,000 | (대) 외상매출금 | 9,000 |

• 잔액: 기초 대손충당금 잔액 15,000원 − 기중 발생액 9,000원 = 6,000원
• 기말 대손충당금 18,000원 − 잔액 6,000원 = 12,000원 추가 설정

정답 ④

3 재고자산

1. 재고자산의 정의

재고자산이란 유동자산에 속하는 자산으로, 정상적 영업과정에서 판매할 목적 및 생산과정에 있는 자산과 생산 또는 서비스 제공 과정에 투입될 원재료나 소모품 형태로 보유하고 있는 회사의 자산을 말한다. 회사의 업태와 종목에 따라 재고자산의 종류는 다양하게 결정될 수 있다.

> **재고자산**
> 생산 및 판매를 목적으로 보유하는 자산

2. 재고자산의 종류

(1) **원재료, 재공품, 반제품, 저장품, 제품, 상품**

(2) **미착품:** 아직 목적지에 도달하지 못한 재고자산을 의미한다.
① 도착지 인도조건: 운송 중인 경우 판매자의 미착품
② 선적지 인도조건: 운송 중인 경우 구매자의 미착품

(3) **적송품:** 위탁 매출을 하기 위해 발송한 재고자산으로, 수탁자가 판매하기 전까지는 위탁자의 재고자산에 포함된다.

(4) **시송품:** 시용판매를 위해 고객에게 인도한 상품으로, 고객이 매입의사를 표시하기 전까지는 판매자의 재고자산에 포함된다.

> ─ 원재료: 판매할 제품의 생산에 소비될 재화
> ─ 재공품: 생산공정중에 있는 물품 (판매 불가)
> ─ 반제품: 기초 부품들을 조립하여 최종 완성 전의 중간생산품(판매 가능)
> ─ 제품: 판매를 목적으로 제조한 재화
> ─ 상품: 판매할 목적으로 구입한 재화

다음 중 재무상태표상 재고자산으로 분류할 수 없는 것은?

[2021년 3회]

① 축산농장에서 음식점에 판매할 목적으로 기르고 있는 닭
② 증권사가 일반 대중에게 판매할 목적으로 보유하고 있는 주식
③ 전자제품 판매회사가 고객관리 목적으로 현재 사용하고 있는 컴퓨터
④ 부동산 분양업을 하는 기업이 개발 후 분양할 목적으로 구입한 토지

해설

재고자산은 판매를 목적으로 보유하고 있는 자산이다. 전자제품 판매회사가 고객관리 목적으로 현재 사용하고 있는 컴퓨터는 비품으로 유형자산에 해당된다.

정답 ③

3. 재고자산의 취득

재고자산의 취득원가는 매입원가 또는 제조원가로, 재고자산 취득에 직접적으로 관련이 있으며 정상적으로 발생하는 기타원가를 포함한다. 재고자산의 취득원가는 매입 금액에 매입운임, 하역료 및 보험료 등 취득과정에서 정상적으로 발생한 부대원가를 포함한 금액이다. 매입할인, 에누리 및 기타 유사한 항목은 차감한다. 성격이 서로 다른 재고자산을 일괄구입한 경우에는 총매입원가를 각 재고자산의 공정가치 비율에 따라 배분하여 개별 재고자산의 매입원가를 결정한다. 자가제조의 경우에는 제조원가를 취득원가로 한다.

> 취득원가 = 매입 금액 + 매입부대비용(운반비, 수수료, 하역비 등) − 매입할인 및 에누리

◈ 개념 확인문제

다음 중 선적지 인도조건으로 재고자산을 취득할 경우 취득원가에 포함해야 하는 금액에 해당하지 않는 것은?

[2019년 3회]

① 매입 금액
② 선적 후 매입자가 부담한 매입운임
③ 매입과 관련된 할인, 에누리
④ 선적 후 매입자가 부담한 매입에 따른 하역료 및 보험료

해설

재고자산의 매입원가는 매입 금액에 매입운임, 하역료 및 보험료, 취득과정에서 정상적으로 발생한 부대원가 등을 가산한 금액이다. 매입과 관련된 할인, 에누리 및 기타 유사한 항목은 매입원가에서 차감한다. **정답** ③

4. 재고자산의 수량결정방법

재고자산의 수량을 결정하는 방법에는 계속기록법과 실지재고조사법이 있다. 이 두 가지 방법 모두 오류가 발생하므로 더 좋은 방법을 고르긴 어렵다. 따라서 기업회계기준에서는 두 가지 방법을 병행하는 혼합법을 사용하고 있다.

(1) 계속기록법

장부상에 남아 있는 재고자산 수량을 기말재고자산 수량으로 결정하는 방법이다. 재고자산의 장부상 수량과 금액을 언제든지 파악할 수 있다는 장점이 있지만 재고자산의 입출내역을 기록, 유지하는 것이 매우 번거롭다는 단점이 있다. 매출원가로 기록한 금액 이외에는 기말재고로 간주하므로 감모수량이 기말재고에 포함된다(감모손실만큼 기말수량 과대됨).

> 기초재고수량 + 당기매입수량 − 당기판매수량 = 기말재고수량

(2) 실지재고조사법

기말에 실제 조사한 수량을 기말재고수량으로 결정하는 방법이다. 재고자산에 대한 출고기록을 하지 않기 때문에 간편하다는 장점이 있지만 실사를 하지 않고서는 재고자산의 수량과 금액을 파악하는 것이 불가능하다는 단점이 있다. 실사에 포함되지 않은 부분은 모두 당기 중에 판매된 것으로 가정하므로 감모수량이 매출원가에 포함된다(감모손실만큼 판매수량 과대됨).

> 기초재고수량 + 당기매입수량 − 기말재고수량 = 당기판매수량

(3) 혼합법(기업회계기준 채택)

실제 매출 시 판매수량을 계속해 기록하고 기말에 실제 재고수량도 조사하는 방법이다. 장부상 재고수량과 실제 재고수량의 파악이 가능해 감모수량을 파악할 수 있다.

5. 재고자산의 단가결정방법

동일한 재고자산의 취득 시 취득시기에 따라 단가가 계속 변동하는 경우 판매된 자산이 어떤 단가의 자산인지 결정하는 것을 원가흐름의 가정이라고 하며, 기업회계기준에서는 개별법, 선입선출법, 후입선출법, 가중평균법(이동평균법, 총평균법)만을 인정하고 있다. 단, 유통업의 경우 매출가격환원법(소매재고법)도 인정하고 있다.

구분	내용
개별법	재고자산 각각에 대하여 구입한 가격을 기록해 두었다가 재고자산이 판매되었을 때 그 재고자산의 가격을 정확하게 매출원가로 기록하는 방법
선입선출법	먼저 매입한 상품을 먼저 매출하였다고 가정하는 방법
후입선출법	가장 최근에 매입한 상품을 먼저 매출하였다고 가정하는 방법
이동평균법	매입일 단가를 결정해서 다음 매입까지 하나의 단가로 통일하는 방법
총평균법	재고자산의 가격을 하나의 가격으로 통일하여 판매한 재고자산, 기말 재고자산의 단가를 동일하게 계산하는 방법
매출가격환원법 (소매재고법)	기말재고판매가에 원가율을 곱하여 기말재고원가를 산정하는 방법

➕ 매출가격환원법의 종류

평균원가소매재고법	$원가율 = \dfrac{기초재고원가 + 당기매입원가}{기초재고소매가 + 당기매입소매가 + 순인상액 - 순인하액}$
선입선출법	$원가율 = \dfrac{당기매입원가}{당기매입소매가 + 순인상액 - 순인하액}$
저가기준 소매재고법 (전통적 소매재고법)	$원가율 = \dfrac{기초재고원가 + 당기매입원가}{기초재고소매가 + 당기매입소매가 + 순인상액}$

(1) 물가 상승 시 단가결정방법에 따른 특징

매출총이익, 기말재고자산, 법인세비용이 큰 방법	선입선출법 > 이동평균법 ≧ 총평균법 > 후입선출법
매출원가가 큰 순서대로 보수적인 방법	후입선출법 > 총평균법 ≧ 이동평균법 > 선입선출법

✍ 개념 확인문제

다음 중 재고자산의 원가결정과 관련하여 성격이 다른 하나는? [2020년 6회, 2018년 5회]

① 개별법 ② 가중평균법
③ 연수합계법 ④ 후입선출법

해설

재고자산의 원가결정방법에는 개별법, 가중평균법, 선입선출법, 후입선출법, 소매재고법 등이 있다. 연수합계법은 감가상각방법에 속한다. **정답** ③

6. 기말재고자산의 수량 및 가격 변화

(1) 수량의 변화

수량의 감소는 정상적 감소와 비정상적 감소로 나뉜다. 정상적 감모손실이란 회사가 일상적 영업을 하면서 감소할 수 있다고 판단하는 수량 범위를 의미하며 매출원가에 포함한다. 도난이나 분실 또는 파손으로 인한 정상적 감모손실 부분을 제외한 나머지 부분은 비정상 감모손실이며 영업외비용으로 처리한다.

구분	처리
정상 감모손실	매출원가 가산
비정상 감모손실	영업외비용 인식

(2) 가격의 변화

가격의 변화는 순실현가치(=추정판매가격 − 추정판매비용)와 장부가액을 비교하여 낮은 가격에 맞추어 가격을 조정하도록 되어 있다. 가격의 변화는 저가법을 따르기 때문에 재고자산평가이익이라는 표현은 없으며, 가격의 하락에 따른 재고자산 평가충당금은 재고자산의 차감 형식으로 기록하며 재고자산평가손실은 매출원가에 포함한다. 추후 가격이 회복되었을 때에만 최초의 취득원가를 한도로 회복을 인식한다.

구분	회계처리			
가격 하락 (매출원가 가산)	(차) 재고자산평가손실	×××	(대) 재고자산 평가충당금	×××
가격 회복 (매출원가 차감)	(차) 재고자산 평가충당금	×××	(대) 재고자산 평가충당금환입	×××

(3) 수량과 가격 변화 회계처리

수량도 하락하고 가격도 하락한 경우 수량의 감소분에 대한 재고자산감모손실을 먼저 인식한 후 감소된 수량에 가격의 하락을 인식하여 재고자산평가손실을 인식한다.

✍ 개념 확인문제

[보기]의 당해 기말 재고자산 관련 자료를 기초로 재고자산감모손실과 평가손실을 계산하면 얼마인가? (단, 수량 계산은 실지재고조사법을 적용하였다)　　　[2023년 1회]

┌─ 보기 ─
- 장부상 재고자산수량: 1,000개
- 단위당 취득원가: @1,000원
- 조사한 결과 실제재고수량: 850개
- 단위당 시가(결산 시): @850원

　　　감모손실　　　　평가손실
① 127,500원　　　127,500원
② 127,500원　　　150,000원
③ 150,000원　　　127,500원
④ 150,000원　　　150,000원

해설
- 재고자산감모손실: (장부수량 1,000개 − 실제수량 850개) × 장부단가 1,000원 = 150,000원
- 재고자산평가손실: (취득원가 @1,000원 − 시가 @850원) × 실지재고수량 850개 = 127,500원

정답 ③

---

7. 재고자산의 판매

재고자산의 처분과정은 판매를 통해 소멸되는 경우와 다른 계정으로 대체되어 소멸되는 경우가 있다.

(1) 매출액의 계산

손익계산서에 기록되는 매출액은 순매출액을 의미하는 것으로 매출과정에서 발생한 매출환입, 매출에누리, 매출할인을 차감한 금액이다. 매출원가를 산출하는 과정에서 사용되는 매입액 또한 순매입액으로 총매입액에서 매입환출, 매입에누리, 매입할인을 차감한 금액이다.

매출	매출환입	불량품의 발생으로 매출한 재고자산이 반품되는 금액
	매출에누리	매출한 재고자산에 하자(이상)가 발생하여 가격을 인하해 주는 금액
	매출할인	약속기일보다 일찍 외상값을 회수하는 경우 할인한 금액
매입	매입환출	불량품의 발생으로 매입한 재고자산을 반품하는 금액
	매입에누리	매입한 재고자산에 하자(이상)가 발생하여 가격을 인하해서 받는 금액
	매입할인	약속기일보다 일찍 외상값을 상환하는 경우 할인받는 금액

	(순)매출액	= 총매출액 – 매출환입 – 매출에누리 – 매출할인
–	매출원가(500번대)	= 기초상품재고액 + 당기순매입액 – 기말상품재고액 = 판매가능상품 – 기말상품재고액
	매출총이익	
–	판매비와관리비(800번대)	~비, ~료, ~여, ~과
	영업이익	
+	영업외수익(900번대)	
–	영업외비용(900번대)	~비용, ~손실, 기부금, 기타의 대손상각비
	법인세차감전이익	
–	법인세비용(978번)	
	당기순이익	

(2) 매출원가의 계산 `중요`

① 매출원가 = 기초상품재고액 + 당기상품순매입액 – 기말상품재고액
② 매출원가 = 판매가능상품 – 기말상품재고액

상품(자산)	
차변(증가)	대변(감소)
기초상품재고액 타계정에서 대체액 당기상품순매입액	매출원가 타계정으로 대체액 기말상품재고액

TIP

상품 계정 차변에 당기상품총매입액을 기록할 경우 매입환출, 매입에누리, 매입할인을 대변에 기록한다.

- 매출총이익률 = $\dfrac{매출총이익}{매출액}$
- 매출원가 = 매출액 × (1 – 매출총이익률)

🖋 개념 확인문제

[보기]의 자료로 상품매출원가를 계산하면 얼마인가? (단, 주어진 자료 이외의 것은 고려하지 않음.)

[2022년 3회]

┌ 보기 ────────────────────────────
- 기초상품재고액: 200,000원   • 기말상품재고액: 150,000원
- 판매가능상품액: 550,000원
└────────────────────────────────

① 200,000원   ② 350,000원
③ 400,000원   ④ 600,000원

`해설`

매출원가: 판매가능상품액 550,000원 – 기말상품재고액 150,000원 = 400,000원

`정답` ③

01 [2020년 5회, 2018년 3회]

자산은 해당 자산의 현금화 가능의 용이성인 유동성 여부에 따라 유동자산과 비유동자산으로 구분한다. 다음 계정 중 유동자산에 해당되는 것은?

① 비품
② 상품
③ 자본금
④ 외상매입금

해설

상품은 재고자산으로 유동자산에 속한다.
① 비품은 비유동자산(유형자산), ③ 자본금은 자본, ④ 외상매입금은 유동부채이다.

02 [2022년 1회]

유동자산에 대한 설명 중 가장 거리가 먼 항목은?

① 사용의 제한이 없는 현금 및 현금성자산
② 보고기간 종료일로부터 1년 이후에 현금화 또는 실현될 것으로 예상되는 자산
③ 매도가능증권 또는 만기보유증권 등의 비유동자산 중 1년 이내에 실현되는 자산
④ 기업의 정상적인 영업주기 내에 실현될 것으로 예상되거나 판매 목적 또는 소비 목적으로 보유하고 있는 자산

해설

유동자산과 비유동자산은 1년을 기준으로 구분하며, 유동자산은 보고기간 종료일로부터 1년 이내에 현금화 또는 실현될 것으로 예상되는 자산이다.

03 [2020년 5회]

다음 중 현금성자산의 특성에 대한 설명으로 옳은 것은?

① 계정구분이 비유동자산에 해당된다.
② 이자율 변동으로 인한 가치변동의 위험이 중요하다.
③ 큰 거래비용 없이 현금으로 전환이 용이하여야 한다.
④ 단기금융상품 중 결산 당시 만기가 3개월 이내에 도래하는 것이다.

해설

① 계정구분이 당좌자산(유동자산)에 해당된다.
② 이자율 변동으로 인한 가치변동의 위험이 중요하지 않아야 한다.
④ 단기금융상품 중 취득 당시 만기가 3개월 이내에 도래해야 한다.

04 [2020년 4회]

다음 항목 중 현금 및 현금성자산과 거리가 먼 것은?

① 요구불예금
② 선일자수표
③ 통화대용증권
④ 취득 당시 만기가 3개월 이내에 도래하는 채권

해설

선일자수표는 수표결제일이 발행일보다 미래 시점으로 되어 있는 경우로, 받을어음 또는 미수금으로 처리한다.

05 [2020년 4회]

다음 중 일반기업회계기준상 단기매매증권에 대한 설명으로 옳지 않은 것은?

① 단기매매증권은 당좌자산으로 분류된다.
② 단기매매증권은 취득 당시 제공한 대가의 공정가치로 측정한다.
③ 단기매매증권의 취득과 관련해서 발생하는 중개수수료 등의 거래원가는 영업외비용으로 처리한다.
④ 단기매매증권은 기말에 공정가치로 측정하며, 평가 시 발생하는 평가손익은 기타포괄손익으로 처리한다.

해설

단기매매증권은 기말에 공정가치로 측정하며, 평가 시 발생하는 평가손익은 영업외비용 및 영업외수익으로 처리한다.

| 정답 | 01 ② 02 ② 03 ③ 04 ② 05 ④

06 [2019년 1회]

(주)생산성은 2018년 7월 11일 단기매매차익을 목적으로 삼성(주)의 보통주 100주(주당 액면 금액 5,000원)를 주당 8,000원에 취득하고 수수료 40,000원과 함께 현금으로 지급한 후 '(차) 단기매매증권 840,000 (대) 현금 840,000'으로 회계처리하였다. 이에 대한 설명으로 옳은 것은?

① 올바르게 회계처리하였다.
② 유동자산과 영업외비용이 40,000원 과대계상되었다.
③ 유동자산과 판매관리비가 40,000원 과대계상되었다.
④ 유동자산은 40,000원 과대계상, 영업외비용은 40,000원 과소계상되었다.

해설
단기매매증권의 취득가액은 800,000원으로 수수료 40,000원은 지급수수료로 별도처리한다. 문제에서는 모두 취득원가로 회계처리했으므로 영업외비용은 40,000원 과소계상, 유동자산은 40,000원 과대계상된 상태이다.

07 [2020년 1회, 2019년 1회, 2018년 5회]

[보기]는 (주)적선동이 단기간 내의 매매차익을 목적으로 취득한 상장주식 (주)서울에 대한 내용이다. 2019년 3월 2일 주식처분 시점의 처분손익은?

┌─ 보기 ─────────────────────────────
• 2018년 9월 6일: 100주를 주당 1,400원에 취득
• 2018년 12월 31일: 주당 공정가치 1,200원으로 평가
• 2019년 3월 2일: 100주를 주당 1,300원에 매각
└──────────────────────────────────

① 단기매매증권처분이익 10,000원
② 단기매매증권처분이익 20,000원
③ 매도가능증권처분이익 10,000원
④ 매도가능증권처분이익 20,000원

해설
• 2018년 12월 31일 단기매매증권평가손실: (1,200원 − 1,400원)×100주 = 20,000원
• 2019년 3월 2일 단기매매증권처분이익: (1,300원 − 1,200원)×100주 = 10,000원

08 [2020년 4회, 1회]

(주)한국은 20×9년 8월 1일 (주)대한의 보통주 20주를 증권거래소에서 주당 8,000원에 수표를 발행하여 장기투자 목적으로 취득하면서 매입수수료 2,000원을 현금으로 지급하였다. 20×9년 10월 1일 (주)대한의 보통주 중 5주를 주당 9,000원에 매도한 경우 인식할 유가증권의 처분이익은 얼마인가? (단, 답은 숫자로만 작성하시오)

답: (   )원

해설
• 8월 1일

(차) 매도가능증권	162,000	(대) 현금	162,000

• 10월 1일

(차) 현금	45,000	(대) 매도가능증권	40,500
		매도가능증권처분이익	4,500

• (보통주 20주×구입가격 8,000원 + 수수료 2,000원)÷20주 = 주당 8,100원
∴ 처분이익: (처분가액 9,000원 − 장부가액 8,100원)×5주 = 4,500원

09 [2019년 4회]

[보기]는 단기매매증권 관련 회계자료이다. 단기매매증권의 회계처리와 관련하여 취득 시점의 장부가액과 처분 시점의 처분손익으로 적절한 것은?

┌─ 보기 ─────────────────────────────
• 2018년 10월 25일 단기매매증권 446,000원을 수수료 4,000원과 함께 현금으로 구매하다.
• 2018년 12월 31일 결산 시 공정가치는 410,000원이다.
• 2019년 1월 20일 440,000원에 처분하였다.
└──────────────────────────────────

	장부가액	처분손익
①	446,000원	−6,000원
②	446,000원	30,000원
③	450,000원	−6,000원
④	450,000원	30,000원

해설
취득 시 수수료는 영업외비용으로 처리하므로 취득 시점의 장부가액은 446,000원이다. 처분 시점에 장부가액(공정가치) 410,000원인 단기매매증권을 440,000원에 처분했으므로 처분이익은 30,000원이다.

10 [2022년 3회]

[보기]는 (주)삼전의 주식에 대한 취득 및 처분과 관련된 거래내역이다. 다음 설명 중 옳지 않은 것은?

> **보기**
> • 2021년 2월 1일 장기 시세차익 목적으로 (주)생산의 주식 100주를 주당 74,000원에 취득하다.
> • 2021년 12월 31일 결산 시 공정가치는 주당 70,000원으로 평가되다.
> • 2022년 4월 20일 (주)삼전의 주식 모두를 주당 80,000원에 처분하다.

① (주)삼전에 대한 취득 주식은 투자자산으로 분류된다.
② (주)삼전의 주식은 매도가능증권에 해당하며 공정가치를 적용하여 평가한다.
③ 2021년 12월 31일 매도가능증권평가손실은 자본 계정 중 자본조정에 해당된다.
④ 2022년 4월 20일 보유하고 있던 (주)삼전에 대한 주식 처분으로 인하여 매도가능증권처분이익 600,000원이 발생된다.

해설

매도가능증권평가손실은 자본 계정 중 기타포괄손익누계액에 해당된다.
• 2021년 2월 1일

(차) 매도가능증권	7,400,000	(대) 현금 등	7,400,000

• 2021년 12월 31일

(차) 매도가능증권평가손실	400,000	(대) 매도가능증권	400,000

• 2022년 4월 20일

(차) 현금 등	8,000,000	(대) 매도가능증권	7,000,000
		매도가능증권평가손실	400,000
		매도가능증권처분이익	600,000

11 [2021년 3회, 2019년 5회]

[보기]를 이용하여 2021년도 결산 후 손익계산서에 계상되는 당기 대손상각비와 재무상태표에 계상되는 대손충당금 기말 잔액은 각각 얼마인가?

> **보기**
> 1. 2021년 1월 1일 대손충당금 전기이월액은 180,000원이다.
> 2. 2021년 2월 20일 전기 매출채권 중 80,000원이 거래처의 부도로 회수할 수 없게 되었다.
> 3. 2021년 12월 31일 매출채권 기말 잔액은 60,000,000원이며, 이 중 회수 불가능한 것으로 추정되는 금액은 120,000원이다.

	대손상각비	대손충당금
①	20,000원	120,000원
②	20,000원	220,000원
③	80,000원	120,000원
④	80,000원	220,000원

해설

• 2월 20일

(차) 대손충당금	80,000	(대) 매출채권	80,000

• 대손충당금 잔액: 기초 대손충당금 180,000원 − 회수 불가능 80,000원 = 100,000원
• 대손충당금의 기말 잔액은 12월 31일 회수 불가능한 것으로 추정되는 120,000원이다.
• 당기 대손상각비: 대손충당금 기말 잔액 120,000원 − 대손충당금 잔액 100,000원 = 20,000원

12 [2020년 3회]

대손충당금 계정이 [보기]와 같을 경우, 당기 말 계상해야 하는 대손상각비와 대손충당금은 각각 얼마인가?

┌─ 보기 ─────────────────────────────────┐
│   대손충당금   │
│ ─────────────────────────────────────── │
│ 4/10 매출채권   35,000 │ 1/1 전기이월   50,000 │
│ • 단, 기말 매출채권 잔액은 3,000,000원이며, 충당금 설정은 1% │
│   보충법으로 한다.   │
└───┘

	기말 설정 대손상각비	기말 대손충당금 잔액
①	15,000원	15,000원
②	15,000원	30,000원
③	30,000원	30,000원
④	30,000원	45,000원

해설

• 대손충당금 잔액: 기초 대손충당금 잔액 50,000원 – 매출채권 35,000원 = 15,000원
• 기말 대손충당금 잔액: 기말 매출채권 잔액 3,000,000원×대손율 1% = 30,000원
• 대손상각비: 매출채권 잔액 3,000,000원×대손율 1% – 대손충당금 잔액 15,000원 = 15,000원

13 [2018년 3회]

(주)생산성본부는 채권 잔액의 2%를 대손충당금으로 설정한다. 다음 2018년 말 대손충당금 추가 설정액은 얼마인가?

┌─ 보기 ─────────────────────────────┐
│ • 2018.12.31. 매출채권 잔액 300,000,000원 │
│ • 2018.1.1. 대손충당금 3,000,000원   │
│ • 2018.5.1. 대손 발생 900,000원   │
└─────────────────────────────────────┘

답: (   )원

해설

• 대손충당금 잔액: 기초 대손충당금 3,000,000원 – 대손 발생 900,000원 = 2,100,000원
• 추가 설정액: 매출채권 잔액 300,000,000원×대손율 2% – 대손충당금 잔액 2,100,000원 = 3,900,000원

14 [2020년 5회]

(주)창조의 외상매출 관련 회계자료가 [보기]와 같을 때 외상매출금의 기말 잔액은 얼마인가? (단, 상품은 모두 외상으로 매출하였다)

┌─ 보기 ─────────────────────┐
│ • 외상매출금 기초 잔액: 30,000원   │
│ • 외상매출금 당기 매출액: 150,000원 │
│ • 매출에누리: 10,000원   │
│ • 대손 발생액: 30,000원   │
│ • 외상대금 회수액: 110,000원   │
└─────────────────────────────┘

답: (   )원

해설

외상매출금 기말 잔액: 기초 잔액 30,000원 + 당기 매출액 150,000원 – 매출에누리 10,000원 – 대손 30,000원 – 회수액 110,000원 = 30,000원

15 [2019년 4회]

식품제조업을 하는 (주)적성기업은 원재료인 감자가루의 안정적인 확보를 위해 총매입대금 3,000,000원 중 일부인 1,000,000원을 2018년 12월 10일 (주)생산기업에 선지급하였다. 실제 원재료 입고일이 2019년 1월 10일이라면 2018년 12월 10일에 (주)적성기업이 수행해야 할 회계처리로 옳은 것은?

①	(차) 선급금	1,000,000	(대) 현금	1,000,000
②	(차) 원재료	2,000,000	(대) 현금	2,000,000
③	(차) 매출원가	1,000,000	(대) 현금	1,000,000
④	(차) 선급비용	1,000,000	(대) 현금	1,000,000

해설

재고자산 구입 관련 계약금 지급액은 선급금으로 처리한다.

| 정답   **12** ②   **13** 3,900,000   **14** 30,000   **15** ①

16 [2022년 1회]

물가가 상승하는 시기에 기초재고자산과 기말재고자산이 같을 경우 당기순이익과 법인세비용을 가장 높게 하는 재고자산 원가결정 방법은?

① 선입선출법   ② 후입선출법
③ 이동평균법   ④ 개별법

해설

물가가 상승할 경우 당기순이익을 높게 평가하는 방법은 선입선출법이다. 당기순이익이 가장 높은 만큼 법인세비용도 많이 납부한다.

17 [2021년 3회, 2020년 1회]

물가가 하락하는 경우에 순이익을 적게 표시하고 법인세의 이연효과를 가져오게 하는 재고자산의 평가방법은?

① 선입선출법   ② 후입선출법
③ 이동평균법   ④ 개별법

해설

물가가 하락하는 경우 순이익을 적게 표시하려면 매출원가를 높여야 하므로 선입선출법으로 해야 한다. 또한 이익이 적게 표시되므로 법인세가 낮아져 법인세 이연효과가 나타난다.

18 [2021년 5회]

(주)무릉의 재고자산 현황이 [보기]와 같을 때, 재고자산감모손실과 기말 매출원가에 반영되는 재고자산감모손실 금액은 각각 얼마인가?

┌─ 보기 ─
• 기말 현재 장부상 재고자산은 100개, 취득가액은 5,000원이다.
• 기말 창고에 실제로 남아있는 재고자산은 90개이다.
• 감모손실분 중 7개는 원가성이 있다.
└─

	재고자산감모손실	기말 매출원가 반영분
①	45,000원	15,000원
②	45,000원	35,000원
③	50,000원	15,000원
④	50,000원	35,000원

해설

• 재고자산감모손실: 수량 10개×취득가액 5,000원=50,000원
• 감모손실 매출원가 반영분: 수량 7개×취득가액 5,000원=35,000원

19 [2021년 1회]

다음 [보기]는 (주)생산성의 당해 기말재고자산 관련 자료이다. (주)생산성이 실지재고조사법을 적용하여 결산을 할 경우 재고자산평가손실을 계산하면 얼마인가?

┌─ 보기 ─
• 장부상 재고자산 수량: 100개
• 조사한 결과 실제 재고수량: 90개
• 단위당 취득원가: 1,000원/개
• 단위당 시가(결산 시): 800원/개
└─

① 9,000원   ② 10,000원
③ 18,000원   ④ 20,000원

해설

재고자산평가손실: (취득원가 1,000원 − 시가 800원)×실제 재고수량 90개=18,000원

20 [2019년 5회]

다음 중 일반기업회계기준상 재고자산에 대한 설명으로 옳지 않은 것은?

① 재고자산의 매입과 관련된 할인항목은 매입원가에서 차감한다.
② 재고자산은 판매하여 수익을 인식한 기간에 매출원가로 인식한다.
③ 재고자산의 시가가 취득원가보다 하락한 경우에는 저가법을 사용한다.
④ 재고자산 판매 시 지출한 운반비는 재고자산의 원가에 포함한다.

해설

매입 시 지출한 운반비는 재고자산 원가에 포함하지만, 판매 시 지출한 운반비는 판매비와관리비이므로 원가에 포함하지 않는다.

21 [2019년 6회]

(주)무릉의 상품창고에 화재가 발생하였다. 상품재고와 관련된 내용이 다음과 같을 때, 상품창고에 남아 있어야 할 기말의 상품 재고자산 금액은?

┌─ 보기 ─────────────────────────
• 순매출액: 5,000,000원
• 매출총이익률: 25%
• 기초재고: 500,000원
• 당기매입액: 6,500,000원
• 화재에 의해 소실된 상품가액: 1,250,000원
└──────────────────────────────

답: (   )원

해설

• 매출총이익: 순매출액 5,000,000원×매출총이익률 25% = 1,250,000원
• 매출원가: 순매출액 5,000,000원 − 매출총이익 1,250,000원 = 3,750,000원
• 기말상품재고액: 기초재고 500,000원 + 당기매입 6,500,000원 − 매출원가 3,750,000원 = 3,250,000원
∴ 실제 재고액: 기말상품재고액 3,250,000원 − 소실 상품가액 1,250,000원 = 2,000,000원

22 [2020년 5회]

다음 [보기]는 (주)생산성의 재고 관련 자료이다. 이를 이용하여 (주)생산성의 매출원가를 구하면 얼마인가? (단위: 원)

┌─ 보기 ─────────────────────────
• 기초재고액: 150,000원
• 당기총매입액: 1,350,000원
• 기말재고액: 200,000원
• 매출할인: 100,000원
• 매입환출: 20,000원
• 매입할인: 80,000원
└──────────────────────────────

답: (   )원

해설

매출원가: 기초재고액 150,000원 + 당기총매입액 1,350,000원 − 매입환출 20,000원 − 매입할인 80,000원 − 기말재고액 200,000원 = 1,200,000원

23 [2020년 6회]

재고자산 매입과 매출의 회계처리에 대한 설명 중 옳지 않은 것은?

① 매출할인은 총매출액에서 차감한다.
② 매입할인 및 매입운임은 총매입액에서 차감한다.
③ 매출에누리 및 매출환입은 총매출액에서 차감한다.
④ 매입에누리 및 매입환출은 총매입액에서 차감한다.

해설

매입할인은 총매입액에서 차감하지만 매입운임은 총매입액에 가산한다.

24 [2022년 3회]

[보기]의 당기 말(2022년 12월 31일) 결산단계의 상품매출 계정에 대한 설명으로 옳지 않은 것은? (단, 주어진 내용 외에 다른 거래는 없는 것으로 가정한다)

┌─ 보기 ─────────────────────────

상품매출			
2/10 외상매출금	50,000	1/10 현금	100,000
		6/20 외상매출금	150,000

└──────────────────────────────

① 당기 중에 상품매출은 200,000원 증가하였다.
② 당기 중에 상품을 반품한 금액은 50,000원이다.
③ 이들 거래로 인하여 자본 거래는 200,000원 감소하였다.
④ 2022년 12월 31일을 기준으로 1년 이내에 회수해야 할 외상매출금은 100,000원이다.

해설

상품매출(수익)이 200,000원 증가하여 당기순이익이 200,000원 증가하고 이로 인해 자본에 반영되는 이익잉여금의 증가로 자본 증가 금액도 200,000원이다.
① 당기 중 매출한 상품은 200,000원(= 현금 100,000원 + 외상매출금 150,000원 − 외상매출금 50,000원)이다.
② 당기 중 상품을 반품한 금액은 차변의 외상매출금 50,000원이다.
④ 외상매출금 150,000원에서 반품 50,000원을 제외하고 당기에 회수해야 할 외상매출금은 100,000원이다.

| 정답 | **21** 2,000,000   **22** 1,200,000   **23** ②   **24** ③

비유동자산

1 비유동자산의 종류

비유동자산은 투자자산, 유형자산, 무형자산, 기타 비유동자산으로 구성된다.

구분	계정과목
투자자산	장기성예금, 장기금융상품, 특정 현금과 예금, 투자유가증권, 장기대여금, 투자부동산
유형자산	토지, 건물, 구축물, 기계장치, 차량운반구, 공구와 기구, 비품, 건설 중인 자산, 미착기계, 건설용 장비
무형자산	영업권, 특허권, 상표권, 실용신안권, 디자인권, 면허권, 광업권, 개발비, 소프트웨어
기타 비유동자산	장기외상매출금, 장기받을어음, 임차보증금, 전세권, 전신전화가입권, 이연법인세자산

📝 개념 확인문제

재무상태표상 비유동자산은 투자자산, 유형자산, 무형자산, 기타 비유동자산으로 구분한다.
다음 중 계정과목별 그 구분이 옳지 않은 것은?   [2019년 6회]

① 투자자산 – 매도가능증권   ② 유형자산 – 건설 중인 자산
③ 무형자산 – 개발비   ④ 기타 비유동자산 – 장기금융상품

해설
장기금융상품은 투자자산에 속한다.   정답 ④

2 유형자산

1. 유형자산의 종류

계정과목	자산 설명
토지	대지, 임야, 잡종지 등
건물	건물에 부속된 냉난방, 전기, 통신 및 기타의 건물부속설비 등을 포함
구축물	교량, 궤도, 갱도, 정원설비 및 기타의 토목설비 또는 공작물 등
기계장치	기계장치 · 운송설비(컨베이어, 호이스트, 기중기 등)와 기타의 부속설비 등
건설 중인 자산	• 유형자산의 건설을 위한 재료비, 노무비 및 경비(건설을 위하여 지출한 도급금액 등 포함) • 유형자산을 취득하기 위하여 지출한 계약금 및 중도금
기타 자산	차량운반구, 선박, 비품, 공기구 등

2. 유형자산의 취득

(1) 매입부대비용

유형자산의 취득원가는 유형자산 자체의 가격뿐만 아니라 해당 자산을 회사가 원하는 용도로 사용할 때까지 취득하는 과정에서 발생한 비용(수수료, 운반비, 설치비, 시운전비, 수입관세, 취득세, 등록세 등)을 모두 포함하여 결정된다. 매입할인 등이 있는 경우에는 이를 차감하여 취득원가를 산출한다.

> ### ➕ 매입부대비용
>
> - 설치장소 준비를 위한 지출
> - 설치비
> - 외부 운송 및 취급비
> - 설계 관련 전문가 수수료
> - 자본화 대상인 차입원가
> - 시운전비(시운전 과정에서 생산된 재화의 순매각액은 취득원가에서 차감)
> - 유형자산의 취득과 관련하여 국·공채 등을 불가피하게 매입하는 경우 당해 채권의 매입 금액과 현재가치와의 차액
> - 취득세, 등록세 등 유형자산의 취득과 직접 관련된 제세공과금
> - 해당 유형자산의 경제적 사용이 종료된 후에 원상회복을 위하여 그 자산을 제거, 해체하거나 부지를 복원하는 데 소요될 것으로 추정되는 복구원가

(2) 토지의 취득

토지 취득원가 = 토지가액 + 정지비 + 회사가 원하는 용도로 사용하기 위해 불가피하게 지출한 비용

거래 유형	건물 사용 여부	회계처리		자산인식
토지와 건물 함께 구입	건물 사용 시	(차) 토지 건물	××× ×××	토지와 건물을 각각 인식한다.
	건물 즉시 철거 시	(차) 토지	×××	철거비용을 토지의 취득원가에 가산한다.

(3) 자산의 교환

교환의 종류	의미	취득원가
이종자산의 교환	다른 종류의 자산과의 교환으로 취득한 유형자산	제공한 자산의 공정가치
동종자산의 교환	동일한 업종 내에서 유사한 용도로 사용되고, 공정가치가 비슷한 동종자산과의 교환으로 취득한 유형자산	제공한 자산의 장부 금액

(4) 유형자산의 매입과 부가가치세

유형자산을 매입하는 거래에서 토지(면세)를 제외하고는 모두 부가가치세를 부담하게 된다. 부가가치세는 별도로 부가세대급금 계정을 사용하며 이후 적법한 거래라고 한다면 부가세신고에서 매입세액을 공제받을 수 있다. 다만, 1,000cc를 초과하는 비영업용 소형승용차에 대해서는 매입세액공제가 불가능한 거래이므로 부가세대급금은 0원이며 매입세액을 차량운반구 가격에 포함하여 표기한다.

다음 중 유형자산의 취득원가에 포함되지 않는 것은?   [2018년 4회]

① 구입수수료   ② 취득세 및 등록세
③ 운반비   ④ 재산세

해설

재산세는 유형자산의 취득 이후에 보유하며 납부하는 것으로 세금과공과(비용)로 처리한다.   정답 ④

3. 유형자산의 평가 - 감가상각

(1) 감가상각의 의의

유형자산은 수익·비용 대응의 원칙에 따라 취득원가를 기간에 배분하기 위해 결산일에 감가상각을 실시한다. 모든 유형자산이 아닌 토지(임야)와 건설 중인 자산을 제외한 자산이 감가상각 대상 자산이며, 감가상각방법은 정액법, 정률법, 연수합계법, 생산량비례법 등이 있다. 감가상각은 체계적이고 합리적이어야 하며, 정당한 사유가 없는 한 매기 지속되어야 한다.

유형자산의 감가상각은 자산이 사용 가능한 때부터 시작한다. 사용이 중단된 자산에 대해서 처분, 폐기 예정인 경우 감가상각을 실시하지 않으며, 자산의 분류를 투자자산으로 변경한다. 하지만 미래에 사용할 예정인 경우에는 감가상각을 실시하며, 영업외비용으로 처리한다.

(2) 감가상각의 계산방법 중요

구분	계산방법
정액법	자산의 내용연수 동안 일정액의 감가상각액을 인식하는 방법이다. (취득원가−잔존가치)÷내용연수
정률법	자산의 내용연수 동안 감가상각액이 매 기간 감소하는 방법이다. (취득원가−감가상각누계액)×상각률
연수합계법	자산의 내용연수 동안 감가상각액이 매 기간 감소하는 방법이다. $(취득원가−잔존가치) \times \dfrac{내용연수의 역순}{내용연수의 합}$
생산량비례법	자산의 예상조업도 혹은 예상생산량에 근거하여 감가상각액을 인식하는 방법이다. $(취득원가−잔존가치) \times \dfrac{당기생산량}{총예정생산량}$

➕ **감가상각의 회계처리**

감가상각비는 비용으로 제조원가 및 판매비와관리비로 반영되며, 감가상각누계액은 자산의 차감적 평가 계정으로 재무상태표 해당 자산에 차감하는 방식으로 표시된다.

(차) 감가상각비	×××	(대) 감가상각누계액	×××

(주)창조는 2018년 11월 1일에 기계장치(취득원가 650,000원, 내용연수 5년, 잔존가액 50,000원)를 구매하였다. 2018년 12월 31일 차기로 이월되는 감가상각누계액은 얼마인가? (단, 감가상각은 정액법에 의하며 월할상각함)   [2019년 1회, 2018년 5회]

답: (   )원

해설

(취득원가 650,000원 − 잔존가액 50,000원)÷내용연수 5년×2개월/12개월=20,000원   **정답** 20,000

4. 후속지출 – 수익적 지출, 자본적 지출

유형자산을 취득한 후에도 자산을 위한 지출이 발생할 수 있다. 취득 후 발생하는 지출에 대해서는 그 특성에 따라서 자산과 비용으로 나눠서 분류하고 있다. 비용으로 처리하는 것을 수익적 지출, 자산으로 처리하는 것을 자본적 지출이라고 한다.

구분	내용
수익적 지출 (비용 증가)	• 자산의 현상유지, 능률유지, 원상회복 예 유리창의 교환, 페인트칠, 부품교체, 자동차 부품교체 등 • 회계처리: (차) 수선비 ××× (대) 현금 등 ×××
자본적 지출 (자산 증가)	• 자산의 내용연수 및 사용연수, 사용가치의 증가, 생산량의 증대 예 엘리베이터의 설치, 건물의 증축, 중앙냉난방장치의 설치 등 • 회계처리: (차) 해당 자산 ××× (대) 현금 등 ×××

자산의 취득 이후 자본적 지출에 대해서는 취득원가에 포함 후 결산 시 감가상각을 통해 비용화한다. 이 과정에서 내용연수가 증가한 경우 감가상각 당시의 내용연수에 추가하여 감가상각비를 계산한다.

💡 **TIP**

차량에 대한 수익적 지출은 차량유지비 계정을 사용한다.

5. 유형자산의 처분

유형자산의 폐기 또는 처분으로부터 발생하는 손익은 처분 금액과 장부 금액의 차액으로 결정하며, 손익계산서에서 당기손익으로 인식한다. 장부 금액보다 많은 대가를 받으면 유형자산처분이익(영업외수익)으로 인식하고, 장부 금액보다 적은 대가를 받으면 유형자산처분손실(영업외비용)로 인식한다.

💡 **TIP**

유형자산의 취득원가에서 감가상각누계액을 차감한 것을 장부가액이라고 한다.

다음 [보기] 중 법인세법상 자본적 지출에 해당하는 금액은 얼마인가?   [2018년 6회]

┌ 보기 ────────────────────────────────────┐
• 자동차 타이어 교체   1,000,000원
• 본래의 용도를 변경하기 위한 개조   2,500,000원
• 빌딩 등에 있어서 피난시설 등의 설치   3,000,000원
└───┘

답: (   )원

해설
• 자본적 지출: 용도 변경을 위한 개조 2,500,000원+피난시설 설치 3,000,000원=5,500,000원
• 자동차 타이어 교체는 수익적 지출에 해당한다.   **정답** 5,500,000

3 무형자산

1. 무형자산의 정의

무형자산은 재화의 생산이나 용역의 제공, 타인에 대한 임대 또는 관리에 사용할 목적으로 기업이 보유 및 통제하고 있으며, 물리적 형체가 없지만 식별 가능하고, 미래 경제적 효익이 있는 비화폐성 자산이다.

➕ 무형자산의 감가상각

무형자산도 유형자산과 동일하게 감가상각을 한다. 감가상각은 사용 시점부터 시작하며, 합리적인 방법으로 정하되 정할 수 없는 경우 정액법으로 감가상각한다. 잔존가치는 없는 것을 원칙으로 하며, 내용연수는 법적으로 정한 경우를 제외하고 20년을 초과할 수 없다.

| (차) 무형자산상각비 | ××× | (대) 무형자산 | ××× |

---

2. 무형자산의 종류

영업권, 개발비, 산업재산권(특허권, 실용신안권, 디자인권, 상표권), 라이선스와 프랜차이즈, 저작권, 컴퓨터 소프트웨어, 임차권리금, 광업권, 어업권 등이 있다.

(1) 개발비

비용 발생시점 및 요건	연구단계	개발단계	
		자산요건 미충족	자산요건 충족
계정과목	판매비와관리비	판매비와관리비	무형자산
계정처리	연구비	경상개발비	개발비

무형자산을 창출하기 위한 지출을 연구단계와 개발단계로 구분할 수 없는 경우, 그 지출은 모두 연구단계에서 발생한 것으로 본다.

(2) 영업권

영업권이란 기업의 특별한 기술, 지식, 경영능력 등을 의미하며 미래에 기대되는 초과수익력을 나타낸다. 내부적으로 창출된 영업권과 외부에서 구입한 영업권 두 가지로 나눌 수 있으나, 내부적으로 창출된 영업권은 취득원가를 객관적으로 인식할 수 없으므로 인정하지 않고, 외부에서 유상취득한 경우만 영업권으로 인식한다.

| 영업권 = 합병과정에서 대가로 지급한 금액 − 취득한 회사의 순자산의 공정가치 |

✎ 개념 확인문제

다음 중 무형자산에 해당하지 않는 것은?   [2020년 4회]

① 영업권
② 라이선스
③ 소프트웨어
④ 연구단계에서 발생한 개발비

해설

개발비는 비경상적으로 발생되며 미래 경제적 효익의 발생 가능성이 확실한 경우 무형자산으로 인식된다. 연구단계에서 발생한 개발비, 경상적으로 발생하며 경제적 효익이 불확실한 경상개발비는 당기비용으로 처리한다.   **정답 ④**

4 기타 비유동자산

1. 기타 비유동자산의 종류

투자자산, 유형자산, 무형자산에 속하지 않은 자산은 기타 비유동자산으로 분류한다. 종류는 장기외상매출금, 장기받을어음, 임차보증금, 전세권, 전신전화가입권, 이연법인세자산 등이 있다.

2. 임차보증금의 의의

돈을 지불하고 타인의 물건을 빌려 쓸 때 일정한 채무의 담보로 미리 채권자에게 제공하는 금전을 의미한다. 예를 들어 건물 등을 임차하고 임대차와 관련하여 채무를 불이행할 경우 채무 담보 목적으로 납부하는 보증금이며 부동산 계약의 종료 후 돌려받을 권리가 있는 자산 계정이다.

TIP

임차보증금은 회수할 권리가 있는 자산 계정이지만 월세에 해당하는 임차료는 지출의 성격으로 비용 계정에 해당한다.

01 [2018년 6회]

재무상태표상에서 비유동자산을 투자자산, 유형자산, 무형자산, 기타 비유동자산으로 구분한다. 다음 중 계정과목별 구분이 옳지 않은 것은?

① 투자자산 – 매도가능증권
② 유형자산 – 기계장치
③ 무형자산 – 영업권
④ 기타 비유동자산 – 특허권

해설

특허권은 무형자산에 해당한다.

02 [2019년 5회]

자산은 유동자산과 비유동자산으로 구분한다. 다음 계정 중 유동자산에 해당되지 않는 것은?

① 비품
② 상품
③ 현금성자산
④ 외상매출금

해설

비품은 유형자산으로 비유동자산에 해당된다.

03 [2019년 4회]

자산은 유동자산과 비유동자산으로 구분되고 비유동자산은 투자자산, 유형자산, 무형자산, 기타 비유동자산으로 구분된다. 다음 중 계정과목별 구분이 옳지 않은 것은?

① 투자자산 – 매도가능증권
② 유형자산 – 상품
③ 무형자산 – 영업권
④ 기타 비유동자산 – 임차보증금

해설

상품의 경우 유형자산이 아닌 유동자산 중 재고자산에 해당한다. 재고자산의 다른 예로는 제품, 반제품, 재공품, 원재료, 저장품 등이 있으며 유형자산에는 토지, 건물, 기계장치, 차량운반구, 비품 등이 있다.

04 [2018년 4회]

다음 거래를 회계처리할 때 차변 계정과목으로 옳은 것은?

┌ 보기 ┐
한국(주)은 울산공장의 진입로 개선을 위해 하천을 통과하기 위한 다리를 놓기로 하면서 공사 시작과 동시에 공사착수금으로 오늘 (주)대한건설에 당좌수표 10,000,000,000원을 발행하여 지급하였다.

① 선급금
② 건물
③ 구축물
④ 건설 중인 자산

해설

완성된 건물이 아니라 건설하기 위해 착수금을 지불한 것은 건설 중인 자산 계정으로 처리한다.

(차) 건설 중인 자산 10,000,000,000	(대) 당좌예금 10,000,000,000

05 [2018년 5회]

다음 중 유형자산의 취득원가에 가산하는 금액에 해당하지 않는 것은?

① 설치비
② 자본화 대상인 차입원가
③ 시험 과정에서 생산된 재화의 순매각금액
④ 취득세, 등록세 등 유형자산의 취득과 직접 관련된 제세공과금

해설

유형자산의 취득 시 정상적으로 작동되는지 여부를 시험하는 과정에서 발생하는 원가는 취득원가에 포함한다. 하지만 시험 과정에서 생산된 재화의 순매각금액은 취득원가에서 차감한다.

| 정답 | 01 ④   02 ①   03 ②   04 ④   05 ③

06 [2022년 1회]

[보기]는 공장을 신축하기 위해 토지를 구입한 내용이다. 토지 계정에 기록할 취득원가는 얼마인가?

┌─ 보기 ─────────────────────────
• 구입가액: 60,000,000원
• 구입 관련 법률자문비용: 5,000,000원
• 토지 위 구건물 철거비용: 2,000,000원
• 구건물 철거 후 잡수익: 600,000원
└────────────────────────────

① 60,400,000원　　　　② 65,400,000원
③ 66,400,000원　　　　④ 67,400,000원

해설

취득원가: 구입가액 60,000,000원 + 법률자문비용 5,000,000원 + 철거비용 2,000,000원 − 철거 후 잡수익 600,000원 = 66,400,000원

08 [2022년 3회]

[보기]는 (주)생산이 1차 회계연도 초에 구입한 건물과 관련한 자료이다. (주)생산이 정률법으로 감가상각을 할 경우, 3차 회계연도 말 손익계산서에 계상될 감가상각비를 구하면 얼마인가? (정답은 단위를 제외하고 숫자만 입력하시오.)

┌─ 보기 ─────────────────────────
• 취득원가: 1,000,000원
• 잔존가치: 100,000원
• 내용연수: 5년
• 상각정률: 40% 적용
└────────────────────────────

답: (　　　　　　　)원

해설

• 1차 회계연도 감가상각비: 취득원가 1,000,000원 × 40% = 400,000원
• 2차 회계연도 감가상각비: (취득원가 1,000,000원 − 1차 회계연도 감가상각비 400,000원) × 40% = 240,000원
∴ 3차 회계연도 감가상각비: (취득원가 1,000,000원 − 1차 회계연도 감가상각비 400,000원 − 2차 회계연도 감가상각비 240,000원) × 40% = 144,000원

07 [2021년 2회, 2020년 1회]

(주)창조의 2019년 기계장치에 대한 회계처리 자료가 [보기]와 같을 때 손익계산서상 비용 항목 중 기계장치와 관련된 2019년도의 감가상각비는 얼마인가?

┌─ 보기 ─────────────────────────
1. 기계장치 기말 잔액

구분	2018.12.31.	2019.12.31.
기계장치	5,000,000원	4,500,000원
감가상각누계액	1,600,000원	1,700,000원

2. 기중거래(기계장치에 대한 모든 거래)

(차) 당좌예금　　2,300,000　(대) 기계장치　3,000,000
　　감가상각누계액　600,000
　　유형자산처분손실　100,000
└────────────────────────────

답: (　　　　　　　)원

해설

• 기말 수정 전 감가상각누계액: 2018년 기말 감가상각누계액 1,600,000원 − 처분 600,000원 = 1,000,000원
• 기말 수정 후 감가상각누계액: 1,700,000원

(차) 감가상각비	700,000	(대) 감가상각누계액	700,000

09 [2021년 6회, 2019년 5회]

다음 중 유형자산의 회계처리에 대한 설명으로 옳지 않은 것은?

① 유형자산은 장기간 사용을 목적으로 하는 자산이다.
② 유형자산의 감가상각누계액은 유형자산의 차감적 평가 계정이다.
③ 유형자산 처분 시 장부가액이 처분가액보다 크다면 유형자산처분이익이 발생한다.
④ 감가상각은 수익에 대응될 적절한 비용을 산정하기 위한 취득원가의 인위적인 배분과정이다.

해설

유형자산 처분 시 장부가액이 처분가액보다 크면 유형자산처분손실이 발생한다.

10 [2021년 3회]

다음 [보기]는 (주)생산성이 당기 이전에 구입한 건물과 관련된 자료이다. (주)생산성이 연수합계법을 적용하여 감가상각을 할 경우 2021년 12월 31일 결산 시 손익계산서에 계상될 감가상각비를 구하면 얼마인가?

┌─ 보기 ─────────────────────────┐
- 취득시점: 2019년 1월 1일
- 취득원가: 1,000,000원
- 내용연수: 5년
- 잔존가치: 0원
└────────────────────────────┘

답: (   )원

해설

감가상각비: (1,000,000원 − 0원)×3년/15년* = 200,000원
*내용연수의 합: 1년 + 2년 + 3년 + 4년 + 5년 = 15년

11 [2018년 5회]

다음 중 유형자산인 토지에 대한 수익적 지출을 자본적 지출로 잘못 회계처리한 경우 발생하는 효과로 옳은 것은?

① 순이익의 과소계상
② 부채의 과대계상
③ 자산의 과소계상
④ 비용의 과소계상

해설

수익적 지출은 수선비(비용)로 인식하며, 자본적 지출은 자산으로 처리한다. 수익적 지출을 자본적 지출로 처리한 경우 자산은 과대계상, 비용은 과소계상된다.

12 [2020년 6회]

사무용 건물의 성능 개선을 위한 지출인 자본적 지출을 수익적 지출로 잘못 회계처리하였다. 이 경우 발생되는 결과에 대한 설명으로 적절한 것은?

① 비용의 과소계상
② 자산의 과소계상
③ 부채의 과대계상
④ 자본의 과대계상

해설

자본적 지출은 자산으로 처리하며 수익적 지출은 비용으로 처리한다. 자산을 비용으로 잘못 처리한 경우이므로 자산은 과소계상, 비용은 과대계상된다. 비용의 과대계상은 이익의 과소, 이익잉여금의 과소, 자본 총계의 과소를 발생시킨다.

13 [2018년 2회]

[보기]에서 2018년도 결산 시 손익계산서에 계상될 감가상각비는 얼마인가?

┌─ 보기 ─────────────────────────┐
- 2013년 1월 1일 건물을 10,000,000원에 취득하여 정액법(내용연수 10년, 잔존가치 없음)으로 감가상각해 오고 있다.
- 2018년 1월 1일 건물에 대한 리모델링 공사를 시행한 결과 자본적 지출 1,000,000원과 수익적 지출 200,000원이 발생하였으며, 건물의 내용연수가 1년 연장되었다.
└────────────────────────────┘

답: (   )원

해설

- 2013년 감가상각비: (취득원가 10,000,000원 − 잔존가치 0원)÷내용연수 10년 = 1,000,000원
- 감가상각누계액: 1,000,000원×5년 = 5,000,000원
- 2018년 1월 1일 장부가액: 취득원가 10,000,000원 − 감가상각누계액 5,000,000원 + 자본적 지출 1,000,000원 = 6,000,000원
∴ 2018년 감가상각비: (6,000,000원 − 0원)÷(5년 + 1년) = 1,000,000원

14 [2019년 1회]

다음 중 '물리적 형체는 없지만 식별 가능하고 기업이 통제하고 있으며 미래 경제적 효익이 있는 비화폐성 자산'에 해당하는 계정과목으로 옳은 것은?

① 단기대여금   ② 재고자산
③ 선급금   ④ 상표권

해설

무형자산에 대한 설명이며, 상표권이 무형자산에 속한다.
① 단기대여금과 ③ 선급금은 당좌자산이며, ② 재고자산은 당좌자산과 함께 유동자산에 속한다.

| 정답 | 10 200,000   11 ④   12 ②   13 1,000,000   14 ④

15 [2022년 1회]

다음 중 무형자산에 해당하지 않는 것은?

① 개발비　　　　　　　　② 산업재산권
③ 소프트웨어　　　　　　④ 내부창출 영업권

해설

영업권은 유상으로 취득한 경우에만 무형자산으로 인식한다. 내부창출 영업권은 무형자산으로 인정하지 않으며 전액 당기비용으로 처리한다.

16 [2022년 1회]

다음 중 무형자산에 해당되는 항목의 합계를 계산하면 얼마인가?

┌─ 보기 ─────────────────────┐
│ • 연구비: 500,000원 │
│ • 개발비: 20,000,000원 │
│ • 경상개발비: 1,000,000원 │
│ • 임차권리금: 5,000,000원 │
│ • 임차보증금: 10,000,000원 │
│ • 소프트웨어: 5,000,000원 │
└─────────────────────────────┘

답: (　　　　　　　　)원

해설

• 무형자산: 개발비 20,000,000원 + 임차권리금 5,000,000원 + 소프트웨어 5,000,000원 = 30,000,000원
• 연구비, 경상개발비는 비용, 임차보증금은 기타 비유동자산에 해당한다.

17 [2022년 3회]

(주)생산의 제품개발과 관련하여 연구 및 개발활동의 회계자료가 [보기]와 같을 때 지출시점(감가상각 이전)에 무형자산으로 분류되는 계정의 금액 합계는 얼마인가?

┌─ 보기 ─────────────────────┐
│ • A: 기초연구단계에서 5,000원 지출 │
│ • B: 신제품 개발단계에서 4,000원 지출(비경상적으로 발생되며 미래 경제적 효익의 발생 가능성이 확실함) │
│ • C: 신기술 개발단계에서 3,000원 지출(경상적으로 발생되며 미래 경제적 효익의 발생 가능성이 불확실함) │
└─────────────────────────────┘

① 3,000원　　　　　　　　② 4,000원
③ 5,000원　　　　　　　　④ 7,000원

해설

• B는 개발단계에서 비경상적으로 발생되고 미래 경제적 효익의 창출이 확실하므로 무형자산인 개발비로 분류된다.
• 연구단계의 지출(A) 5,000원, 경상적으로 발생한 지출(C)은 비용으로 인식한다.

18 [2023년 1회]

[보기]는 (주)무릉이 사용 중이던 기계장치를 (주)생산의 A비품과 교환하는 거래자료이다. 이 거래에서 (주)무릉은 공정가치의 차액인 100,000원을 현금으로 받았다. 이 거래에서 (주)무릉이 취득하는 A비품의 취득원가는 얼마인가?

┌─ 보기 ─────────────────────────────┐

구분	기계장치	A비품
취득원가	1,500,000원	1,200,000원
감가상각누계액	(1,047,900원)	(838,320원)
시장공정가치	400,000원	300,000원

└─────────────────────────────────────┘

① 300,000원　　　　　　　② 361,680원
③ 400,000원　　　　　　　④ 452,100원

해설

• 기계장치와 비품은 서로 다른 종류의 자산 교환으로 이종자산 교환거래에 해당한다. 이종자산 교환거래의 경우 새로운 자산의 취득원가는 제공하는 자산의 공정가치로 한다. 교환 과정에서 손익이 발생할 경우 손익을 인식하며, 자산 교환 이외의 현금 수수가 발생한 경우 현금 수령액은 자산의 취득원가에서 차감하고 지급액은 취득원가에 가산한다.
• A비품의 취득원가: 기계장치의 공정가치 400,000원 − 현금 수령액 100,000원 = 300,000원

CHAPTER

04 부채

빈출 키워드
- ✓ 유동부채
- ✓ 비유동부채
- ✓ 퇴직급여충당부채
- ✓ 사채

1 부채의 정의

부채는 과거의 거래나 사건의 결과로 현재 기업실체가 부담하고 있고, 미래에 자원의 유출 또는 사용이 예상되는 의무이다.

부채는 상환기간 1년을 기준으로 유동부채와 비유동부채로 분류한다. 다만, 정상적인 영업주기 내에 소멸할 것으로 예상되는 매입채무와 미지급비용은 보고기간 종료일로부터 1년 이내에 결제되지 않더라도 유동부채로 분류한다. 유동부채로 분류하지 않은 부채는 비유동부채로 분류한다.

2 유동부채

1. 유동부채의 정의

기업의 정상적인 영업주기 내에 상환 등을 통해 소멸이 예상되는 매입채무(외상매입금, 지급어음)와 미지급비용, 보고기간 종료일로부터 1년 이내에 상환되어야 하는 단기차입금, 보고기간 후 1년 이상 결제를 연기할 수 있는 무조건 권리가 없는 부채를 말한다.

또한 당좌차월, 유동성 장기부채는 회계기간과 관계없이 1년 이내에 상환해야 하므로 유동부채로 분류한다. 이 외에도 미지급금, 선수금, 선수수익, 미지급법인세, 예수금 등이 유동부채에 속한다. 유동부채에 속하지 않는 부채는 비유동부채로 구분한다.

2. 매입채무

(1) 외상매입금

일반적 상거래, 즉 재고자산 거래에 대해 외상으로 매입을 한 경우 외상매입금 계정을 사용한다. 원재료를 외상으로 매입할 경우 차변에 원재료(재고자산)가 증가하며, 대변에 외상매입금(부채) 계정이 증가한다.

(2) 지급어음

일반적 상거래에서 어음을 발행하면 지급어음 계정을 사용하며 어음에 기입된 날짜까지 대금의 지급을 유예할 수 있다. 원재료를 매입하고 어음을 발행한 경우 차변에 원재료(재고자산)가 증가하고 대변에 지급어음(부채)이 증가한다. 어음의 만기에 상환을 하면 지급어음은 차변으로 기록된다.

3. 미지급금

일반적 상거래 이외의 채무거래에 대해서는 미지급금으로 기록한다. 투자자산, 유형자산, 무형자산 등의 취득과 관련되어 발생하는 외상거래와 어음거래 및 비용 계정의 미지급 거래를 미지급금으로 처리한다.

+ 어음의 발행과 수취

구분	일반적 상거래	일반적 상거래 이외	자금조달
채권	받을어음	미수금	대여금
채무	지급어음	미지급금	차입금

✎ 개념 확인문제

다음 중 소속의 구분이 다른 하나는 무엇인가?   [2020년 5회]

① 선수금   ② 미수금
③ 예수금   ④ 미지급금

해설

미수금은 자산 계정이며, 선수금, 예수금, 미지급금은 부채 계정이다.   **정답** ②

---

3 비유동부채

1. 비유동부채의 정의

보고기간 종료일로부터 1년 이내에 상환하지 않는 부채로 유동부채에 속하지 않는 부채는 비유동부채로 분류한다. 비유동부채에는 장기차입금, 각종 충당부채(퇴직급여충당부채), 사채, 임대보증금 등이 있다.

✎ 개념 확인문제

다음의 계정과목 중 성격이 다른 하나는?   [2018년 4회]

① 임대보증금   ② 유동성 장기부채
③ 퇴직급여충당부채   ④ 장기차입금

해설

유동성 장기부채는 유동부채에 해당하는 계정과목이다.
① 임대보증금, ③ 퇴직급여충당부채, ④ 장기차입금은 비유동부채에 해당한다.   **정답** ②

---

2. 퇴직급여충당부채

(1) 퇴직급여 설정

회사는 1년 이상 근속한 직원에 대해서 퇴직금을 지급해야 하는 의무가 있다. 퇴직금의 지급은 퇴직일에 이루어지더라도, 매년 결산일 퇴직금 지급대상 직원을 기준으로 퇴직급여 비용을 인식하며 충당부채를 설정하고 있다.

> 퇴직급여(충당부채 설정액) = 퇴직급여 추계액 - (기초 퇴직급여충당부채 - 당기 퇴직금 지급액)

(2) 퇴직급여 지급

퇴직급여는 매 결산일에 퇴직급여충당부채를 보충법으로 설정하며, 퇴직일에 퇴직급여충당부채를 차감하는 형식으로 지급한다. 퇴직급여 지급일에 퇴직급여충당부채가 부족할 경우 퇴직급여(비용)를 인식하며, 퇴직급여 지급 과정에서 발생하는 퇴직소득세 등의 원천징수 금액은 예수금 계정을 사용하여 회계처리한다.

3. 사채

(1) 사채의 발행

① **사채발행 형태**: 기업이 외부에서 장기간 자금을 조달하는 경우 사채를 발행하게 되면 회사에 부채가 증가하며 채권자가 발생한다. 채권자는 이자와 원금에 대한 수령을 할 뿐 회사에 대한 의결권을 갖지는 않는다. 사채는 액면이자율과 시장이자율의 차이에 따라 액면발행, 할인발행, 할증발행으로 나뉘며 유효이자율법에 의해 상각한다.

액면발행	액면(표시)이자율	=	시장(유효)이자율
할인발행	액면(표시)이자율	<	시장(유효)이자율
할증발행	액면(표시)이자율	>	시장(유효)이자율

사채발행의 회계처리는 대변에 사채를 액면가액으로 기록하고, 차변에 수령하는 대금은 발행가액으로 기록한다. 차변에 금액이 부족할 경우 할인발행으로 사채할인발행차금을 재무상태표 사채 계정(사채의 액면가액)에 차감하는 형식으로 기록되고, 대변에 금액이 부족할 경우 할증발행으로 사채할증발행차금을 재무상태표 사채 계정(사채의 액면가액)에 가산하는 형식으로 기록된다.

② **사채발행비 처리**: 사채의 발행에 소요된 비용으로 사채권인쇄비, 광고비, 발행수수료 등이 있다. 사채발행금액은 사채발행비를 차감한 후의 금액으로 사채할인발행차금에서는 가산하고, 사채할증발행차금에서는 차감한다. 사채할인발행차금으로 처리한 사채발행비는 유효이자율법에 따라 이자비용에 가산하여 상각된다.

(2) 사채할인발행

사채의 액면이자율이 시장이자율보다 적은 경우 할인발행이 된다. 할인발행은 발행가액이 액면가액보다 작다. 재무상태표의 사채 계정은 액면가액으로 기록되며 사채할인발행차금은 차감적 평가 계정으로 차감하는 형태로 기록된다. 사채할인발행차금 상각액은 유효이자율법에 따라 상각되며 상각액은 매년 증가한다. 사채가 할인발행된 경우에도 만기에는 액면가액과 동일한 금액이 되도록 장부 금액이 증가한다.

① **사채발행**: 액면가액이 1,000,000원인 사채를 유효이자율 12%, 액면이자율 10%, 만기 3년으로 발행하였다. 이자는 매년 말 지급하기로 하고 사채발행비는 없다.

3년 후 지급할 액면가액 1,000,000원의 현재가치(0.7118)	711,800원
매년 말에 지급할 이자 100,000원의 현재가치(연금 2.4018)	240,180원
합계	951,980원

(차) 현금	951,980	(대) 사채		1,000,000
사채할인발행차금	48,020			

② **사채이자 지급**

- 유효이자율 상각표

일자	유효이자(12%)	액면이자(10%)	상각액	장부 금액
20×1.1.1.				951,980원
20×1.12.31.	114,238원	100,000원	14,238원	966,218원
20×2.12.31.	115,946원	100,000원	15,946원	982,164원
20×3.12.31.	117,836원	100,000원	17,836원	1,000,000원
합계	348,020원	300,000원	48,020원	

- 20×1.12.31.

| (차) 이자비용 | 114,238 | (대) 현금 | 100,000 |
| | | 사채할인발행차금 | 14,238 |

- 20×2.12.31.

| (차) 이자비용 | 115,946 | (대) 현금 | 100,000 |
| | | 사채할인발행차금 | 15,946 |

- 20×3.12.31.

| (차) 이자비용 | 117,836 | (대) 현금 | 100,000 |
| | | 사채할인발행차금 | 17,836 |

③ **사채상환**: 만기에 상환하는 경우 액면가액으로 상환한다. 조기에 상환을 하는 경우 장부 금액보다 많은 금액을 상환하면 사채상환손실(영업외비용) 계정으로, 반대로 적은 금액을 상환하면 사채상환이익(영업외수익) 계정으로 처리한다.

- 만기상환

| (차) 사채 | 1,000,000 | (대) 현금 | 1,000,000 |

- 조기상환(20×1.12.31. 시점에서 970,000원 현금상환 가정)

| (차) 사채 | 1,000,000 | (대) 현금 | 970,000 |
| 사채상환손실 | 3,782 | 사채할인발행차금 | 33,782* |

* 48,020원 − 14,238원 = 33,782원

(3) 사채할증발행

사채의 액면이자율이 시장이자율보다 큰 경우에는 할증발행이 된다. 할증발행은 발행가액이 액면가액보다 크다. 재무상태표의 사채 계정은 액면가액으로 기록되며, 사채할증발행차금은 가산적 평가 계정으로 가산하는 형태로 기록된다.

사채할증발행차금 상각액은 유효이자율법에 따라 상각되며 상각액은 매년 증가한다. 사채가 할증발행된 경우에도 만기에는 액면가액과 동일한 금액이 되도록 장부가액이 감소한다.

① **사채발행**: 액면가액이 1,000,000원인 사채를 유효이자율 10%, 액면이자율 12%, 만기 3년으로 발행하였다. 이자는 매년 말 지급하기로 하고 사채발행비는 없다.

3년 후 지급할 액면가액 1,000,000원의 현재가치(0.7513)	751,300원
매년 말에 지급할 이자 120,000원의 현재가치(연금 2.4869)	298,428원
합계	1,049,728원

| (차) 현금 | 1,049,728 | (대) 사채 | 1,000,000 |
| | | 사채할증발행차금 | 49,728 |

② 사채이자 지급
• 유효이자율 상각표

일자	유효이자(12%)	액면이자(10%)	상각액	장부 금액
20×1.1.1.				1,049,728원
20×1.12.31.	104,973원	120,000원	15,027원	1,034,701원
20×2.12.31.	103,470원	120,000원	16,530원	1,018,171원
20×3.12.31.	101,829원	120,000원	18,171원	1,000,000원
합계	310,272원	360,000원	49,728원	

• 20×1.12.31.

(차) 이자비용	104,973	(대) 현금	120,000
사채할증발행차금	15,027		

• 20×2.12.31.

(차) 이자비용	103,470	(대) 현금	120,000
사채할증발행차금	16,530		

• 20×3.12.31.

(차) 이자비용	101,829	(대) 현금	120,000
사채할증발행차금	18,171		

③ 사채상환: 만기에 상환하는 경우 액면가액으로 상환한다. 조기에 상환을 하는 경우 장부가액보다 많은 금액을 상환하면 사채상환손실(영업외비용) 계정으로, 반대로 적은 금액을 상환하면 사채상환이익(영업외수익) 계정으로 처리한다.
• 만기상환

(차) 사채	1,000,000	(대) 현금	1,000,000

• 조기상환(20×1.12.31. 시점에서 970,000원 현금상환 가정)

(차) 사채	1,000,000	(대) 현금	970,000
사채할증발행차금	34,701*	사채상환이익	64,701
* 49,728원－15,027원＝34,701원			

📝 **개념확인문제**

다음 중 사채발행의 회계처리에 대한 설명으로 옳지 않은 것은? [2019년 4회]

① 대변에 사채를 발행가액으로 기록하고, 차변에 수령하는 대금을 액면가액으로 기록한다.
② 사채의 액면이자율이 시장이자율보다 낮은 경우 할인발행이 된다.
③ 사채할증발행차금은 사채의 가산적 평가 계정이다.
④ 유효이자율법 적용 시 사채할증발행차금 상각액은 매년 증가한다.

해설
사채발행의 회계처리는 대변에 사채를 액면가액으로 기록하고, 차변에 수령하는 대금을 발행가액으로 기록한다.

정답 ①

CHAPTER 04

기출&확인 문제

01 [2020년 3회]

다음은 당기 회계기간 중 외상매입금에 대한 T계정이다. 관련 설명으로 옳지 않은 것은?

┌ 보기 ┐

외상매입금					
3/15	보통예금	500,000	1/1	전기이월	1,000,000
12/31	차기이월	650,000	3/31	원재료	150,000

① 당기 중 순증감액은 350,000원 감소되었다.
② 당기 중 상환하지 못한 외상매입금은 650,000원이다.
③ 올해 초부터 갚아야 할 외상매입금은 1,000,000원이다.
④ 지난해 말까지 갚지 못한 외상매입금은 얼마인지 알 수 없다.

해설

지난해 말까지 갚지 못한 외상매입금은 T계정의 1월 1일 전기이월 거래로 이월된 금액 1,000,000원이다.

02 [2018년 4회]

다음은 이번 회계기간 중 차입금 계정과 관련된 모든 내용이 표시되어 있다. 차입금 계정에 대한 설명 중 옳지 않은 것은?

┌ 보기 ┐

차입금					
1/20	당좌예금	5,000	1/1	전기이월	7,500
1/31		?	1/22	현금	3,000

① 1월 20일 거래는 당좌수표를 발행하여 차입금을 상환한 경우이다.
② 1월 20일 거래로 인해 자본 총액에는 영향이 없다.
③ 1월 22일 거래로 인해 현금이라는 자산이 감소하였다.
④ 1월 22일 거래로 인해 차입금이라는 부채가 증가하였다.

해설

• 1월 20일

(차) 차입금(부채의 감소)	5,000	(대) 당좌예금(자산의 감소)	5,000

∴ 부채와 자산의 감소로 자본에는 영향을 미치지 않는다.

• 1월 22일

(차) 현금(자산의 증가)	3,000	(대) 차입금(부채의 증가)	3,000

∴ 현금 3,000원을 차입한 거래로 자산과 부채가 증가하였다.

03 [2019년 3회]

(주)미래는 [보기]와 같이 사채를 발행하였다. 2019년 말에 사채이자를 지급할 때 회계처리로 적절한 것은?

┌ 보기 ┐

• 발행 시점: 2019년 1월 1일
• 발행가액: 95,026원
• 사채액면: 100,000원(3년 만기, 액면이자율 8%, 이자는 매년 말 지급)
• 사채할인발행차금은 유효이자율법(유효이자율 10%)을 사용한다.

① (차) 이자비용 10,000 (대) 현금 8,000
　　　　　　　　　　　　　　사채할인발행차금 2,000

② (차) 이자비용 8,000 (대) 현금 10,000
　　사채할인발행차금 2,000

③ (차) 이자비용 9,503 (대) 현금 8,000
　　　　　　　　　　　　　　사채할인발행차금 1,503

④ (차) 이자비용 8,000 (대) 현금 9,503
　　사채할인발행차금 1,503

해설

• 액면이자 금액: 사채액면 100,000원 × 액면이자율 8% = 8,000원
• 유효이자 금액: 발행가액 95,026원 × 유효이자율 10% ≒ 9,503원
• 사채이자를 지급할 때 분개는 다음과 같다.

(차) 이자비용	9,503	(대) 현금	8,000
		사채할인발행차금	1,503

| 정답 | 01 ④ 　 02 ③ 　 03 ③

CHAPTER 05 자본

빈출 키워드
☑ 자본의 구성 ☑ 주식발행
☑ 유상감자 ☑ 자기주식

1 자본의 정의 및 구성

자본은 기업의 자산에서 부채를 차감한 후의 잔여지분으로 자기자본, 순자산, 주주지분이라고도 한다. 자본은 자본금, 자본잉여금, 자본조정, 기타포괄손익누계액, 이익잉여금으로 구성되어 있다.

구분	종류
자본금	보통주 자본금, 우선주 자본금
자본잉여금	주식발행초과금, 감자차익, 자기주식처분이익
자본조정	주식할인발행차금, 감자차손, 자기주식처분손실, 자기주식, 미교부주식배당금, 주식매수선택권
기타포괄손익누계액	매도가능증권평가이익, 매도가능증권평가손실, 해외사업환산손실, 해외사업환산이익, 현금흐름회피 파생상품 환산이익, 현금흐름회피 파생상품 환산손실, 재평가잉여금
이익잉여금	이익준비금, 기타법정적립금, 임의적립금, 미처분이익잉여금, 결손보전적립금

✍ 개념 확인문제

다음 중 주주와의 자본거래로 인해 발생한 항목이 아닌 것은? [2021년 1회, 2020년 3회, 2018년 4회]

① 자본금
② 주식발행초과금
③ 자기주식처분손익
④ 매도가능증권평가손익

해설
매도가능증권평가손익은 기업의 손익거래에서 발생한 항목으로 기타포괄손익누계액에 해당한다. 자본금은 주주와의 증자 및 감자 거래에서 발생한다. 주식발행초과금과 자기주식처분이익은 자본잉여금, 자기주식처분손실은 자본조정에 해당하므로 주주와의 자본거래에서 발생한다. **정답** ④

2 주식발행

1. 주식발행의 의미

회사 설립 이후에도 회사가 자금을 필요로 할 경우 신주를 발행할 수 있다. 유상증자는 주주로부터 대가를 수령하고 주식을 발행하는 것을 의미한다. 주식을 발행한다는 것은 자산이 증가하는 만큼 주주의 소유가 증가한다는 것을 의미하므로 주식발행을 하게 되면 자본금이 증가한다. 자본금은 반드시 액면 금액으로 인식해야 한다.

① 액면발행: 주식발행액=액면 금액
② 할증발행: 주식발행액>액면 금액
③ 할인발행: 주식발행액<액면 금액

2. 주식발행의 회계처리

① 3월 1일 신주 1,000주(액면 금액 @5,000원)를 현금 5,000,000원에 발행하다.

(차) 현금	5,000,000	(대) 자본금	5,000,000

② 3월 3일 신주 1,000주(액면 금액 @5,000원)를 현금 6,000,000원에 발행하다.

(차) 현금	6,000,000	(대) 자본금	5,000,000
		주식발행초과금	1,000,000

③ 3월 5일 신주 1,000주(액면 금액 @5,000원)를 현금 3,000,000원에 발행하다.

(차) 현금	3,000,000	(대) 자본금	5,000,000
주식발행초과금	1,000,000		
주식할인발행차금	1,000,000		

④ 3월 9일 신주 1,000주(액면 금액 @5,000원)를 현금 7,000,000원에 발행하다. 발행하는 과정에서 신주발행비 100,000원을 차감하고 수령하다.

(차) 현금	6,900,000	(대) 자본금	5,000,000
		주식할인발행차금	1,000,000
		주식발행초과금	900,000

TIP

주식할인발행차금을 인식하기 전 주식발행초과금이 있다면 우선적으로 상계처리한 후 차액을 주식할인발행차금으로 인식한다.

TIP

- 신주발행비에 대해서는 별도의 계정을 사용하지 않는다. 발행 금액에서 차감하며 주식발행초과금이 감소하거나 주식할인발행차금이 증가한다.
- 주식발행초과금을 인식하기 전에 주식할인발행차금을 상계하고 나머지 금액에 대해서 인식한다.

📝 개념 확인문제

[보기]는 (주)무릉의 유상증자와 관련된 자료이다. 유상증자 완료 시 재무상태표에 계상할 주식발행초과금은 얼마인가? (정답은 단위를 제외하고 숫자만 입력하시오.)

┌ 보기 ┐
- 발행주식 수: 10,000주
- 액면가: 5,000원
- 발행가: 5,500원
- 신주발행비: 1,000,000원

답: ( )원

해설
- 유상증자와 관련하여 할증발행 시 신주발행비는 주식발행초과금에서 차감한다.
- ∴ 주식발행초과금: 발행주식수 10,000주 × (발행가 5,500원 − 액면가 5,000원) − 신주발행비 1,000,000원 = 4,000,000원

(차) 현금	54,000,000	(대) 자본금	50,000,000
		주식발행초과금	4,000,000

정답 4,000,000

3. 무상증자

무상증자는 주주에 출자 없이 자본잉여금 요소를 이용해 자본금을 증가시키는 것이다. 예를 들어 자본잉여금의 주식발행초과금을 자본금으로 무상증자할 수 있는데, 이 경우 주식발행초과금은 감소하지만 자본금의 증가로 자본 요소들이 동일하게 증감하여 자본 총계는 변함이 없다.

이론 | 실무 시뮬레이션 | 최신기출문제

3 자본의 감소(감자) 거래

1. 유상감자

감자는 자본금 총액을 줄이는 거래를 의미한다. 유상감자는 자본금이 감소하며 자본 감소가 발생하고, 더불어 일정 금액을 주주에게 반환함으로써 회사의 자산도 같이 감소시킨다.

자본금은 항상 액면 금액으로 기록하며 감자로 인해 감소하므로 차변에 기록하고, 유상감자는 대변에 지불하는 금전에 맞게 기록한다. 이 과정에서 액면 금액보다 적은 금액이 지급되는 경우 대변에 차액을 감자차익(자본잉여금) 계정으로 인식한다. 반면 액면 금액보다 많은 금액을 지불하는 경우, 차변에 감자차손(자본조정) 계정으로 인식한다.

2. 감자의 회계처리

① 3월 1일 액면 금액 5,000원인 1,000주에 대해 현금 4,000,000원을 지불하고 매입소각하다.

(차) 자본금	5,000,000	(대) 현금	4,000,000
		감자차익	1,000,000

② 3월 3일 액면 금액 5,000원인 1,000주에 대해 현금 7,000,000원을 지불하고 매입소각하다.

(차) 자본금	5,000,000	(대) 현금	7,000,000
감자차익	1,000,000		
감자차손	1,000,000		

TIP

감자차손 인식 전 감자차익이 있다면 우선적으로 상계처리한 후 차액을 감자차손으로 인식한다.

개념 확인문제

다음은 (주)무릉의 자본변동 내용이다. 최종 소각 시점에서의 감자차손익은 얼마인가?

[2021년 6회, 2020년 1회, 2019년 1회]

> 보기
> ㉠ 2018년 10월 유통주식 200주(액면가 5,000원)를 주당 6,000원에 현금 매입하여 소각
> ㉡ 2018년 11월 유통주식 300주(액면가 5,000원)를 주당 4,000원에 현금 매입하여 소각

① 감자차손 100,000원   ② 감자차익 100,000원
③ 감자차손 300,000원   ④ 감자차익 300,000원

해설

• ㉠의 회계처리

(차) 자본금	1,000,000	(대) 현금	1,200,000
감자차손	200,000		

• ㉡의 회계처리

(차) 자본금	1,500,000	(대) 현금	1,200,000
		감자차손	200,000
		감자차익	100,000

정답 ②

4 자기주식 거래

1. 자기주식 거래의 유형

(1) 자기주식의 취득

자기주식의 취득은 회사가 발행한 주식을 재취득하는 것을 의미한다. 자본조정 계정으로 처리하며 액면 금액이 아닌 매입 금액으로 기록한다.

(2) 자기주식의 소각

자기주식을 처분하지 않고 소각하는 경우에는 자본금이 감소하고, 액면 금액보다 적은 금액을 지불한 경우에는 감소에 따른 차액을 감자차익(자본잉여금)으로 인식한다. 반면에, 액면 금액보다 큰 금액을 지불할 경우 차액을 감자차손(자본조정)으로 인식한다.

(3) 자기주식의 처분 〈중요〉

자기주식을 처분과정에서 취득 금액보다 많은 금액에 처분하면 차액을 자기주식처분이익(자본잉여금) 계정으로 처리하고, 취득 금액보다 적은 금액에 처분하면 차액을 자기주식처분손실(자본조정) 계정으로 처리한다.

2. 자기주식의 회계처리

① 3월 1일 자기주식 1,000주(액면가액 @5,000원)를 현금 6,000,000원에 매입하다.

(차) 자기주식	6,000,000	(대) 현금	6,000,000

② 3월 3일 위 자기주식 1,000주 중 400주를 소각하다.

(차) 자본금	2,000,000*1	(대) 자기주식	2,400,000*2
감자차손	400,000		

*1 자본금: 액면가액 @5,000원×400주 = 2,000,000원
*2 '6,000,000원 ÷ 1,000주 = 주당 6,000원'이므로 자기주식은 '취득가액 @6,000원×400주 = 2,400,000원'

③ 3월 5일 위 자기주식 300주를 현금 3,000,000원에 처분하다.

(차) 현금	3,000,000	(대) 자기주식	1,800,000
		자기주식처분이익	1,200,000

④ 3월 9일 위 자기주식 300주를 현금 500,000원에 처분하다.

(차) 현금	500,000	(대) 자기주식	1,800,000
자기주식처분이익	1,200,000		
자기주식처분손실	100,000		

5 기타포괄손익누계액

포괄손익은 투자 및 주주에 대한 분배가 아닌, 거래나 회계사건으로 인하여 일정 회계기간 동안 발생한 순자산의 변동액을 말한다. 손익 계정에서는 제외되지만 기타포괄손익에 포함되는 항목은 매도가능증권평가손익, 해외사업환산손익, 파생상품 평가손익, 재평가잉여금 등이 있다.

TIP

자기주식 소각에 대한 차이는 자본금의 감소에 대한 차이로 감자차손으로 인식한다.

TIP

1,300,000원의 처분손실을 인식하기 전에 자기주식처분이익 1,200,000원을 우선 상계하고, 나머지 금액에 대해서 자기주식처분손실로 인식한다.

6 이익잉여금

이익잉여금은 회사의 손익거래를 통해서 발생한 잉여금을 의미하며, 이익잉여금처분계산서는 이익잉여금을 배당 및 각종 적립금 적립으로 처분하는 과정을 나타낸다.

구분	내용
이익준비금	이익이 발생하면 상법상 강제로 회사에 적립해야 하는 법정적립금으로 그 한도는 최소 현금배당(중간배당을 포함한 금전배당)의 10% 이상 적립하며, 최대 자본금의 1/2(50%)까지 적립할 수 있다. 이외에도 기타 법정적립금이 있다.
기타 법정적립금	–
임의적립금	사업확장적립금, 감채(기금)적립금, 배당평균적립금
미처분이익잉여금	이익잉여금의 처분 전 금액을 의미한다. 반대의 계정으로 미처리결손금이 있다.

7 배당

1. 배당주는 입장

이익이 발생했을 때 회사의 주식을 소유한 주주에게 이익을 나눠주는 것을 배당이라고 한다. 배당은 현금을 지급하는 현금배당과 회사의 주식을 추가로 지급하는 주식배당 두 가지로 구분된다.

(1) 현금배당

현금배당이 결정된 결의일에는 이월이익잉여금을 감소시키고, 미지급배당금(부채) 계정으로 기록한 후 추후 현금배당이 지급되면 현금(자산)을 감소시킨다.

① 배당 결의일

(차) 이월이익잉여금[자본(-)] ×××　　(대) 미지급배당금(현금배당)[부채(+)] ×××

② 배당 지급일

(차) 미지급배당금[부채(-)] ×××　　(대) 현금[자산(-)] ×××

(2) 주식배당

주식배당이 결정된 결의일엔 현금배당과 동일하게 이월이익잉여금이 감소한다. 주식배당은 미교부주식배당금 계정으로 자본 계정이 증가한다. 이후 주식배당이 실시되면 미교부주식배당금은 감소하며 자본금 계정이 증가한다. 주식배당은 결국 이익잉여금의 감소, 자본금의 증가이다. 따라서 자본 전체의 증감은 없으며 대신 주식의 수가 증가한다.

① 배당 결의일

(차) 이월이익잉여금[자본(-)] ×××　　(대) 미교부주식배당금[자본(+)] ×××

② 주식 교부일

(차) 미교부주식배당금[자본(-)] ×××　　(대) 자본금[자본(+)] ×××

2. 배당받는 입장

현금으로 배당을 수령하는 경우에는 배당금수익을 인식한다. 하지만 주식으로 배당을 수령하는 경우에는 주식의 수와 액면가액에 변화가 있을 뿐, 전체 보유하는 유가증권의 가치에 변화가 오는 것이 아니므로 회계처리하지 않는다.

기출&확인 문제

01 [2022년 3회]

자본의 분류 중 잉여금은 자본잉여금과 이익잉여금으로 구분한다. 다음 중 소속이 다른 항목은 무엇인가?

① 감자차익
② 임의적립금
③ 주식발행초과금
④ 자기주식처분이익

해설

감자차익, 주식발행초과금, 자기주식처분이익은 자본잉여금에 해당된다. 임의적립금은 이익잉여금에 해당된다.

02 [2019년 6회]

[보기]의 (   )에 들어갈 용어는?

┌ 보기 ┐
일반기업회계기준에서 재무상태표상 자본은 자본금, 자본잉여금, 기타포괄손익누계액, 자본조정, (   )(으)로 분류한다.
└────┘

답: (   )

해설

재무상태표의 자본 항목은 자본금, 자본잉여금, 기타포괄손익누계액, 자본조정, 이익잉여금으로 구성된다.

03 [2019년 6회]

(주)무릉의 재무상태표 중 자본의 구성 항목이 다음과 같을 때, 자본잉여금, 자본조정, 기타포괄손익누계액 금액으로 옳은 것은?

┌ 보기 ┐
• 재평가잉여금	700,000원	• 이익준비금	200,000원
• 주식할인발행차금	300,000원	• 자기주식	250,000원
• 감자차익	350,000원	• 보통주 자본금	500,000원
• 매도가능증권평가이익	150,000원	• 감자차손	100,000원
└────┘

	자본잉여금	자본조정	기타포괄손익누계액
①	200,000원	550,000원	700,000원
②	200,000원	650,000원	850,000원
③	350,000원	550,000원	700,000원
④	350,000원	650,000원	850,000원

해설

• 자본잉여금: 감자차익 350,000원
• 자본조정: 주식할인발행차금 300,000원 + 자기주식 250,000원 + 감자차손 100,000원 = 650,000원
• 기타포괄손익누계액: 재평가잉여금 700,000원 + 매도가능증권평가이익 150,000원 = 850,000원

04 [2023년 1회]

[보기]의 제시된 7개의 내용을 자본잉여금, 자본조정, 이익잉여금으로 구분하고자 한다. 이익잉여금으로 구분되는 내용은 총 몇 개인가? (단, 정답은 단위를 제외한 1~7 사이의 숫자 하나만 입력하시오)

┌ 보기 ┐
주식발행초과금, 감자차익, 이익준비금, 미교부주식배당금, 주식할인발행차금, 자기주식처분손실, 자기주식
└────┘

답: (   )개

해설

• 자본잉여금: 주식발행초과금, 감자차익
• 자본조정: 자기주식, 주식할인발행차금, 자기주식처분손실, 미교부주식배당금
• 이익잉여금: 이익준비금

| 정답 | **01** ② **02** 이익잉여금 **03** ④ **04** 1

05 [2022년 1회]

주권상장회사 (주)생산성의 자본을 실질적으로 증가시키는 거래는?

① 자본잉여금과 이익준비금을 자본금에 전입시켰다.
② 적법한 절차를 밟아 주식을 할증발행하고 주금을 납입받았다.
③ 순운전자본이 부족하여 현금배당을 하지 않고 주식배당을 하였다.
④ 이미 발행된 자기회사 주식을 주식시장에서 액면가액으로 취득하였다.

해설

주금을 납입 받는 형태의 유상증자는 자산의 증가와 함께 자본금의 증가가 발생하며 할증발행의 경우 자본잉여금도 증가한다.
①, ③은 자본 불변, ④는 자본 감소를 나타낸다.

06 [2020년 4회, 2019년 6회, 2018년 6회]

(주)무릉은 2020년 4월 1일 증자를 통해 액면 금액 5,000원의 보통주 100주를 6,500원에 발행하였으며, 수수료 1,000원을 차감한 나머지는 현금으로 입금되었다. 이 거래가 재무제표에 미치는 영향으로 옳은 것을 모두 고르면?

┌─ 보기 ─────────────────────────
(가) 자산의 증가   (나) 부채의 감소
(다) 자본의 증가   (라) 자본의 감소
(마) 수익의 발생   (바) 비용의 발생
└───────────────────────────────

① (가), (다)   ② (가), (라)   ③ (다), (마)   ④ (다), (바)

해설

| (차) 현금(자산 증가) | 649,000 | (대) 자본금(자본 증가) | 500,000 |
| | | 주식발행초과금(자본 증가) | 149,000 |

07 [2021년 1회]

(주)무릉이 경기불황으로 사업축소를 위해 기발행 주식 3,000주를 주당 4,500원(액면가 @5,000원)에 매입하여 소각하였을 때, 재무상태표에 미치는 영향으로 옳은 것은? (단, 감자차손은 없다)

① 자본조정이 감소한다.
② 자본잉여금이 증가한다.
③ 이익잉여금이 감소한다.
④ 기타포괄이익이 증가한다.

해설

| (차) 자본금 | 15,000,000 | (대) 현금 등 | 13,500,000 |
| | | 감자차익 | 1,500,000 |

감자차익은 자본잉여금 계정으로 매입소각 거래를 통해 감자차익 1,500,000원이 발생하여 자본잉여금이 증가한다.

08 [2022년 1회]

다음은 (주)무릉의 자본변동 내용이다. 잘못된 것은?

> **보기**
> ⊙ 2022년 10월 말 (주)무릉의 주식 100주(액면가 5,000원)를 주당 4,000원에 현금 매입하여 소각
> ⓒ 2022년 11월 말 (주)무릉의 주식 200주(액면가 5,000원)를 주당 6,000원에 현금 매입하여 소각

① 2022년 10월 말 주식의 매입소각에 의해 발생한 감자차익은 100,000원이다.
② 2022년 11월 말 주식의 매입소각에 의해 발생한 감자차익은 200,000원이다.
③ 2022년 10월 말 주식의 매입소각에 의한 자본금 감소는 500,000원이다.
④ 2022년 11월 말 주식의 매입소각에 의한 자본금 감소는 1,000,000원이다.

해설

• 11월 말 자본잉여금의 감자차익 100,000원이 상계처리된 후 감자차손 100,000원이 발생한다.
• ⊙의 회계처리

| (차) 자본금 | 500,000 | (대) 현금 | 400,000 |
| | | 감자차익 | 100,000 |

• ⓒ의 회계처리

(차) 자본금	1,000,000	(대) 현금	1,200,000
감자차익	100,000		
감자차손	100,000		

09 [2019년 1회]

(주)고려는 이번 회계기간 기초에 자본은 1,000,000원, 이익잉여금은 400,000원이었다. 기중에 [보기]와 같은 거래가 발생할 때 자본과 이익잉여금에 미치는 영향은?

> **보기**
> • 당기에 보통주(액면 500원) 100주를 1주당 800원에 발행하다.
> • 이익잉여금을 처분하여 배당금 100,000원을 지급하다.
> • 당기순이익이 20,000원 발생하다.

	자본	이익잉여금
①	불변	불변
②	불변	감소
③	증가	불변
④	증가	감소

해설

| (차) 현금 | 80,000 | (대) 자본금 | 50,000 |
| | | 주식발행초과금(자본잉여금) | 30,000 |

| (차) 이익잉여금 | 100,000 | (대) 현금 | 100,000 |

자본금(50,000원)과 자본잉여금(30,000원)은 증가, 이익잉여금(100,000원 감소, 20,000원 증가)은 감소하며 자본은 불변이다.

10 [2019년 4회]

다음 자료에 나타나 있는 재무상태 변동내용에 따라 기초의 부채 금액을 계산하면 얼마인가? (단, 답은 숫자로만 작성하시오)

구분	기초	기말
자산	145,000원	180,000원
부채	(?)원	100,000원
기중 변동내역		주식발행 20,000원
		현금배당 5,000원

답: ( )원

해설

• 기말자본: 기말자산 180,000원 − 기말부채 100,000원 = 80,000원
• 기초자본: 기말자본 80,000원 − (주식발행 20,000원 − 현금배당 5,000원) = 65,000원
∴ 기초부채: 기초자산 145,000원 − 기초자본 65,000원 = 80,000원

CHAPTER

06 수익과 비용

빈출 키워드

- ☑ 영업수익　　　　　☑ 영업외수익
- ☑ 제조원가　　　　　☑ 매출원가
- ☑ 판매비와관리비　　☑ 영업외 비용

1 손익계산서의 구조

손익계산서

매출액	총매출액 − 매출환입 − 매출에누리 − 매출할인 = 순매출액
(−) 매출원가	기초재고액 + 당기순매입액 − 기말 재고액 = 매출원가
매출총이익(또는 매출총손실)	
(−) 판매비와관리비	주로 ~비, ~료, ~여, ~과
영업이익(또는 영업손실)	
(+) 영업외수익	
(−) 영업외비용	이자비용, 기부금, 기타의 대손상각비, ~손실
법인세차감전순이익(법인세차감전순손실)	
(−) 법인세비용	
당기순이익(또는 당기순손실)	

> 당기순매입액 = 총매입액 + 운반비 + 매입부대비용 − 매입환출 − 매입에누리 − 매입할인

2 수익

1. 수익의 인식 조건

수익은 경제적 효익이 유입됨으로써 자산이 증가하거나 부채가 감소하고 그 금액을 신뢰성 있게 측정할 수 있을 때 인식한다. 수익은 재화의 판매와 용역의 제공에 대해 받았거나 받을 판매대가의 공정가치로 인식하며 매출환입 및 에누리와 할인은 차감하여 측정한다. 재화의 판매와 용역의 제공에 대한 수익은 다음 조건이 모두 충족될 때 인식한다.

(1) 재화의 판매 조건

① 재화의 소유에 따른 유의적인 위험과 보상이 구매자에게 이전된다.
② 판매자는 판매한 재화에 대하여 소유권이 있을 때 통상적으로 행사하는 정도의 관리나 효과적인 통제를 할 수 없다.
③ 수익 금액을 신뢰성 있게 측정할 수 있다.
④ 경제적 효익의 유입 가능성이 매우 높다.
⑤ 거래와 관련하여 발생했거나 발생할 원가를 신뢰성 있게 측정할 수 있다.

(2) 용역의 제공 조건

① 거래 전체의 수익 금액을 신뢰성 있게 측정할 수 있다.
② 경제적 효익의 유입 가능성이 매우 높다.
③ 진행률을 신뢰성 있게 측정할 수 있다.
④ 이미 발생한 원가 및 거래의 완료를 위하여 투입하여야 할 원가를 신뢰성 있게 측정할 수 있다.

개념 확인문제

수익을 인식하기 위한 조건으로 다음과 같은 항목 등으로 기술할 때 (   )에 공통적으로 들어갈 적당한 용어는? (단, 정답은 한글로 작성한다) [2018년 4회]

┌ 보기
- 경제적 효익의 유입 가능성이 매우 높다.
- 수익 금액을 (   ) 있게 측정할 수 있다.
- 거래와 관련하여 발생하였거나 발생할 거래원가와 관련 비용을 (   ) 있게 측정할 수 있어야 한다.

답: (   )

해설
수익의 인식은 수익 금액을 신뢰성 있게 측정할 수 있어야 하며, 거래 관련 비용도 신뢰성 있게 측정할 수 있어야 한다.

정답 신뢰성

2. 영업수익

기업의 주된 영업활동으로부터 발생한 수익으로, 업종에 따라 제조업은 주로 제품매출 계정을, 도·소매업은 주로 상품매출 계정을 사용한다. 제품매출 계정과 상품매출 계정은 손익계산서에 반영이 되는 매출액으로 총매출 계정에서 매출환입, 매출에누리, 매출할인 계정을 모두 차감한 순매출액을 기준으로 계산한다.

3. 영업외수익

(1) 정의

도·소매업은 상품매출액, 제조업은 제품매출액, 부동산임대업은 수입임대료 등 주된 수익을 제외한 나머지 수익을 모두 영업외수익으로 인식한다.

(2) 종류

이자수익, 배당금수익, 수입임대료, 단기매매증권평가이익, 단기매매증권처분이익, 외환차익, 외화환산이익, 사채상환이익, 유형자산처분이익, 투자자산처분이익, 자산수증이익, 채무면제이익 등

3 비용

1. 제조원가와 매출원가

(1) 제조원가

원재료 관련 지출과 제품 생산 관련 공장, 생산, 제조부에서 발생하는 비용으로, 제품의 원가를 구성하며 자산이 된다.

(2) 매출원가

제조된 제품이 판매가 될 경우 해당 물건의 원가이다.

- 상품매출원가 = (기초상품재고액 + 당기순매입액) − 기말상품재고액 − 타계정대체
   = 판매가능상품 − 기말상품재고액 − 타계정대체
- 제품매출원가 = (기초제품재고액 + 당기제품제조원가) − 기말제품재고액 − 타계정대체
   = 판매가능재고액 − 기말제품재고액 − 타계정대체

2. 판매비와관리비

(1) 정의

본사, 사무실, 사무직, 영업부, 마케팅부 등에서 발생하는 비용을 의미한다. 계정의 명칭은 대부분 제조원가와 동일하지만 발생장소에 따라 제조원가, 판매비와관리비로 나뉜다.

(2) 종류

급여, 퇴직급여, 복리후생비, 교육훈련비, 여비교통비, 기업업무추진비, 통신비, 수도광열비, 세금과공과, 감가상각비, 임차료, 수선비, 보험료, 차량유지비, 경상연구개발비, 운반비, 도서인쇄비, 소모품비, 지급수수료(또는 수수료비용), 광고선전비, 대손상각비 등

> **기업업무추진비**
> 접대비의 명칭이 개정세법에 따라 2024.1.1.부터 기업업무추진비로 변경된다.

3. 영업외비용

(1) 정의

주된 영업활동이 아닌 투자활동이나 재무활동과 관련하여 발생한 비용을 의미한다.

(2) 종류

이자비용, 외환차손, 외화환산손실, 기부금, 매출채권처분손실, 단기매매증권평가손실, 단기매매증권처분손실, 재해손실, 유형자산처분손실, 투자자산처분손실, 재고자산감모손실(비정상 감모), 잡손실 등

✎ 개념 확인문제

다음 [보기]의 항목 중 손익계산서상 영업이익 금액에 영향을 미치지 않는 것은? [2020년 5회]

> **• 보기 •**
> (가) 직원의 피복비
> (나) 제품판매 시 운반비
> (다) 건물 구입 시 취득세
> (라) 원재료 구입 시 지급한 부가가치세
> (마) 비품의 내용연수를 연장하는 교체비

① (가), (나), (다)　　　　　　② (가), (나), (마)
③ (나), (다), (라)　　　　　　④ (다), (라), (마)

해설
- (가)는 복리후생비, (나)는 운반비로 판매비와관리비에 해당하므로 영업이익에 영향을 미친다.
- (다)는 건물, (라)는 부가가치세 대급금, (마)는 비품(유형자산의 자본적 지출로 자산으로 처리함)에 해당하므로 영업이익에 영향을 미치지 않는다.　　　　　　　　**정답** ④

기출&확인 문제

01 [2019년 3회]

[보기]는 재무회계의 개념체계에 대한 설명 중 일부이다. (   ) 안에 공통으로 들어갈 용어는?

┌ 보기 ┐
- 자산은 현재 기업실체에 의해 지배되고 미래에 (   )을(를) 창출할 것으로 기대되는 자원이다.
- 수익은 (   )이(가) 유입됨으로써 자산이 증가하거나 부채가 감소하고 그 금액을 신뢰성 있게 측정할 수 있을 때 인식한다.

답: (   )

해설

(   ) 안에 공통으로 들어갈 용어는 '경제적 효익'이다.

02 [2019년 1회]

(주)무릉의 기말 결산 시 당기순이익이 500,000원이었다. 결산과정 중 [보기]의 내용이 포함되었을 경우 올바른 당기순이익은 얼마인가?

┌ 보기 ┐
- 이자수익 과대계상액   50,000원
- 주식발행초과금 과대계상액   30,000원
- 감자차익 과소계상액   10,000원
- 단기투자자산 처분이익 과대계상액 25,000원

① 405,000원   ② 425,000원
③ 445,000원   ④ 450,000원

해설

- 주식발행초과금과 감자차익은 자본잉여금에 해당하므로 당기순이익에 영향을 미치지 않는다.
- 올바른 당기순이익: 결산 전 당기순이익 500,000원 – 이자수익 50,000원 – 단기투자자산 처분이익 25,000원 = 425,000원

03 [2018년 6회]

[보기]는 2018년 1월 1일 ~ 2018년 12월 31일 (주)한국의 손익계산서 계정과목이다. 영업이익을 계산하면 얼마인가?

┌ 보기 ┐
• 매출액	900,000원	• 기초상품재고액	400,000원
• 당기상품매입액	150,000원	• 매입환출액	40,000원
• 매입에누리액	20,000원	• 매입부대비용	30,000원
• 기말상품재고액	120,000원	• 판매비와관리비	155,000원
• 기부금	25,000원		

① 125,000원   ② 176,000원
③ 246,000원   ④ 345,000원

해설

- 매출원가: 기초상품재고액 400,000원 + 당기상품매입액 150,000원 – 매입환출액 40,000원 – 매입에누리 20,000원 + 매입부대비용 30,000원 – 기말상품재고액 120,000원 = 400,000원
- 매출총이익: 매출액 900,000원 – 매출원가 400,000원 = 500,000원
- ∴ 영업이익: 매출총이익 500,000원 – 판매비와관리비 155,000원 = 345,000원

| 정답 | **01** 경제적 효익   **02** ②   **03** ④

이론   실무 시뮬레이션   최신 기출문제

04 [2018년 2회, 2017년 6회 유사, 5회 유사]

[보기]를 이용하여 영업이익을 계산하면 얼마인가?

┌─ 보기 ─────────────────────────
- 매출총이익   100,000원
- 기업업무추진비   10,000원
- 광고선전비   5,000원
- 기부금   10,000원
- 대여금에 대한 대손상각비   8,000원
└──────────────────────────────

① 67,000원   ② 77,000원
③ 85,000원   ④ 90,000원

해설
- 영업이익: 매출총이익 100,000원 − 기업업무추진비 10,000원 − 광고선전비 5,000원 = 85,000원
- 기부금과 대여금에 대한 대손상각비(기타의 대손상각비)는 영업외비용 계정이다.

05 [2023년 1회]

[보기]는 (주)생산의 손익계산서 관련 자료이다. (주)생산의 영업이익은 얼마인가? (단, 정답은 단위를 제외한 숫자만 입력하시오)

┌─ 보기 ─────────────────────────
- 기초상품재고액   3,000,000원
- 기말상품재고액   1,500,000원
- 당기매출액   75,000,000원
- 당기매입액   45,000,000원
- 급여   5,500,000원
- 장기대여금 대손상각비   150,000원
- 감가상각비   870,000원
- 기업업무추진비   350,000원
- 매출상품 운반비   70,000원
- 이자비용   105,000원
└──────────────────────────────

답: (   )원

해설
- 매출원가: 기초상품재고액 3,000,000원 + 당기매입액 45,000,000원 − 기말상품재고액 1,500,000원 = 46,500,000원
- 매출총이익: 매출액 75,000,000원 − 매출원가 46,500,000원 = 28,500,000원
- 판매비와관리비: 급여 5,500,000원 + 감가상각비 870,000원 + 기업업무추진비 350,000원 + 운반비 70,000원 = 6,790,000원
- ∴ 영업이익: 매출총이익 28,500,000원 − 판매비와관리비 6,790,000원 = 21,710,000원
- 장기대여금 대손상각비(기타의 대손상각비), 이자비용은 영업외비용에 해당한다.

06 [2023년 1회]

[보기]의 계정과목 중 영업이익 계산과정에서 제외되는 항목으로만 짝지어진 것은?

┌─ 보기 ─────────────────────────
ㄱ. 매출원가
ㄴ. 종업원의 복리후생비
ㄷ. 이자비용
ㄹ. 건물의 감가상각비
ㅁ. 기부금
ㅂ. 단기매매증권평가손실
└──────────────────────────────

① ㄱ, ㄷ, ㅁ   ② ㄴ, ㅁ, ㅂ
③ ㄷ, ㄹ, ㅂ   ④ ㄷ, ㅁ, ㅂ

해설
- 영업이익 = 매출총이익 − 판매비와관리비
- 판매비와관리비: ㄴ. 종업원의 복리후생비, ㄹ. 건물의 감가상각비
- 영업외비용: ㄷ. 이자비용, ㅁ. 기부금, ㅂ. 단기매매증권평가손실

07 [2018년 6회]

(주)한국통상의 7월 회계자료가 [보기]와 같을 때 손익계산서의 판매비와관리비는 얼마인가?

┌─ 보기 ─────────────────────────
7/2   갑상품 10개 40,000원(개당 4,000원)을 매입하고 대금은 매입 시 운반대금 6,000원과 함께 현금으로 지급하다.
7/3   이번 달 매장 임차료 5,000원을 현금으로 지급하다.
7/16 거래처 접대를 위해 기업업무추진비 3,500원을 현금으로 지급하다.
7/25 갑상품 6개를 개당 7,000원에 매출하고 대금은 카드로 결제하였으며 갑상품 운반대금 4,000원은 현금으로 지급하다.
└──────────────────────────────

답: (   )원

해설
- 판매비와관리비: 매장 임차료 5,000원 + 거래처 기업업무추진비 3,500원 + 매출 시 운반비 4,000원 = 12,500원
- 매입 시 운반비는 취득원가에 포함된다.

결산

1 결산의 절차 및 핵심ERP 결산작업 내용

결산은 회계기간을 종료하기 전 마지막 단계로, 12월 31일로 장부를 마감하고 재무제표를 작성하는 과정이다. 결산의 순서는 수정전시산표를 작성하고 결산정리분개를 한 후 수정후시산표 및 정산표를 작성한다. 수익과 비용인 손익 계정을 집합손익으로 우선 마감하여 잉여금에 반영한 후 자산, 부채, 자본 항목에 대해 차기이월로 재무상태표 요소들도 마감한다. 이후 손익계산서와 재무상태표를 포함한 재무제표를 작성한다.

핵심ERP 프로그램에서의 결산작업은 [전표입력] 메뉴에 결산정리사항을 직접 입력하는 수동입력방식과 [결산자료입력] 메뉴에서 금액을 입력하여 자동으로 회계처리되는 방식이 있다.

구분	내용
수동입력사항	유가증권의 평가(단기매매증권, 매도가능증권 등), 외화자산 및 부채의 평가(외화환산이익, 외화환산손실), 가지급금 및 가수금 정리, 소모품(비) 정리, 현금과부족 정리, 선수수익 및 선급비용 정리, 미수수익 및 미지급비용 정리, 부가가치세 정리 등
자동입력사항	기말재고액 파악 및 매출원가 반영, 감가상각비 계상, 대손상각비 계상, 퇴직급여충당부채 설정, 법인세비용 추산 등

> **TIP**
>
> 시산표는 총계정원장에 전기된 내용의 오류를 검토하기 위해 작성하는 표이다. 대차금액의 합계가 일치하면 오류가 없는 것으로 판단하는 방식으로 금액의 차이가 없을 경우 오류를 발견하지 못하는 특징이 있다.

2 소모품 미사용액 정리

소모품이란 구입 후 사용하면서 소모되는 품목을 의미하며 회사의 형광등, 프린터 잉크, 사무용품, 청소도구 등을 예로 들 수 있다. 소모품을 회사가 구입하여 창고에 보관하고 있는 경우에는 자산으로 인식하지만, 사용한 부분은 비용으로 인식해야 한다. 소모품 구입 시 자산(소모품) 또는 비용(소모품비)으로 인식한 후 결산일에 사용액과 미사용액을 기준으로 자산과 비용을 정리한다.

1. 구입 시 자산으로 인식

(1) 구입일

(차) 소모품(사용 + 미사용)	×××	(대) 현금	×××

(2) 결산일

(차) 소모품비(사용)	×××	(대) 소모품(사용)	×××

2. 구입 시 비용으로 인식

(1) 구입일

(차) 소모품비(사용 + 미사용)	×××	(대) 현금	×××

> **소모품 회계처리**
> - 구입 시 자산(소모품) 처리
>   → 결산일 사용분을 소모품비 처리
> - 구입 시 비용(소모품비) 처리
>   → 결산일 미사용분을 소모품 처리

(2) 결산일

(차) 소모품(미사용)	×××	(대) 소모품비(미사용)	×××

3 손익 계정의 결산정리 <u>중요</u>

1. 수익의 이연(선수수익)

발생주의에 의해 회사가 입금 받은 돈이 모두 손익계산서의 수익 계정이 되는 것은 아니다. 당기에 해당하는 수익만 손익계산서 수익 계정에 반영되고, 차기에 해당하는 수익 부분은 선수수익(부채) 계정으로 재무상태표에 보고된다. 따라서 회사가 회계처리한 수익 계정 중에서 차기에 속하는 부분을 선수수익 계정으로 결산일에 정리하는 것이다.

① 1년분 이자를 모두 수령하고 수익(이자수익)으로 인식
  • 이자 수령일(<u>예</u> 9월)

(차) 현금	×××	(대) 이자수익(9월 ~ 차기 8월)	×××

  • 결산일

(차) 이자수익(차기 1월 ~ 8월)	×××	(대) 선수수익(차기 1월 ~ 8월)	×××

I/S 이자수익(당기)				B/S 선수수익(차기)							
9월	10월	11월	12월	1월	2월	3월	4월	5월	6월	7월	8월

② 1년분 이자를 모두 수령하고 부채(선수수익)로 인식
  • 이자 수령일(<u>예</u> 9월)

(차) 현금	×××	(대) 선수수익(9월 ~ 차기 8월)	×××

  • 결산일

(차) 선수수익(9월 ~ 12월)	×××	(대) 이자수익(9월 ~ 12월)	×××

I/S 이자수익(당기)				B/S 선수수익(차기)							
9월	10월	11월	12월	1월	2월	3월	4월	5월	6월	7월	8월

2. 비용의 이연(선급비용)

발생주의에 의해 회사가 지출한 돈이 모두 손익계산서의 비용 계정이 되는 것은 아니다. 당기에 해당하는 비용만 손익계산서 비용 계정에 반영되고 차기에 해당하는 지출 부분은 선급비용(자산) 계정으로 재무상태표에 보고된다. 따라서 회사가 회계처리한 비용 계정 중에서 차기에 속하는 부분을 선급비용 계정으로 결산일에 정리하는 것이다.

① 1년분 보험료를 모두 지급하고 비용(보험료)으로 인식
  • 보험료 지급일(<u>예</u> 9월)

(차) 보험료(9월 ~ 차기 8월)	×××	(대) 현금	×××

> **이자 회계처리**
> • 1년분 이자를 수익(이자수익) 처리
> → 결산일 차기분을 선수수익 처리
> • 1년분 이자를 부채(선수수익) 처리
> → 결산일 당기분을 이자수익 처리

> **보험료 회계처리**
> • 지급 시 비용(보험료) 처리
> → 결산일 미경과분을 선급비용 처리
> • 지급 시 자산(선급비용) 처리
> → 결산일 경과분을 보험료 처리

• 결산일

| (차) 선급비용(차기 1월 ~ 8월) | ××× | (대) 보험료(차기 1월 ~ 8월) | ××× |

I/S 보험료(당기)				B/S 선급비용(차기)							
9월	10월	11월	12월	1월	2월	3월	4월	5월	6월	7월	8월

② 1년분 보험료를 모두 지급하고 자산(선급비용)으로 인식
  • 보험료 지급일(예 9월)

| (차) 선급비용(9월 ~ 차기 8월) | ××× | (대) 현금 | ××× |

• 결산일

| (차) 보험료(9월 ~ 12월) | ××× | (대) 선급비용(9월 ~ 12월) | ××× |

I/S 보험료(당기)				B/S 선급비용(차기)							
9월	10월	11월	12월	1월	2월	3월	4월	5월	6월	7월	8월

3. 수익의 예상(미수수익)

발생주의에 의해서 수령해야 하는 수익을 약정 및 여러 상황 때문에 아직 수령하지 못한 경우 결산일에 인식하는 계정이다. 예를 들어, 대금을 대여해 주고 1년 뒤 만기에 원금과 이자를 일괄 수령하기로 했을 경우, 당기에 수령하는 이자는 없지만 기간이 경과해서 발생한 금액은 손익계산서 수익 계정에 반영한다.

① 결산일(결산 시 수령한 금액이 없어도 당기수익으로 인식)

| (차) 미수수익(9월~12월) | ××× | (대) 이자수익(9월~12월) | ××× |

I/S 이자수익(당기)				(차기)							원금 + 이자
9월	10월	11월	12월	1월	2월	3월	4월	5월	6월	7월	8월

4. 비용의 예상(미지급비용)

발생주의에 의해서 지급해야 하는 비용을 약정 및 여러 상황 때문에 아직 지급하지 못하고 있을 경우 결산일에 인식하는 계정이다. 예를 들어, 대금을 차입하고 1년 뒤 만기에 원금과 이자를 일괄 지급하기로 했을 경우 당기에 지급하는 이자는 없지만 기간이 경과해서 발생한 금액은 손익계산서 비용 계정에 반영한다.

① 결산일(결산 시 지급한 금액이 없어도 당기비용으로 인식)

| (차) 이자비용(9월~12월) | ××× | (대) 미지급비용(9월~12월) | ××× |

I/S 이자비용(당기)				(차기)							원금 + 이자
9월	10월	11월	12월	1월	2월	3월	4월	5월	6월	7월	8월

4 외화자산과 외화부채의 평가

화폐성 외화자산과 외화부채에 대해서는 결산 시점의 기준환율을 이용하여 환율의 차이를 당기손익에 반영한다. 환산을 통해 외화자산의 증가 및 외화부채의 감소가 발생한 경우에는 외화환산이익(영업외수익)을 인식하고, 외화자산의 감소 및 외화부채의 증가가 발생한 경우에는 외화환산손실(영업외비용)을 인식한다.

외화자산의 회수와 외화부채의 상환 시점에 환율의 차이로 발생한 손익은 외환차익(영업외수익), 외환차손(영업외비용)으로 별도 계정을 사용하여 인식한다.

1. 외화자산

(1) 외상매출 시점

(차) 외상매출금	×××	(대) 상품매출	×××

(2) 결산일(환율의 상승)

(차) 외상매출금	×××	(대) 외화환산이익	×××

(3) 회수일(환율의 상승)

(차) 현금	×××	(대) 외상매출금	×××
		외환차익	×××

2. 외화부채

(1) 외국에서 자금 차입 시점

(차) 보통예금	×××	(대) 외화차입금	×××

(2) 결산일(환율의 상승)

(차) 외화환산손실	×××	(대) 외화차입금	×××

(3) 상환일(환율의 상승)

(차) 외화차입금	×××	(대) 현금	×××
외환차손	×××		

🖉 개념 확인문제

다음 중 차기이월 방법을 통하여 장부를 마감하여야 하는 계정과목은? [2019년 6회, 3회]

① 임차료
② 접대비
③ 미지급급여
④ 복리후생비

해설

미지급급여는 부채에 해당하는 계정으로 차기이월하여 마감한다.   정답 ③

98 · PART 02 재무회계

01 [2019년 1회]

결산을 하면서 선수임대료 중 기간경과로 인하여 소멸된 부분에 대한 결산정리분개를 누락하였다. 이로 인한 영향을 바르게 설명한 것은?

① 당기순이익, 부채 모두 과대계상된다.
② 당기순이익, 부채 모두 과소계상된다.
③ 당기순이익은 과대계상, 부채는 과소계상된다.
④ 당기순이익은 과소계상, 부채는 과대계상된다.

해설

'(차) 선수임대료 ×× / (대) 임대료수익 ××'이 누락된 것이다. 대변에 임대료수익을 인식하지 않았으므로 수익이 과소계상. 당기순이익이 과소계상된다. 차변에 선수임대료 (부채)가 소멸되지 않았으므로 부채는 과대계상된다.

02 [2022년 1회]

다음 [보기]를 이용할 경우 2021년 12월 31일 결산수정분개로 옳은 것은? (단, 월할계산한다)

→ 보기 ←

• 결산일은 2021년 12월 31일이다.

• 2021년 10월 1일: 1년분 임차료(120,000원)를 현금으로 지급하고 다음과 같이 분개하였다.

(차) 임차료	120,000	(대) 현금	120,000

①	(차) 임차료	90,000	(대) 미지급비용	90,000
②	(차) 선급비용	30,000	(대) 임차료	30,000
③	(차) 임차료	30,000	(대) 선급비용	30,000
④	(차) 선급비용	90,000	(대) 임차료	90,000

해설

10월부터 12월까지 3개월은 경과분으로 임차료(비용)로 인식한다. 차기에 해당하는 1월부터 9월까지 9개월은 미경과분으로 9만원을 선급비용으로 대체한다.

(차) 선급비용	90,000	(대) 임차료	90,000

03 [2020년 3회, 2017년 3회]

다음 [보기]를 이용할 경우 2020년 12월 31일 결산수정분개로 옳은 것은? (단, 월할계산한다)

→ 보기 ←

• 결산일은 2020년 12월 31일이다.

• 2020년 10월 1일 1년분 임대료(120,000원)를 현금으로 받고 다음과 같이 분개하였다.

(차) 현금	120,000	(대) 임대료수익	120,000

①	(차) 미수임대료	90,000	(대) 임대료수익	90,000
②	(차) 미수임대료	30,000	(대) 임대료수익	30,000
③	(차) 임대료수익	30,000	(대) 선수임대료	30,000
④	(차) 임대료수익	90,000	(대) 선수임대료	90,000

해설

발생주의에 의하면 2020년 수익은 3개월만 해당되며 나머지 9개월은 다음 연도의 수익으로 이연시켜야 한다.

(차) 임대료수익	90,000	(대) 선수임대료	90,000

| 정답 | 01 ④ 02 ④ 03 ④

04 [2021년 2회, 2017년 4회]

결산 마감 전 [보기]와 같은 사항을 발견하였다. 수정 전 당기순이익이 10,000원일 경우 수정 후 당기순이익은 얼마인가?

┌─ 보기 ─────────────────────────────────┐
│ 1. 재고자산 과대계상: 4,000원   │
│ 2. 감가상각비 과소계상: 1,000원   │
│ 3. 대손상각비 과대계상: 2,000원   │
│ 4. 미지급이자 누락: 3,000원   │
└──────────────────────────────────────┘

① 4,000원   ② 6,000원
③ 7,000원   ④ 8,000원

해설

수정 후 당기순이익: 수정 전 당기순이익 10,000원 − 재고자산 과대 4,000원 − 감가상각비 1,000원 + 대손상각비 2,000원 − 미지급이자 3,000원 = 4,000원

05 [2022년 3회]

[보기]는 (주)무릉의 재무자료 중 일부이다. (주)무릉의 기말결산 시 결산수정분개로 옳은 항목은? (단, 월할계산을 적용하시오)

┌─ 보기 ─────────────────────────────────┐
│ • 결산일은 2022년 12월 31일이다.   │
│ • 2022년 10월 1일 1년분 보험료 3,600,000원을 보통예금에서 │
│   이체 지급하다.   │
└──────────────────────────────────────┘

① (차) 선급보험료   900,000   (대) 보험료   900,000
② (차) 보험료   900,000   (대) 선급보험료   900,000
③ (차) 보험료   2,700,000   (대) 선급보험료 2,700,000
④ (차) 보험료   3,600,000   (대) 선급보험료 3,600,000

해설

• 10월 1일:

| (차) 선급보험료 | 3,600,000 | (대) 보통예금 | 3,600,000 |

• 12월 31일

| (차) 보험료 | 900,000 | (대) 선급보험료 | 900,000 |

또는

• 10월 1일

| (차) 보험료 | 3,600,000 | (대) 보통예금 | 3,600,000 |

• 12월 31일

| (차) 선급보험료 | 2,700,000 | (대) 보험료 | 2,700,000 |

06 [2020년 5회, 2018년 5회]

다음 중 선급비용 계정에 대한 설명으로 옳은 것은?

① 계정 분류는 비용에 해당된다.
② 선급비용은 비용의 이연에 해당된다.
③ 상품 구매에 앞서 계약금을 미리 지급한 경우에 발생한다.
④ 보험료를 현금으로 미지급하였으나 해당 기간의 비용인 경우에 발생한다.

해설

선급비용은 당기의 비용이 아니므로 비용의 이연에 해당한다.
① 계정 분류는 자산에 해당된다.
③ 계약금을 미리 지급한 경우에 발생하는 계정은 선급금이다.
④ 선급비용은 보험료를 현금으로 지급하였으나 해당 기간의 비용이 아닌 경우에 발생한다.

07 [2020년 1회]

다음 중 비용의 이연과 관련된 계정으로 적절한 것은?

① 선급보험료   ② 선수임대료
③ 미지급임차료   ④ 이자비용

해설

② 선수임대료는 수익의 이연, ③ 미지급임차료는 비용의 예상, ④ 이자비용은 당기비용 계정이다.

08 [2021년 3회]

[보기]는 외화자산 관련 회계처리 자료이다. 2021년 결산 시 손익계산서에 계상될 외화 관련 계정과 금액으로 적절한 것은?

> **보기**
> 1. 2021년 11월 3일 미국으로 상품 $800를 수출하고 대금은 외상으로 하다(환율 $1: 1,000원).
> 2. 2021년 12월 3일 외상대금 중 $500를 현금으로 회수하였다(환율 $1: 1,100원).
> 3. 2021년 12월 31일 결산 시 환율은 $1: 900원이다.

① 외환차익 50,000원, 외화환산손실 60,000원
② 외화환산이익 50,000원, 외환차손 30,000원
③ 외환차익 50,000원, 외화환산손실 30,000원
④ 외화환산이익 50,000원, 외환차손 60,000원

해설

- 12월 3일: $500×(1,100원/$ − 1,000원/$) = 외환차익 50,000원
- 12월 31일: $300×(900원/$ − 1,000원/$) = 외화환산손실 30,000원

09 [2023년 1회]

[보기]에서 2022년도 비용으로 인식되는 보험료는 얼마인가?

> **보기**
> 2022년 자동차 보험료 1년분(2022년 8월 1일~2023년 7월 31일) 1,500,000원을 현금으로 지급하고 미경과분을 선급비용처리 함.

① 625,000원
② 805,000원
③ 1,205,000원
④ 1,405,000원

해설

보험료 1,500,000원 ÷ (5개월/12개월) = 625,000원

이론

PART

03

세무회계

Enterprise
Resource
Planning

I NCS 능력단위 요소

☑ 부가가치세 신고 0203020205_20v5
☑ 법인세 신고 0203020214_20v5

부가가치세법 이론

1 부가가치세 총론

1. 부가가치세의 정의

부가가치란 기업이 일정 기간의 생산 및 유통 등의 산업 활동에서 창출한 가치를 말한다. 우리나라는 부가가치에 대해 소비자에게 거래액에 10% 세금을 부과하여 징수하고 있다. 이 세금을 부가가치세라고 한다.

2. 부가가치세의 특징 중요

특징	설명
국세	우리나라 세법은 국세와 지방세로 나눌 수 있다. 부가가치세는 국가가 징수하는 국세에 속한다.
간접세	부가가치세는 납세의무자(사업자)와 조세부담자(담세자)가 다른 간접세로, 납세의무자에게 부과된 조세를 최종 소비자가 부담한다.
물세	부가가치세는 사람에게 부과하는 것이 아니라 소비하는 물건에 부과된 것이다. 물건에 부과된 세금을 소비하는 사람이 납부하는 것이다.
일반소비세	부가가치세는 일반소비세이므로 모든 재화와 용역을 과세대상으로 하되, 면세대상은 제외한다(개별소비세가 아님).
단일세율(비례세율)	우리나라 부가가치세는 10% 하나의 세율을 갖고 있다. 소득의 수준에 따라 세율이 변하는 소득세와 구별된다.
전단계 세액공제법	• 부가가치세 = 매출액×세율−매입세액(세금계산서 등을 통해 입증) • 매입액 전체에 부가가치세율을 적용하는 것이 아닌, 부가가치세 별도로 법적 증빙서류를 가진 거래에 대해 부담한 세액을 공제하는 것이다.
다단계 거래세	부가가치세는 생산자에서 소비자로 바로 징수되는 세금이 아닌 여러 단계에 걸쳐 생성된 세금이다.
사업장별 과세원칙	우리나라 부가가치세법은 사업장마다 사업자등록을 하고 부가가치세를 신고·납부하도록 하고 있다.
소비지국 과세원칙	재화의 수출 시에는 부가가치세를 과세하지 아니하며(0% 세율 적용, 영세율), 수입 재화는 세관장이 부가가치세(10%)를 부과한다.
역진성 완화	단일세율로 발생하는 역진성을 완화하기 위하여 국민기초생활 필수품목항목은 별도로 세금을 면제하고 있다(면세).
소비형	부가가치세는 소비하는 물품에 대해 세금이 부과된다.

TIP

최초 생산단계에서 최종 소비자에 이르기까지 한 번 과세된 부가가치는 다음 단계에서 다시 과세되지 않는 구조로 중복과세되지 않는다.

[보기]는 부가가치세의 어떤 특징에 대한 설명인가?　　　　[2022년 6회]

> **보기**
> 세부담의 역진성을 완화하기 위하여 특정 재화 또는 용역의 공급에 대해서는 부가가치세 과세대상에서 제외시키는 제도를 도입하고 있다.

① 면세도입　　　　　　　　　② 면세포기
③ 일반소비세　　　　　　　　④ 소비형 부가가치세

해설
② 면세포기: 면세대상인 재화 용역의 공급에 대하여 부가가치세 면제를 받지 않는 것을 의미한다.
③ 일반소비세: 면세대상을 제외한 모든 재화와 용역을 과세대상으로 삼는 특징이다.
④ 소비형 부가가치세: 부가가치세는 소비하는 물품에 대해 세금이 부과되는 특징을 지닌다.
　　　　　　　　　　　　　　　　　　　　　　　　　　　　　정답 ①

3. 납세의무자

(1) 납세의무자

우리나라 부가가치세법은 사업자 또는 재화를 수입하는 자로 개인, 법인(국가지방자치단체와 지방자치단체조합을 포함), 법인격이 없는 사단, 재단 또는 그 밖의 단체는 부가가치세를 납부할 의무가 있다.

(2) 사업자

① 사업을 목적으로 하는 영리 및 비영리단체
② 계속·반복적으로 과세 재화 및 용역을 공급
③ 사업상 독립적으로 공급하는 자(고용 및 종속이 되어 있는 경우는 해당하지 않음)

(3) 사업자의 분류

부가가치세법상 사업자에 해당하는 자는 부가가치세를 신고·납부해야 하는 의무를 갖고 있다. 부가가치세법상 사업자는 공급대가를 기준으로 일반과세자와 간이과세자로 나눌 수 있으며, 사업자 여부에 따라 과세사업자와 면세사업자로 나눌 수 있다.

구분		기준	부가가치세법상
과세사업자	일반과세사업자	직전 연도의 재화와 용역의 공급대가 1억400만원 이상	사업자 ○
	간이과세사업자	직전 연도의 재화와 용역의 공급대가 1억400만원 미만의 개인사업자	
면세사업자		기초생필품 등 부가가치세법상 면세물품을 공급하는 사업자	사업자 X
겸영사업자(면세+과세)		면세물품과 과세물품을 함께 공급하는 사업자 🖊 · 약국: 조제(면세) + 일반의약품(과세) · 잡지사: 구독료(면세) + 광고(과세)	사업자 ○

면세물품만을 공급하는 사업자는 부가가치세법상 사업자로 분류되지 않는다. 따라서 면세사업자는 매출세액이 없으며 매입세액도 돌려받을 수 없다.

> **➕ 공급가액과 공급대가**
>
> · 공급가액과 공급대가의 개념을 잘 구분해야 한다. 공급가액은 부가가치세를 부과하는 기준이 되는 금액으로 세금을 포함하기 전 금액이며, 공급대가는 공급가액에 부가가치세가 더해진 금액을 의미한다.
> · 공급가액(100%) + 세액(10%) = 공급대가(110%)

> **💡 TIP**
> 간이과세자의 기준 금액은 기존 8,000만원에서 1억 400만원으로 변경된다(2024년 7월 1일부터 적용).

> **💡 TIP**
> 간이과세가 적용되지 않는 다른 사업장을 보유하고 있는 사업자는 간이과세자가 될 수 없다.

부가가치세 납세의무자에 대한 설명으로 옳지 않은 것은? [2018년 5회]

① 개인, 법인, 법인격 없는 사단, 재단 또는 기타 단체도 납세의무를 진다.
② 시내버스 사업자도 부가가치세 납세의무를 진다.
③ 고용계약에 대하여 사업자의 지시를 받는 종업원은 납세의무가 없다.
④ 과세사업자가 부가가치세의 납세의무를 진다.

해설

시내버스 사업자는 면세사업자에 해당하며, 면세사업자는 부가가치세법에서 사업자로 보지 않는다.　　　**정답** ②

4. 과세기간

우리나라 부가가치세법은 일반과세자를 기준으로 1년을 2과세기간으로 두고 있다. 1년을 반으로 나누어 상반기를 1기, 하반기를 2기로 규정하고 앞의 3개월을 예정기간, 뒤의 3개월을 확정기간으로 한다. 부가가치세 신고, 납부는 과세기간 종료일의 다음 달 25일까지 한다.

1기		2기	
예정	확정	예정	확정
1월 1일~3월 31일	4월 1일~6월 30일	7월 1일~9월 30일	10월 1일~12월 31일

위의 규정은 간이과세자를 제외한 사업자에게 해당하며, 간이과세자의 부가가치세 기간은 1월 1일부터 12월 31일까지 1년을 1과세기간으로 보고 있다.

구분	과세기간
계속사업자	• 1기: 1월 1일~6월 30일 • 2기: 7월 1일~12월 31일
신규사업자	사업개시일로부터 그 과세기간이 종료되는 날까지(다만, 사업개시일 이전에 사업자등록을 신청한 경우에는 그 신청한 날부터 그 신청일이 속하는 과세기간 종료일까지)
폐업자	과세기간 시작일로부터 폐업일까지
간이과세자 포기	• 간이과세자 기간: 과세기간 개시일~포기신고일이 속하는 달의 말일 • 일반과세자 기간: 포기신고일이 속하는 달의 다음 달 1일~해당 과세기간 종료일

다음 중 부가가치세법에 대한 설명으로 옳은 것은? [2020년 4회]

① 부가가치세 과세기간은 1월 1일부터 12월 31일까지이다.
② 과세거래 대상은 재화의 공급, 용역의 공급 그리고 재화의 수출이다.
③ 간이과세자란 직전 연도 공급대가의 합계액이 8,000만원에 미달하는 모든 사업자를 말한다.
④ 과세사업자는 부가가치세 납세의무자이지만, 면세사업자는 부가가치세 납세의무자가 아니다.

해설

① 부가가치세 과세기간은 제1기(1월 1일~6월 30일)와 제2기(7월 1일~12월 31일)로 구분한다.
② 과세거래 대상은 재화의 공급, 용역의 공급, 재화의 수입이다.
③ 간이과세자는 개인사업에 한정하며 직전 연도 공급대가의 합계액이 1억400만원 미만이어야 한다.　　**정답** ④

5. 사업자등록

(1) 사업자등록

사업자는 사업장마다 **사업개시일부터 20일 이내에 사업장 관할세무서장에게 등록**하여야한다. 다만, 신규로 사업을 시작하려는 자는 사업개시일 전이라도 등록할 수 있다. 사업개시일로부터 20일 이내에 사업자등록신청을 하지 않은 경우, 공급가액에 대하여 1%(간이과세자는 공급대가의 0.5%)의 미등록가산세가 부과되며 사업자등록을 신청하기 전 매입세액은 매출세액에서 공제하지 않는다. 단, 공급시기가 속하는 과세기간이 종료된 후 20일이내에 등록을 신청한 경우, 등록신청일부터 공급시기가 속하는 과세기간 기산일(1월 1일, 7월 1일)까지 역산한 기간 내의 매입세액은 공제한다.

등록신청을 받은 세무서장은 2일 내에 사업자등록번호가 부여된 사업자등록증을 발급한다. 사업장 시설이나 사업현황을 확인하기 위하여 필요하다고 인정되는 경우 발급기한을 5일에 한해 연장할 수 있다.

(2) 사업자등록증의 정정

다음 사유에 해당하는 경우에는 즉시 사업자등록 정정신고서를 세무서장에게 제출해야한다.

정정 사유	재발급 기한
① 상호를 변경하는 때 ② 통신판매업자가 사이버몰의 명칭 또는 인터넷 도메인 이름을 변경하는 때	신청일 당일
① 법인의 대표자를 변경하는 때 ② 사업의 종류에 변경이 있는 때 ③ 사업장을 이전하는 때 ④ 상속으로 인하여 사업자의 명의가 변경되는 때 ⑤ 공동사업자의 구성원 또는 출자지분의 변경이 있는 때 ⑥ 사업자단위 과세사업자가 사업자단위 과세적용사업장을 변경하는 때 ⑦ 임대인, 임대차목적물 및 면적, 보증금, 차임 또는 임대차 기간의 변경이 있거나 새로이 상가건물을 임차한 때 ⑧ 사업자단위 과세사업자가 사업장을 신설 또는 이전하는 때 ⑨ 사업자단위 과세사업자가 사업장의 사업을 휴업하거나 폐업하는 때	신청일로부터 2일 이내

✎ 개념 확인문제

다음 [보기]의 (   )에 들어갈 알맞은 숫자를 쓰시오.   [2020년 3회]

> 보기
>
> 부가가치세법상 사업자등록을 신청하기 전의 매입세액은 원칙적으로 매출세액에서 공제하지 않는다. 그러나 공급시기가 속하는 과세기간이 끝난 후 (   )일 이내에 등록을 신청한 경우 등록신청일부터 공급시기가 속하는 과세기간 기산일까지 역산한 기간 이내의 매입세액은 공제한다.

답: (   )

해설

사업자등록을 강제하기 위해 공급시기가 속하는 과세기간이 끝난 후 20일 이내에 등록신청을 한 경우 일정 기간의 매입세액을 공제해 준다.   정답 20

6. 신고 및 납세지

사업자의 부가가치세 납세지는 각 사업장 소재지를 원칙으로 한다. 다만, 거래를 하는 고정된 장소가 없을 경우 사업자의 주소 또는 거소를 사업장으로 한다.

부가가치세는 사업장마다 신고·납부하는 것을 원칙으로 한다. 사업자에게 둘 이상의 사업장이 있을 경우 주된 사업장을 관할세무서장에게 신청한 때에는 주된 사업장에서 총괄하여 납부할 수 있다(주사업장 총괄납부). 만약 주사업장 총괄납부를 적용하지 않고 사업자단위로 등록한 사업자(사업자단위 과세사업자)는 그 사업자의 본점 또는 주사무소에서 총괄하여 신고·납부할 수 있다.

(1) 업종별 사업장

구분	사업장
광업	광업사무소 소재지
제조업	최종 제품을 완성하는 장소(단순 포장만 하는 장소 제외)
건설업, 운수업, 부동산 매매업, 전기통신사업자	• 법인인 경우: 법인의 등기부상의 소재지 • 개인인 경우: 업무총괄장소
부동산임대업	그 부동산의 등기부상 소재지
다단계판매원	다단계 판매업자의 주된 사업장 소재지
무인자동판매기, 수자원 개발 사업자, 소포우편물 방문접수·배달	그 사업에 관한 업무를 총괄하는 장소
비거주자 또는 외국법인	비거주자 또는 외국법인의 국내 사업장
사업장을 설치하지 않은 경우	사업자의 주소 또는 거소

(2) 직매장, 하치장 및 임시사업장

구분	장소 설명	사업장 여부
직매장	사업과 관련하여 생산하거나 취득한 재화를 직접 판매하기 위한 장소	사업장 ○
하치장	재화를 보관하고 관리할 수 있는 시설만 갖춘 장소	사업장 ×
임시사업장	경기, 대회, 박람회 등 행사 장소에 개설한 임시사업장	기존 사업장 포함

(3) 주사업장 총괄납부

부가가치세법은 사업장 단위로 부가가치세를 신고 및 납부해야 한다. 하지만 동일한 사업자가 둘 이상의 사업장을 소유한 경우, 주사업장 총괄납부 신청을 하면 주사업장에서 세액을 총괄하여 납부(환급)할 수 있다. 하지만 이 경우에도 사업자등록 및 과세표준의 신고는 각 사업장마다 해야 한다.

① 주사업장 총괄납부의 경우 주된 사업장은 법인의 본점 또는 개인의 주사무소로 한다. 다만, 법인의 경우에는 지점을 주된 사업장으로 할 수 있다.

② 주된 사업장에서 총괄하여 납부하는 사업자가 되려는 자는 그 납부하려는 과세기간 개시 20일 전에 주사업장 총괄납부 신청서를 주된 사업장의 관할세무서장에게 제출하여야 한다.

(4) 사업자단위 과세제도

동일한 사업자가 둘 이상의 사업장을 소유하고 있을 경우, 본사에서 총괄하여 부가가치세를 신고 및 납부할 수 있도록 규정하는 것을 사업자단위 과세제도라고 한다. 주사업장 총괄납부제도는 납부만 한 곳에서 가능하나, 사업자단위 과세제도는 본점에서 신고 및 납부가 모두 가능하다.

① 사업장이 둘 이상인 사업자는 사업자단위로 해당 사업자의 본점 또는 주사무소 관할세무서장에게 등록을 신청할 수 있다.

② 사업자단위 과세사업자로 적용받으려는 **과세기간 개시일로부터 20일 전까지** 사업자의 본점 또는 주사무소 관할세무서장에게 변경등록을 신청하여야 한다. 사업자단위 과세사업자가 사업장단위로 등록하려는 경우도 동일하다.

2 부가가치세의 공급

1. 부가가치세의 공급 유형

구분	공급	수입
재화	과세	과세
용역	과세	과세 안 함

2. 재화의 공급

(1) 재화의 종류

재화란 재산 가치가 있는 물건 및 권리를 말하며 종류는 다음과 같다.

① 상품, 제품, 원료, 기계, 건물 등 모든 유체물

② 전기, 가스, 열 등 관리할 수 있는 자연력

③ 광업권, 특허권, 저작권, 상표권 등 재산적 가치가 있는 모든 것

화폐, 수표, 어음 등의 화폐대용증권과 주식, 사채 등의 지분증권과 채무증권, 상품권은 그 자체가 소비의 대상으로 재화로 보지 않는다. 재화의 공급은 계약상 또는 법률상의 모든 원인에 의하여 재화를 인도 또는 양도하는 것으로 한다.

(2) 재화의 실질공급

구분	내용
매매계약	현금판매·외상판매·할부판매·장기할부판매·조건부 및 기한부판매·위탁판매 기타 매매계약에 의하여 재화를 인도 또는 양도하는 것
가공계약	주요자재의 전부 또는 일부를 부담하고 상대방으로부터 인도받은 재화에 공작을 가하여 새로운 재화를 만드는 가공계약에 의하여 재화를 인도하는 것
교환계약	재화의 인도대가로서 다른 재화를 인도받거나 용역을 제공받는 교환계약에 의하여 재화를 인도 또는 양도하는 것
경매·수용·현물출자	경매·수용·현물출자 기타 계약상 또는 법률상의 원인에 의하여 재화를 인도 또는 양도하는 것
보세구역	국내로부터 보세구역(외국물건 또는 일정한 내국물건이 관세법에 의하여 관세의 부과가 유보되는 지역)에 있는 창고에 보관된 물건을 국내로 다시 반입하는 것
소비대차	당사자가 금전 기타 대체물의 소유권을 상대방에게 이전할 것을 약정하고, 상대방은 그와 동종·동질·동량의 물건을 반환할 것을 약정하는 계약

＋ 재화의 공급으로 보지 않는 경우

• 「국세징수법」에 따른 공매 및 「민사집행법」에 따른 경매에 따라 재화를 인도 또는 양도하는 경우

• 「도시 및 주거환경정비법」, 「공익사업을 위한 토지 등의 취득 및 보상에 관한 법률」 등에 따른 수용절차에서 수용대상 재화의 소유자가 수용된 재화에 대한 대가를 받는 경우

(3) 재화의 간주공급

재화는 실제로 대가를 받지 않고 소비된 경우에도 부가가치세법에 따라 부가가치세를 신고하고 납부해야 한다. 사업자가 자신의 과세사업과 관련하여 생산하거나 취득한 재화로 매입세액공제를 받았거나 내국신용장 또는 구매확인서에 의해 재화를 공급받아 0% 세율을 적용받은 재화에 대해 규정을 적용한다.

종류	내용
자가공급	• 면세전용: 부가가치세가 면제되는 재화 또는 용역을 공급하는 사업을 위하여 사용 또는 소비되는 재화 • 비영업용 소형승용차: 비영업용 소형승용차와 그 유지를 위한 재화로 이용하게 되는 경우 • 타 사업장(직매장) 반출: 둘 이상의 사업장이 있는 사업자가 자기사업과 관련하여 생산 또는 취득한 재화를 타인에게 직접 판매할 목적으로 다른 사업장에 반출하는 경우 (주사업장 총괄납부사업자 또는 사업자단위 과세사업자가 총괄납부 또는 사업자단위 과세의 적용을 받는 과세기간에 반출하는 것은 재화의 공급으로 보지 않는다)
개인적 공급, 사업상 증여	• 개인적 공급: 사업과 직접 관계없이 개인적인 목적 또는 기타의 목적을 위하여 사업자가 재화를 사용·소비하거나 사용인 또는 기타의 자가 재화를 사용·소비하는 것으로서, 사업자가 그 대가를 받지 아니하거나 시가보다 낮은 대가를 받는 경우 • 사업상 증여: 사업자가 자기생산·취득재화를 자기의 고객이나 불특정 다수에게 증여하는 경우(증여하는 재화의 대가가 주된 거래인 재화의 공급에 포함되는 경우 제외)
폐업 시 잔존재화	매입세액 공제받은 재화를 폐업일까지 판매하지 못하고 창고에 보관하는 경우(매출로 간주하고 폐업일을 공급시기로 한다)

➕ 개인적 공급 및 사업상 증여로 보지 않는 경우

① 작업복, 작업모, 작업화, 직장 체육비, 직장 연회비와 관련해서 사용된 재화
② 사업을 위하여 대가를 받지 아니하고 다른 사업자에게 인도 또는 양도하는 견본품, 천재지변으로 인한 특별재난지역에 공급하는 물품
③ 매입세액이 공제되지 않은 재화
④ 경조사와 관련해 제공한 재화로 사용인 1인당 연간 10만원 이하 재화
⑤ 증여하는 재화의 대가가 주된 거래인 재화의 공급대가에 포함되는 경우
⑥ 사업을 위해 무상으로 다른 사업자에게 인도하거나 양도하는 견본품
⑦ 불특정 다수인에게 무상으로 제공하는 광고선전용 재화

(4) 재화의 공급으로 보지 않는 경우 중요

종류	내용
담보 제공	질권, 저당권, 양도담보의 목적으로 동산, 부동산 및 부동산상의 권리를 제공하는 경우
공매 및 강제경매	국세징수법에 따른 공매 및 민사집행법에 따른 경매에 따라 재화를 인도, 양도하는 경우
사업의 포괄적 양도	사업장별로 사업에 관한 모든 권리와 의무를 포괄적으로 승계하는 경우
조세의 물납	상속세 및 증여세법에 의하여 사업용 자산으로 물납하는 경우

다음 중 부가가치세 과세대상이 아닌 항목은? [2018년 3회]

① 재화를 담보 목적으로 제공
② 재화의 인도대가로서 다른 재화를 인도받는 교환계약
③ 컴퓨터 제조업체가 생산한 컴퓨터를 그 회사 업무용으로 사용
④ 컴퓨터 제조업체가 생산한 컴퓨터를 종업원의 사기진작을 위해 무상으로 지급

해설

담보 제공, 공매 및 강제경매, 사업의 포괄적 양도, 조세의 물납 등은 재화의 공급으로 보지 않는다. 정답 ①

3. 용역의 공급

(1) 용역의 종류

용역이란 재화 외에 재산 가치가 있는 역무와 그 밖의 행위를 말한다.

> 건설업, 숙박 및 음식점업, 운수업, 방송통신 및 정보 서비스업, 금융 및 보험업, 부동산 및 임대업, 전문 과학 및 기술 서비스업과 사업시설관리·사업지원 서비스업, 공공행정, 국방 및 사회보장 행정, 교육 서비스업, 보건업 및 사회복지 서비스업, 예술, 스포츠 및 여가 관련 서비스업, 협회 및 단체, 수리 및 기타 개인 서비스업, 가구 내 고용활동 및 달리 분류되지 않은 자가소비 생산활동, 국제 및 외국기관의 사업

(2) 용역의 실질공급

용역의 공급은 계약상 또는 법률상의 모든 원인에 의하여 역무를 제공하거나 재화·시설물 또는 권리를 사용하게 하는 것이다. 예를 들어, 건설업에 있어서는 건설업자가 건설자재의 전부 또는 일부를 부담하는 것, 상대방으로부터 인도받은 재화에 주요자재를 전혀 부담하지 아니하고 단순히 가공만 하는 것, 산업상·상업상 또는 과학상의 지식·경험 또는 숙련에 관한 정보를 제공하는 것 등이 있다.

(3) 용역의 간주공급

사업자가 자기의 사업을 위하여 직접 용역을 공급하는 경우 자기에게 용역을 공급하는 것으로 보지만 용역의 자가공급은 현실적으로 과세하기가 어렵다. 사업자가 대가를 받지 않고(무상으로) 타인에게 용역을 공급하는 것은 용역의 공급으로 보지 않는다. 다만, 사업자가 특수관계인에게 사업용 부동산의 임대용역 등의 용역을 공급하는 경우 용역의 공급으로 본다. 단, 고용관계에 따라 근로를 제공하는 것은 용역의 공급으로 보지 않는다.

구분	용역의 자가공급	용역의 무상공급	근로용역
과세 여부	과세 ○	과세 ×	과세 ×
주의사항	현실적으로 과세 포착이 어려움	특수관계가 있는 자에게 부동산 무상임대는 과세 ○	–

4. 재화의 수입

재화의 수입은 다음 중 어느 하나에 해당하는 물품을 우리나라에 반입하는 것을 말한다.
① 외국으로부터 우리나라에 도착한 물품으로서 수입신고가 수리되기 전 재화
② 수출신고가 수리된 물품(다만, 수출신고가 수리된 물품으로 선적되지 않은 물품을 보세구역에서 반입하는 경우는 제외)

> 💡TIP
> 부동산업 및 임대업은 용역의 공급이지만, 전·답·과수원·목장용지·임야 또는 염전 임대업, 공익사업과 관련된 지역권·지상권 설정 및 대여사업은 제외한다.

> 💡TIP
> 서민 주거비 경감을 위하여 특수관계인 간 사업용 부동산을 무상으로 임대하는 경우라 하더라도 「공공주택 특별법」에 따른 공공주택사업자와 부동산투자회사 간 사업용 부동산의 임대용역은 부가가치세 과세대상이 되는 용역의 공급으로 보지 않는다.

다음 중 부가가치세 과세대상이 아닌 것은? [2018년 4회]

① 재화의 수입
② 사업자가 행하는 용역의 공급
③ 사업자가 행하는 재화의 공급
④ 용역의 수입

해설

부가가치세 과세대상은 재화의 공급, 재화의 수입, 용역의 공급이다. 용역의 수입은 포착이 어려워 과세대상으로 보지 않는다.

정답 ④

5. 부가가치세의 공급시기 중요

(1) 재화의 공급시기

구분	공급시기
재화의 이동이 필요한 경우	재화가 인도되는 때
재화의 이동이 필요하지 아니한 경우	재화가 이용 가능하게 되는 때
위 두 가지를 적용할 수 없는 경우	재화의 공급이 확정되는 때

(2) 거래형태별 재화의 공급시기

구분		공급시기
현금판매, 외상판매, 할부판매		재화가 인도되거나 이용 가능하게 되는 때
상품권 관련 판매		재화가 실제로 인도되는 때(상품권의 판매시점이 아님)
재화의 공급으로 보는 가공		가공된 재화를 인도하는 때
반환조건부판매, 동의조건부판매, 기타 조건부판매 및 기한부판매		그 조건이 성취되거나 기한이 경과되어 판매가 확정되는 때
장기할부판매, 완성도기준지급조건부, 중간지급조건부, 전력이나 그 밖의 재화를 계속 공급하는 경우		대가의 각 부분을 받기로 한 때
자가공급, 개인적 공급		재화를 사용하거나 소비하는 때
타 사업장(직매장으로) 반출		재화를 반출하는 때
사업상 증여		재화를 증여하는 때
폐업 시 잔존재화		폐업일
무인판매기		무인판매기에서 현금을 꺼내는 때
수출 재화	내국물품으로 외국에 반출 또는 중계무역방식 수출	수출재화의 선적일
	원양어업 및 위탁판매 수출	수출재화의 공급가액이 확정되는 때
	외국인도수출 및 위탁가공무역 방식의 수출	외국에서 해당 재화가 인도되는 때
폐업 전에 공급한 재화의 공급시기가 폐업일 이후 도래		폐업일
위탁판매		수탁자가 공급한 때

(3) 용역의 공급시기

용역이 공급되는 시기는 역무가 제공되거나 재화·시설물 또는 권리가 사용되는 때로 한다. (1)~(4)의 재화, 용역의 공급시기 이외에 재화 또는 용역에 대한 대가의 전부 또는 일부를 받고, 그 받은 대가에 대하여 세금계산서 또는 영수증을 발급하는 경우에는 그 발급하는 때를 각각 그 재화 또는 용역의 공급시기로 본다.

(4) 거래형태별 용역의 공급시기

구분	공급시기
일반적인 경우	역무의 제공이 완료되는 때
장기할부조건부	대가의 각 부분을 받기로 한 때
완성도기준지급조건부	
중간지급조건부	
용역의 계속적 공급	
사업자가 부동산 임대용역을 공급하고 전세금 또는 임대보증금을 수령	예정신고기간 또는 과세기간 종료일
사업자가 둘 이상의 과세기간에 걸쳐 부동산 임대용역을 공급하고 그 대가를 선불 또는 후불로 수령	
사업자가 둘 이상의 과세기간에 걸쳐 헬스클럽 등 연회비를 선불로 수령	
사업자가 둘 이상의 과세기간에 걸쳐 상표권 사용대가를 전액 일시불로 수령	
폐업 전에 공급한 용역의 공급시기가 폐업일 이후 도래	폐업일

🖊 개념 확인문제

현행 우리나라의 부가가치세법상 공급시기로 옳지 않은 것은? [2021년 1회]

① 장기할부판매 – 재화가 인도되는 때
② 상품권 판매 – 재화가 실제로 인도되는 때
③ 재화의 공급으로 보는 가공 – 가공된 재화를 인도하는 때
④ 현금판매, 외상판매 – 재화가 인도되거나 이용 가능하게 되는 때

해설

장기할부판매의 경우에는 대가의 각 부분을 받기로 한 때를 공급시기로 한다. **정답** ①

3 영세율과 면세 중요

1. 영세율과 면세 비교

구분	영세율	면세
배경	소비지국 과세원칙	역진성 완화
대상	수출하는 재화 및 용역	서민 기초생활 필수품목 등
사업자	부가가치세법상 사업자 ○	부가가치세법상 사업자 ×
매입세액공제	공제 가능	공제 불가능
성격	완전면세제도	부분면세제도

	있음	없음
사업자등록 의무	있음	없음
세금계산서 발급	있음	없음
신고·납부 의무	있음	없음
매출처별 세금계산서합계표 제출	있음	없음
매입처별 세금계산서합계표 제출	있음	있음

2. 영세율

(1) 영세율의 의미

영세율은 소비지국 과세원칙에 의한 것으로서 수출하는 재화에 대하여 0% 세율로 과세하는 것을 의미한다. 영세율은 과세표준에 0%를 적용하고 매출세액은 없으며 이전 단계 거래의 매입세액도 공제하여 환급하는 거래로서 완전면세제도이다.

(2) 영세율 적용대상

구분	영세율 적용대상
재화의 수출	• 내국물품을 외국으로 반출 • 중계무역방식으로 국내에서 계약과 대가 수령
용역의 국외공급	국외에서 공급하는 용역(국내 건설회사가 해외에서 진행 중인 건설공사)
외국항행용역	선박 또는 항공기의 외국항행용역
기타 외화를 획득하는 재화 또는 용역	• 내국신용장 또는 구매확인서에 의한 공급 • 국세청장이 정하는 바에 따라 관할세무서장으로부터 외교관면세점으로 지정받은 사업장 • 국내 사업장이 없는 비거주자 또는 외국법인에 공급되는 재화 또는 용역

다만, 자기사업을 위해 무료로 국외 사업자에게 견본품을 반출하는 경우는 재화의 공급이 아니므로 영세율을 적용하지 않는다. 또한 국내 생산자가 수출업자와 수출대행계약을 체결하여 수출업자의 명의로 수출할 경우 생산자는 영세율을 적용받을 수 있지만, 수출대행 용역의 제공에 대해서는 국내 사업자 간의 거래로 과세대상이다.

✐ 개념 확인문제

다음 중 부가가치세법상 영세율과 면세에 관한 설명으로 옳지 않은 것은? [2019년 4회]

① 영세율은 부가가치세 과세대상이나 면세는 과세대상이 아니다.
② 원칙적으로 영세율은 매입세액을 공제받을 수 있으나 면세는 공제받을 수 없다.
③ 면세는 최종 소비자의 세부담 경감을 통한 역진성 완화가 목적이고, 영세율은 가격경쟁력 제고로 수출을 촉진하는 것이 목적이다.
④ 영세율 적용대상자는 부가가치세법상 사업자등록 의무가 면제된다.

해설
영세율 적용대상자의 경우 부가가치세법상 사업자에 해당하기 때문에 사업자등록 의무가 있다. **정답** ④

3. 면세

(1) 면세의 의미

면세란 역진성 완화를 위해 도입한 제도로서 특정 재화 용역의 공급 및 재화의 수입에 대하여 부가가치세를 면제하는 제도를 의미하며, 면세는 해당 거래단계의 재화 용역의 공급에 대한 매출세액은 없으나 매입세액이 환급되지 못하는 불완전면세제도이다.

(2) 면세 적용대상

구분	면세 적용대상
기초생활 필수 품목 관련 용역	• 가공되지 아니한 식료품(식용으로 제공되는 농산물, 축산물, 수산물과 임산물을 포함) 및 우리나라에서 생산되어 식용으로 제공되지 아니하는 농산물, 축산물, 수산물과 임산물은 면세 상품이며 김치·두부 등 단순 가공식료품 등을 포함한다(외국에서 생산된 비식용 농·축·임·수산물은 과세) • 수돗물(단, 생수는 과세) • 연탄과 무연탄(단, 갈탄, 유연탄, 착화탄은 과세) • 여성용 생리 처리 위생용품 • 여객운송용역*(시내버스, 일반 고속버스)
국민후생 및 문화 관련 재화와 용역	• 의료보건용역*과 혈액 • 수의사용역(축산물법 가축, 수산생물질병, 장애인 보조견, 수급자가 기르는 동물진료용역) • 주무관청의 허가 또는 인가를 받거나 주무관청에 등록 또는 신고된 학교·학원·강습소·훈련원·교습소 또는 그 밖의 비영리단체(단, 무도학원, 자동차운전학원은 과세) • 도서판매 및 대여, 신문, 잡지, 관보, 뉴스 및 방송(단, 광고는 과세) • 우표, 인지, 증지, 복권과 공중전화(단, 수집용 우표는 과세) • 예술창작품, 예술행사, 문화행사와 아마추어 운동경기(단, 프로경기 입장권 수입은 과세) • 도서관, 과학관, 박물관, 미술관, 동물원 또는 식물원 입장
부가가치 구성요소	• 금융·보험용역 • 토지
저술가 등이 직업상 제공하는 인적 용역	• 저술, 서화, 작곡, 음악, 배우, 가수, 강연료, 강사료 등 유사 용역 • 개인, 법인 또는 법인격 없는 사단·재단, 그 밖의 단체가 독립된 자격으로 용역을 공급하고 대가를 받는 인적 용역으로 형사소송법 및 군사법원법 등에 따른 국선변호인의 국선변호, 국세기본법에 따른 국선대리인의 국선대리(단, 이외의 일반 변호사 인적 용역은 과세)
기타	• 주택과 이에 부수되는 토지의 임대용역(단, 국민주택 규모 초과주택의 공급분은 과세) • 국민주택 및 국민주택 건설용역 • 종교, 자선, 학술, 구호, 그 밖의 공익을 목적으로 하는 단체가 공급하는 재화 또는 용역 • 국가지방자치단체 또는 지방자치단체조합이 공급하는 재화 또는 용역과 공익단체에 무상으로 공급하는 재화 또는 용역 • 국가 또는 지방자치단체로부터 위탁받아 수행하는 정신건강증진사업 및 정신질환자 복지서비스 지원사업

*
여객운송용역

항공기, 우등 고속버스, 전세버스, 택시, 특수자동차, 자동차 대여, 특종선박 또는 고속철도에 의한 여객운송용역, 케이블카 및 유람선은 과세

*
의료보건용역

쌍꺼풀수술, 코성형수술, 유방확대·축소술, 지방흡인술, 주름살제거술 등의 성형진료용역은 과세

(3) 부동산 관련 면세

구분	공급	임대
건물	원칙: 과세	원칙: 과세
	국민주택의 공급: 면세	주택의 임대: 면세
토지	원칙: 면세	원칙: 과세
		주택의 부수토지 임대: 면세

구분	건물	부수토지
사업용 건물면적 < 주택면적	모두 면세	모두 면세
사업용 건물면적 ≥ 주택면적	주택: 면세	주택면적 비율만큼 면세
	사업용 건물: 과세	

(4) 면세포기

면세대상인 재화 용역의 공급에 대하여 부가가치세 면제를 받지 않는 것이다. 부가가치세법과 부가가치세법 시행령은 면세포기 대상에 차이가 있다. 대통령령으로 정하는 것에 한해 포기대상을 정하고 있으므로 현실적으로 부가가치세법 시행령에 규정된 것이 포기대상이 된다.

부가가치세법	부가가치세법 시행령
영세율 적용대상인 재화 또는 용역	영세율 적용대상이 되는 재화 또는 용역
주택과 이에 부수되는 토지의 임대 용역	–
저술가·작곡가나 그 밖의 자가 직업상 제공하는 인적용역	–
종교, 자선, 학술, 구호, 그 밖의 공익을 목적으로 하는 단체가 공급하는 재화 또는 용역	학술 등 연구단체가 그 연구와 관련하여 실비 또는 무상으로 공급하는 재화 또는 용역

면세포기를 하고자 하는 사업자는 면세포기신고를 하고 지체 없이 사업자등록을 해야 하며, 면세포기신고를 한 사업자는 신고한 날로부터 3년간은 부가가치세 면제를 받지 못한다.

4 세금계산서

1. 증빙서류

구분	대상	비고
세금계산서	일반과세자 및 간이과세자	납세의무자로 등록한 사업자가 부가가치세법상 과세대상인 재화, 용역을 공급하는 경우 세금계산서 발행
영수증	• 최종 소비자 대상 일반과세자 • 공급대가 4,800만원 미만 간이과세자	• 거래상대방이 사업자임을 증명하면 세금계산서 발행 가능 • 다음의 업종은 상대방이 사업자임을 증명해도 세금계산서 발행 불가 – 목욕, 이발, 미용업 – 여객운송용역(전세버스사업 제외) – 입장권 발행사업
영세율세금계산서	영세율 수출사업자	내국신용장 및 구매확인서와 함께 발행 가능
수입세금계산서	세관장(수입재화에 대하여 발급)	과세대상은 세금계산서, 면세대상은 계산서 발급

2. 월합계 세금계산서

세금계산서는 재화, 용역시기에 발급해야 한다. 다만, 거래처별로 1역월의 공급가액을 합계하여 해당 월의 말일자를 작성일자로 하여 세금계산서를 발행하는 경우에는 공급일이 속하는 달의 다음 달 10일까지 세금계산서를 발급할 수 있다.

개념 확인문제

다음 중 세금계산서에 대한 설명으로 옳지 않은 것은? [2020년 3회]

① 간이과세자의 경우에도 세금계산서를 발행할 수 있다.
② 수입재화에 대하여는 영세율세금계산서가 발급된다.
③ 내국신용장에 의하여 공급하는 재화는 세금계산서 발급의무가 있다.
④ 작성연월일은 세금계산서의 필요적 기재사항에 해당된다.

해설

수입재화는 세관장이 수입세금계산서를 발급하며, 영세율세금계산서는 국내에서 국외로 수출할 물건을 제조할 때 필요한 원재료를 판매하는 사업자가 내국신용장에 의해 발급한다. **정답** ②

3. 세금계산서의 필요적 기재사항

① 공급자의 등록번호와 성명 또는 명칭
② 공급받는 자의 등록번호
③ 공급가액과 부가가치세액
④ 작성연월일

TIP

공급자의 주소, 공급하는 재화의 단가나 수량, 공급연월일 등은 임의적 기재사항이다.

4. 전자세금계산서

전자세금계산서(공급자보관용)					승인번호		
					관리번호		

공급자	등록번호		종사업장번호		공급받는자	등록번호		종사업장번호	
	상호(법인명)		성명(대표자)	(인)		상호(법인명)		성명(대표자)	(인)
	사업장주소					사업장주소			
	업태		종목			업태		종목	

작성일자			공급가액										세액										수정사유
년	월	일	천	백	십	억	천	백	십	만	천	백	십	일	십	억	천	백	십	만	천	백	십	일	

비고							

월	일	품목	규격	수량	단가	공급가액	세액	비고

합계 금액	현금	수표	어음	외상미수금	이 금액을 영수 함 / 청구

법인사업자와 직전 연도의 사업장별 재화 및 용역의 공급가액(면세공급가액 포함)의 합계액이 8천만원 이상인 개인사업자의 경우 전자세금계산서를 반드시 발급해야 한다.

구분	내용
전자세금계산서 발급시기	• 전자세금계산서는 원칙적으로 재화 또는 용역을 공급할 때에 세금계산서를 공급받는 자에게 발급하여야 한다. 발급시기 경과 후 해당 확정신고기한까지 발급하는 지연발급의 경우 공급가액의 1% 가산세가 적용되며(지연수취는 공급가액의 0.5%), 확정신고기한까지 발급하지 않은 경우 미발급으로 공급가액의 2% 가산세가 적용된다. 다만, 월합계 세금계산서 등의 경우 예외적으로 공급시기가 속하는 다음 달 10일까지 발급할 수 있다. • 발급기한이 토요일 또는 공휴일인 경우에는 그 다음 날까지 발급한다. • 전자세금계산서 발급대상 사업자가 종이세금계산서를 발급한 경우 공급가액의 1% 가산세를 적용한다.
발급된 전자세금계산서의 국세청 전송기한	전자세금계산서를 발급한 후 즉시 국세청에 전송함을 원칙으로 하되, 발급일 다음 날까지 국세청에 전송되어야 한다.

5. 세금계산서의 발급시기 중요

세금계산서는 사업자가 재화 또는 용역의 공급시기에 재화 또는 용역을 공급받는 자에게 발급하여야 한다. 재화 또는 용역의 공급시기가 되기 전에 재화 또는 용역에 대한 대가의 전부 또는 일부를 받고, 받은 대가에 대하여 세금계산서, 영수증을 발급하는 경우, 발급하는 때를 공급시기로 한다. 대가를 받지 않은 경우에도 세금계산서 발급일로부터 7일 이내에 대가를 받으면 세금계산서를 발급한 때가 재화 및 용역의 공급시기가 되며, 세금계산서가 정상적으로 발급된 것으로 본다.

✎ 개념 확인문제

다음 중 세금계산서에 대한 필요적 기재사항에 해당하지 않는 것은? [2020년 6회]

① 작성연월일
② 공급가액과 부가가치세액
③ 공급받는 자의 성명 또는 명칭
④ 공급자의 등록번호와 성명 또는 명칭

해설

세금계산서의 필요적 기재사항은 작성연월일, 공급가액과 부가가치세액, 공급자의 등록번호와 성명 또는 명칭, 공급받는 자의 등록번호이다. 공급받는 자의 성명 또는 명칭은 임의적 기재사항에 해당된다. **정답** ③

5 매출세액의 계산구조

1. 부가세신고서 매출세액의 계산구조

구분			금액	세액
과세표준 및 매출세액	과세	세금계산서 교부분		
		매입자발행세금계산서		
		신용카드, 현금영수증 발행분		
		기타(정규영수증 외 매출분)		
	영세율	세금계산서 교부분		–
		기타		–
	예정신고누락분			
	대손세액가감			
	합계			

2. 과세표준

부가가치세의 과세표준은 해당 과세기간에 공급한 재화 또는 용역의 공급가액(대금, 요금, 수수료, 그 밖에 금전적 가치가 있는 모든 것)을 합한 금액으로 한다(부가가치세는 포함하지 않는다).

(1) 재화의 수입 과세표준

> 재화의 수입 과세표준 = 재화에 대한 관세의 과세가격 + 관세, 개별소비세, 주세, 교육세, 농어촌특별세 및 교통 · 에너지 · 환경세

(2) 재화 및 용역의 과세표준

구분	과세표준
금전으로 대가를 받는 경우	그 대가
금전 외의 대가를 받는 경우	자기가 공급한 재화 또는 용역의 시가
폐업하는 경우	폐업일에 남아 있는 재화의 시가
자가공급(타 사업장 반출 제외), 개인적 공급, 사업상 증여	자기가 공급한 재화의 시가
타 사업장(직매장으로) 반출	해당 재화의 취득가액
특수관계인에게 사업용 부동산 임대용역의 무상공급	자기가 공급한 용역의 시가
외상판매 및 할부판매	공급한 재화의 총 가액
장기할부판매	계약에 따라 받기로 한 대가의 각 부분
완성도기준지급 및 중간지급조건부	
계속적으로 재화나 용역을 공급하는 경우	
대가를 외국통화, 기타 외국환으로 받은 때	• 공급시기 도래 전에 원화로 환가한 경우: 환가한 금액 • 공급시기 이후에 외국통화 기타 외국환의 상태로 보유하거나 지급받는 경우: 공급시기의 기준환율 또는 재정환율에 따라 계산한 금액
재화의 공급에 대하여 부당하게 낮은 대가를 받거나 대가를 받지 않는 경우	자기가 공급한 재화의 시가
용역의 공급에 대하여 부당하게 낮은 대가를 받은 경우	자기가 공급한 용역의 시가

과세표준에 포함하지 않는 금액	과세표준에서 공제하지 않는 금액
• 부가가치세 • 매출에누리, 매출환입, 매출할인 • 공급받는 자에게 도달하기 전에 파손, 훼손, 멸실된 재화의 가액 • 재화 또는 용역의 공급과 직접 관련되지 않는 국고보조금과 공공보조금 • 공급대가의 지급지연으로 인한 연체이자 • 대가와 구분하여 기재한 종업원의 봉사료 • 공급받는 자가 부담하는 원자재 등의 가액 • 반환조건부 용기대금과 포장비용	• 대손세액공제법에 따른 대손금 • 재화 또는 용역을 공급받는 자에게 지급하는 장려금 • 하자보증금

(3) 감가상각자산의 간주공급 과세표준

회사가 보유하고 있던 감가상각자산을 자가공급(면세사업전용, 비영업용 소형승용차 관련 사용), 개인적 공급, 사업상 증여, 폐업 시 잔존재화로 간주공급이 인정되는 경우 감가상각자산의 과세표준은 다음과 같이 계산한다.

$$과세표준\ 금액(간주시가) = 취득원가 \times (1 - 상각률 \times 경과된\ 과세기간\ 수)$$

상각률은 건물, 구축물은 5%, 그 이외의 감가상각자산은 25%이다. 경과된 과세기간 수를 집계할 때 건물 또는 구축물의 경과된 과세기간 수가 20을 초과하면 20으로, 그 이외의 감가상각자산의 경과된 과세기간 수가 4를 초과할 때는 4로 한다.

(4) 부동산 임대용역의 과세표준

사업자인 기업의 부동산 임대를 통한 용역의 공급은 부가가치세가 과세된다. 월세, 관리비(임차인이 부담할 보험료, 수도료·공공요금 제외)에 대해 부가가치세를 과세할 뿐만 아니라, 전세금 및 임대보증금에 대해서도 간주임대료를 다음과 같이 과세표준을 계산해서 과세한다.

$$과세표준 = 전세금\ 또는\ 임대보증금 \times 정기예금\ 이자율 \times \frac{과세대상기간\ 일수}{365일(윤년\ 366일)}$$

정기예금 이자율은 국세청장이 고시하는 이자율로 매년 다르게 측정되고 있다.

📝 **개념 확인문제**

다음 중 부가가치세 과세표준에 포함하지 않는 것은?　　　　　　　[2018년 1회]

① 할부판매의 이자 상당액
② 대가의 일부로 받는 운송비와 포장비
③ 개별소비세와 주세
④ 매출에누리 및 매출환입액

해설
회계와 동일하게 부가가치세 과세표준도 순매출액이다. 매출에누리, 매출환입, 매출할인은 과세표준에 포함하지 않는다.

정답 ④

---

3. 대손세액공제

사업자가 과세대상인 재화 또는 용역을 외상으로 판매한 후 외상매출금, 기타 채권(공급대가)의 전부 또는 일부를 회수할 수 없게 된 경우에 대손이 확정된 과세기간 확정신고기간에 대손세액(**대손금액 × 10/110**)공제를 받을 수 있다.

(1) 대손세액공제의 적용절차

공급일로부터 10년이 경과한 날이 속하는 과세기간에 대한 확정신고기한까지 대손세액공제 요건이 확정되어야 대손세액공제를 받을 수 있으며, 그 이후에 요건이 확정되는 경우에는 대손세액공제를 적용하지 않는다.

(2) 대손세액공제의 사유

① 파산, 강제집행, 회사정리계획인가의 결정으로 채권이 회수 불능으로 확정된 경우
② 대표자의 사망, 실종선고의 경우
③ 상법, 어음법, 수표법, 민법상의 소멸시효가 완성된 경우
④ 수표, 어음의 부도발생일로부터 6개월이 경과된 경우
⑤ 30만원 이하의 소액채권으로 회수기일이 6개월 이상 지난 경우
⑥ 회수기일이 2년 이상 지난 중소기업의 외상매출금 및 미수금

6 매입세액의 계산구조

1. 매입세액

구분		금액	세액
세금계산서 수취분	일반매입		
	고정자산매입		
예정신고누락분			
매입자발행세금계산서			
그 밖의 공제매입세액			
합계			
공제받지 못할 매입세액			
차감계			

부가가치세 별도로 세금계산서 및 법적 효력을 가진 신용카드매출전표, 현금영수증을 수취한 거래도 매입세액을 공제받을 수 있다. 단, 법에서 열거하고 있는 특정 항목에 대해서는 부가가치세 별도로 세금계산서를 수취하여도 매입세액을 공제받을 수 없다.

2. 매입세액공제

① 사업자가 자기의 사업을 위하여 매입한 재화 또는 용역에 대한 부가가치세액
② 사업자가 자기의 사업을 위하여 수입하는 재화의 수입에 대한 부가가치세액
③ 세금계산서 및 세금계산서와 동일한 역할을 하는 신용카드매출전표 및 현금영수증 거래에 대한 부가가치세액
④ 공급시기가 속하는 과세기간에 대한 확정신고기한까지 세금계산서를 발급받은 경우에도 매입세액공제가 가능하다.

3. 매입세액불공제 중요

세금계산서를 수취하지 않고 거래명세서를 수취한 거래, 세금계산서를 발행할 수 없는 간이과세자, 면세사업자로부터 거래는 매입세액공제를 받을 수 없다. 또한 아래의 거래는 세금계산서를 수취한 경우라도 세법규정에 의해 매입세액공제를 받을 수 없다.

① 필요적 기재사항 누락
② 사업과 직접 관련 없는 지출(봉사단체 기부물품 매입, 대표자 개인의 물품 구입 등)
③ 비영업용 소형승용차 구입, 유지, 임차
④ 기업업무추진비 및 이와 유사한 비용 관련
⑤ 면세사업 관련

이론 | 실무 시뮬레이션 | 최신 기출문제

TIP

회계처리 시 매입세액은 부가세대급금으로 표시하고 매출세액은 부가세예수금으로 표시한다.

TIP

회계처리 시 매입세액은 부가세대급금으로 표시하고 매출세액은 부가세예수금으로 표시한다.

TIP

사업자가 공급시기 이후에 세금계산서를 발급받은 경우 그 공급시기가 속하는 과세기간에 대한 확정신고기한까지 발급받았다면 매입세액공제가 가능하다. 다만, 지연수취에 대한 부분으로 공급가액에 0.5% 가산세가 적용된다.

▶ **비영업용 소형승용차**

• 세법에서 영업용승용차는 택시 및 렌트카 사업과 같은 운수업을 의미한다.
• 소형승용차의 기준은 8인승 이하이며 1,000cc 초과(1,000cc 이하는 국민차로 세금우대)이다.

⑥ 토지의 자본적 지출 관련
  • 토지의 취득 및 형질변경, 공장부지 및 택지의 조성 등에 관련된 매입세액
  • 건축물이 있는 토지를 취득하여 그 건축물을 철거하는 경우에는 철거한 건축물의 취득 및 철거비용과 관련된 매입세액
  • 토지의 가치를 현실적으로 증가시켜 토지의 취득원가를 구성하는 비용에 관련된 매입세액
⑦ 사업자등록 전 매입세액(다만, 공급시기가 속하는 과세기간이 끝난 후 20일 이내에 등록을 신청한 경우 등록신청일부터 공급시기가 속하는 과세기간 기산일(1월 1일 또는 7월 1일)까지 역산한 기간 내의 것은 제외)
⑧ 금거래 계좌 미사용 관련 매입세액
⑨ 공통매입세액 안분계산
⑩ 대손처분받은 세액
⑪ 납부세액 재계산분

✏️ 개념 확인문제

다음 중 부가가치세법상 매입세액공제가 불가능한 것은? [2019년 6회, 5회]

① 공장 직원 체육대회용 물품 구입 세액
② 봉사단체에 기부할 컴퓨터 매입세액
③ 제품운반용 화물차의 구입에 관한 매입세액
④ 비영업용 소형승용차(998cc)의 구입에 관한 매입세액

해설
사업과 직접 관련 없는 지출은 매입세액불공제이다. 비영업용 소형승용차의 경우 1,000cc를 초과할 때 매입세액불공제 대상이다. 따라서 998cc는 매입세액공제가 가능하다.   정답 ②

4. 매입세액공제의 특례

(1) 매입자발행세금계산서에 의한 매입세액

매입자발행세금계산서란 공급자가 세금계산서를 발급하지 않은 경우 매입자가 관할세무서장의 확인을 받아 매입세액공제를 받는 제도이다. 사업자의 부도·폐업 등으로 사업자가 수정세금계산서 또는 수정전자세금계산서를 발급하지 않은 경우를 포함한다.

(2) 의제매입세액공제

과세사업자가 면세로 농산물 등을 구입하여 과세 재화를 생산하거나 과세 용역을 창출하는 경우, 매입가액에 소정의 세율을 곱한 금액을 매입세액으로 의제하여 매출세액에서 공제할 수 있다. 면세 농산물 매입가액만 대상이 되며 이와 관련된 부대비용은 공제대상이 아니다.

① 의제매입세액공제의 적용요건
  • 과세사업자일 것
  • 면세로 농·축·수·임산물을 제공받을 것
  • 면세의 재화를 제조 가공한 물품이 재화 및 용역의 과세대상일 것
  • 면세 농산물의 관련 증명서류를 제출할 것

② 의제매입세액 공제액

의제매입세액 공제액 = 면세 농·축·수·임산물의 매입가액×공제율(4/104 등)

구분			공제율
음식점	과세유흥장소 외	법인사업자	6/106
		개인사업자	• 과세표준 2억원 이하: 9/109 • 과세표준 2억원 초과: 8/108
	과세유흥장소		2/102
제조업	법인사업자		2/102
	중소기업 및 개인사업자		4/104
	과자점업, 도정업, 제분업 및 떡류제조업 중 떡방앗간을 경영하는 개인사업자		6/106
	그 이외의 사업자		2/102

③ 의제매입세액공제 시기 및 한도: 의제매입세액은 면세 농산물 등을 공급받거나 구입한 날이 속하는 과세기간에 공제한다. 사용 시점 기준이 아님에 주의한다.

구분	한도	
법인사업자	면세 농산물과 관련하여 공급한 과세표준×50%	
개인사업자 (음식점업)	1억원 이하	과세표준×75%
	1억원 초과~2억원 이하	과세표준×70%
	2억원 초과	과세표준×60%
개인사업자 (음식점업 이외)	2억원 이하	과세표준×65%
	2억원 초과	과세표준×55%

의제매입세액으로 공제한 면세 농산물 등을 그대로 양도 또는 인도, 면세사업으로 사용, 그 밖의 목적에 사용하거나 소비할 때에는 공제 금액을 다시 납부해야 한다.

④ 의제매입세액신고 서류: 사업자는 의제매입세액공제신고서와 매입처별 계산서합계표, 신용카드매출전표등 수령명세서, 매입자발행 계산서합계표를 반드시 함께 제출해야 한다. 하지만 제조업을 경영하는 사업자는 농어민으로부터 면세 농산물을 직접 공급받는 경우 의제매입세액공제신고서만 제출해도 된다.

TIP

의제매입 시 제출 서류에 매입자발행 계산서합계표가 추가되었다(시행령 제84조 제5항 3).

• 사업자 계산서 매입분 • 사업자 신용카드 매입분 • 농어민 매입분 – 제조업만 가능

7 신고·납부·환급

1. 신고 및 납부

사업자는 부가가치세 **신고 기간이 끝난 후 25일 이내**에 사업장 관할세무서장에게 과세표준을 신고하고 세액을 자진 납부하여야 한다. 확정 기간의 신고 및 납부는 이미 신고한 예정신고·납부 및 환급세액을 제외하고, 확정신고기간의 과세표준과 납부세액에 대해서만 신고·납부한다.

2. 징수 및 환급

신고한 납부세액을 납부하지 않거나 적게 납부한 경우 정부는 세금을 징수할 수 있다. 매출세액에서 매입세액을 차감한 경우 마이너스 금액이 산출되면 환급을 받을 수 있다.

① 일반환급: 확정신고기간에만 하며 확정신고기간 경과 후 30일 이내에 환급을 한다.

② 조기환급: 예정신고기간 또는 확정신고기간 중 매월 또는 매 2월을 영세율 등 조기환급기간이라고 한다(예를 들어 1기에는 1월, 2월, 4월, 5월 또는 1월, 2월과 4월, 5월이 조기환급 기간). 조기환급을 적용받고자 하면 조기환급 기간 종료일로부터 25일 이내에 과세표준과 환급세액을 신고하며 조기환급 기간이 경과 후 15일 이내에 환급을 받을 수 있다. 다음의 경우에 조기환급을 받을 수 있다.

- 영세율 적용대상인 때
- 사업설비(감가상각자산)를 신설·취득·확장·증축하는 때

✎ 개념 확인문제

다음 부가가치세 과세자료를 바탕으로 (주)무릉이 공제받을 수 있는 매입세액은? (단, 모두 부가가치세법상 정규증명 수취한 거래이며, 의제매입세액은 고려하지 않는다)   [2021년 2회]

┌─ 보기 ─
- 원재료 매입액(부가가치세 별도): 5,000,000원
- 직원 선물용품 매입액(부가가치세 별도): 2,500,000원
- 면세사업 관련 매입액(부가가치세 별도): 550,000원
- 업무용 컴퓨터 등 비품 매입액(공급대가): 1,375,000원

답: (   )원

해설
- 컴퓨터 매입세액: 1,375,000원×10/110=125,000원
- 원재료 매입세액 500,000원+직원선물용 매입세액 250,000원+업무용 컴퓨터 매입세액 125,000원=875,000원
- 면세사업 관련은 불공제 항목이다.   **정답** 875,000

---

8 간이과세자

1. 간이과세자의 범위

직전 연도의 재화와 용역의 공급대가가 1억400만원(부동산임대업 및 과세유흥업 4,800만원)에 미달하는 개인사업자를 말한다. 일반과세가 적용되는 다른 사업장을 보유하고 있거나, 부가가치세법에서 지정한 배제업종은 간이과세자로 사업자등록을 할 수 없다.

2. 간이과세자와 세금계산서

간이과세자도 세금계산서 발행을 원칙으로 한다. 다만, 직전 연도의 공급대가 합계액이 4,800만원 미만인 경우와 신규로 사업을 시작하는 개인사업자의 최초 과세기간은 영수증을 발급해야 한다. 간이과세자가 다른 사업자로부터 세금계산서 등을 발급받아 매입처별세금계산서합계표 또는 신용카드매출전표등 수령명세서를 납세지 관할 세무서장에게 제출하는 경우 과세기간에 대한 납부세액에서 공제한다. 기장능력이 부족한 간이과세자가 발급받은 세금계산서를 성실히 보관한 경우 매입장, 매출장으로서의 장부 역할도 할 수 있다.

3. 일반과세자와 간이과세자의 비교

구분	일반과세자	간이과세자
과세기간	1기: 1월~6월 / 2기: 7월~12월	1월~12월
적용대상	간이과세자 이외의 사업자	직전 연도 공급대가가 1억 400만원 미만인 개인사업자(부동산임대업 및 과세유흥업 4,800만원 미만)
매출세액	공급가액×세율	공급대가×업종별 부가가치세율×세율
매입세액공제	매입세액 전액공제	공급대가×0.5%
증빙서류	• 원칙: 세금계산서 발급 • 예외: 영수증 발급(비사업자에게 재화, 용역 공급 등)	• 원칙: 세금계산서 발급 • 예외: 영수증 발급(4,800만원 미만 등)
예정신고	• 법인: 예정신고·납부 원칙 • 개인: 예정고지에 의한 징수 원칙	• 예정부과징수 원칙(예외: 예정신고) • 예정부과기간: 1월~6월 • 납세고지서 발부: 7월 1일~10일 • 예정부과기한: 7월 25일 • 납부금액 50만원 미만은 징수하지 않음
포기제도	포기할 수 없음	포기하고 일반과세자로 변경 가능
의제매입세액공제	적용	적용 안함

📝 개념 확인문제

[보기]의 ( ) 안에 들어가야 하는 단어와 숫자를 쓰시오. [2018년 1회, 2017년 4회, 2016년 4회]

> 보기
> (   )(이)란 직전 연도의 공급대가의 합계액이 (   )만원에 미달하는 사업자로, 간편한 절차로 부가가치세를 신고·납부하는 개인사업자를 말한다.

답: (   )

해설

직전 연도의 공급대가가 1억 400만원 미만이면 간이과세자로 구분한다.　　　**정답** 간이과세자, 1억 400

기출&확인 문제

01 [2019년 6회]

다음 [보기]의 (　　) 안에 들어갈 숫자는 무엇인가?

┌ 보기 ─────────────────────────────
우리나라 일반과세자 부가가치세율은 (　　)%로 단일세율이다.
└─────────────────────────────────

답: (　　　　　　　　　　　)

해설

우리나라 부가가치세는 10% 하나의 세율을 갖고 있다.

02 [2022년 1회]

다음 중 우리나라의 부가가치세법에 대한 설명으로 옳지 않은 것은?

① 소비를 과세대상으로 하므로 소비세이다.
② 납세의무자는 사업자이지만 담세자는 최종 소비자이므로 간접세이다.
③ 원칙적으로 모든 재화와 용역의 소비행위 사실에 대해 과세하는 일반소비세이다.
④ 최초 생산단계에서 최종 소비자에 이르기까지 한 번 과세된 부가가치는 다음 단계에서 다시 과세되기 때문에 중복과세이다.

해설

최초 생산단계에서 최종 소비자에 이르기까지 각 단계에서 부가된 가치만을 과세하기 때문에 한 번 과세된 부가가치는 다음에 다시 과세되지 않으므로 중복과세가 배제된다.

03 [2018년 3회]

다음 중 우리나라 부가가치세의 담세자는 누구인가?

① 납세자　　　　　　　② 생산자
③ 납세의무자　　　　　④ 최종 소비자

해설

부가가치세를 신고하고 납부하는 납세의무자는 사업자이지만, 실질적으로 세금을 부담하는 담세자는 최종 소비자이다.

04 [2020년 3회]

다음 우리나라의 부가가치세법에 대한 설명 중 가장 거리가 먼 항목은?

① 납세의무자의 인적사항을 고려하지 않는 물세이다.
② 담세자의 능력을 전혀 고려하지 않는 단일세율이다.
③ 원칙적으로 모든 재화와 용역의 소비행위 사실에 대해 과세하는 일반소비세이다.
④ 정부의 부과에 의해 납세의무가 확정되는 정부부과제도를 채택하고 있다.

해설

우리나라 부가가치세는 납세의무자의 신고에 의하여 납세의무가 확정되는 신고납세제도를 채택하고 있다.

05 [2020년 6회]

다음 중 우리나라 부가가치세에 대한 설명으로 옳지 않은 것은?

① 재화의 거래나 용역의 제공과정에서 얻어지는 이윤에 대하여 과세하는 세금이다.
② 납부할 부가가치세는 기본적으로 매입세액에서 매출세액을 차감하여 계산된다.
③ 부가가치세는 상품값에 포함되어 있기 때문에 실질적으로는 소비자가 부담한다고 볼 수 있다.
④ 과세대상 사업자는 재화를 거래할 때 일정 금액의 부가가치세를 소비자에게 징수하여 세무서에 납부하는 구조이다.

해설

납부할 부가가치세는 매출세액에서 매입세액을 차감하여 계산된다.

06 [2018년 3회, 1회]

다음 중 현행 우리나라의 부가가치세법상 계속사업자인 일반과세자의 제2기 예정신고기간에 해당하는 것은?

① 4월 1일 ~ 6월 30일
② 7월 1일 ~ 9월 30일
③ 7월 1일 ~ 12월 31일
④ 10월 1일 ~ 12월 31일

해설

①은 1기 확정신고기간, ③은 2기 과세기간, ④는 2기 확정신고기간이다.

| 정답 |　01 10　02 ④　03 ④　04 ④　05 ②　06 ②

07 [2018년 5회]

부가가치세법상 다음 (   ) 안에 들어갈 숫자는?

> **보기**
> 부가가치세 제2기 확정신고기간에 대한 부가가치세 신고는 1월 (   )일까지 하여야 한다(단, 해당 일은 국, 공휴일 등이 아님을 가정).

답: (   )

해설

부가가치세 2기 확정신고기간은 10월 1일부터 12월 31일까지이다. 2기 부가가치세는 과세기간 종료 후 다음 달 25일까지 신고, 납부해야 하므로 다음 연도 1월 25일이다.

08 [2018년 5회]

부가가치세에 대한 설명으로 옳지 않은 것은?

① 한 사업자가 둘 이상의 사업장을 가지는 경우 주사업장에서 총괄납부할 수 있다.
② 상호변경으로 사업자등록 정정을 하는 경우 7일 이내에 재교부하여야 한다.
③ 사업자등록신청 전의 매입세액은 공제하지 않는다. 다만, 공급시기가 속하는 과세기간이 끝난 후 20일 이내에 사업자등록을 신청한 경우 등록신청일부터 공급시기가 속하는 과세기간 기산일까지 역산한 기간 내의 것은 공제가 가능하다.
④ 주사업장 총괄납부의 승인을 얻은 경우에도 세금계산서 교부 및 합계표의 제출, 신고 등은 각 사업장별로 한다.

해설

상호 변경, 통신판매업자가 사이버몰의 명칭 또는 인터넷 도메인 이름을 변경하는 사유로 사업자등록 정정을 하는 경우 신청일 당일에 재교부해야 한다. 이 외의 사유에는 신청일로부터 2일 이내에 재교부한다.

09 [2019년 1회]

다음은 부가가치세법상 사업자등록 정정 사유이다. 다음 중 재교부기한이 다른 하나는?

① 사업의 종류에 변경이 있을 때
② 사업장을 이전한 때
③ 상호를 변경하는 때
④ 공동사업자의 구성원의 변경이 있을 때

해설

상호의 변경은 신청일 당일 재발급을 해야 하는 사유이다.
①, ②, ④는 신청일로부터 2일 이내 재발급해야 하는 사유이다.

10 [2018년 5회]

일반과세사업자가 사업자등록을 하지 않았을 경우의 부가가치세법상 제재에 관한 설명이다. 옳지 않은 것은?

① 사업자등록 전 매입세액은 공급시기가 속하는 과세기간이 끝난 후 20일 이내에 사업자등록을 신청하지 않은 경우 매출세액에서 공제하지 않는다.
② 미등록가산세를 적용한다.
③ 일반과세자의 미등록가산세는 원칙적으로 공급가액의 0.5%이다.
④ 사업자등록 또는 그 등록정정의 신청을 하지 않는 자는 질서범에 해당되어 50만원 이하의 벌금 또는 과료에 처해진다.

해설

일반과세자의 미등록가산세는 원칙적으로 공급가액의 1%이며, 간이과세자에 한해 0.5%를 적용한다.

11 [2019년 4회]

사업자등록에 관한 다음 설명 중 옳지 않은 것은?

① 사업자등록 신청은 사업개시일로부터 20일 이내에 하여야 한다.
② 사업자등록번호는 주민등록번호처럼 사업자의 고유번호로 사용된다.
③ 신규로 사업을 개시하고자 하는 자는 사업개시일 전이라도 등록할 수 있다.
④ 사업자등록 전 매입세액은 전액 불공제된다.

해설

공급시기가 속하는 과세기간이 종료된 후 20일 이내에 등록을 신청한 경우, 등록신청일부터 공급시기가 속하는 과세기간 기산일까지 역산한 기간 내의 매입세액은 공제한다.

12 [2022년 1회]

다음 중 부가가치세법상 재화와 용역의 범위에 해당되지 않는 항목은?

① 흙, 물
② 상품, 제품
③ 전기, 가스
④ 어음, 수표

해설

어음, 수표 및 유가증권, 상품권 등은 재화에 속하지 않는다.

| 정답 | 07 25 08 ② 09 ③ 10 ③ 11 ④ 12 ④ |

13 [2019년 5회]

다음 중 부가가치세법상 과세대상에 해당하지 않는 것은?

① 사업자가 공급하는 재화의 공급
② 비사업자에 의한 재화의 수입
③ 사업자가 공급하는 용역
④ 비사업자에 의한 국내 생산재화의 수출

해설

재화의 수입을 제외한 사업자에 의한 재화 및 용역의 공급이 과세대상이다.

14 [2022년 3회]

부가가치세법상 재화의 공급에 해당하는 것은?

① 상속세를 물납하기 위해 부동산을 제공하는 경우
② 저당권 등 담보 목적으로 부동산을 제공하는 경우
③ 사업자가 재화를 고객 또는 불특정다수에게 증여하는 경우
④ 사업장별로 그 사업에 관한 모든 권리와 의무를 포괄적으로 승계시키는 경우

해설

사업자가 재화를 고객 또는 불특정 다수에게 증여하는 경우는 사업상 증여에 해당하는 사례로 재화의 간주공급에 해당한다. ①, ②, ④는 재화의 공급에 해당하지 않는다.

15 [2018년 6회]

다음 중 부가가치세법에 대한 설명으로 옳지 않은 것은?

① 과세사업자는 부가가치세 납세의무자이지만, 면세사업자는 부가가치세 납세의무자가 아니다.
② 과세거래 대상은 재화의 공급, 용역의 공급 그리고 용역의 수입이다.
③ 사업자란 영리목적 유무와 관계없이 과세대상인 재화 또는 용역을 공급하는 자이다.
④ 간이과세자란 직전 연도 공급대가의 합계액이 1억400만원에 미달하는 개인사업자를 말한다.

해설

과세거래 대상은 재화의 공급, 용역의 공급, 재화의 수입이다.

16 [2018년 4회]

다음 중 부가가치세법상 용역의 공급에 해당하지 않는 것은?

① 주요자재를 전혀 부담하지 않고 단순히 가공만 하는 경우
② 특허권을 대여하는 경우
③ 상표권을 양도하는 경우
④ 음식점에서 음식을 판매하는 경우

해설

상표권의 양도는 재화의 공급에 해당한다.

17 [2023년 1회]

부가가치세법상 공급시기에 관한 설명으로 가장 옳은 것은?

① 통상적인 용역의 공급은 대가의 각 부분을 받기로 한 때이다.
② 일반적인 상품 및 제품은 현금이 수취되는 때가 공급시기이다.
③ 부동산 임대용역의 간주임대료 수입은 그 대가를 받는 때이다.
④ 재화의 이동이 필요 없는 경우는 재화의 이용이 가능한 때이다.

해설

① 통상적인 용역의 공급은 역무 제공 완료일이다.
② 일반적인 상품 및 제품은 재화가 인도되는 때가 공급시기이다.
③ 부동산 임대용역의 간주임대료 수입은 과세기간 종료일이다.

18 [2020년 5회]

다음 [보기]의 내용에 대한 우리나라의 부가가치세율은 몇 %인가?

┌─ 보기 ─────────────────────────────┐
1. 내국물품을 외국으로 반출하는 것
2. 중계무역방식의 거래 등 대통령령으로 정하는 것
3. 선박 또는 항공기에 의한 외국항행용역의 공급
└────────────────────────────────────┘

답: (   )%

해설

우리나라 부가가치세법의 세율은 10%와 0%로 구분된다. 수출무역 관련 및 외화획득 거래에 대해서는 영세율(0%)을 적용한다.

| 정답 | 13 ④ | 14 ③ | 15 ② | 16 ③ | 17 ④ | 18 0 |

19 [2018년 1회]

다음 [보기]가 설명하는 것은 무엇인가?

┌─ 보기 ─────────────────────────────────
재화의 공급이 수출에 해당하면 그 재화의 공급에 대하여는 0%의
세율을 적용하는데 이를 지칭하는 부가가치세법상의 용어이다. 내
국물품을 외국으로 반출하거나 중계무역방식의 거래 등 대통령령
으로 정하는 것 등이 적용된다.
└────────────────────────────────────

답: (   )

해설

소비지국 과세원칙에 따라 수출하는 물품은 0% 세율을 적용한다.

20 [2023년 1회]

부가가치세법상 영세율 적용대상으로 가장 적절하지 않은 것은?

① 내국물품을 외국으로 반출하는 것
② 국외에서 제공하는 해외건설용역
③ 국내 사업장이 있는 사업자가 해외에서 건설용역을 제공하는 경우
④ 수출을 대행하고 수출대행수수료를 받는 수출업자가 제공하는
　　수출대행용역

해설

수출대행수수료는 국내에서 제공하는 용역에 해당하는 것으로 영세율이 적용되지 않으
며 10% 세율로 과세된다.

21 [2020년 5회, 2018년 4회]

다음 중 부가가치세법상 면세대상으로 옳지 않은 것은?

① 도서, 신문　　　　　② 변호사
③ 시내버스 운송용역　　④ 가공되지 않은 식료품

해설

형사소송법 등에 따른 국선변호인의 국선변호, 국세기본법에 따른 국선대리인의 국선
대리, 법률구조법에 따른 법률구조 및 변호사법에 따른 법률구조사업 이외의 변호사의
변호업무는 과세대상이다.

22 [2020년 4회, 1회]

다음 중 부가가치세법상 면세대상과 거리가 먼 항목은?

① 도서대여용역　　　　② 수집용 우표
③ 연탄과 무연탄　　　　④ 시내버스 운송용역

해설

일반 우표는 면세대상이나 수집용 우표는 과세대상으로 분류된다.

23 [2022년 1회]

다음 중 부가가치세법상 면세대상인 항목으로 묶인 것은?

┌─ 보기 ─────────────────────────────────
㉮ 토지　　　　　　　　㉯ 금융·보험용역
㉰ 고속철도 승차권　　　㉱ 신문광고료
㉲ 고속버스 승차권　　　㉳ 수집용 우표
㉴ 연탄과 무연탄　　　　㉵ 복숭아 통조림
└────────────────────────────────────

① ㉮, ㉯, ㉴　　　　　② ㉯, ㉲, ㉴
③ ㉮, ㉲, ㉵　　　　　④ ㉯, ㉲, ㉵

해설

토지, 금융·보험용역, 연탄과 무연탄은 면세 적용대상이다.

24 [2018년 2회]

**다음 중 현행 우리나라의 부가가치세법상 면세대상에 해당하지 않
는 것은?**

① 연탄과 무연탄　　　　② 전세버스와 고속버스
③ 인지와 증지　　　　　④ 도서와 도서대여

해설

시내버스와 일반 고속버스는 면세에 해당하지만 우등 고속버스와 전세버스는 과세에
해당한다.

25 [2020년 6회]

다음 [보기]의 내용이 설명하고 있는 부가가치세 관련 용어는?

┌─ 보기 ─────────────────────────────────
사업자가 재화나 용역 공급 시 부가가치세를 거래 징수하고 이를
증명하기 위하여 발급하는 것으로, 부가가치세의 전가, 매입세액공
제, 거래의 상호대사, 송장/영수증/청구서 등의 기능을 하는 중요
한 서류 중 하나이다.
└────────────────────────────────────

답: (   )

해설

부가가치세법에서 가장 중요한 적격증빙서류는 세금계산서이다.

26 [2022년 1회]

다음 중 부가가치세법상 세금계산서에 대한 설명으로 옳지 않은 것은?

① 간이과세자는 세금계산서를 발급하지 않는다.
② 부가가치세의 징수내용에 대한 증빙으로서 작성·발급하는 서류이다.
③ 부가가치세 과세자료로는 물론 소득세나 법인세의 과세자료로도 사용되고 있다.
④ 기장능력이 부족한 간이과세자가 발급받은 세금계산서를 성실히 보관한 경우에는 매입·매출장으로서의 장부 역할도 함께하고 있다.

해설

2021.07.01.부터 간이과세자도 세금계산서를 발급해야 한다. 간이과세자는 직전 연도 공급대가가 1억 400만원 미만인 개인사업자로, 직전 연도 공급대가가 4,800만원 이상인 사업자는 세금계산서를 발급해야 한다.

27 [2021년 1회]

세금계산서와 계산서는 이를 발행할 수 있는 경우와 그 내용에 있어 차이가 있다. 차이에 대한 설명으로 적절한 것은?

① 영리목적 유무
② 사업자 해당 여부
③ 공급가액의 한계
④ 부가가치세 면세 해당 여부

해설

과세대상 재화 및 용역에는 세금계산서를, 면세대상 재화 및 용역에는 계산서를 발행한다.

28 [2019년 5회]

부가가치세법상 전자(세금)계산서 제도에 대한 설명으로 옳지 않은 것은?

① 공급시기가 속하는 과세기간의 확정신고기한까지도 발행하지 않는 경우에는 미발급으로 간주되어 2%의 가산세를 내야 한다.
② 전자세금계산서는 원칙적으로 공급시기에 발급해야 하며, 발급기한을 경과하여 발급하면 공급자와 공급받는 자 모두에게 가산세가 적용된다.
③ 전자세금계산서 발급대상 사업자가 적법한 발급기한 내에 전자세금계산서 대신에 종이세금계산서를 발급한 경우 공급가액의 1%의 가산세가 적용된다.
④ 직전 사업연도 사업장별 과세 및 면세수입 금액이 각각 5천만원과 7천만원인 경우, 과세수입 금액이 1억원 미만이므로 전자(세금)계산서 의무발급 대상자는 아니다.

해설

직전 연도의 사업장별 재화 및 용역의 공급가액(면세공급가액을 포함)의 합계액이 8천만원 이상인 개인사업자는 전자(세금)계산서 의무발급 대상자이다.

29 [2021년 1회]

다음 [보기]의 설명 중 (   )에 해당되는 적절한 용어는?

> **보기**
> (   )(이)란 세금을 부과하는 데 있어서 그 기준이 되는 것을 말한다.

답: (   )

해설

• 과세표준이란 납세의무자가 납부해야 할 부가가치세액의 기초가 되는 가액이다.
• 매출세액 = 과세표준 × 세율

30 [2022년 3회]

[보기] (가)~(라) 중 잔존재화에 대한 설명이 바르게 묶인 것은?

> **보기**
> (가) 간주공급이 아니다.
> (나) 잔존재화는 세금을 부담하지 않는다.
> (다) 폐업 시 잔존재화는 폐업 시에 공급된다.
> (라) 잔존재화는 공급 시 세금계산서를 발행하지 않는다.

① (가)
② (가), (나)
③ (다), (라)
④ (나), (다), (라)

해설

공급시기가 도래하기 전에 대가의 전부 또는 일부를 받고, 이와 동시에 그 받은 대가에 대하여 세금계산서를 발급하면, 그 세금계산서 등을 발급하는 때를 그 재화 또는 용역의 공급시기로 본다.

31 [2020년 5회, 2018년 6회]

다음 [보기]의 과세자료에 의하여 부가가치세 과세표준을 계산하면 얼마인가? (단, 사업자는 일반과세자이다)

> **보기**
> • 전자세금계산서 교부분 공급가액: 6,500원(부가가치세 별도)
> • 영세율전자세금계산서 교부분 공급가액: 4,000원
> • 직접수출한 공급가액: 2,000원
> • 신용카드매출전표상의 매출액(공급대가): 1,100원

① 10,000원
② 10,600원
③ 13,500원
④ 13,600원

해설

• 일반과세자의 과세표준은 과세와 영세(직접수출, 국내수출)거래의 공급가액을 의미한다.
• 과세표준: 전자세금계산서 교부분 6,500원 + 영세율전자세금계산서 교부분 4,000원 + 직접수출 2,000원 + 신용카드 매출액(공급가액) 1,000원 = 13,500원

| 정답 | 26 ① 27 ④ 28 ④ 29 과세표준 30 ② 31 ③

32 [2018년 3회]

부동산 임대사업자인 (주)생산성의 다음 [보기]의 자료를 보고, 2018년도 제1기 예정신고기간의 과세표준을 산출하면 얼마인가? (단, 원 미만은 절사한다)

보기
- 임대기간: 2017.03.01.~2019.02.28.
- 임대보증금: 100,000,000원
- 월 임대료: 3,000,000원
- 국세청장 고시 1년 만기 정기예금이자율: 1.8%

답: ( )원

해설
- 월 임대료 3,000,000원×3개월=9,000,000원
- 임대보증금 100,000,000원×1.8%×90일*/365일 ≒443,835원
  * 90일=1월(31일)+2월(28일)+3월(31일)

33 [2019년 5회]

[보기]는 부동산임대업을 영위하는 주본부 씨의 2019년 제1기 예정신고기간의 거래내역이다. 주본부 씨의 2019년 제1기 예정신고기간의 부가가치세 과세표준은 얼마인가? (단, 답은 숫자로만 작성하시오)

보기
- 임대부동산: 오피스 빌딩
- 임대기간: 2019.02.13.~2019.09.30.
- 임대료 총액: 40,000,000원(선급조건)

답: ( )원

해설
- 임대계약기간의 월수 계산 시 개시일이 속하는 달이 1개월 미만이면 1개월로 간주하므로, 계약기간은 총 8개월이다.
- 40,000,000원×2개월/8개월=10,000,000원

34 [2020년 4회, 2018년 6회]

부가가치세법상 다음 자료에서 일반과세자가 공제받을 수 있는 매입세액공제액은 얼마인가? (단, 자료의 금액은 공급가액으로 부가가치세 별도이다)

보기
- 비업무용 자산 취득가액(세금계산서 수취)　5,000,000원
- 업무용 컴퓨터 등 매입가액(전자세금계산서 수취)　3,500,000원
- 면세사업 등 관련 매입가액(전자세금계산서 수취)　2,000,000원
- 승합차(9인승, 2,997cc) 수리비(세금계산서 수취)　300,000원
- 거래처 접대용 과세물품 매입가액(신용카드매출전표 수취)　1,400,000원

답: ( )원

해설
- 매입세액공제액: 업무용 컴퓨터 350,000원+승합차 수리비 30,000원=380,000원
- 사업과 직접 관련 없는 비업무용 자산 취득가액, 면세사업 관련 매입가액, 기업업무추진비 지출 등은 매입세액불공제 항목이다.

35 [2020년 5회, 2018년 4회]

(주)미래의 부가가치세 관련 거래가 [보기]와 같을 때 회계처리 시 부가세대급금 계정의 금액 합계는 얼마인가?

보기
1. 거래처인 고려상사를 접대할 목적으로 선물(부가가치세 포함 110,000원, 전자세금계산서 수취)을 구입한다.
2. 직원휴게실에 사용할 목적으로 소모품(부가가치세 포함 220,000원, 전자세금계산서 수취)을 구입한다.
3. 직원들의 교육을 위해 경영교육도서(440,000원, 전자계산서 수취)를 구입한다.

답: ( )원

해설
- 소모품 20,000원(=220,000원×10/110)이 매입세액이므로 부가세대급금으로 회계처리된다.

(차) 소모품	200,000	(대) 현금 등	220,000
부가세대급금	20,000		

- 접대 목적의 선물을 구입한 경우 매입세액 10,000원에 대해 공제를 받을 수 없으므로 부가세대급금이 없다. 도서는 면세품목으로 계산서를 수취한 거래에 해당하므로 부담한 매입세액이 없다.

36 [2021년 1회, 2018년 5회]

다음 중 부가가치세법상 매입세액공제가 가능한 것은?

① 토지 관련 매입세액
② 제품운반용 화물차의 구입에 관한 매입세액
③ 기업업무추진비 및 이와 유사한 비용의 지출에 관한 매입세액
④ 비영업용 소형승용차(1,497cc)의 임차에 관한 매입세액

해설

부가가치세법상 매입세액불공제에 해당하는 차량은 비영업용 소형승용차에 한해 적용한다. 화물차는 매입세액공제가 가능하다.

37 [2018년 3회]

일반과세자의 부가가치세 확정신고 시 일반환급세액이 발생한 경우 과세관청은 당해 환급세액을 확정신고기한 경과 후 며칠 이내에 환급해 주어야 하는가?

답: (일)

해설

일반환급은 30일 이내, 조기환급은 15일 이내에 환급해 주어야 한다.

38 [2020년 4회, 1회]

[보기]에 의해 납부해야 할 부가가치세액을 계산하면 얼마인가? (단, 모든 거래 금액은 과세인 경우, 부가가치세가 포함되지 않은 금액이다)

┌─ 보기 ─────────────────────────────┐
│ 총매출액은 10,000,000원, 총매입액은 8,000,000원이다. 총매입 │
│ 액에는 다음 거래들이 포함되어 있다.   │
│ • 제품매출처 창립기념일 선물용으로 화환 구입비: 100,000원 │
│ • 기계장치 시운전비: 500,000원   │
│ • 거래처 접대 목적 저녁 식사비: 300,000원   │
└─────────────────────────────────────┘

답: (   )원

해설

• 매출세액: 총매출액 10,000,000원 × 10% = 1,000,000원
• 공제 가능한 매입액: 총매입액 8,000,000원 − 화환 100,000원 − 기업업무추진비 300,000원 = 7,600,000원
• 화환 구입비는 면세이며, 접대 식사비는 불공제이다.
• 매입세액: 공제 가능한 매입액 7,600,000원 × 10% = 760,000원
∴ 납부세액: 매출세액 1,000,000원 − 매입세액 760,000원 = 240,000원

39

(주)무릉의 부가가치세 관련 자료가 [보기]와 같을 때, 납부세액을 계산하면 얼마인가?

┌─ 보기 ─────────────────────────────┐
│ 〈매출내역〉   │
│ • 전자세금계산서 발급분(부가가치세 제외): 55,000,000원   │
│ • 신용카드매출전표 발행분(공급대가): 16,500,000원   │
│ • 현금매출(현금영수증 발행, 부가가치세 제외): 1,500,000원 │
│ 〈매입내역〉   │
│ • 전자세금계산서 수취분(부가가치세 제외): 33,000,000원(단, 접대 │
│   관련 매입액 3,000,000원이 포함되어 있음)   │
└─────────────────────────────────────┘

답: (   )원

해설

• 매출세액: 전자세금계산서 발급분 매출세액 5,500,000원 + 신용카드 발생분 매출세액 1,500,000원 + 현금매출분 매출세액 150,000원 = 7,150,000원
• 매입세액: (전자세금계산서 수취분 33,000,000원 − 불공제 3,000,000원) × 10% = 3,000,000원
∴ 납부세액: 매출세액 7,150,000원 − 매입세액 3,000,000원 = 4,150,000원

40 [2018년 3회]

부가가치세법상 간이과세자에 대한 다음 설명 중 옳지 않은 것은?

① 직전 연도 공급대가 합계액이 1억 400만원 미만인 개인사업자가 대상이다.
② 절세와 관련하여 일반과세자에 비해 항상 유리하다고 볼 수는 없다.
③ 납부세액은 공급대가에 부가가치세율 10%를 곱하여 산출한다.
④ 간이과세자로 등록을 하더라도 연매출액이 1억 400만원을 넘으면 일반과세자로 변경된다.

해설

납부세액은 '공급대가 × 10% × 업종별 부가가치세율 − 매입 공급대가 × 0.5%'로 산출한다.

법인세법 이론

빈출 키워드

☑ 과세표준 및 산출세액 ☑ 세무조정
☑ 익금과 익금불산입 ☑ 손금과 손금불산입

1 법인세법 총설

1. 법인세법의 개념

(1) 법인세의 정의

법인세란 법인이 얻은 소득에 대하여 부과하는 조세를 말하며, 법인세 납세의무자는 법인이 된다. 개인의 소득에 대한 과세는 별도로 소득세라고 하며, 개인사업자의 소득은 소득세법에 따라 과세되는 것에 주의한다.

(2) 법인세의 특징

구분	내용
국세	중앙정부가 부과하는 조세(↔ 지방세: 재산세, 자동차세 등)
직접세	법률상 납세의무자와 세금의 부담자가 일치하는 조세(↔ 간접세: 부가가치세)
보통세	세금의 용도가 정해지지 않고 일반 경비로 사용될 조세(↔ 목적세: 교육세, 교통세 등)
종가세	과세표준을 법인의 소득금액에 두고 세금을 부과하는 방식(↔ 종량세: 담배소비세 등)
인세	납세의무자(법인)를 중심으로 인적 부분에 중점을 두고 부과하는 방식(↔ 물세: 부가가치세)
신고납부제도	법인이 스스로 과세표준과 세액을 신고함으로 1차 납세의무가 확정(↔ 정부부과제도: 상속세, 증여세 등)

(3) 법인세의 과세대상소득

법인세법은 각 사업연도 법인의 순자산증가액을 과세하는 순자산증가설에 따르고 있다.

구분	내용
각 사업연도 소득	일반적인 법인의 소득을 의미하는 것으로 법인의 익금에서 손금을 차감하여 계산한 금액
청산소득	영리내국법인이 해산할 경우 발생하는 소득
토지 등 양도소득	법인이 보유하는 비사업용 토지 및 법에서 정하는 주택의 양도소득은 법인세 과세

> 💡 **TIP**
> 소득원천설에 기반하여 열거된 항목만 과세하는 열거주의 과세 방식은 소득세법의 특징이다.

2. 법인세의 납세의무

(1) 법인세의 납세의무자

① 내국법인과 외국법인

구분	내용
내국법인	본점(영리), 주사무소(비영리), 사업의 실질적 관리장소를 국내에 둔 법인
외국법인	본점, 주사무소를 외국에 둔 법인

② 영리법인과 비영리법인

구분	내용
영리법인	영리 추구를 목적으로 설립된 법인
비영리법인	학술, 종교, 자선 및 기타 영리 목적이 아닌 사업을 목적으로 하는 법인

(2) 납세의무 구분

구분			각 사업연도 소득	토지 등 양도소득	청산소득
과세법인	내국법인	영리	국내외 원천소득	과세	과세
		비영리	국내외 원천소득 중 수익사업소득	과세	–
	외국법인	영리	국내 원천소득	과세	–
		비영리	국내 원천소득 중 수익사업소득	과세	–
국가 지방자치단체			납세의무 없음		

3. 사업연도와 납세지

(1) 사업연도

① 원칙: 사업연도란 법령이나 법인의 정관 등에서 정하는 1회계기간으로 기업이 정한다. 다만, 그 기간은 1년을 초과하지 않는다. 1년을 초과할 경우 최초의 1년과 잔여기간을 별개의 사업연도로 본다. 법인이 사업연도를 신고하지 않은 경우에는 매년 1월 1일부터 12월 31일까지를 그 법인의 사업연도로 한다.

② 최초 사업연도: 내국법인의 최초 사업연도 개시일은 설립등기일이다. 실제 사업개시일이 아님에 주의한다. 외국법인은 국내 사업장을 가지게 된 날이 최초 사업연도가 된다.

③ 사업연도 변경: 사업연도를 변경하려는 법인은 직전 사업연도의 종료일로부터 3개월 이내에 관할세무서장에게 사업연도 변경신고서를 제출해야 한다. 1월 1일부터 12월 31일까지가 사업연도인 법인이 변경하고자 할 때에는 3월 31일까지 변경신고서를 제출해야 한다.

> **법인의 사업연도**
> 일반적인 법인의 사업연도는 12월 말이지만 업종 혹은 회사의 사정에 따라 사업연도를 3월 말, 6월 말 등으로 정하기도 한다.

(2) 납세지

① 법인 유형에 따른 납세지

구분	내용
내국법인	• 원칙: 법인의 등기부상 본점(영리) 또는 주사무소(비영리)의 소재지 • 국내 본점 또는 주사무소가 없는 경우: 사업의 실질적 관리장소
외국법인	• 국내 사업장이 있는 경우: 국내 사업장 소재지 • 국내 사업장이 없는 경우: 부동산소득, 양도소득은 각 자산의 소재지

② 납세지의 지정 및 변경

구분	내용
납세지 지정	본점 소재지가 등기된 주소와 다르거나 본점 소재지가 자산 또는 사업장과 분리되어 조세포탈의 우려가 있을 경우, 국세청장이 법인의 납세지를 지정할 수 있다.
납세지 변경	내국법인이 사업장 이전으로 납세지가 변경되는 경우, 그 변경일로부터 15일 이내에 이전 후 사업장의 관할세무서장에게 변경신고를 해야 한다.

다음 중 법인세의 특징과 관련하여 옳지 않은 것은?   [2020년 5회, 4회, 2018년 2회]

① 중앙정부가 징수하는 국세이다.
② 법인의 소비를 과세대상으로 하는 소비세이다.
③ 조세부담자와 납세의무자가 동일한 직접세이다.
④ 과세표준이 증가함에 따라 적용되는 세율이 커지는 누진세이다.

해설
②는 부가가치세법의 특징이다. 법인세는 법인의 소득을 과세대상으로 하는 소득세이다.   정답 ②

2 법인세 계산과 신고·납부

1. 각 사업연도 소득에 대한 법인세 계산

다음은 법인세 과세표준 및 세액 조정계산서 내용으로, 일반기업회계기준 당기순이익에서 법인세법의 차감납부할 세액을 산출하는 과정을 보여 주는 표이다.

	손익계산서 당기순이익	회계상 소득
+	익금산입과 손금불산입	세무조정사항
−	손금산입과 익금불산입	
	각 사업연도 소득금액	법인세법상 소득
−	이월결손금	15년 이내에 개시한 사업연도에서 발생한 세무상 결손금
−	비과세소득	
−	소득공제	
	과세표준	
×	세율	2억원 이하: 9%/2억원 초과 200억원 이하: 19%/
	산출세액	200억원 초과 3,000억원 이하: 21%/3,000억원 초과: 24%
−	공제감면세액	
+	가산세	
+	감면분 추가납부세액	
	총부담세액	
−	기납부세액	중간예납세액, 원천징수세액, 수시부과세액
	차감납부할 세액	

2. 과세준 및 산출세액

(1) 과세표준 계산

과세표준 = 각 사업연도 소득금액 − 이월결손금 − 비과세소득 − 소득공제

(2) 이월결손금 공제

결손금이란 각 사업연도의 익금총액을 초과하는 손금총액을 의미한다. 당해 사업연도 개시일 전 15년(2020.01.01. 이전 과세연도에서 발생한 결손금은 10년) 이내에 개시한 사업연도에서 발생한 세무상 결손금은 이월해서 공제할 수 있다.

[보기]를 이용하여 법인세 과세표준을 계산하시오(단, 답은 숫자로만 작성하시오). [2020년 1회]

┌─ 보기 ─
• 각 사업연도 소득금액: 2,000,000원
• 이월결손금(발생일로부터 16년 경과함): 500,000원
• 비과세소득: 400,000원
• 소득공제: 800,000원

답: (   )원

해설
• 법인세 과세표준: 각 사업연도 소득금액 2,000,000원 − 비과세소득 400,000원 − 소득공제 800,000원 = 800,000원
• 이월결손금은 15년 이내 발생한 이월결손금이 아니므로 제외한다.　　　정답　800,000

(3) 산출세액 중요

산출세액 = 과세표준 × 세율

과세표준	세율
2억원 이하	과세표준 × 9%
2억원 초과 200억원 이하	1.8천만원 + (과세표준 − 2억원) × 19%
200억원 초과 3,000억원 이하	37억 8천만원 + (과세표준 − 200억원) × 21%
3,000억원 초과	625억 8천만원 + (과세표준 − 3,000억원) × 24%

다만, 사업연도가 1년 미만인 경우 '과세표준 × 12/월수'를 기준으로 세율을 정하여 계산한다.

$$산출세액 = (과세표준 \times \frac{12개월}{월수}) \times 누진세율 \times \frac{월수}{12개월}$$

➕ **산출세액 계산**

예를 들어 사업연도가 6개월인 법인의 과세표준이 150,000,000원일 경우 산출세액은 다음과 같다.
• 1년치 과세표준: 150,000,000원 × 12개월/6개월 = 300,000,000원
• 산출세액: {200,000,000원(2억원 이하분) × 9% + 100,000,000원(2억원 초과분) × 19%} × 6개월/12개월 = 18,500,000원

3. 신고와 납부

(1) 법인세 과세표준 신고

구분	내용
신고 기한	• 납세의무가 있는 내국법인 • 각 사업연도의 종료일이 속하는 달의 말일부터 3개월 이내 • 납세지 관할세무서장에게 신고

	과세표준의 신고는 '법인세 과세표준 및 세액신고서'를 기본서류로 하며 아래의 서류를 첨부해야 한다.

제출서류	• 필수 첨부서류
	  − 기업회계기준 적용 재무상태표, 포괄손익계산서, 이익잉여금처분계산서(결손금처리계산서)
	  − 세무조정계산서
	• 기타 첨부서류
	  − 세무조정계산서 부속서류(소득금액조정합계표, 자본금과 적립금조정명세서(갑)(을) 등)
	  − 현금흐름표

(2) 세무조정계산서 부속서류

구분	내용
소득금액조정합계표	익금산입 및 손금불산입, 손금산입 및 익금불산입 처리된 과목과 금액 및 소득처분 내역을 보여 주는 표
자본금과 적립금 조정명세서(갑)	세무회계상 자본(자기자본총액, 순자산)을 관리하는 표로 기업회계상의 자본을 세무회계상의 자본으로 전환하는 표
자본금과 적립금 조정명세서(을)	유보로 소득처분된 사항을 관리하는 표

✎ 개념 확인문제

법인세법상 법인의 세무상 자기자본총액(순자산)을 알 수 있는 법정서식은 무엇인가?

[2019년 1회]

① 법인세과세표준 및 세액조정계산서
② 소득금액조정합계표
③ 자본금과 적립금조정명세서(갑)
④ 자본금과 적립금조정명세서(을)

해설

법인의 세무상 자기자본총액을 알 수 있는 서식은 자본금과 적립금조정명세서(갑)이다.　　정답 ③

(3) 중간예납

각 사업연도의 기간이 6개월을 초과하는 법인은 중간예납 대상자가 된다. 당해 사업연도 개시일로부터 6개월간의 기간에 대하여 신고·납부하면 된다. 내국법인은 중간예납기간이 지난 날부터 2개월 이내에 중간예납세액을 납부하여야 한다.

분납은 중간예납세액이 1,000만원을 초과하는 경우 할 수 있으며 중간예납 기간이 경과한 날부터 2개월 이내 신고·납부하면 된다. 다만, 직전 사업연도에 중소기업으로 중간예납세액 계산액이 50만원 미만인 내국법인은 중간예납세액을 납부할 의무가 없다.

(4) 원천징수

이자소득 및 투자신탁의 이익이 발생한 법인은 세금을 원천징수하여 납부하게 된다. 원천징수세액의 납부기한은 징수일이 속하는 달의 다음 달 10일까지이다.

원천징수 대상소득	원천징수 세율
이자소득	14%(비영업대금 이익 25%)
투자신탁의 이익	14%

(5) 자진납부

내국법인은 각 사업연도 소득에 대한 법인세 산출세액에서 감면세액, 중간예납세액, 수시부과세액, 원천징수세액을 차감하고 차감납부세액을 과세표준 신고 기한까지 납세지 관할세무서에 납부한다. 자진납부세액이 1,000만원을 초과하는 경우 납부기한이 경과한 날부터 1개월 이내(중소기업은 2개월 이내)에 분납을 할 수 있다.

구분	분납 가능 세액
납부세액 2,000만원 이하	1,000만원 초과 금액
납부세액 2,000만원 초과	납부할 세액의 50% 이하 금액

✏️ 개념 확인문제

다음 중 법인세 과세표준 및 세액신고 시 제출하지 않으면 신고를 하지 않은 것으로 보는 필수 제출서류가 아닌 것은? [2019년 6회, 2018년 4회, 1회 유사]

① 자본변동표
② 세무조정계산서
③ 재무상태표
④ 이익잉여금처분계산서(결손금처리계산서)

해설
필수 제출서류는 재무상태표, 손익계산서, 이익잉여금처분계산서(결손금처리계산서), 세무조정계산서이며, 자본변동표는 해당하지 않는다. 정답 ①

---

3 세무조정과 소득처분

1. 세무조정

(1) 세무조정의 정의

법인세법의 각 사업연도 소득금액은 법인세법상 수익인 익금에서 비용인 손금을 차감하여 얻어지는 것으로, 손익계산서의 당기순이익을 산출하는 것과 비슷하다. 다만, 법인세법은 익금총액에서 손금총액을 차감하는 것이 아닌 결산서상 당기순이익에서 출발하여 익금산입 항목을 가산하고 손금산입 항목을 차감하여 각 사업연도 소득금액을 산출하며, 이러한 산출과정을 세무조정이라고 한다.

(2) 세무조정의 방법

결산서의 수익에 포함되지 않은 항목이 법인세법상 수익인 익금에 해당하는 경우 익금산입을 하며, 반대로 결산서에는 수익으로 포함한 상태의 항목이 법인세법상 수익, 즉 익금이 아닐 경우 익금불산입을 하여 법인세법에 따른 익금총액을 계산한다. 결산서의 비용에 포함되지 않은 항목이 법인세법상 비용인 손금에 해당하는 경우 손금산입을 하며, 반대로 결산서에는 비용으로 포함한 상태의 항목이 법인세법상 비용, 즉 손금이 아닐 경우 손금불산입을 하여 법인세법에 따른 손금총액을 계산한다.

기업회계	세무조정 항목	세무회계
수익	+ 익금산입	익금
	− 익금불산입	

비용	+ 손금산입	손금
	− 손금불산입	
결산서상 당기순이익	+ 익금산입, 손금불산입	각 사업연도 소득금액
	− 손금산입, 익금불산입	

(3) 결산조정과 신고조정

결산조정은 회계장부에 수익 또는 비용으로 인식하여 과세소득을 반영하는 것, 신고조정은 회계장부에 인식하지 않은 내용을 세무조정을 통해 과세소득에 반영하는 것이다. 결산조정은 회계장부에 인식하지 않을 경우 이후 조정을 할 수 없어 실질적인 세무조정은 신고조정을 의미한다. 익금은 모두 신고조정 항목이며, 손금도 대부분 신고조정 항목이나 다음 표는 결산조정 항목이다. 결산조정 항목의 경우 회계장부에 비용을 과소계상한 경우 추가로 손금산입을 할 수 없다.

결산조정 항목	내용
감가상각비(즉시상각 포함)	• 예외: 국제회계기준은 신고조정 허용 • 업무용승용차는 신고조정 항목
대손충당금	소멸시효 완성 대손금은 신고조정 항목
일시상각충당금(압축기장충당금)	• 원칙: 결산조정 항목 • 예외: 신고조정 허용
고유목적 사업 준비금	
퇴직급여충당금	퇴직연금충당금은 신고조정 항목
재고자산, 유형자산, 주식 등 평가손실	

2. 소득처분

(1) 소득처분의 정의

각 사업연도 소득금액은 결산서상의 당기순이익에 세무조정사항을 가감하여 계산한다. 세무조정 사항으로 발생한 소득이 사내유보인지 사외유출인지를 밝히고 법인에 남아 있으면 회계상 순자산을 증가시켜 세무상 순자산에 반영하고, 법인 외부유출 소득은 소득 귀속자를 파악하여 세금을 징수하는 제도를 의미한다.

(2) 소득처분의 구조

세무조정	소득처분 종류		효과
익금산입, 손금불산입	사내유보	유보	세무상 순자산 (+) (사후관리 필요)
		기타(잉여금)	사후관리 없음
	사외유출	배당	해당 소득 귀속자에게 소득세 과세
		상여	
		기타 소득	
		기타사외유출	사후관리 없음
손금산입, 익금불산입	△유보		세무상 순자산 (−) (사후관리 필요)
	기타(△잉여금)		사후관리 없음

(3) 사외유출 귀속자에 대한 과세 _{중요}

소득처분	귀속자	귀속자에 대한 과세	해당 법인의 원천징수
배당	주주(출자임원 제외)	배당소득 과세	○
상여	임원, 사용인	근로소득 과세	○
기타사외유출	법인 또는 개인사업자	추가 과세 없음 (이미 법인세, 소득세가 과세됨)	×
기타 소득	위 이외의 자	기타 소득 과세	○

① 소득 귀속자가 출자자(주주)일 경우에는 배당으로 처분한다. 하지만 '임원＋출자자'인 출자임원은 상여로 소득처분한다.
② 소득 귀속자가 '출자자＋법인'인 경우, 국가 및 지방자치단체인 경우 모두 기타사외유출로 소득처분한다.
③ 익금산입 금액이 사외로 유출되었으나 귀속자가 불분명한 경우 대표자에 대한 상여로 소득처분한다. 이는 대표자 부담으로 처리하여 소득의 실제 귀속자를 분명히 하도록 유도하기 위함이다.
④ 반드시 기타사외유출인 소득처분 항목
  - 임대보증금 간주임대료
  - 기부금 한도초과액
  - 접대비(기업업무추진비) 한도초과액, 건당 3만원을 초과하는 기업업무추진비 중 법정증빙이 없는 거래
  - 업무무관자산 등 관련 차입금 지급이자
  - 채권자불분명 사채이자의 원천징수세액
  - 비실명 채권·증권이자의 원천징수세액

🖉 개념 확인문제

다음 법인세법상 세무조정에 있어 신고조정 항목인 것은? [2020년 3회]

① 감가상각비   ② 대손충당금
③ 퇴직급여충당금   ④ 퇴직연금(보험료)조정

해설

퇴직급여충당금은 결산조정 항목이지만, 퇴직연금충당금은 신고조정 항목이다. 정답 ④

---

(4) 시험에 자주 출제되는 소득처분(익금산입 및 손금불산입) 사례 _{중요}

소득처분	사례
유보	감가상각비 한도초과액, 대손충당금 한도초과액, 퇴직급여충당부채 한도초과액, 재고자산 평가감, 전기 미수이자
배당	–
상여	임원상여(임원퇴직금) 한도초과액, 채권자불분명 사채이자(원천징수액 제외)
기타사외유출	업무무관자산 관련 지급이자, 임대보증금 등의 간주임대료, 일반기부금 한도초과, 법인세비용, 접대비(기업업무추진비) 한도초과
기타	자기주식처분이익, 주식할인발행차금

다음 중 법인세 세무조정의 소득처분이 다른 것은? [2020년 4회]

① 감가상각비 한도초과액
② 기업업무추진비 한도초과액
③ 일반기부금 한도초과 손금불산입액
④ 업무무관자산에 대한 지급이자 손금불산입액

해설

감가상각비 한도초과액은 유보처분한다.
②, ③, ④는 기타사외유출에 해당한다.

정답 ①

4 익금과 익금불산입

1. 익금의 정의

익금이란 법인의 순자산을 증가시키는 거래로, 자본 또는 출자의 납입거래와 익금불산입 항목을 제외하고 발생한 수익을 의미한다.

기업회계	세무조정 항목	세무회계
수익 ×	익금산입 조정	익금 항목 ○
수익 ○	익금불산입 조정	익금 항목 ×

2. 익금 항목

익금 항목	내용
사업수입금액	• 기업회계의 매출액을 의미한다. 기업회계와 법인세 모두 총매출액에서 매출에누리와 환입, 매출할인을 차감한 금액을 수익, 익금으로 함 • 손익귀속시기: 기업회계, 법인세법 → 인도기준
자산의 양도금액	투자자산, 고정자산(유형자산, 무형자산)의 양도금액
자산의 임대료	임대업을 하지 않는 법인이 일시적으로 자산을 임대하고 얻는 수익
자산수증이익과 채무면제이익	• 회계상: 수익 • 법인세법상: 익금
손금산입 금액 중 환입된 금액	• 이미 손금으로 소득처분되었던 항목이 환급된 경우: 익금산입(재산세) • 지출 당시 손금불산입 처분된 것으로 환급된 경우: 익금불산입
자산의 평가차익	보험업법이나 그 밖의 법률에 따른 자산 평가이익
이익처분에 의하지 않고 손금으로 계상된 적립금액	기업회계기준은 적립금을 이익처분에 의해서만 할 수 있는데, 회사가 임의로 적립액을 비용으로 잘못 처리한 경우
특수관계인으로부터 자본거래에서 분여받은 이익	증자, 감자, 합병 등 자본거래를 통해 특수관계인으로부터 받은 이익
특수관계인 개인으로부터 저가 매입한 유가증권의 시가와 차액	특수관계 개인, 유가증권, 시가 미달액에 모두 해당하는 경우 (특수관계 없는 개인, 특수관계 법인은 해당 없음)
임대보증금 간주익금	• 부동산 임대업을 주업으로 하는 차입금과다 법인 • 부동산 권리를 대여하고 받은 보증금에서 발생한 수입 금액이 정기예금이자 상당액에 미달하는 경우 일정 금액(간주임대료)을 익금산입

3. 익금불산입 항목

익금불산입 항목	내용
주식발행초과금	회계상 자본잉여금: 회사가 수익으로 잘못 인식한 경우 익금불산입 조정(자본의 충실화를 위해 익금불산입)
감자차익	
합병차익 및 분할차익	합병차익은 회계상 수익이지만 법인세법은 익금불산입
자산수증이익, 채무면제이익 중 이월결손금의 보전에 충당된 금액	법인의 재무구조 개선을 위해 이월결손금 보전에 충당된 금액은 익금불산입
이월익금	이미 과세된 소득으로 익금에 넣지 않음
법인세 및 지방소득세 환급액	법인세비용은 당초 손금불산입으로 환급이 되어도 익금불산입
부가가치세 매출세액	회계상 부가세예수금은 부채 계정으로 처리(회사가 잘못 처리해서 수익으로 인식한 경우 익금불산입 조정 필요)
자산의 평가차익	일반적인 자산의 평가차익은 익금불산입(예외적으로 보험업법 자산 평가차익만 익금산입)
국세, 지방세 과오납금의 환급금에 대한 이자	국가가 초과 징수한 것에 대한 보상으로 익금불산입
미수이자	원천징수되는 이자소득은 실제 이자 수령일에 귀속되므로 발생주의 기준에 따라 인식한 미수이자는 익금불산입(△유보)

📝 개념 확인문제

다음 중 법인세법상 익금산입 항목이 아닌 것은? [2021년 1회]

① 자산수증이익
② 자산의 임대료
③ 주식발행초과금
④ 자기주식처분이익

해설
• 익금산입 항목: 자산수증이익, 자산의 임대료, 자기주식처분이익
• 익금불산입 항목: 자본거래(주식발행초과금, 감자차익)

정답 ③

5 손금과 손금불산입

1. 손금의 정의

손금이란 법인의 순자산을 감소시키는 거래로, 자본 또는 지분의 환급거래와 잉여금의 처분 및 법에서 정하는 사례를 제외하고 발생한 비용을 의미한다.

세무조정 항목	기업회계	세무회계
손금산입 조정	비용 ×	손금 항목 ○
손금불산입 조정	비용 ○	손금 항목 ×

2. 손금 항목

손금 항목	내용
매출한 상품 및 제품에 대한 재료비와 부대비용	회계상 매출원가 및 판매관리비
양도한 자산의 양도 당시 장부가액	자산의 양도가액을 익금으로 처리하고 그 자산의 장부가액은 손금으로 처리(양도가액 익금 − 장부가액 손금 = 처분이익만 익금처리)
인건비	급여 및 보수(일용직 포함), 상여금, 퇴직금, 복리후생비(직장연예비 등)
고정자산 수선비	고정자산(유형자산, 무형자산) 수선비
고정자산 감가상각비	법인세법에서 인정하는 한도의 감가상각비
자산의 임차료	자산을 임차하고 지급하는 임차료
차입금이자	차입한 금액에 대한 이자비용
대손금	거래처 파산으로 회수할 수 없는 채권
자산의 평가차손	• 원칙: 인정 안 함 • 예외: 법에서 정한 항목만 손금 인정
제세공과금	• 원칙: 손금인정(자동차세, 교통유발부담금, 폐기물처리부담금, 환경개선부담금, 상공회의소회비) • 예외: 폐수배출부담금(의무불이행금지 및 제한적 성격으로 손금불산입), 교통사고벌과금, 관세법위반벌과금
협회비	영업자가 조직한 단체로서 법인이거나 주무관청에 등록된 조합 또는 협회에 지급한 일반회비(일반회비를 제외한 특별회비 등은 손금불산입)

> **손금불산입 인건비**
> 노무출자사원 보수, 임원상여금 한도초과액, 임원퇴직금 한도초과액

> **손금산입 평가차손**
> 재고자산의 파손 및 부패, 유형자산이 천재지변, 화재, 수용, 폐광으로 파손 또는 멸실, 주식발행법인의 부도 및 파산

3. 손금불산입 항목

손금불산입 항목	내용
주식할인발행차금, 감자차손	• 회계상: 자본조정 • 법인세법: 손금불산입
잉여금의 처분을 손비로 계상한 금액	잉여금처분 항목은 확정된 소득의 처분사항으로 손금인정 안 함(건설이자의 배당금)
법령위반 및 의무불이행	벌금, 과료, 과태료(범칙금 포함), 가산금과 강제징수비, 기타 손금불산입되는 조세(법인세 및 법인지방소득세와 농어촌특별세, 공제받은 매입세액) 및 공과금
자산의 평가차손	손금에서 인정한 이외의 자산 평가차손
업무무관경비	업무와 관련 없는 자산의 취득, 관리, 유지비, 수선비 관련 비용
임원상여금 한도초과	상여금 한도만큼만 손금, 상여금 한도초과액은 손금불산입
임원퇴직금 한도초과	퇴직금 한도만큼만 손금, 퇴직금 한도초과액은 손금불산입
손금불산입 대상 지급이자	• 채권자불분명 사채이자 등 지급이자: 채권자에게 이자소득을 과세할 수 없으므로 법인의 이자비용은 대표자 상여처리, 원천징수세액은 기타사외유출 • 비실명 채권 및 증권이자, 건설자금이자, 업무무관자산 등에 대한 지급이자
부당한 공동경비	다른 법인과 공동사업 운영으로 지출한 비용 중 적정한 금액 초과분
기타 한도초과액	특례기부금, 일반기부금 한도초과, 접대비(기업업무추진비) 한도초과, 감가상각비 한도초과, 각종 충당금 및 준비금 한도초과액

> **TIP**
> 회사가 비용으로 잘못 인식한 경우 손금불산입한다.

01 [2020년 6회]

다음 법인세법상 사업연도에 대한 설명으로 가장 거리가 먼 항목은?

① 사업연도 신고가 없는 경우에는 1월 1일부터 12월 31일까지를 사업연도로 본다.
② 4월 1일부터 사업연도가 시작되는 법인의 경우 당해 법인세 신고납부기한은 다음 연도 6월 30일이다.
③ 법령, 정관에 사업연도에 대한 규정이 있는 경우 정해진 규정에 의하지만 그 기간은 1년을 초과하지 못한다.
④ 법령, 정관에 규정이 없는 경우에는 사업연도를 신고한 내용에 따르되 1년을 기준으로 약간 증감할 수 있다.

해설

사업연도는 1년을 초과하지 못한다.

02 [2022년 1회]

다음 중 우리나라 법인세법에 대한 설명으로 옳지 않은 것은?

① 사업연도는 각 연도 1월 1일부터 12월 31일까지 1년간으로 정해져 있다.
② 과세대상소득은 각 사업연도 소득 외 청산소득과 토지 등 양도소득도 해당된다.
③ 비영리 내국법인은 물론 비영리 외국법인도 국내 수익사업소득에 대하여 과세된다.
④ 내국법인 본점 등의 소재지가 등기된 주소지와 동일하지 않은 경우 관할 지방국세청장은 그 법인의 납세지를 지정할 수 있다.

해설

사업연도는 법령이나 정관에서 정하는 1회계기간으로 정하며, 다만 그 기간은 1년을 초과하지 않는다.

03 [2022년 1회]

(주)화성은 8월 25일 사업을 시작하기 위해 주주를 결정하고 9월 1일 법인설립등기를 하였는데, 정관상의 사업연도는 1월 1일부터 12월 31일까지로 정하였다. 그리고 9월 30일 사업자등록을 했는데, 실제 사업 개시일은 9월 10일이었다. 이 경우 법인세법상 사업연도의 개시일은 언제인가?

답: (   )

해설

내국법인은 설립등기일을 사업연도 개시일로 하므로 (주)화성의 법인세법상 사업연도 개시일은 9월 1일이다.

04 [2020년 1회]

다음 설명 중 옳지 않은 것은?

① 법인세를 납부할 의무가 있는 자는 법인이다.
② 비영리법인도 법인세 납세의무를 지는 경우가 있다.
③ 납세지란 법인세 과세권자인 국가 입장에서 법인세를 부과·징수하는 기준이 되는 장소를 의미한다.
④ 국내에서 사업을 영위하는 외국법인은 법인세의 납세의무를 지지 않는다.

해설

외국법인도 국내 원천소득이 있는 경우에 법인세 납세의무를 진다.

05 [2023년 1회]

현행 우리나라 법인세에 대한 설명으로 가장 옳은 것은?

① 법인의 사업연도는 변경할 수 없다.
② 외국법인의 법인세 납세지는 국내사업장 소재지이다.
③ 비영리내국법인은 청산소득에 대하여 납세의무가 있다.
④ 비영리법인은 토지 등 양도소득에 대한 법인세 납세의무가 없다.

해설

① 법인의 사업연도는 변경할 수 있다.
③ 비영리내국법인은 청산소득에 대하여 납세의무가 없다.
④ 비영리법인은 토지 등 양도소득에 대한 법인세 납세의무가 있다.

| 정답 | **01** ④   **02** ①   **03** 9월 1일   **04** ④   **05** ②

06 [2020년 6회]

[보기]의 과세표준 신고 기한으로 옳은 것은?

> **보기**
>
> 가. 부가가치세 제1기 확정신고기간에 대한 부가가치세 과세표준 신고 기한은 몇 월 며칠인가?
>
> 나. 법인세법상 영리내국법인(사업연도가 1월 1일∼12월 31일)의 법인세 과세표준 신고 기한은 익년도 몇 월 며칠인가?

	부가가치세	법인세
①	4월 25일	3월 31일
②	4월 25일	5월 31일
③	7월 25일	3월 31일
④	7월 25일	5월 31일

해설

- 부가가치세법의 1기 확정신고기간은 4월 1일부터 6월 30일까지고, 과세표준의 신고 기한은 익월 25일까지이므로 7월 25일이 된다.
- 법인세법의 과세표준 신고 기한은 각 사업연도 종료일이 속하는 달의 말일부터 3개월 이내이므로 다음 연도 3월 31일까지이다.

07 [2021년 2회, 1회, 2020년 4회, 1회 수정]

[보기]는 (주)한국의 2023년 귀속 사업내용이다. 2023년도 귀속 (주)한국의 법인세 산출세액은 얼마인가? (단, 답은 숫자로만 작성하시오)

> **보기**
>
> - 과세표준: 4,400,000,000원
> - 사업연도: 2023.01.01.∼2023.12.31.
> - 적용 법인세율

과세표준	세율
2억원 이하	과세표준×9%
2억원 초과 200억원 이하	1.8천만원+2억원을 초과하는 금액의 19%
200억원 초과 3,000억원 이하	37억 8천만원+200억원을 초과하는 금액의 21%
3,000억원 초과	625억 8천만원+3,000억원을 초과하는 금액의 24%

답: (   )원

해설

2억원×9%+(44억원−2억원)×19%=816,000,000원

08 [2022년 1회 수정]

[보기]는 중소 제조기업인 (주)무릉의 2023년 사업연도의 법인세 신고 관련 자료이다. 차가감하여 납부해야 할 법인세액은 얼마인가? (단, 법인세율은 과세표준 2억원 이하는 9%, 2억원 초과 200억원 이하는 19%이며 답은 숫자로만 작성하시오)

> **보기**
>
> - 당기순이익: 500,000,000원
> - 익금산입 및 손금불산입액: 80,000,000원
> - 손금산입 및 익금불산입액: 30,000,000원
> - 이월결손금(2020년 발생분): 10,000,000원
> - 외국납부 세액공제: 3,500,000원

답: (   )원

해설

- 각 사업연도 소득금액: 당기순이익 500,000,000원+익금산입 및 손금불산입액 80,000,000원−손금산입 및 익금불산입액 30,000,000원=550,000,000원
- 과세표준: 각 사업연도 소득금액 550,000,000원−이월결손금 10,000,000원=540,000,000원
- 산출세액: 18,000,000원+(540,000,000원−200,000,000원)×19%=82,600,000원
- ∴ 차가감 납부세액: 산출세액 82,600,000원−외국납부 세액공제 3,500,000원=79,100,000원

09 [2019년 4회 수정]

다음 [보기]는 2023년 사업을 개시한 어떤 기업에 대한 자료이다. 해당 기업의 최초 사업연도 법인세 산출세액은 얼마인가? (단, 답은 숫자로만 작성하시오)

> **보기**
>
> - 과세표준: 200,000,000원
> - 사업연도: 2023.07.01.∼2023.12.31.(최초 사업연도)
> - 적용할 법인세율은 2억원 이하 9%, 2억원 초과 200억원 이하는 19%이다.

답: (   )원

해설

- 사업연도가 1년 미만인 기업이므로, 법인세 산출세액을 다음과 같이 계산한다.
- 1년치 과세표준: 200,000,000원×12개월/6개월=400,000,000원
- ∴ 법인세 산출세액: {200,000,000원(2억원 이하분)×9%+200,000,000원(2억원 초과분)×19%}×6개월/12개월=28,000,000원

| 정답 | **06** ③   **07** 816,000,000   **08** 79,100,000   **09** 28,000,000

10 [2022년 4회]

[보기]에서 법인세 세무조정계산서 작성 시 소득금액조정합계표 및 자본금과 적립금조정명세서(乙)의 작성과 연관되는 모든 항목의 합계액을 구하시오(단, 정답은 단위를 제외한 숫자만 입력하시오)

> **보기**
> • 대손충당금 한도초과액: 7,000,000원
> • 임원상여금 한도초과액: 2,500,000원
> • 기업업무추진비 한도초과액: 5,000,000원
> • 건물 감가상각비 한도초과액: 7,000,000원

답: (   )원

해설

• 자본금과 적립금조정명세서(乙)는 유보 금액을 관리하는 서식이다. 따라서 소득금액 조정합계표 및 자본금과 적립금조정명세서(乙) 모두 연관이 있는 항목은 유보로 처분 되는 항목을 의미한다.
• 대손충당금 한도초과액과 건물 감가상각비 한도초과액은 유보로 처리하며 임원상여 금 한도초과액은 상여, 기업업무추진비 한도초과액은 기타사외유출로 소득처분 한다.
∴ 대손충당금 한도초과액 7,000,000원 + 건물 감가상각비 한도초과액 7,000,000원
  = 14,000,000원

11 [2018년 3회]

다음은 세무조정사항 중 소득처분이 유보인 항목들의 증감내역을 별도로 관리하는 서식이다. [보기]를 참조하여 이를 의미하는 양식을 무엇이라고 하는가?

> **보기**
> 화면의 ① 과목란에는 유보항목 중 대손충당금의 한도초과액, 감 가상각비의 한도초과액 등과 같이 손금불산입으로 유보된 경우 이 를 각 항목별로 조정하는 내용이 들어간다.

사업연도			법인명		

세무조정유보소득 계산

① 과목 또는 사항	② 기초 잔액	당기 중 증감		⑤ 기말 잔액 (익기초 현재)	비고
		③ 감소	④ 증가		
대손충당금 한도초과	350,000원	350,000원			

① 소득금액조정합계표
② 수입금액조정명세서
③ 자본금과 적립금조정명세서(갑)
④ 자본금과 적립금조정명세서(을)

해설

소득처분에서 '유보'처분을 관리하는 서류는 자본금과 적립금조정명세서(을)에 해당 한다.

12 [2022년 1회]

다음 중 법인세법상 세무조정을 하여 유보에 해당하는 소득처분은?

① 기업업무추진비 한도초과액
② 감가상각비 한도초과액
③ 기부금 한도초과액
④ 임원상여금 한도초과액

해설

①, ③은 기타사외유출, ④는 상여로 소득처분한다.

13 [2019년 1회, 2018년 5회]

법인세법상 영리내국법인의 사업연도가 3월 1일~익년 2월 말일 인 경우 법인세 과세표준의 신고 기한은 익년도 몇 월 며칠인가?

답: (   )

해설

법인세의 과세표준 신고 기한은 사업연도 종료일이 속하는 달의 말일부터 3개월 이내 이므로 5월 31일까지 신고해야 한다.

14 [2018년 3회]

다음은 법인세 과세표준과 세액을 신고할 때, 필수적으로 첨부해야 하는 서류들이다. 누락된 서류(1개)의 이름은 무엇인가?

> **보기**
> • 재무상태표
> • 포괄손익계산서
> • 이익잉여금처분계산서(또는 결손금처리계산서)

답: (   )

해설

법인세 과세표준과 세액을 신고할 때 필수적으로 첨부해야 하는 서류는 재무상태표, 포 괄손익계산서, 이익잉여금처분계산서(또는 결손금처리계산서), 세무조정계산서이다.

15 [2020년 1회]

우리나라 현행 법인세법에 대한 다음의 설명 중 옳지 않은 것은?

① 과세권자가 국가인 국세이며, 법인의 본점 또는 주사무소를 납세지로 한다.
② 법인의 사업연도를 단위로 과세소득을 집계하며, 우리나라 모든 법인의 법인세 신고납부 기한은 매년 3월 31일이다.
③ 납세의무를 확정함에 있어서는 신고납부제도를 따른다. 즉, 납세의무자인 법인이 스스로 과세표준과 세액을 신고함으로써 납세의무가 1차적으로 확정된다.
④ 과세대상소득의 범위와 관련하여 원칙적으로 순자산증가설의 입장을 취하고 있다. 따라서 과세대상소득으로 열거되지 않은 항목이라도 동 항목으로 인하여 법인의 순자산이 증가하였다면 원칙적으로 과세대상소득이 된다.

해설

법인세 사업연도는 법인마다 다를 수 있다.

16 [2019년 6회]

(주)무릉은 2019년 4월 1일에 설립한 내국법인이다. 제1기 사업연도가 4월 1일부터 2020년 3월 31일까지라고 할 때, 다음 중 옳지 않은 내용은?

① 결산일은 2020년 3월 31일이다.
② 법인세 신고 · 납부 기한은 2020년 3월 31일이다.
③ 부가가치세 최초 과세기간은 2019년 4월 1일부터 6월 30일까지이다.
④ 2019년 제1기 부가가치세 확정신고 · 납부 기한은 7월 25일이다.

해설

법인세 신고 · 납부 기한은 각 사업연도 종료일이 속하는 달의 말일부터 3개월 이내(2020년 6월 30일)이다.

17 [2020년 6회]

[보기]의 (   )에 공통적으로 해당되는 용어는 무엇인가?

> ┌ 보기 ─
> 소득처분은 세무조정 사항에 대한 소득 귀속, 즉 해당 세금의 부담자가 누구인지를 결정하는 것이다. 소득처분은 법인의 세무상 순자산이 외부로 유출되는 사외유출 혹은 외부로 유출되지 않는 사내유보로 구분된다. 사외유출 중 (   )은(는) 주주 혹은 출자자에게 (   )소득으로 과세하는 것이고, 상여는 임원이나 사용인에게 근로소득으로 과세하는 것이다.

답: (   )

해설

주주 또는 출자자에게 귀속되는 것은 배당으로 소득처분하며 주주에게 배당소득이 과세된다.

18 [2020년 5회, 4회, 2019년 1회, 2018년 4회]

[보기]의 (   ) 안에 가장 부합하는 용어는?

> ┌ 보기 ─
> 법인의 각 사업연도 소득은 사업연도에 속하는 익금의 총액에서 그 사업연도에 속하는 손금의 총액을 공제하여 계산한다. 이는 개념상의 계산일 뿐이며, 실제 각 사업연도의 소득을 계산하기 위해서는 기업회계기준에 의하여 작성한 재무제표상의 당기순이익을 기초로 하여 세법규정에 따라 익금과 손금을 조정함으로써 과세소득을 계산하기 위한 (   )의 절차를 거친다.

답: (   )

해설

손익계산서 당기순이익에서 장부처리 내용과 세법의 손익이 다른 부분을 익금산입, 손금산입으로 조정하는 과정을 세무조정이라고 한다.

19 [2019년 1회]

[보기]의 (   ) 안에 들어갈 용어로 옳은 것은?

> ┌ 보기 ─
> 법인세 신고과정에서 사업자의 장부상 비용으로 별도로 계상함이 없어도 과세표준 신고과정에서 세무조정계산서에 손금이나 필요경비로 계상함으로써 비용으로 인정받을 수 있게 하는 것을 (   )(이)라고 한다.

① 세무조정　　　　　　② 결산조정
③ 신고조정　　　　　　④ 법인조정

해설

신고를 통해 비용으로 인정받을 수 있게 하는 것은 신고조정이다.

20 [2020년 3회]

[보기]의 (가)에 공통적으로 들어가야 하는 용어는?

> **보기**
>
> 세무조정 항목에 대하여 소득의 귀속을 확인하는 절차를 (가)(이)
> 라 한다. (가)은(는) 법인의 세무상 순자산이 외부로 유출되는 사
> 외유출 혹은 외부로 유출되지 않는 사내유보로 구분된다. 사외유
> 출의 경우 이것을 통하여 해당 세금의 부담자가 누구인지 소득귀
> 속자를 결정한다.

답: (   )

해설

세무조정 항목에 대해 소득의 귀속자를 파악하여 처분하는 것을 소득처분이라 한다.

21 [2019년 4회]

다음 법인세법상 세무조정 시 소득처분이 잘못된 것은?

① 법인세비용 – 유보
② 임원상여 한도초과액 – 상여
③ 기업업무추진비 한도초과액 – 기타사외유출
④ 자기주식처분이익 – 기타

해설

법인세비용의 세무조정 시 소득처분의 경우 유보가 아닌 기타사외유출로 처분한다.

22 [2018년 1회, 2017년 1회]

다음 중 법인세 세무조정 결과, 소득처분 사항에 대하여 자본금과
적립금조정명세서(乙)에서 관리가 필요한 것은?

① 법인세비용   ② 임원상여 한도초과액
③ 채권자불분명 사채이자   ④ 재고자산평가이익

해설

자본금과 적립금조정명세서(을)의 관리를 필요로 하는 것은 유보로 소득처분된 사항이
다. 재고자산평가이익은 유보로 소득처분한다.

23 [2021년 2회]

법인세상 익금 및 손금 항목의 여부와 익금 및 손금의 산입 및 불
산입 여부(세무조정)는 구분하여야 한다. 주식발행초과금에 대하여
익금 및 손금 항목 여부와 세무조정 대상 여부를 적절하게 연결한
것은?

	익금 및 손금 항목	세무조정 대상 여부
①	익금 항목	익금산입
②	익금 제외 항목	세무조정 대상 아님
③	익금 항목	세무조정 대상 아님
④	익금 제외 항목	익금산입

해설

주식발행초과금은 익금 항목에 산입되지 않으며 재무회계에서도 자본잉여금으로 구분
되므로 세무조정 대상이 아니다.

24 [2020년 5회]

다음 중 법인세법상 익금불산입 항목이 아닌 것은?

① 감자차익   ② 합병차익
③ 주식발행초과금   ④ 자산의 평가차익

해설

자산의 평가차익은 익금산입 항목이다. 법인세법의 익금산입 항목은 순자산의 증가를
가져오는 수익이다. 익금불산입 항목은 자본 및 출자 납입에 해당되는 부분으로 감자차
익, 합병차익, 주식발행초과금 등이 있다.

25 [2020년 1회]

다음 중 법인세법상 손금산입 항목이 아닌 것은?

① 차입금 이자   ② 세금과공과
③ 고정자산의 수선비   ④ 주식할인발행차금

해설

주식할인발행차금은 손금불산입 항목에 속한다.

26 [2018년 4회]

법인세법의 조세정책 목적상 일정한 한도까지만 손금으로 인정하고, 이를 초과하는 금액은 손금으로 인정하지 않도록 하고 있다. 이 내용과 가장 거리가 먼 항목은?

① 임원 퇴직급여
② 기업업무추진비
③ 복리후생비
④ 감가상각비

해설

복리후생비는 지출한도와 관계없이 손금 인정이 가능하다. 퇴직급여는 종업원의 경우 한도가 없으나 임원 퇴직급여의 경우 한도가 있다.

27 [2018년 6회 수정]

(주)무릉은 법인기업이며, 기업회계에 따른 결산서상 당기순이익은 100,000,000원이다. [보기]에 의해 법인세 과세표준을 계산한 금액은? (단, 이월결손금은 5년 이내 발생분이고, 전액공제가 가능하다)

┌─ 보기 ─────────────────────────────┐
│ • 감가상각 한도초과액   15,000,000원 │
│ • 국세체납 과태료 세금과공과 처리 5,000,000원 │
│ • 감자차익 자본잉여금 처리   2,000,000원 │
│ • 기업업무추진비 한도초과액   3,000,000원 │
│ • 이월결손금   5,000,000원 │
│ • 가산세   3,000,000원 │
└─────────────────────────────────┘

① 100,000,000원
② 113,000,000원
③ 118,000,000원
④ 120,000,000원

해설

• 각 사업연도 소득금액: 결산서상 당기순이익 100,000,000원 + 감가상각 한도초과액 15,000,000원 + 과태료 5,000,000원 + 기업업무추진비 한도초과액 3,000,000원 = 123,000,000원
• 과세표준: 각 사업연도 소득금액 123,000,000원 − 이월결손금 5,000,000원 = 118,000,000원
• 감자차익은 익금불산입 항목으로 수익으로 처리했다는 표현이 있다면 차감해야 하지만, 수익으로 처리했다는 표현이 없으므로 별도의 처리를 하지 않는다.

28 [2023년 1회]

[보기]의 자료에서 법인세법상 상여로 소득처분할 금액의 합계액은 얼마인가?

┌─ 보기 ─────────────────────────────┐
│ • 정치자금기부금   5,000,000원 │
│ • 업무와 관련하여 발생한 교통사고 벌과금   800,000원 │
│ • 증명서류가 없는 기업업무추진비(귀속자불분명) 5,000,000원 │
│ • 퇴직한 주주인 임원의 퇴직급여 한도초과액 3,000,000원 │
└─────────────────────────────────┘

① 5,800,000원
② 8,000,000원
③ 8,800,000원
④ 10,800,000원

해설

• 정치자금기부금과 교통사고 벌과금은 기타사외유출로 처분한다.
• 증명서류가 없는 기업업무추진비(귀속자불분명) 5,000,000원 + 퇴직한 주주인 임원의 퇴직급여 한도초과액 3,000,000원 = 8,000,000원

29 [2023년 1회 수정]

[보기]는 (주)생산의 법인세 자료이다. 본 자료만을 이용하여, 2024년 사업년도 법인세 산출세액을 계산하면 얼마인가? (단, [보기]에서 제시된 법인세율을 적용하시오. 정답은 단위를 제외한 숫자만 입력하시오)

┌─ 보기 ─────────────────────────────┐
│ • 각 사업연도 소득금액: 250,000,000원 │
│ • 이월결손금 발생자료 │
│ − 2010년도분: 6,000,000원 │
│ − 2015년도분: 4,000,000원 │
│ − 2018년도분: 3,000,000원 │
│ • 법인세율 │
│ − 과세표준 2억원 이하: 9% │
│ − 과세표준 2억원 초과~200억원 이하: 19% │
│ • 과세표준: 243,000,000원 = 250,000,000원 − 7,000,000원 │
└─────────────────────────────────┘

답: (   )원

해설

2024년도 산출세액: (200,000,000원×9%) + (43,000,000원×19%) = 26,170,000원

| 정답 | 26 ③ | 27 ③ | 28 ② | 29 26,170,000 |

이론

PART

04

원가관리회계

Enterprise
Resource
Planning

l NCS 능력단위 요소

☑ 원가계산 0203020103_20v4
☑ 원가관리 0203020110_20v2

원가관리회계 기본

1 원가의 개념

재무회계가 외부 정보이용자를 위해 작성된다고 하면, 관리회계는 내부 정보이용자를 위해 작성하는 것으로 물건의 제조원가를 결정하는 원가회계에서 시작된다. 원가란 제품을 제조하기 위해 소멸된 경제적 자원의 희생을 화폐가치로 측정한 것이다. 발생한 원가 중 아직 사용되지 않은 부분은 자산으로, 사용된 부분 중 수익 획득에 기여한 비용 부분은 매출원가로, 수익 획득에 기여하지 못하고 소멸된 부분은 손실(영업외비용)로 인식한다.

	미소멸	자산	재고자산
원가	소멸	비용	매출원가
		손실	영업외비용

2 원가의 분류

원가의 3요소는 재료비, 노무비, 제조경비이며 기준에 따라 다음과 같이 분류할 수 있다.

분류 기준	내용
추적가능성	직접원가(직접비), 간접원가(간접비)
원가행태	변동원가(변동비), 고정원가(고정비)
제조활동	제조원가, 비제조원가
의사결정의 관련성	관련원가(기회원가), 비관련원가(매몰원가)
자산과의 관련성	소멸원가, 미소멸원가
통제가능성	통제가능원가, 통제불능원가
고정제조간접비의 원가포함 여부	변동원가계산, 전부원가계산

1. 추적가능성에 따른 분류

제품을 제조하는 과정에서 발생하는 비용에 대해서 원가대상을 제품별로 추적이 가능한 것은 직접원가(직접비)이며, 집계과정에서 특정 원가대상에 추적이 어려운 원가는 간접원가(간접비)로 분류한다.

원가 3요소	추적가능성	예시(예 커피전문점)
재료비	직접재료비	커피 한 잔에 들어가는 원두의 가격
	간접재료비	시럽, 휴지, 빨대 등
노무비	직접노무비	바리스타에게 1잔당 500원을 제공하기로 한 경우 비용
	간접노무비	매장 매니저의 월급
제조경비	직접경비	외주가공비, 설계비
	간접경비	보험료, 임차료, 기계 감가상각비

원가계산을 위해서 추적가능성에 따라 원가를 분류하고 제조원가 구성요소로 표현하면 다음과 같다.

추적가능성에 따른 분류	제조원가	제조원가 구성요소	
직접재료비	직접재료비	기본원가 (기초원가)	
직접노무비	직접노무비		
간접재료비			가공원가 (전환원가)
간접노무비	제조간접비		
제조경비			

2. 원가행태에 따른 분류

조업도의 수준에 따라 변화하는 원가의 성격별로 변동원가와 고정원가로 나눌 수 있다. 조업도란 기업이 보유한 자원의 활용 정도를 나타내는 것으로 생산량, 판매량, 직접노동시간, 기계가동시간 등을 표시한다.

(1) 순수변동원가

조업도를 증가시키면 총원가도 비례해서 함께 증가하며, 단위당 원가는 조업도의 증가, 감소와 관계없이 일정한 원가이다. 직접재료비와 직접노무비는 순수변동원가의 성격을 지니고 있다.

(2) 순수고정원가

조업도의 변동에 관계없이 총원가가 일정하게 유지되는 원가를 고정원가라고 한다. 따라서 순수고정원가는 조업도의 변화에도 관계없이 원가 총액이 일정하며, 단위당 원가는 조업도를 증가시키면 감소하는 특징이 있다.

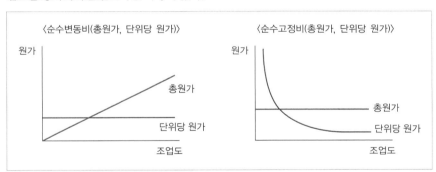

구분		순수변동원가	순수고정원가
조업도 증가	총원가	증가	일정
	단위당 원가	일정	감소
조업도 감소	총원가	감소	일정
	단위당 원가	일정	증가

(3) 준변동원가

준변동원가가 순수변동원가와 구분이 되는 부분은 생산을 하지 않을 경우 순수변동원가의 원가가 발생하지 않지만, 준변동원가의 경우 생산을 하지 않더라도 일정 수준의 고정원가가 발생한다는 점이다. 이때 생산이 증가하면 총원가도 함께 증가한다.

(4) 준고정원가

특정 범위의 조업도 내에서는 총원가가 일정하지만, 일정 구간을 벗어나면 일정액만큼 증가하는 원가를 의미한다.

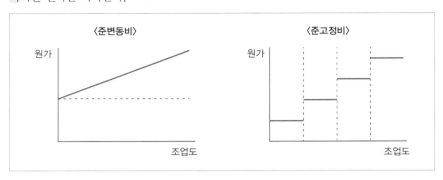

3. 제조활동에 따른 분류

제조원가	직접재료비, 직접노무비, 제조간접비
비제조원가	판매비와 관리비

(1) 제조원가

제조활동 과정에서 제품의 생산을 위해 발생하는 재료비, 노무비, 경비로 공장 제조부에서 발생한 원가를 의미한다.

📖 공장 전기세, 공장 월임차료, 공장건물 화재보험료 등

(2) 비제조원가

제품의 제조활동 외에서 발생하는 원가로, 주로 판매, 관리 부서에서 발생하는 비용을 의미한다.

📖 본사 사무실 임차료, 대손상각비, 광고선전비 등

4. 의사결정의 관련성에 따른 분류

(1) 매몰원가

과거의 의사결정 결과로 인해 이미 발생된 원가(역사적 원가)로, 현재의 의사결정에는 영향을 미치지 못하는 원가이다. 따라서 매몰원가의 금액 크기와 관계없이 의사결정에서는 무시해도 좋은 비관련원가이다. 또한 이미 발생된 원가로 회피불가능원가이다.

(2) 기회원가

의사결정 시 여러 대안들 중 한 가지를 선택함으로써 포기해야 하는 대안의 가치를 의미한다. 더불어 대안이 여러 가지인 경우 포기하는 대안의 가치 중 가장 큰 가치를 의미한다. 의사결정에는 영향을 미치지만 장부에 기록하지는 않는다.

5. 원가계산방식

(1) 변동원가계산

변동원가 성격의 직접재료비, 직접노무비와 제조간접비를 행태별로 나누어 변동제조간접비만을 제조원가로 계산하는 방식을 변동원가계산이라고 한다.

> • 매몰원가: 장부기록 ○, 의사결정 ×
> • 기회원가: 장부기록 ×, 의사결정 ○

(2) 전부원가계산

직접재료비, 직접노무비, 변동제조간접비의 변동원가에 고정제조간접비를 가산한 원가방식을 전부원가계산이라고 한다. 손익계산서에 반영되는 원가는 고정제조간접비를 포함한 전부원가계산에서의 제조원가이다.

✎ 개념 확인문제

다음 중 원가의 분류에 대한 설명으로 옳지 않은 것은? [2020년 4회]

① 직접원가는 원가의 추적가능성에 따른 분류이다.
② 당기총제조원가는 직접재료원가와 가공원가의 합으로 구성된다.
③ 단위당 고정원가는 활동 수준이 증가하여도 일정하다.
④ 조업도의 변동에 따른 원가행태에 근거하여 변동원가와 고정원가로 분류한다.

해설

단위당 고정원가는 활동 수준이 증가하면 변한다. 활동 수준이 증가해도 일정한 것은 총고정원가이다. **정답** ③

기출&확인 문제

01 [2023년 1회]

(주)생산조선은 선박 제조기업이다. (주)생산조선의 제조원가 분류로 가장 적절하지 않은 것은?

① 선박의 핵심 엔진 – 직접재료비
② 못이나 나사 등 소모품 – 간접재료비
③ 선박 제조 전문기술자의 임금 – 직접노무비
④ 공장 내 직원식당에 근무하는 조리원의 급여 – 직접노무비

해설

공장 내 직원식당에 근무하는 조리원의 급여는 제조간접비에 해당한다.

02 [2019년 4회]

다음 원가 항목 중 기본원가와 가공원가에 모두 해당되는 것은?

① 직접노무원가
② 직접재료원가
③ 간접노무원가
④ 제조간접원가

해설

• 기본원가(가공원가) = 직접재료비 + 직접노무비
• 가공원가(전환원가) = 직접노무비 + 간접재료비 + 간접노무비 + 제조경비

03 [2019년 3회]

과거 의사결정의 결과 이미 발생한 원가로 현재 또는 미래의 의사결정에 아무런 영향을 미치지 못하는 원가를 무엇이라고 하는가?
(단, 정답은 한글로 작성하시오)

답 : (   )

해설

매몰원가에 대한 설명이다.

04 [2021년 3회, 2020년 5회]

원가는 의사결정과의 관련성에 따라 관련원가와 비관련원가로 구분된다. 다음 중 관련원가로 분류될 수 있는 것은?

① 매몰원가
② 기회원가
③ 기발생원가
④ 통제불능원가

해설

① 매몰원가, ③ 기발생원가, ④ 통제불능원가는 비관련원가에 속한다.

05 [2019년 3회]

다음 중 원가에 대한 설명으로 옳지 않은 것은?

① 제조경비는 재료비와 노무비 외의 모든 원가요소를 말한다.
② 직접비는 제품별로 직접적으로 추적이 가능하다.
③ 재공품은 미래 경제적 효익을 제공할 수 있는 원가로 미소멸원가에 해당한다.
④ 기회원가는 의사결정의 결과 포기한 모든 대안에서 발생한 효익의 총합계액이다.

해설

기회원가는 포기한 대안에서 얻을 수 있는 효익 중 가장 큰 것을 의미한다.

| 정답 | **01** ④ **02** ① **03** 매몰원가 **04** ② **05** ④ |

06 [2023년 1회, 2022년 3회]

(주)생산성의 당기 원가자료가 [보기]와 같을 경우 가공원가를 계산하면 얼마인가? (단, 정답은 단위를 제외한 숫자만 입력하시오)

┌─ 보기 ─────────────────────────────┐
- 직접재료원가 사용액: 400,000원
- 직접노무원가 발생액: 500,000원
- 변동제조간접원가 발생액: 300,000원
  (변동제조간접원가는 총제조간접원가의 60%이다.)
└──────────────────────────────────┘

답: (   )원

해설

- 총제조간접비: 변동제조간접원가 300,000원 ÷ 60% = 500,000원
- ∴ 가공원가: 직접노무비 500,000원 + 제조간접비 500,000원 = 1,000,000원

07 [2020년 1회]

원가 자료가 [보기]와 같을 때 가공원가는 얼마인가? (단, 숫자만 입력하시오)

┌─ 보기 ─────────────────────────────┐
- 생산량   10,000개
- 직접재료원가 구입액   300,000원
- 직접재료원가 사용액   400,000원
- 직접노무원가 발생액   520,000원
- 변동제조간접원가 발생액(단위당 원가)   8원
- 고정제조간접원가 발생액   120,000원
└──────────────────────────────────┘

답: (   )원

해설

- 변동제조간접원가: 단위당 원가 8원 × 생산량 10,000개 = 80,000원
- ∴ 가공원가: 직접노무원가 520,000원 + 변동제조간접원가 80,000원 + 고정제조간접원가 120,000원 = 720,000원

08 [2019년 1회, 2018년 6회 유사, 5회]

다음 [보기]에 의해 가공원가를 계산하면 얼마인가? (단, 숫자만 입력하시오)

┌─ 보기 ─────────────────────────────┐
- 직접노무원가   2,100원
- 간접노무원가   200원
- 직접재료원가   2,300원
- 제조부 감가상각비   500원
- 제조부 전력비   700원
- 영업부 광고선전비   300원
└──────────────────────────────────┘

답: (   )원

해설

- 제조간접원가: 간접노무원가 200원 + 감가상각비 500원 + 전력비 700원 = 1,400원
- ∴ 가공원가: 직접노무원가 2,100원 + 제조간접원가 1,400원 = 3,500원

09 [2022년 3회]

(주)생산은 특별한 추가주문요청을 받았으며, 현재 이 추가주문요청에 대응할 충분한 여유생산시설이 있는 상황이다. (주)생산의 경영자가 이 특별추가주문 판매가격 의사결정에서 반드시 고려하지 않아도 되는 원가는 무엇인가?

① 단위당 직접재료원가
② 단위당 직접노무원가
③ 단위당 변동제조간접원가
④ 단위당 고정제조간접원가

해설

추가주문 요청에 대응할 충분한 여유생산시설이 있는 상황인 경우 변동원가만 고려하면 된다. 고정제조간접원가는 기존 생산품에 모두 배분되어 특별추가주문 판매가격 의사결정에서는 더 이상 고려하지 않아도 되는 매몰원가이다.

| 정답 | **06** 1,000,000 **07** 720,000 **08** 3,500 **09** ④

CHAPTER 02 제조원가의 흐름

빈출 키워드
- ☑ 기본원가   ☑ 가공원가
- ☑ 제조원가명세서

1 제조업의 경영활동 과정과 원가흐름

제조업은 제품을 제조하기 위해 재료를 구입하고, 재료를 가공하기 위한 노동력과 설비를 구입한다. 즉, 구입한 원가요소를 이용하여 제조를 하게 된다. 제조 중인 재고자산은 재공품이며 제조가 완성되면 제품이 된다. 제품을 판매하여 얻은 수익을 통해 다시 재료, 노동력과 설비를 구입하는 과정을 반복한다.

원가계산은 재료비, 노무비, 경비 요소별로 집계하여 계산한 후 다시 부문별로 집계하여 원가를 직접 제조하는 제조부에서 발생한 원가와 제조를 돕는 보조부에서 발생한 원가로 나눠 계산하고, 제품의 제조 성격에 따라 개별원가계산과 종합원가계산을 통해 제품별 원가계산을 한다.

요소별 원가계산 → 부문별 원가계산 → 제품별 원가계산

2 요소별 원가계산

1. 재료비

재료비는 제품생산을 위해 구입하여 투입한 원가를 의미한다. 추적가능성에 따라 직접재료비, 간접재료비로 구분하며 재료비는 원재료 계정을 통해 집계한다. 직접재료비는 재공품 계정으로 바로 대체하며, 간접재료비는 제조간접비 계정으로 대체한 후 제조간접비 계정을 통해 제품의 제조원가에 집계한다.

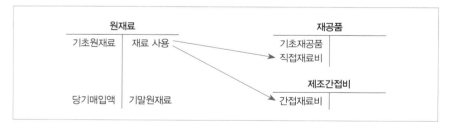

직접재료비 = 기초원재료재고 + 당기원재료매입 – 기말원재료재고

2. 노무비

노무비는 제조공장에서 직원이 제공한 노동력의 대가를 의미하며 추적가능성에 따라 직접노무비, 간접노무비로 구분한다. 제조과정에 직접 참여하는 직원에 대한 노동력은 직접노무비 계정으로 집계하고, 수선과정이나 전력 제공 등 제조과정과는 직접 관련이 없지만 간접적으로 제품제조활동에 참여하는 직원의 노동력은 간접노무비 계정으로 집계한다.

직접노무비는 재공품 계정으로 바로 대체되어 원가계산을 하지만, 간접노무비는 제조간접비 계정으로 집계한 다음 재공품 계정으로 집계한다.

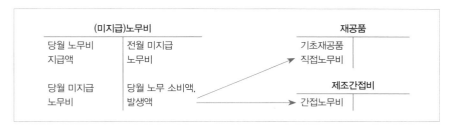

직접노무비 = 당월 노무비지급액 + 당월 미지급노무비 − 전월 미지급노무비

3. 경비

경비는 제조과정에서 소요된 비용 중 직접재료비와 직접노무비로 집계되지 못한 원가로 간접재료비, 간접노무비, 간접제조경비를 의미한다. 제조과정 중에서 발생한 원가를 의미하므로 판매비와 관리비 항목과 구분할 수 있어야 한다.

공장 감가상각비, 공장 수도 전기료, 공장 수선유지비, 공장 관리자 임금 등을 예로 들 수 있다.

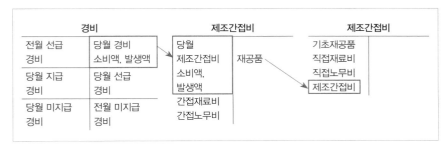

3 제조기업의 원가흐름 <small>중요</small>

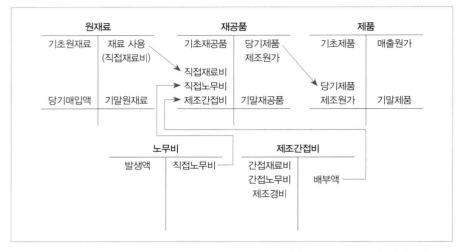

기본원가(기초원가)	직접재료비 + 직접노무비
가공원가(전환원가)	직접노무비 + 제조간접비
당기총제조원가(비용)	직접재료비 + 직접노무비 + 제조간접비
당기제품제조원가	기초재공품 + 당기총제조원가 - 기말재공품

📎 개념 확인문제

원가계산방법에 대한 설명으로 옳지 않은 것은? [2019년 6회]

① 원가계산은 부문별 원가-요소별 원가-제품별 원가의 순서로 집계된다.
② 표준원가계산은 원가통제, 가격결정, 성과평가 등을 목적으로 사용된다.
③ 원가계산은 원가의 구성범위에 따라 전부원가계산과 변동원가계산으로 구분된다.
④ 정상원가계산에서 직접재료원가와 직접노무원가는 실제원가이지만 제조간접원가는 예정배부한다.

해설
원가계산은 요소별 원가 - 부문별 원가 - 제품별 원가의 순서로 집계된다.   **정답** ①

---

4 제조원가명세서 <small>중요</small>

제조원가명세서는 재공품 계정에 집계된 제조활동과 관련된 모든 비용을 집계한 보고서이다. 재무상태표의 원재료, 재공품이 제조원가명세서의 기말원재료재고액, 기말재공품재고액으로 대체되어 표기된다.

주의할 점은 제조원가명세서에는 기초제품재고액, 기말제품재고액, 매출원가가 기록되지 않는다는 것이다. 제조원가명세서는 제품의 매출원가를 계산할 수 있도록 당기제품제조원가에 대한 자료를 제공할 뿐 제조원가명세서 내용만으로는 제품의 매출원가를 계산할 수 없다.

Ⅰ. 직접재료비		
기초원재료재고액	×××	
당기원재료매입액	×××	
기말원재료재고액	(×××)	×××
Ⅱ. 직접노무비		
임금		×××
Ⅲ. 제조간접비		
통신비	×××	
여비교통비	×××	
전력비	×××	
가스수도료	×××	×××
Ⅳ. 당기총제조원가		×××
Ⅴ. 기초재공품재고액		×××
합계		×××
Ⅵ. 기말재공품재고액		(×××)
Ⅶ. 당기제품제조원가		×××

TIP

제조원가명세서는 제조기업이 작성하는 부속서류이므로 재무제표에는 해당하지 않는다.

📝 개념 확인문제

(주)한국의 다음 원가 자료에 의해 당기제품제조원가를 계산하면 얼마인가? [2020년 1회]

보기

• 기초재공품재고액	15,000원	• 기말재공품재고액	10,000원
• 기초제품재고액	22,000원	• 기말제품재고액	32,000원
• 직접재료원가	50,000원	• 직접노무원가	60,000원
• 제조간접원가	70,000원		

① 175,000원　　　　　　　　　② 180,000원
③ 185,000원　　　　　　　　　④ 190,000원

해설
• 당기총제조원가: 직접재료원가 50,000원 + 직접노무원가 60,000원 + 제조간접원가 70,000원 = 180,000원
∴ 당기제품제조원가: 기초재공품재고액 15,000원 + 당기총제조원가 180,000원 − 기말재공품재고액 10,000원 = 185,000원

정답 ③

기출 & 확인 문제

01 [2022년 1회]

다음 [보기]는 제품 생산을 위해 발생한 지급수수료에 대한 자료이다. 당기총제조비용에 포함될 지급수수료의 당기발생액을 계산하면 얼마인가? (단, 숫자만 입력하시오)

┌─ 보기 ─────────────────────────
• 지난달에 미지급한 지급수수료: 30,000원
• 이번 달에 지급한 지급수수료: 220,000원
• 이번 달에 미지급한 지급수수료: 60,000원
└──────────────────────────────

답: (   )원

해설

지급수수료			
당기지급비용	220,000	전기미지급비용	30,000
당기미지급비용	60,000	당기발생비용	?
	280,000		280,000

• 지난달 미지급액 30,000원 + 당월 발생액 x = 이번 달 지급액 220,000원 + 이번 달 미지급액 60,000원
∴ 당월 발생액 x = 250,000원

02 [2023년 1회]

[보기]는 (주)생산성의 8월 노무비 계정 원가자료이다. 이를 이용할 경우 8월에 실제로 발생한 노무비의 금액은 얼마인가? (단, 정답은 단위를 제외한 숫자만 입력하시오)

┌─ 보기 ─────────────────────────
• 8월 노무비 미지급액: 370원
• 8월 노무비 현금지급액: 700원
• 7월 선지급된 8월분 노무비 해당액: 280원
• 8월 노무비 현금지급액 중 9월분 노무비 해당액: 230원
• 8월의 노무비 현금지급액 중 7월분 미지급노무비: 170원
└──────────────────────────────

답: (   )원

해설

8월 노무비			
전월선급	280	전월미지급	170
당월지급	700	당월소비	
당월미지급	370	당월선급	230
계	1,350		1,350

• 전월 미지급 170 + 당월소비 x = 전월선급 280 + 당월지급 700 + 당월미지급 370 − 당월선급 230
∴ 당월소비 x = 950

03 [2020년 4회]

다음 중 제품의 제조원가 계산과정에서 재공품 계정의 차변에 나타나는 항목이 아닌 것은?

① 기초재공품원가
② 제품매출원가
③ 당기 직접노무비 소비액
④ 당기 제조간접원가 배부액

해설

재공품 계정의 차변에는 기초재공품원가, 직접재료비, 직접노무비(당기 직접노무비 소비액), 제조간접비(당기 제조간접원가 배부액)가 기록된다. 제품매출원가는 제품 계정의 대변에 기록되는 항목이다.

04 [2020년 5회, 2018년 4회]

다음 중 재공품 계정의 차변에 기록되는 원가 항목으로 옳은 것은?

① 제품매출원가
② 당기총제조비용
③ 기말재공품재고액
④ 당기제품제조원가

해설

재공품 계정의 차변에는 기초재공품재고액과 당기총제조비용이 기록된다. 기말재공품재고액과 당기제품제조원가는 재공품 계정의 대변에 기록되며, 제품 계정의 차변에 재공품 계정의 대변에 기록된 당기제품제조원가가 기록되며 대변에 제품매출원가가 기록된다.

| 정답 | 01 250,000 | 02 950 | 03 ② | 04 ② |

05 [2019년 4회]

다음 2019년 개별원가계산 자료를 이용하여 손익계산서에 계상될 매출원가를 구하시오(단, 2019년 초 제품재고는 300,000원, 2019년 말 제품재고는 600,000원이다. 정답은 숫자로만 작성하시오).

과목	금액
기초재공품	180,000원
직접재료비	950,000원
직접노무비	650,000원
제조간접비	220,000원
기말재공품	0원
합계	2,000,000원

답: (   )원

해설

• 당기제품제조원가: 기초재공품 180,000원 + 직접재료비 950,000원 + 직접노무비 650,000원 + 제조간접비 220,000원 − 기말재공품 0원 = 2,000,000원
∴ 매출원가: 기초제품재고액 300,000원 + 당기제품제조원가 2,000,000원 − 기말제품 재고액 600,000원 = 1,700,000원

06 [2019년 6회 유사, 2018년 3회]

다음 [보기]는 (주)생산성의 제조과정에서 당기에 발생한 원가 자료를 집계한 것이다. 자료를 이용하여 (주)생산성의 당기제품제조원가를 구하시오.

┌ 보기 ─────────────────────┐
• 기초제품   330,000원
• 매출원가   1,410,000원
• 기말제품   170,000원
└──────────────────────────┘

답: (   )원

해설

• 기초제품 330,000원 + 당기제품제조원가 x = 매출원가 1,410,000원 + 기말제품 170,000원
∴ 당기제품제조원가 x = 1,250,000원

07 [2020년 6회]

다음 중 선박을 제조하는 기업인 (주)생산성의 제조원가명세서에 표시되지 않는 항목은?

① 원재료비
② 당기총제조비용
③ 당기제품제조원가
④ 당기제품매출원가

해설

당기제품매출원가는 제조원가명세서에 표시되지 않고 손익계산서에 표시된다.

08 [2018년 2회]

[보기]는 (주)창조의 제조원가명세서의 일부 항목이다. 이에 대한 설명 중 옳지 않은 것은?

┌ 보기 ─────────────────────────────────────┐
• 직접재료원가   250,000원   • 기초재공품재고액 30,000원
• 직접노무원가   100,000원   • 기말재공품재고액 35,000원
• 제조간접원가   120,000원
└───┘

① 직접재료소비액은 250,000원이다.
② 제조간접원가 발생액은 120,000원이다.
③ 당기에 발생한 총제조원가는 380,000원이다.
④ 당기 생산한 제품의 제조원가는 465,000원이다.

해설

• 당기발생총제조원가: 직접재료원가 250,000원 + 직접노무원가 100,000원 + 제조간접원가 120,000원 = 470,000원
• 당기제품제조원가: 기초재공품 30,000원 + 총제조원가 470,000원 − 기말재공품 35,000원 = 465,000원

09 [2019년 1회]

[보기]는 (주)미래의 제조원가명세서의 일부 항목이다. 이에 대한 설명으로 옳은 것은?

┌ 보기 ─────────────────────┐
• 직접재료원가   300,000원
• 직접노무원가   120,000원
• 제조간접원가   130,000원
• 기초재공품재고액   30,000원
• 기말재공품재고액   40,000원
└──────────────────────────┘

① 당기재료소비액이 130,000원이다.
② 당기가공원가는 120,000원이다.
③ 당기에 발생한 총제조비용은 550,000원이다.
④ 당기에 생산한 제품제조원가는 550,000원이다.

해설

당기발생총제조비용: 직접재료원가 300,000원 + 직접노무원가 120,000원 + 제조간접원가 130,000원 = 550,000원
① 당기재료소비액: 직접재료원가 300,000원
② 당기가공원가: 직접노무원가 120,000원 + 제조간접원가 130,000원 = 250,000원
④ 당기제품제조원가: 직접재료원가 300,000원 + 직접노무원가 120,000원 + 제조간접원가 130,000원 + 기초재공품 30,000원 − 기말재공품 40,000원 = 540,000원

| 정답 | 05 1,700,000 06 1,250,000 07 ④ 08 ③ 09 ③

원가의 배분

빈출 키워드
- ☑ 보조부문비의 배분
- ☑ 제조간접비의 배부
- ☑ 배부차이

1 원가배분의 개요

1. 원가배분

원가배분이란 공통적으로 발생한 원가를 일정한 배부기준에 따라 여러 개의 원가대상에 합리적으로 나누는 과정이다. 원가는 추적가능성에 따라 직접원가와 간접원가 두 가지로 나눌 수 있다. 직접원가는 원가대상에 집계하는 것이 어렵지 않지만, 간접원가는 특정 원가대상에 정확하게 대응시키는 것이 어렵기 때문에 최대한 합리적인 기준을 찾아서 원가대상에 원가를 배분해야 좀 더 정확하게 계획과 통제를 할 수 있다.

2. 원가배분기준

(1) 인과관계기준

원가와 원가대상에 대한 배분을 원인과 결과에 따라 배분하는 방법을 의미한다. 제조간접비를 배분할 경우 가장 합리적인 방법이다. 인과관계기준을 적용하는 것이 어려운 경우 다른 대안을 선택하도록 하고 있다.

(2) 수혜기준

원가에 대한 배분을 주어진 혜택(경제적 효익)에 비례하여 배분하는 방법을 의미한다. 예를 들어, 기업 전체 광고 후 광고로 인한 혜택을 가장 많이 본 분야에 가장 많은 광고제작원가를 부담시키는 방식이다.

(3) 부담능력기준

원가대상이 원가를 부담할 수 있는 능력에 비례하여 원가를 배분하는 방법이다. 예를 들어, 기부금 금액을 회사의 각 사업부에 부담시킬 경우 모든 부서에 동일한 금액을 할당하지 않고, 영업이익이 가장 높은 사업부부터 순차적으로 성금을 부담시키는 것을 의미한다.

(4) 공정성과 공평성

여러 원가대상의 원가를 배분할 때 그 원가배분이 공정하고 공평하게 이루어져야 한다는 기준이다. 논리적으로 타당하지만 매우 포괄적인 내용이기 때문에 이 기준을 따르는 것은 원가배분이라기보다는 원가배분의 목표라고 할 수 있다.

2 보조부문비의 배분

1. 부문별 원가계산

제품의 원가는 제조를 직접 담당하는 제조부문도 있지만, 제조부문이 작업을 잘 할 수 있도록 돕는 보조부문도 존재한다. 보조부문 역시 제품의 제조를 위해서는 반드시 필요한 부문이므로 발생한 원가 역시 제품의 원가에 포함시켜야 한다. 따라서 보조부문원가의 제조부문 배부는 제조원가를 구하기 위한 전 단계의 작업이라고 할 수 있다.

(1) 제조부문과 보조부문

제조부문이란 제품을 직접 생산하는 활동을 수행하는 부문을 의미하며, 물건을 절단하는 부문과 조립하는 부문 등을 예로 들 수 있다. 보조부문이란 제품의 생산활동에는 참여하지 않으나 제조부문의 운영을 위해 보조하는 활동을 수행하는 부문으로 수선유지부문, 설계부문, 전력부문, 식당부문 등을 예로 들 수 있다.

(2) 보조부문의 원가배분과정

제품의 원가를 계산하는 과정에서 서로 다른 X, Y 제품의 직접재료비, 직접노무비는 개별적으로 집계를 할 수 있지만, 제조간접비의 경우 보조부문의 원가를 제조부문으로 집계해서 제품 X와 Y에 제조간접비를 각각 집계한 다음 제품의 제조원가를 계산한다.

(3) 보조부문원가의 배분기준

보조부문의 원가 배분기준은 인과관계에 따라 간단하게 설정하고 이용할 수 있어야 한다.

보조부문원가	배분기준
인사관리부문원가	종업원 수
식당부문원가	종업원 수
전력부문원가	전기 사용량
수선유지부문원가	작업시간
건물관리부문원가	면적
창고부문원가	재료의 사용량
구매부문원가	주문횟수와 주문내용

2. 보조부문비의 배분방법

보조부문의 원가를 제조부문에 배분할 때 보조부문 상호 간 용역의 수수관계를 어느 정도 고려하느냐에 따라 배분방법을 직접배분법, 단계배분법, 상호배분법으로 나눌 수 있다.

(1) 직접배분법

각 보조부문의 원가를 다른 보조부문에 배분하지 않고 직접 제조부문으로만 배분하는 방법이다. 보조부문 상호 간 용역의 수수관계를 완전히 무시하는 방법으로 계산은 간편하나 정확성이 떨어진다.

(2) 단계배분법

보조부문 상호 간 용역의 수수관계의 순서를 정하여 원가를 배분하는 방법이다. 직접배분법과 상호배분법의 절충방안으로 보조부문 간 용역의 수수관계를 일부만 인식한다.

(3) 상호배분법

보조부문 상호 간 용역의 수수관계를 완전히 인식하는 방법이다. 연립방정식을 이용하여 각 보조부문의 원가를 제조부문에 배분하며 복잡하지만 가장 정확하다.

3. 보조부문 배분방법의 정확성

> 상호배분법 > 단계배분법 > 직접배분법

보조부문 용역의 수수관계를 모두 인식하는 상호배분법이 부문공통비가 가장 정확하게 배분된다. 직접배분법은 보조부문의 용역의 수수관계를 모두 무시하므로 계산이 간단한 대신 원가 배분액의 정확성이 낮다. 단계배분법은 보조부문의 용역의 수수관계를 일부만 인식하는 방법으로 상호배분법과 직접배분법의 절충안이다.

📝 개념 확인문제

보조부문비의 배부방법 중 보조부문 상호 간에 용역의 수수 정도를 가장 크게 고려하는 것부터 올바르게 배열한 것은?   [2020년 3회]

① 직접배부법 > 단계배부법 > 상호배부법
② 직접배부법 > 상호배부법 > 단계배부법
③ 상호배부법 > 단계배부법 > 직접배부법
④ 상호배부법 > 직접배부법 > 단계배부법

해설
상호배부법은 용역의 수수관계를 모두 인식하고 직접배부법은 용역의 수수관계를 모두 무시하는 방법이다. 단계배부법은 상호배부법과 직접배부법의 절충방안이다.   정답 ③

4. 보조부문 배분사례 중요

생산부문은 절단부와 조립부, 보조부문은 수선부와 관리부를 두고 있는 회사의 보조부문 원가를 생산부문으로 직접배분법, 단계배분법, 상호배분법에 따라 배분하는 사례는 다음과 같다(단, 단계배분법은 보조부문원가가 큰 관리부를 먼저 배분한다).

구분	생산부문		보조부문	
	절단부	조립부	수선부	관리부
배분 전 부문원가	200,000원	100,000원	100,000원	460,000원
부문별 배부율	–	–		–
수선부	30%	50%	–	20%
관리부	40%	40%	20%	–

(1) 직접배분법

구분	생산부문		보조부문	
	절단부	조립부	수선부	관리부
배분 전 부문원가	200,000원	100,000원	–	–
수선부(100,000원)	30%, 37,500원[*1]	50%, 62,500원[*2]	–	–
관리부(460,000원)	40%, 230,000원[*3]	40%, 230,000원[*4]	–	–
합계	467,500원	392,500원	–	–

[*1] $100,000원 \times \dfrac{30\%}{30\% + 50\%} = 37,500원$ [*2] $100,000원 \times \dfrac{50\%}{30\% + 50\%} = 62,500원$

[*3] $460,000원 \times \dfrac{40\%}{40\% + 40\%} = 230,000원$ [*4] $460,000원 \times \dfrac{40\%}{40\% + 40\%} = 230,000원$

(2) 단계배분법

1순위인 관리부의 원가를 절단부, 조립부, 수선부의 비율에 따라 배분한다. 관리부에서 배분된 원가와 수선부의 배분 전 원가를 합산한 후 절단부와 조립부 비율에 맞게 배분한다.

❯ 단계배분법 배분순서
1순위 관리부, 2순위 수선부

구분	생산부문		보조부문	
	절단부	조립부	수선부	관리부
배분 전 부문원가	200,000원	100,000원	–	–
수선부 (100,000원)	30%, 72,000원[*1]	50%, 120,000원[*2]	(100,000원 + 92,000원)	–
관리부 (460,000원)	40%, 184,000원[*3]	40%, 184,000원	20%, 92,000원[*4]	(460,000원)
합계	456,000원	404,000원	–	–

[*1] $192,000원 \times \dfrac{30\%}{30\% + 50\%} = 72,000원$　　[*2] $192,000원 \times \dfrac{50\%}{30\% + 50\%} = 120,000원$

[*3] $460,000원 \times 40\% = 184,000원$　　[*4] $460,000원 \times 20\% = 92,000원$

(3) 상호배분법

수선부의 총원가를 A, 관리부의 총원가를 B라고 가정하고 식을 만들면 다음과 같다.

$$A = 100,000원 + 0.2B \cdots ①$$
$$B = 460,000원 + 0.2A \cdots ②$$
①에 ②를 대입하고 풀이하면 다음과 같다.
$$A = 100,000원 + 0.2 \times (460,000원 + 0.2A)$$
$$\quad = 100,000원 + 92,000원 + 0.04A$$
$$0.96A = 192,000원$$
$$\therefore A = 200,000원$$
$$\therefore B = 460,000원 + 0.2 \times 200,000원 = 500,000원$$

구분	생산부문		보조부문	
	절단부	조립부	수선부	관리부
배분 전 부문원가	200,000원	100,000원	100,000원	460,000원
수선부 (100,000원)	30%, 60,000원[*1]	50%, 100,000원	(200,000원)	20%, 40,000원
관리부 (460,000원)	40%, 200,000원[*2]	40%, 200,000원	20%, 100,000원	(500,000원)
합계	460,000원	400,000원	–	–

[*1] $200,000원 \times 30\% = 60,000원$
[*2] $500,000원 \times 40\% = 200,000원$

5. 보조부문비 배분방법(행태구분 여부)

배분방법	내용
단일배분율	• 보조부문비를 변동비와 고정비로 구분하지 않고 하나의 배부기준으로 배분하는 방법 • 실제조업도를 적용하여 제조간접비 배부
이중배분율	• 보조부문비를 변동비와 고정비로 구분해서 서로 다른 배부기준으로 배분하는 방법 • 변동비: 실제조업도, 고정비: 최대 조업도

(주)생산성의 보조부문에서 발생한 변동제조간접원가는 1,000,000원, 고정제조간접원가는 2,000,000원이다. (주)생산성이 [보기]의 배부기준과 이중배부율법을 적용하여 보조부문의 제조간접원가를 제조부문에 배부할 경우 수선부문에 배부될 제조간접원가는 얼마인가?

[2020년 3회]

제조부문	실제 기계시간	최대 기계시간
조립부문	480시간	800시간
수선부문	320시간	800시간

답: (   )원

해설

- 수선부문 변동제조간접원가(실제조업도): 변동제조간접원가 1,000,000원×(수선부문 320시간÷실제 기계시간 총 800시간)=400,000원
- 수선부문 고정제조간접원가(최대 조업도): 고정제조간접원가 2,000,000원×(수선부문 800시간÷최대 기계시간 총 1,600시간)=1,000,000원
- ∴ 수선부문 제조간접원가: 변동제조간접원가 400,000원+고정제조간접원가 1,000,000원=1,400,000원

정답 1,400,000

3 제조간접비의 배부

1. 제조간접비의 배부

제조간접비는 추적가능성에 따른 원가분류에서 직접 추적이 불가능한 간접원가로 구성된 원가이다. 제품의 원가계산 과정에서 직접재료비, 직접노무비는 제품별로 추적이 가능하므로 바로 원가계산에 적용할 수 있지만, 제조간접비는 배부절차를 통해 제품별로 발생한 원가를 배부해야 한다.

2. 제조간접비의 배부방법

(1) 실제배부법

기말까지 발생된 제조간접비를 집계하여 기말에 합리적인 배부기준으로 배부하는 제품원가계산을 의미한다.

- 제조간접비 실제배부율 = $\dfrac{\text{실제제조간접비 합계}}{\text{실제배부기준 합계(실제조업도)}}$
- 제조간접비 배부액 = 배부기준의 실제발생량(실제조업도)×제조간접비 실제배부율

(2) 예정배부법

생산 이전에 제조간접비를 예정배부하여 원가를 계산하는 방법이다. 실제배부법의 문제점인 제품원가계산이 지연되고 제품단위원가가 변동된다는 점을 극복할 수 있다. 직접재료비, 직접노무비는 실제개별원가계산처럼 실제발생액으로 계산하나, 제조간접비는 회계연도 시작 전 결정된 예정배부율을 이용하여 개별작업에 배부한다.

- 제조간접비 예정배부율 = $\dfrac{\text{예정제조간접비(제조간접비예산)}}{\text{예정배부기준 합계(예정조업도)}}$
- 제조간접비 배부액 = 배부기준의 실제발생량(실제조업도)×제조간접비 예정배부율

3. 제조간접비의 배부차이

(1) 배부차이의 발생원인

제조간접비를 예정배부하는 경우 실제배부법보다 제품의 원가계산을 신속하게 할 수 있고 월별, 계절별로 제품의 단위가 변동되는 것을 극복할 수 있으나, 제조간접비를 예정배부율을 이용해서 배부하므로 제조간접비 실제발생액과 예정배부액 사이에 차이가 발생한다. 이러한 배부차이에 따라 과소배부와 과대배부로 구분할 수 있다. 배부차이를 처리하는 방법은 비례배부법, 매출원가 조정법, 영업외손익법이 있다.

(2) 배부차이의 회계처리

① 배부차이 파악

과소배부 (불리한 차이)	• 실제발생액 > 예정배부액 • 예정 제조간접비 배부액(사전) − 실제 제조간접비 배부액(사후) = 음(−)의 값
과대배부 (유리한 차이)	• 실제발생액 < 예정배부액 • 예정 제조간접비 배부액(사전) − 실제 제조간접비 배부액(사후) = 양(+)의 값

② 과소배부 회계처리

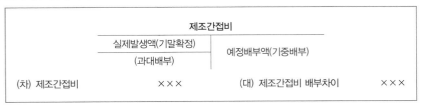

제조간접비		
실제발생액(기말확정)	예정배부액(기중배부)	
	(과소배부)	

(차) 제조간접비 배부차이 　×××　　(대) 제조간접비 　×××

• 비례배부법

(차) 재공품 　×××　　(대) 제조간접비 배부차이 　×××
　　제품 　×××
　　매출원가 　×××

• 매출원가 조정법

(차) 매출원가 　×××　　(대) 제조간접비 배부차이 　×××

• 영업외손익법

(차) 영업외비용 　×××　　(대) 제조간접비 배부차이 　×××

③ 과대배부 회계처리

제조간접비		
실제발생액(기말확정)	예정배부액(기중배부)	
(과대배부)		

(차) 제조간접비 　×××　　(대) 제조간접비 배부차이 　×××

• 비례배부법

(차) 제조간접비 배부차이 　×××　　(대) 재공품 　×××
　　　　　　　　　　　　　　　　　　제품 　×××
　　　　　　　　　　　　　　　　　　매출원가 　×××

• 매출원가 조정법

(차) 제조간접비 배부차이	×××	(대) 매출원가	×××

• 영업외손익법

(차) 제조간접비 배부차이	×××	(대) 영업외수익	×××

✎ 개념 확인문제

(주)생산성은 제조간접비를 직접노무시간을 기준으로 배부하고 있으며, [보기]는 원가계산과 관련된 자료이다. (주)생산성의 시간당 제조간접비 예정배부율은 얼마인가? (단, 정답은 숫자로만 작성하시오)   [2021년 4회]

┌ 보기 ─────────────────────
• 예상직접노무시간: 5,000시간
• 실제직접노무시간: 7,000시간
• 실제 제조간접비 발생액: 3,150,000원
• 제조간접비 배부차이: 350,000원 과대배부
└──────────────────────────

답: (   )원

해설
• 제조간접비 예정배부액: 제조간접비 발생액 3,150,000원 + 배부차이 350,000원 = 3,500,000원
• 실제직접노무시간 7,000시간 × 예정배부율 A = 제조간접비 예정배부액 3,500,000원
∴ 예정배부율 A = 500원

정답 500

TIP
실제직접노무시간 × 예정배부율
= 제조간접비 예정배부액

01 [2018년 3회]

부문별 원가계산의 계산단계에서 직접배분법, 단계배분법, 상호배분법은 어느 단계에 해당되는가?

① 부문공통비를 각 부문에 배부
② 부문개별비를 각 부문에 부과
③ 보조부문비를 제조부문에 배부
④ 제조부문비를 각 제품에 배부

해설

보조부문비를 제조부문에 배부하는 방법은 보조부문의 용역의 수수관계 인식 정도에 따라 직접배분법, 단계배분법, 상호배분법으로 나뉜다.

02 [2020년 1회]

직접배부법, 단계배부법, 상호배부법 등의 배부방법은 부문별 원가계산의 계산단계 중 [보기]에 표시된 계산단계에서 사용된다. (가)에 적합한 것은 무엇인가?

┌─ 보기 ─────────────────────────
부문별 원가계산의 계산단계 중 (가)을(를) 제조부문에 배부하는 단계에서 직접배부법, 단계배부법, 상호배부법 등의 배부방법을 사용한다.
└──────────────────────────────

① 부문공통비   ② 부문개별비
③ 보조부문비   ④ 제조부문비

해설

보조부문의 보조부문비를 제조부문에 배부할 때 사용한다.

03 [2020년 5회]

다음 중 보조부문의 원가를 제조부문에 배부할 때 적용할 수 있는 기준의 선택으로 옳은 것은?

① 전력부문 – 각 부문의 전력사용량
② 수선부문 – 각 부문의 종업원 수
③ 구매부문 – 각 부문의 기계가동시간
④ 인사부문 – 각 부문의 건물 점유면적

해설

전력부문의 공통비는 각 부문의 전력사용량을 기준으로 배부하는 것이 가장 합리적이다.

04 [2021년 1회]

[보기]에서 보조부문비의 배부방법 중 단계배부법에 대한 설명을 모두 고르면?

┌─ 보기 ─────────────────────────
가. 보조부문 상호 간의 용역수수를 완전히 고려하는 방법이다.
나. 보조부문의 배부순서를 합리적으로 결정하는 것이 매우 중요하다.
다. 단계배부법 적용 시 보조부문의 배부순서에 따라 배부액이 달라질 수 있다.
라. 최초 배부되는 부문의 경우 자신을 제외한 다른 모든 부문에 배부된다.
└──────────────────────────────

① 가, 나, 라   ② 나, 다
③ 나, 다, 라   ④ 가, 나, 다, 라

해설

가는 상호배부법에 대한 설명이다.

05 [2019년 4회 유사, 2018년 6회]

다음은 (주)창조의 제조간접원가 예정배부와 관련된 자료이다. 제조간접원가를 예정배부한 경우에 제조간접비 예정배부액과 배부의 과대 및 과소 여부를 적절하게 나타내고 있는 것은?

	예정원가		실제원가	
	기계작업시간	제조간접원가	기계작업시간	제조간접원가
제품 알파	2,400시간		2,000시간	
제품 베타	3,600시간		3,000시간	
합계	6,000시간	54,000원	5,000시간	48,000원

	예정배부액	배부차이
①	45,000원	과대
②	54,000원	과대
③	45,000원	과소
④	54,000원	과소

해설

• 예정배부율: 54,000원÷6,000시간=@9원
• 예정배부액: 실제 기계작업시간 5,000시간×예정배부율 @9원=45,000원
∴ 예정배부액 45,000원 − 실제배부액 48,000원 = −3,000원(과소배부)

| 정답 | **01** ③   **02** ③   **03** ①   **04** ③   **05** ③

06 [2022년 3회]

[보기]는 (주)생산성의 당해 연도 원가자료이다. 당사가 제조간접비를 기계시간을 기준으로 배부할 경우 당월의 제조간접비 예정배부액은 얼마인가?

> 보기
> • 당해 연도 제조간접비 예산액: 1,000,000원
> • 당해 연도 예상기계시간: 2,500시간
> • 당월의 실제기계시간: 250시간

① 50,000원   ② 80,000원
③ 100,000원   ④ 125,000원

해설

제조간접비 예정배부액: 실제기계시간 250시간×(제조간접비 예산액 1,000,000원÷예상기계시간 2,500시간)＝100,000원

07 [2020년 5회, 4회, 2018년 5회]

[보기]는 제조간접원가에 대한 분개 내용 중 일부이다. 제조간접원가를 예정배부할 때 제조간접원가 실제발생액은 얼마인가? (단, 숫자만 입력하시오)

> 보기
>
> | 1. (차) 재공품A | 3,000 | (대) 제조간접원가 | 5,000 |
> | 재공품B | 2,000 | | |
> | 2. (차) 제조간접원가 | 4,200 | (대) 간접노무원가 | 1,000 |
> | | | 간접경비 | 3,200 |
> | 3. (차) 제조간접원가 | 800 | (대) 제조간접원가 배부차이 | 800 |

답: (   )원

해설

제조간접원가

실제발생액	?	예정배부액	5,000
배부차이	800원		

∴ 제조간접원가 실제발생액: 제조간접원가 예정배부액 5,000원－배부차이 800원＝4,200원

08 [2020년 1회]

(주)한라는 정상원가계산을 선택하고 있으며 제조간접원가는 직접작업시간을 기준으로 배부하고 있다. 작업시간과 원가 자료가 다음과 같을 때 원가차이를 조정한 매출원가의 총제조간접원가는 얼마인가? (단, 배부차이 조정은 매출원가일괄조정법을 사용하며 정답은 숫자만 입력하시오)

> 보기
> | • (매출원가)제조간접원가배부액 | 1,600원 |
> | • 예상총제조간접원가 | 2,400원 |
> | • 실제총제조간접원가 | 2,300원 |
> | [작업시간] | |
> | • 예상총직접작업시간 | 300시간 |
> | • 실제총직접작업시간 | 250시간 |

답: (   )원

해설

• 예정배부율: 예상총제조간접원가 2,400원÷예상 총직접작업시간 300시간＝8원
• 예정배부액: 실제총직접작업시간 250시간×예정배부율 8원＝2,000원
• (사전)예정제조간접비 배부액 2,000원－(사후)실제총제조간접원가 2,300원＝－300원(과소배부)
∴ 원가차이를 조정한 매출원가의 총제조간접원가: (매출원가)제조간접원가배부액 1,600원＋과소배부액 300원＝1,900원

09 [2022년 3회]

(주)무릉은 제조간접비를 직접노무시간을 기준으로 배부하고 있으며, [보기]는 2022년 원가계산과 관련된 자료이다. 당해연도 제조간접비 실제발생액을 계산하면 얼마인가? (단, 정답은 단위를 제외한 숫자만 입력하시오)

> 보기
> • 예정제조간접비: 2,500,000원
> • 예정직접노무시간: 5,000시간
> • 실제직접노무시간: 5,500시간
> • 제조간접비 배부차이: 250,000원 과대배부

답: (   )원

해설

• 예정배부율: 예정제조간접비 2,500,000원÷예정직접노무시간 5,000시간＝@500원
• 제조간접비 예정배부액: 실제직접노무시간 5,500시간×예정배부율 500원＝2,750,000원
∴ 제조간접비 실제발생액: 예정배부액 2,750,000원－과대배부 250,000원＝2,500,000원

| 정답 | 06 ③   07 4,200   08 1,900   09 2,500,000 |

04 제품별 원가계산

1 제품별 원가계산

생산형태에 따라 개별원가계산, 종합원가계산, 결합원가계산 등으로 나눌 수 있다.

2 개별원가계산

개별원가계산은 항공업, 조선업, 기계제작업 등 고객의 주문에 따라 제품의 생산이 달라지는 기업에서 적용하는 방법으로 단순하게 제조업뿐만 아니라 컨설팅업체, 병원, 회계법인 등 다양하게 사용할 수 있다.

3 종합원가계산 중요

1. 종합원가계산의 의의

종합원가계산은 시멘트공업, 정유, 화학, 제지, 반도체업 등과 같이 동종제품의 여러 공정을 이용하여 연속 대량생산하는 기업에서 사용하는 원가계산방법이다. 종합원가계산의 원가는 공장 전체에서 발생하는 기간적 원가로 집계된다. 각 제조공정별로 제조원가를 집계하고 완성품과 미완성품 제조원가를 배분하여 당기제품제조원가와 기말재공품 원가를 계산한다.

2. 종합원가의 계산

(1) 완성품환산량

완성품환산량이란 일정 기간 동안 투입한 노력을 그 기간 동안 완성품만 생산하기 위하여 투입했더라면 완성되었을 수량으로 나타낸 수치를 의미한다.

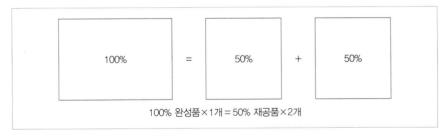

100% 완성품×1개 = 50% 재공품×2개

완성품환산량 = 물량(수량)×완성도

구분	수량	완성도	완성품환산량
완성품	2,000개	100%	2,000개(2,000개×100%)
기말재공품	2,000개	50%	1,000개(2,000개×50%)
합계	4,000개		3,000개

(2) 원가계산의 절차

① 물량흐름 파악
② 완성품환산량 계산
③ 원가요소별 배분원가 요약
④ 완성품환산량 단위당 원가 계산
⑤ 완성품 원가와 기말재공품 원가 계산

3. 평균법

(1) 평균법에 의한 종합원가계산

평균법은 기초재공품의 기존 완성도를 무시하고 당기에 모두 착수한 것으로 간주하여, 기초재공품과 당기투입원가를 구별하지 않고 총원가를 평균화하여 완성품과 기말재공품에 배부하는 방법이다.

(2) 평균법 사례

다음의 자료를 이용하여 평균법에 의한 완성품 원가와 기말재공품 원가를 계산하시오.

- 기초재공품(10개, 30%): 직접재료비 10,000원, 가공비 5,200원
- 기말재공품(30개, 60%)
- 당기총제조비용: 직접재료비 40,000원, 가공비 30,000원
- 당기완성품 수량: 70개
- 재료는 공정 초기에 모두 투입되며, 가공비는 전 공정을 통해 균등하게 발생한다.

① 물량흐름 파악

재공품(수량)				재료비	가공비
기초재공품 수량	10개(0.3)	당기완성품 수량	70개	70개	70개
당기착수량	×××	기말재공품 수량	30개(0.6)	30개	18개
	100개		100개	100개	88개

② 완성품환산량 계산
- **재료비**: 70개+30개=100개
- **가공비**: 70개+30개×60%=88개

③ 원가요소별 배분원가 요약
- **재료비**: 기초 10,000원+당기착수 40,000원=50,000원
- **가공비**: 기초 5,200원+당기착수 30,000원=35,200원

④ 완성품환산량 단위당 원가 계산
- **재료비**: 50,000원÷100개=500원/개
- **가공비**: 35,200원÷88개=400원/개

⑤ 완성품 원가와 기말재공품 원가 계산
- **완성품 원가**: 70개×500원+70개×400원=63,000원
- **기말재공품 원가**: 30개×500원+18개×400원=22,200원

4. 선입선출법

(1) 선입선출법에 의한 종합원가계산

선입선출법은 당기완성품 수량의 구성을 기초재공품부터 완성시킨 후 당기착수분을 완성시킨다는 가정하에 원가계산을 하는 방법이다. 기초재공품 원가와 당기투입원가를 명확히 구분하여 기초재공품 원가는 모두 완성품에 포함시키고, 당기투입원가를 당기작업량에 따라 완성품과 기말재공품에 배부한다.

(2) 선입선출법 사례

다음의 자료를 이용하여 선입선출법에 의한 완성품 원가와 기말재공품 원가를 계산하시오.

> • 기초재공품(10개, 30%): 직접재료비 10,000원, 가공비 5,200원
> • 기말재공품(30개, 60%)
> • 당기총제조비용: 직접재료비 40,000원, 가공비 30,000원
> • 당기완성품 수량: 70개
> • 재료는 공정 초기에 모두 투입되며, 가공비는 전 공정을 통해 균등하게 발생한다.

① 물량흐름 파악

재공품(수량)				재료비	가공비
기초재공품 수량	10개(0.3)	당기완성품 수량	10개(0.7)	–	7개
			60개	60개	60개
당기착수량	×××	기말재공품 수량	30개(0.6)	30개	18개
	100개		100개	90개	85개

② 완성품환산량 계산
- 재료비: 60개+30개＝90개
- 가공비: 10개×70%+60개+30개×60%＝85개

③ 원가요소별 배분원가 요약
- 재료비: 당기착수 40,000원
- 가공비: 당기착수 30,000원

④ 완성품환산량 단위당 원가 계산(반올림)
- 재료비: 40,000원÷90개≒약 444원/개
- 가공비: 30,000원÷85개≒약 353원/개

⑤ 완성품 원가와 기말재공품 원가 계산
- 완성품 원가: 10,000원+5,200원+60개×444원+67개×353원＝약 65,491원
- 기말재공품 원가: 30개×444원+18개×353원＝약 19,674원

＋ 완성품환산량 단위당 원가 공식

- 평균법: $\dfrac{\text{기초재공품가공원가} + \text{당기투입가공원가}}{\text{완성품환산량}}$
- 선입선출법: $\dfrac{\text{당기투입가공원가}}{\text{완성품환산량}}$

5. 개별원가계산과 종합원가계산의 비교 중요

구분	개별원가계산	종합원가계산
생산형태	다품종 소량주문생산 예 조선업, 항공업, 건설업 등	동종제품의 대량연속생산 예 시멘트, 제지업, 제분업 등
원가집계	개별작업별로 원가집계(작업원가표)	제조공정별로 원가집계(제조원가보고서)
원가구분	제조직접비, 제조간접비	재료비, 가공비(직접노무비＋제조간접비)
정확성	상대적으로 높음	상대적으로 낮음
핵심과제	제조간접비 배부	완성품환산량 계산

📝 개념 확인문제

다음 중 개별원가계산을 적용하기에 가장 적합한 업종은 무엇인가? [2020년 6회, 2018년 3회]

① 인스턴트 쇠고기육포를 대량생산하는 식품가공업
② 고객의 주문에 의해서만 특수기계를 제작하는 기계제조업
③ 최신형 스마트폰을 대량생산하는 전자제품제조업
④ 사무용품인 연필을 대량생산하는 문구제조업

해설

개별원가계산은 다품종, 소량, 주문생산에 적합한 원가계산방식이다. 따라서 고객의 주문에 의해서만 특수기계를 제작하는 기계제조업은 개별원가계산을 적용하기에 가장 적합하다. 정답 ②

4 결합원가계산

1. 결합제품의 의의

하나의 동일한 원료를 이용해서 서로 다른 두 종류 이상의 제품을 만드는 것을 의미한다.

2. 결합원가계산의 의의

결합제품을 만들기 위해 투입한 원재료의 가격을 각각의 제품에 얼마를 배부하는지에 대해 결정하는 것을 의미한다.

3. 결합원가의 배분방법

구분	내용
물량기준법	중량, 수량, 부피, 크기를 기준으로 하여 결합원가를 배분하는 방법
판매가치기준법	분리점에서 판매가치(생산량×판매가격)를 기준으로 결합원가를 배분하는 방법
순실현가치기준법	분리점에서의 순실현가치를 기준으로 결합원가를 배분하는 방법으로 분리점에서의 순실현가치는 개별제품의 최종 판매가액에서 추가비용을 차감하여 계산
균등이익률법	개별제품의 최종판매가치에 대해 매출총이익률이 같아지도록 결합원가를 배분하는 방법

5 공손품

1. 공손품의 의의

공손품이란 정상품을 만드는 과정에서 발생한 기준에 미달하는 불량품으로, 공손품은 정상공손과 비정상공손으로 나뉜다. 정상공손은 제품의 생산과정에서 발생할 것으로 예상한 손실의 수량이며 제조원가에 포함한다. 반면에 비정상공손은 생산과정에서 예상하지 못한 손실로 영업외비용으로 처리한다. 공손품은 작업과정에서 나오는 매각가치가 있는 작업폐물과는 다른 개념이다.

2. 공손 종류에 따른 원가배부

(1) 정상공손

일반적인 생산형태에서도 발생할 수 있는 손실로 정상적으로 예측 가능한 경우를 의미한다. 정상공손은 정상품을 만들기 위해서 필수적으로 발생하는 손실이므로, 완성품 원가 및 기말재공품 원가에 가산한다.

검사시점	정상공손의 원가배부
기말재공품 완성 이후	완성품 원가에 배부
기말재공품 완성 이전	완성품 원가와 기말재공품 원가에 배부

(2) 비정상공손

전체 공손품에서 정상공손을 제외한 나머지로, 제조원가에 배부하지 않고 전액 영업외비용으로 처리한다.

01 [2019년 6회, 5회]

[보기]는 특정 원가계산에 대한 내용이다. 이러한 특징을 가지고 있는 원가계산의 종류는 무엇인가?

┌ 보기 ────────────────────
• 제조공정별 제조원가보고서를 작성한다.
• 완성품환산량을 기준으로 작성한 원가계산이 중요하다.
• 소품종 다량생산인 제지업, 화학공업, 가전제품제조업 등의 원가계산에 적합하다.
└──────────────────────────

① 실제원가계산   ② 표준원가계산
③ 종합원가계산   ④ 개별원가계산

해설

종합원가계산은 완성품환산량에 기초한 제품원가계산을 실시하고 개별작업지시가 아닌 제조공정별로 제조원가를 보고한다.

02 [2019년 5회 유사, 3회, 2018년 6회]

다음은 종합원가계산을 위한 재고자산평가에 있어 선입선출법에 의한 단위당 원가를 산출하는 수식이다. (   )에 적합한 내용은 무엇인가?

┌ 보기 ────────────────────

$$\text{완성품환산량 단위당 원가} = \frac{(\qquad)}{\text{완성품환산량}}$$

└──────────────────────────

① 당기투입원가
② 당기투입원가 − 기초재공품원가
③ 당기투입원가 + 기초재공품원가
④ 당기투입원가 + 기말재공품원가 − 기초재공품원가

해설

선입선출법은 당기에 착수(투입)한 부분을 완성품환산량으로 나누어 단위당 원가를 계산한다.
③ 평균법은 '당기투입원가 + 기초재공품원가'를 완성품환산량으로 나눈다.

03 [2022년 3회]

개별원가계산에 대한 설명으로 가장 옳지 않은 것은?

① 원가 계산 시 제조지시서를 사용한다.
② 제조간접비의 배부문제가 가장 중요하다.
③ 조선업 등 다품종 소량주문 생산형태의 업종에 적합하다.
④ 원가 계산 시 재료비와 가공비의 완성품환산량을 계산하여 사용한다.

해설

원가계산 시 재료비와 가공비의 완성품환산량을 계산하는 방법은 종합원가계산이다.

04 [2019년 4회]

[보기]의 생산공정 관련 자료를 참고하여 평균법에 의한 종합원가계산을 통해 가공비의 완성품환산량을 구하면 얼마인가? (단, 가공비는 공정 전반에 균등하게 투입되며, 정답은 숫자로만 작성하시오)

┌ 보기 ────────────────────
• 기초재공품: 5,000개(완성도 50%)
• 기말재공품: 4,000개(완성도 25%)
• 당기완성량: 12,000개
└──────────────────────────

답: (   )개

해설

완성품환산량: 당기완성량 12,000개×100% + 기말재공품 4,000개×25% = 13,000개

05 [2022년 1회, 2020년 4회]

(주)생산성은 종합원가계산을 채택하고 있다. 당해 연도의 제조 관련 자료는 [보기]와 같으며 가공원가 360,000원은 공정 전반에 균등하게 발생되었다. (주)생산성이 선입선출법을 적용할 경우 완성품의 가공원가는 얼마인가? (단, 숫자만 입력하시오)

	수량
기초재공품	0개
당기산출량	1,500개
기말재공품	500개(완성도 60%)

답: (   )원

해설

- 가공비 완성품환산량: 당기산출량 1,500개＋(기말재공품 500개×완성도 60%)＝1,800개
- 가공원가: 360,000원÷가공비 완성품환산량 1,800개＝@200원
- ∴ 완성품의 가공원가: 1,500개×@200원＝300,000원

06 [2022년 1회, 2020년 5회]

다음 [보기]는 종합원가계산제도를 채택하고 있는 (주)생산성의 생산과 관련된 자료이다. 가공원가는 공정 전반에 걸쳐서 진척도에 따라 균등하게 발생한다고 가정한다. (주)생산성이 선입선출법을 적용할 경우 가공원가의 총완성품환산량을 계산하면 얼마인가? (단, 숫자만 입력하시오)

보기
- 기초재공품 수량: 100개(진척도 10%)
- 당기 착수량: 1,000개
- 당기 완성수량: 800개
- 기말재공품 수량: 300개(진척도 70%)

답: (   )개

해설

총완성품환산량: 기초완성(100개×90%)＋착수완성(700개×100%)＋기말(300개×70%)＝1,000개

07 [2020년 3회]

(주)생산성은 종합원가계산제도를 채택하고 있으며, 원재료는 공정의 초기에 전량 투입되며, 가공원가는 공정 전반에 걸쳐서 진척도에 따라 균등하게 발생한다. 재료원가의 경우 평균법에 의한 완성품환산량은 78,000단위이고, 선입선출법에 의한 완성품환산량은 68,000단위이다. 또한 가공원가의 경우 평균법에 의한 완성품환산량은 55,000단위이고, 선입선출법에 의한 완성품환산량은 52,000단위이다. (주)생산성의 기초재공품 진척도는 몇 %인가? (단, 숫자만 입력하시오)

답: (   )%

해설

- 평균법의 완성품환산량과 선입선출법의 완성품환산량은 기초재공품의 완성품환산량만큼 차이가 난다.
- 기초재공품 재료원가의 완성품환산량: 78,000단위－68,000단위＝10,000단위
- 기초재공품 가공원가의 완성품환산량: 55,000단위－52,000단위＝3,000단위
- 10,000단위×진척도 x＝3,000단위
- ∴ 진척도 x＝30%

08 [2021년 1회]

(주)생산성은 종합원가계산을 적용하고 있으며, 가공비는 전체 공정에 걸쳐 균등하게 발생한다. (주)생산성이 제품제조원가를 계산하는 과정에서 선입선출법에서의 가공비 완성품환산량과 평균법에서의 가공비 완성품환산량이 동일하게 나타나는 경우는?

① 기초재공품은 없고 기말재공품은 있을 때
② 기초재공품은 있고 기말재공품은 없을 때
③ 기초재공품이 있고 그 수량이 기말재공품의 수량과 같을 때
④ 기초재공품이 있고 그 완성도가 기말재공품의 완성도와 같을 때

해설

종합원가계산에서 선입선출법의 가공비 완성품환산량과 평균법의 가공비 완성품환산량의 차이는 기초재공품에 의해 발생한다. 따라서 기초재공품이 없을 경우 가공비 완성품환산량은 항상 동일하다.

| 정답 | **05** 300,000 **06** 1,000 **07** 30 **08** ①

CHAPTER

05 표준원가 및 전부·변동원가계산

빈출 키워드
- ☑ 원가요소별 차이분석
- ☑ 변동원가계산
- ☑ 전부원가계산

1 표준원가계산

1. 표준원가계산의 의의

제품의 원가계산을 실제원가로 할 경우 재료구입의 가격변동과 작업능률의 변화에 따라 다르게 집계가 되어 동일한 제품에도 단위당 원가가 다르게 집계된다. 또한 실제원가계산을 적용하면 기말에 모든 원가가 정확하게 산출된 후 제품의 원가계산이 되므로 적시에 정보를 제공할 수 없다. 따라서 표준가격과 표준수량을 사전에 결정하고 이를 이용해 원가계산을 하는 것을 표준원가계산이라고 한다. 표준원가계산은 원가통제, 가격결정, 성과평가 등을 목적으로 사용된다. 회사는 표준원가와 실제원가의 차이를 분석하여 원가관리를 한다.

2. 표준원가계산과 차이분석

표준원가계산에서의 차이분석이란 사전에 계산한 표준원가와 이후에 집계된 실제원가를 비교하여 그 차이를 분석하는 것이다.

(1) 유리한 차이·불리한 차이

표준원가와 실제원가의 차이가 영업이익에 미치는 영향을 유리한 차이, 불리한 차이라고 한다. 유리한 차이(표준원가 > 실제원가)는 영업이익이 증가하는 차이이며, 불리한 차이 (표준원가 < 실제원가)는 영업이익이 감소하는 차이이다. 사전에 설정한 표준원가보다 실제원가가 적은 경우, 예상보다 원가를 절감한 것으로 영업이익이 증가하며 유리한 차이라고 한다.

(2) 가격차이·능률차이

① 가격차이: '실제가격×실제투입량' 금액과 '표준가격×실제투입량'의 차이로 투입한 자원에 대한 실제가격과 표준가격의 차이를 나타낸다.
② 능률차이: '표준가격×실제투입량' 금액과 '표준가격×표준투입량'의 차이로 실제생산량에 허용된 표준투입량과 실제투입량에 대한 차이를 나타낸다.

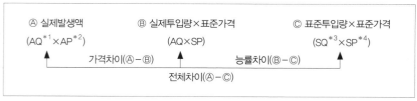

Ⓐ 실제발생액
$(AQ^{*1} \times AP^{*2})$

Ⓑ 실제투입량×표준가격
$(AQ \times SP)$

Ⓒ 표준투입량×표준가격
$(SQ^{*3} \times SP^{*4})$

가격차이(Ⓐ-Ⓑ)　　　　능률차이(Ⓑ-Ⓒ)

전체차이(Ⓐ-Ⓒ)

[*1] AQ(Actual Quantity): 실제투입량
[*2] AP(Actual Price): 실제가격
[*3] SQ(Standard Quantity): 표준투입량
[*4] SP(Standard Price): 표준가격

3. 원가요소별 차이분석 _{중요}

(1) 직접재료원가 차이

① **직접재료원가 가격차이**: 직접재료원가는 원재료 시장의 수요공급 상황 및 물가변동, 구매담당자의 영업능력에 따른 구입 가격차이, 표준을 설정할 당시와는 다른 재료를 공급받은 경우 등에 따라 가격차이가 발생하게 된다.

② **직접재료원가 능률차이**: 기술의 발달에 따라 능률차이가 발생하기도 하지만, 생산과정에서 효율적으로 재료를 사용하지 못하거나 표준을 설정할 당시와 다른 품질의 재료를 사용하여 능률차이를 초래하기도 한다.

(2) 직접노무원가 차이

직접노무원가도 가격차이와 능률차이가 발생한다. 가격차이가 발생하는 원인으로 작업자의 숙련도에 따른 임금차이에서 발생된 차이와 갑작스런 작업량의 증가로 초과근무를 하는 경우, 초과근무수당으로 인한 차이 및 노사협상에 따른 임금변화 등이 있다.

능률차이가 발생하는 원인으로 작업자의 숙련도에 따른 작업시간의 차이, 재료의 품질저하로 인한 작업시간의 증가 등이 있다.

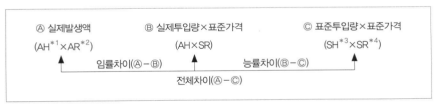

^{*1} AH(Actual Hours): 실제작업시간 ^{*2} AR(Actual Rate): 실제임률
^{*3} SH(Standard Hours): 표준작업시간 ^{*4} SR(Standard Rate): 표준임률

(3) 변동제조간접원가 차이

변동제조간접원가의 차이는 소비차이와 능률차이가 발생한다. 소비차이란 실제발생액과 실제조업도에 허용된 표준원가와의 차이를 의미하는 것으로, 변동제조간접원가를 구성하는 요소들의 가격차이 및 능률차이에 따라 발생하게 된다. 변동제조간접원가 능률차이는 직접노무원가의 능률차이와 발생원인이 동일하다.

다음의 [보기]는 표준원가계산제도를 채택하고 있는 (주)생산성의 당해 연도 생산활동 중 직접노무비와 관련된 자료이다. 당해 연도 (주)생산성의 유리한 직접노무비 능률차이 금액을 계산하면 얼마인가? (단, 차이 금액만 적으시오) [2020년 6회]

┌─ 보기 ──
│ • 직접노무비 표준임률: 시간당 @8,000원
│ • 직접노무비 실제임률: 시간당 @10,000원
│ • 실제생산량에 허용된 표준직접노동시간: 500시간
│ • 실제생산량에 투입된 실제직접노동시간: 400시간
└──

답: (   )원

해설
• 직접노무비 능률차이: (표준직접노동시간 500시간 − 실제직접노동시간 400시간)×표준임률 @8,000원/시간 = 800,000원
• AH 400시간×SR 8,000원=3,200,000원
• SH 500시간×SR 8,000원=4,000,000원
∴ 유리한 직접노무비 능률차이=800,000원

정답 800,000

(4) 고정제조간접원가 차이

고정제조간접원가의 차이는 예산차이와 조업도차이가 발생한다. 고정제조간접원가는 조업도와 관계없이 원가가 일정하게 발생하므로 가격차이와 능률차이로 구분할 수 없다. 따라서 고정제조간접원가의 실제발생액과 예산의 전체금액차이를 비교한다.

조업도차이는 실제산출량에 허용된 표준조업도와 기준조업도가 일치하지 않을 경우, 고정제조간접원가 예산과 고정제조간접원가 배부액이 차이가 발생하게 되며 이를 조업도차이라고 한다.

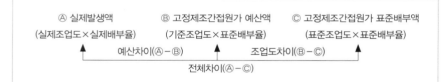

• 고정제조간접원가 표준배부액 = 표준조업도×고정제조간접원가 표준배부율
• 표준조업도 = 실제산출물에 허용된 표준수량 = 실제생산량×제품 1단위당 표준수량
• 고정제조간접원가 표준배부율 = 고정제조간접원가 예산÷기준조업도

➕ 기준조업도의 선택

기준조업도는 고정제조간접원가 표준배부율 결정에 사용되는 조업도이며 다음 4가지 중 선택한다.
• 이론상 조업능력: 이상적인 최대생산능력
• 실질의 조업능력: 정상범주의 점검과 휴일로 인한 작업중단 시간을 고려한 실현 가능한 최대생산능력
• 정상조업도: 2년~3년 동안의 평균 수요를 만족시키는 조업도
• 예산조업도: 고정예산 수립에 적용된 조업도

📝 개념확인문제

(주)한국은 표준원가시스템을 도입하였으며 해당 생산 및 원가 자료가 [보기]와 같다면 표준 배부액은 얼마인가?

[2018년 1회]

┌ 보기 ─────────────────────────────────
- 기준조업도: 6,000시간
- 고정제조간접비의 실제발생액: 1,500,000원
- 고정제조간접비의 예산차이: 300,000원(유리)
- 제품 단위당 표준노동시간: 8시간
- 제품 단위당 실제노동시간: 7.5시간
- 제품의 실제생산량: 1,000단위
└─────────────────────────────────────

답: (   )원

해설

실제발생액	고정제조간접원가 예산	고정제조간접원가 표준배부액
1,500,000원	(1,800,000원)	(1,000단위×8시간×300원)

300,000원 유리

예산차이   조업도차이

- 표준배부율: 고정제조간접비 예산 1,800,000원÷기준조업도 6,000시간=300원
∴ 고정제조간접비 표준배부액: 실제생산량 1,000단위×제품 단위당 표준노동시간 8시간×표준배부율 300원
  =2,400,000원

정답 2,400,000

---

2 변동원가계산과 전부원가계산

1. 변동원가계산

제조원가를 변동원가와 고정원가로 구분하여 변동원가의 성격만 제품의 제조원가로 보고, 고정원가는 조업도와 상관없이 기간원가로 처리하는 방식이다.

손익계산서
매출액
− 변동매출원가
기초제품재고액
+ 당기제품제조원가
− 기말제품재고액
− 변동판매관리비
공헌이익
− 고정원가
고정제조간접원가
고정판매관리비
영업이익

단위당 변동제조원가 = 직접재료비 + 직접노무비 + 변동제조간접비

2. 전부원가계산

전부원가계산은 변동비 성격의 직접재료원가, 직접노무원가, 변동제조간접원가뿐만 아니라 고정제조간접원가도 제조원가에 포함하는 원가계산방식이다. 전부원가계산방식에 의한 손익계산서는 외부 정보이용자에게 제공되는 자료이다.

손익계산서
매출액
− 매출원가
기초제품재고액
+ 당기제품제조원가
− 기말제품재고액
매출총이익
− 판매관리비
변동판매관리비
고정판매관리비
영업이익

$$\text{단위당 제품제조원가} = \text{직접재료비} + \text{직접노무비} + \text{변동제조간접비} + \frac{\text{고정제조간접비}}{\text{생산량}}$$

3. 변동원가계산과 전부원가계산의 사례

다음은 단위당 변동원가와 고정원가의 총액이다. 원가구조와 제품의 변동을 이용하여 전부원가계산에 의한 손익계산서와 변동원가계산에 의한 손익계산서를 작성하시오. 제품의 판매가격은 단위당 1,000원이다.

[원가구조]

변동원가		고정원가	
직접재료원가	300원	고정제조간접원가	500,000원
직접노무원가	200원	고정판매관리비	400,000원
변동제조간접원가	150원		
변동판매관리비	100원		

[제품의 변동]

제품			
기초제품	0개	당기판매량	4,000개
당기생산량	5,000개	기말제품	1,000개

(1) 변동원가계산

손익계산서	
매출액(4,000개×1,000원)	4,000,000원
− 변동매출원가	2,600,000원
기초제품재고액	0원
+ 당기제품제조원가(5,000개×650원)	3,250,000원
− 기말제품재고액(1,000개×650원)	650,000원
− 변동판매관리비(4,000개×100원)	400,000원
공헌이익	1,000,000원
− 고정원가	900,000원
고정제조간접원가	500,000원
고정판매관리비	400,000원
영업이익	100,000원

• 단위당 변동 제조원가: 직접재료비 300원 + 직접노무비 200원 + 변동제조간접비 150원 = 650원

(2) 전부원가계산

손익계산서	
매출액(4,000개×1,000원)	4,000,000원
매출원가	3,000,000원
기초제품재고액	0원
+ 당기제품제조원가(5,000개×750원)	3,750,000원
− 기말제품재고액(1,000개×750원)	750,000원
매출총이익	1,000,000원
판매관리비	800,000원
변동판매관리비(4,000개×100원)	400,000원
고정판매관리비	400,000원
영업이익	200,000원

• 단위당 제품제조원가: 변동 제조원가 650원 + $\dfrac{\text{고정제조간접비 500,000원}}{\text{생산량 5,000개}}$ = 750원

4. 영업이익의 변화

고정제조간접원가는 생산량과 판매량의 변동에 따라 단위당 원가가 변동하며, 영업이익에도 차이가 발생하게 된다. 생산량이 판매량보다 많다는 것은 기초재고수량보다 기말재고수량이 많은 경우이다.

(1) 전부원가계산

고정제조간접원가를 제품원가에 배부한다. 생산량이 많을수록 고정제조간접원가 배부율이 감소하며, 제품의 단위당 제조원가도 감소한다. 제조원가의 감소는 영업이익의 증가를 가져온다. 또한 전부원가계산은 판매량과 관계없이 생산량만 증가해도 영업이익이 증가하는 효과가 있다.

따라서 회사는 전부원가계산을 이용할 경우 생산량을 증가시키려고 의도하고, 결국 재고가 과다하게 누적되어 재고관리비용이 증가하게 된다.

(2) 변동원가계산

매년 판매량이 동일할 경우 생산량과 관계없이 매년 영업이익이 동일하다. 따라서 생산량과 관계없이 판매량에 따라 영업이익이 변하는 변동원가계산이 성과평가에 더 우월하다고 볼 수 있다.

구분	영업이익
생산량 = 판매량	전부원가계산 영업이익 = 변동원가계산 영업이익
생산량 > 판매량	전부원가계산 영업이익 > 변동원가계산 영업이익
생산량 < 판매량	전부원가계산 영업이익 < 변동원가계산 영업이익

5. 변동원가계산과 전부원가계산 이익조정

변동원가계산과 전부원가계산의 차이는 고정제조간접원가에 의해서 발생한다. 생산량과 판매량이 동일할 경우 두 원가계산의 영업이익은 동일하지만, 생산량이 판매량보다 많아 기말재고액이 더 많이 남는 경우에는 전부원가계산을 이용해야 영업이익을 더 많이 얻을 수 있다.

이 원리로 변동원가계산에 의한 영업이익에 고정제조간접원가를 가감하여 전부원가의 영업이익을 구할 수 있다.

```
        변동원가계산에 의한 영업이익
    +   기말재고자산에 포함된 고정제조간접원가
    −   기초재고자산에 포함된 고정제조간접원가
    ───────────────────────────────────
        전부원가계산에 의한 영업이익
```

📖 개념확인문제

(주)생산성은 2020년 초에 설립된 회사로 2020년의 연간 고정제조간접비는 50,000원이다. 이 회사는 2020년 제품 2,500개를 생산하여 이 중 1,000개를 판매하였다. (주)생산성의 변동원가계산에 의한 영업이익이 70,000원일 때 전부원가계산에 의한 영업이익은 얼마인가?

[2020년 4회]

답: (   )원

해설
- 전부원가계산의 영업이익은 변동원가계산의 영업이익보다 기말재고액의 고정제조간접비 금액만큼 더 많다.
- 기말재고액의 고정제조간접비: (고정제조간접비 50,000원÷제품생산량 2,500개)×기말재고 1,500개=30,000원
- ∴ 전부원가계산의 영업이익: 변동원가계산의 영업이익 70,000원+기말재고액의 고정제조간접비 30,000원= 100,000원

정답 100,000

3 활동기준 원가계산

직접재료비와 직접노무비는 각각 제품에 직접 추적하여 원가에 반영하는 것이 어렵지 않지만, 제조간접비는 직접 추적하는 것이 어려워 배부과정을 통해 제조원가에 반영한다. 하지만 이 과정에서 배부기준에 따라 원가의 왜곡이 발생한다. 배부기준을 직접노동시간, 기계시간, 생산량 등이 아닌, 원가의 발생을 유발하는 원가동인을 활동 중심으로 제조간접비를 배부하려는 원가계산을 의미한다.

예 원가동인(주문횟수) → 활동(주문활동) → 주문원가 발생

01 [2020년 1회]

표준원가계산의 직접노무원가의 원가차이 분석에 대한 설명으로 옳지 않은 것은?

① 직접노무원가 원가차이는 임률차이와 능률차이로 구성된다.
② 직접노무원가 실제발생액이 표준배부액보다 작으면 유리한 차이이다.
③ 직접노무원가 표준배부액은 시간당 표준임률 × 실제산출량에 허용된 표준시간이다.
④ 직접노무원가 표준배부액은 기준산출량에 허용된 표준조업도에 따른 변동예산금액에 해당된다.

> 해설
>
> 직접노무원가 표준배부액은 실제산출량에 허용된 표준조업도에 따른 변동예산금액에 해당된다.

02 [2019년 1회]

다음 [보기]의 ( )에 공통적으로 적합한 관리회계 용어는 무엇인가? (한글로 답하시오)

> 보기
>
> 1. 고정원가는 일정한 ( ) 범위 내에서 총고정원가가 일정한 행태를 보여 주는 원가를 말한다.
> 2. 표준원가시스템에서 고정제조간접원가의 예산액과 배부액의 차이를 ( )차이라고 한다.

답: ( )

> 해설
>
> 원가의 행태는 조업도의 수준에 따라 변화하는 원가의 성격별로 변동원가, 고정원가로 구분한다. 2번은 표준원가의 고정제조간접원가 차이 중 조업도차이에 대한 설명이다.

03 [2022년 4회]

[보기]의 자료를 이용하여 직접재료비의 가격차이를 분석하고자 한다. 직접재료의 사용시점에서 가격차이를 분석할 경우 직접재료의 kg당 실제구입가격을 계산하시오(단, 정답은 단위를 제외한 숫자만 입력하시오).

> 보기
>
> • 실제 직접재료 사용량: 1,300kg
> • 직접재료의 단위당 표준구입가격: @100원/kg
> • 직접재료비 구입가격차이: 13,000원(불리)

답: ( )원

> 해설
>
> • 구입가격 차이: 실제 사용량 1,300kg × (실제 구입가격 A − 표준구입가격 100원/kg) = 13,000원
> ∴ 실제 구입가격 A = 110원/kg

| 정답 | 01 ④ 02 조업도 03 110

04 [2020년 1회]

고정제조간접원가의 표준원가계산 체계도표는 다음과 같다. 이 중 고정제조간접원가 예산이란 기준조업도하에서의 예산이며 변동제조간접원가와는 다르게 예산이 조업도 변동에 따라 변동되지 않는다. [보기]는 (주)태백의 원가 자료일 때 고정제조간접원가 예산은 얼마인가?

실제발생액	고정제조간접원가 예산	고정제조간접원가 배부액
	예산차이	조업도차이

┌─ 보기 ─
│ [고정제조간접원가 예산]
│ • 직접노동시간   5,000시간
│ • 제품 단위당 표준직접노동시간   2시간
│ • 고정제조간접원가 표준배부율   70원
│ [고정제조간접원가 실제발생]
│ • 제품생산량   2,400개
│ • 직접노동시간   4,500시간
│ • 고정제조간접원가 실제발생액   300,000원

답: (   )원

해설

고정제조간접원가 예산: 기준조업도 5,000시간×표준배부율 70원=350,000원

05 [2021년 1회]

다음 [보기]는 전부원가계산과 변동원가계산의 영업이익 차이에 대한 설명이다. (A) 안에 들어갈 가장 적절한 용어를 적으시오.

┌─ 보기 ─
│ • 전부원가계산과 변동원가계산의 영업이익 차이 원인은 제품의 당해 생산수량이 판매수량을 초과할 때 기말제품재고에 포함된 (A) 때문이다.
│ • 전부원가계산에서는 판매한 수량의 (A)만 매출원가에 가산되어 비용으로 처리되며, 변동원가계산에서는 판매량에 관계없이 고정적으로 발생하는 (A)은(는) 전액 기간비용으로 처리된다.

답: (   )

해설

전부원가계산과 변동원가계산의 영업이익 차이의 원인은 제품의 당해 생산수량이 판매수량을 초과할 때 기말제품재고에 포함된 고정제조간접원가 때문이다.

06 [2020년 5회, 2019년 4회, 2018년 4회]

(주)생산성의 회계자료가 [보기]와 같을 때 변동원가계산에 따른 단위당 제품제조원가를 계산하면 얼마인가?

┌─ 보기 ─
│ • 판매량: 900개(판매단가 @300원)
│ • 생산량: 1,000개(단, 기초재공품과 기초제품 재고는 없다)
│ • 제품제조원가(생산단위 1개당)
│   – 직접재료원가: @40원
│   – 직접노무원가: @28원
│   – 변동제조간접원가: @32원
│   – 고정제조간접원가: @20원
│ • 판매관리비(생산단위 1개당)
│   – 변동판매관리비: @50원
│   – 고정판매관리비: @30원

답: (   )원

해설

단위당 변동제품원가: 직접재료원가 40원＋직접노무원가 28원＋변동제조간접원가 32원 ＝100원

07 [2019년 1회]

다음 중 원가회계 시스템에 대한 특징으로 옳은 것은?

① 계획수립과 원가통제에는 전부원가계산이 변동원가계산에 비해 유용하다.
② 완성품 원가와 기말재공품 원가를 효율적으로 구분하기 위해서 종합원가계산이 아닌 개별원가계산을 적용하여야 한다.
③ 사전에 신속하게 제품원가결정을 위해서 표준원가계산보다 실제 원가계산을 적용하여야 한다.
④ 간접원가의 비중이 클수록 활동기준 원가계산의 사용 필요성이 크게 요구된다.

해설

① 계획수립과 원가통제에는 전부원가계산이 변동원가계산보다 유용하지 않다.
② 완성품 원가와 기말재공품 원가를 효율적으로 구분하기 위해 종합원가계산을 적용하여야 한다.
③ 사전에 신속하게 제품원가를 결정하려면 표준원가계산을 적용하여야 한다.

CHAPTER

원가·조업도·이익분석

빈출 키워드
- ☑ 공헌이익 ☑ 손익분기점
- ☑ 목표이익분석 ☑ 안전한계

1 원가·조업도·이익분석

1. 원가·조업도·이익(CVP)분석의 의의

원가와 조업도의 변화가 이익에 어떠한 영향을 주는지 분석하는 기법이다. 이익분석은 수익과 비용을 일치시키는 판매량을 계산하여 기업의 목표이익을 달성하기 위해 필요한 판매량과 매출액을 결정하고 제품의 가격을 고민한다. 또한 일정한 판매량에서 얻을 수 있는 이익과 판매가격, 비용이 변동될 경우 기업의 이익에는 어떤 영향을 미치는지에 대해 분석하여 경영계획을 수립하는 데 이용한다.

2. 원가·조업도·이익(CVP)분석의 기본가정

① 모든 원가는 변동비와 고정비로 분리할 수 있다.
② 수익과 원가의 행태는 관련 범위 내에서 선형(직선)이다.
- 변동원가는 관련 범위 내에서 조업도에 비례한다.
- 고정원가는 관련 범위 내에서 항상 일정하다.
- 제품의 단위당 판매가격은 판매수량과 관계없이 일정하다.
③ 생산량과 판매량은 동일하다(기초재고, 기말재고가 손익에 영향을 주지 않는다).

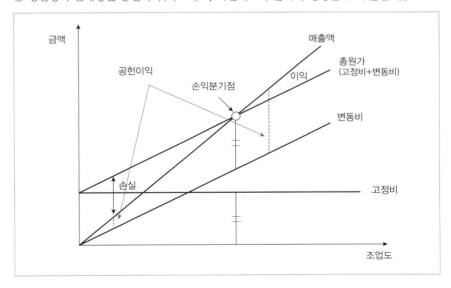

다음의 '원가 – 조업도 – 이익분석'에 대한 설명으로 옳지 않은 것은? [2020년 6회, 2018년 2회]

① 일종의 손익분기분석이다.
② 손익분기점에서는 '공헌이익=고정비'가 된다.
③ 공헌이익이 커질수록 손익분기점도 올라간다.
④ 조업도의 관련 범위 내에서는 모두 직선으로 표시된다는 가정이 필요하다.

해설
'손익분기점에서의 매출액=고정원가÷공헌이익률'로 산출한다. 따라서 공헌이익이 커질수록 손익분기점은 내려간다.

정답 ③

2 공헌이익 중요

1. 공헌이익의 의의

공헌이익이란 총고정원가를 회수하고 영업이익을 창출하는 데 공헌하는 금액을 의미한다. 공헌이익이 총고정원가를 초과해야 이익이 발생하며 만약 공헌이익이 총고정원가보다 적다면 손실이 발생한다. 공헌이익은 매출액에서 총변동원가를 차감하여 계산한다.

> 공헌이익 = 매출액 – 총변동원가

2. 단위당 공헌이익

판매한 제품 한 단위가 고정원가를 회수하고 이익을 창출하는 데 얼마나 공헌하는지를 알기 위해 단위당 공헌이익을 사용한다. 단위당 판매가격이 일정할 경우 단위당 변동원가가 감소하면 단위당 공헌이익은 증가한다.

> 단위당 공헌이익 = 단위당 판매가격 – 단위당 변동원가

3. 공헌이익률

공헌이익률은 매출액 중 몇 퍼센트가 고정원가 회수 및 이익창출에 공헌했는지를 나타낸다.

$$공헌이익률 = \frac{공헌이익}{매출액} = \frac{단위당\ 공헌이익}{단위당\ 매출액}$$

4. 공헌이익의 사례

단위당 판매가격 1,000원인 제품을 생산하여 판매하고 있다. 제품 500개를 생산하여 판매하기 위해 예산을 수립했다. 아래의 자료를 이용해 공헌이익과 단위당 공헌이익, 공헌이익률을 구하시오.

• 직접재료원가	130,000원	• 직접노무원가	110,000원
• 변동제조간접원가	50,000원	• 변동판매관리비	35,000원
• 고정제조간접원가	70,000원	• 고정판매관리비	30,000원

① **공헌이익**: 매출액 500,000원(500개×1,000원) – 총변동원가 325,000원(직접재료원가 130,000원+직접노무원가 110,000원+변동제조간접원가 50,000원+변동판매관리비 35,000원)=175,000원

② 단위당 공헌이익: 단위당 판매가격 1,000원 − 단위당 변동원가 650원* = 350원

   *단위당 변동원가: (직접재료원가 130,000원 + 직접노무원가 110,000원 + 변동제조간접원가 50,000원 + 변동판매관리비 35,000원)÷500개=650원

③ 공헌이익률: $\dfrac{\text{총공헌이익 } 175,000원}{\text{총매출액 } 500,000원} = \dfrac{\text{단위당 공헌이익 } 350원}{\text{단위당 매출액 } 1,000원} = 0.35(35\%)$

3 손익분기점

1. 손익분기점(BEP)의 계산

손익분기점(BEP; Break−Even−Point)은 영업이익을 0원으로 만드는 매출액 또는 판매량으로, 총변동원가와 총고정원가를 합한 금액이 총매출액과 같아지는 시점이다. 손익분기점에서 총공헌이익은 총고정원가와 일치한다.

- 매출액−총변동원가−총고정원가=0원
- 총고정원가=매출액−총변동원가
  = 단위당 판매가격×판매량−단위당 변동원가×판매량
  = 판매량×(단위당 판매가격−단위당 변동원가)
  = 판매량×단위당 공헌이익
- 판매량= $\dfrac{\text{총고정원가}}{\text{(단위당 판매가격−단위당 변동원가)}} = \dfrac{\text{총고정원가}}{\text{단위당 공헌이익}}$

또한 다음 계산식을 활용하면 공헌이익률을 이용해서 손익분기점의 매출액을 계산할 수 있다. 공헌이익률이 커지면 손익분기점 매출액은 감소한다.

손익분기점 매출액 = 단위당 판매가격×손익분기점 판매량= $\dfrac{\text{총고정원가}}{\text{공헌이익률}}$

---

2. 손익분기점의 사례

단위당 판매가격이 1,000원, 단위당 변동원가가 600원인 제품을 생산하여 판매하고 있다. 총고정원가가 100,000원일 경우 연간 손익분기점 판매량과 매출액을 구하시오.

① 연간 손익분기점 판매량: $\dfrac{\text{총고정원가}}{\text{단위당 공헌이익}} = \dfrac{100,000원}{400원} = 250개$

② 연간 손익분기점 매출액: $\dfrac{\text{총고정원가}}{\text{공헌이익률}} = \dfrac{100,000원}{40\%} = 250,000원$

✎ 개념 확인문제

(주)한국은 계산기(단가 3,000원)를 판매하고 있으며 원가 자료는 다음과 같을 때, 손익분기점 매출량은 얼마인가?

[2018년 1회]

	개당 변동원가	총고정원가
직접재료원가	1,000원	
직접노무원가	500원	
제조간접원가	200원	2,000,000원
판매관리원가	100원	1,600,000원

답: ( )개

4 목표이익분석

손익분기점이 이익이 0원이 되는 판매량에 대한 분석이라면, 목표이익을 달성하기 위한 판매 량은 다음과 같이 계산한다.

- 매출액−총변동원가−총고정원가=목표이익
- 매출액−총변동원가=총고정원가+목표이익
- 단위당 판매가격×판매량−단위당 변동원가×판매량=총고정원가+목표이익
- 판매량×(단위당 판매가격−단위당 변동원가)=총고정원가+목표이익
- 목표이익 달성을 위한 판매량=$\dfrac{\text{총고정원가}+\text{목표이익}}{(\text{단위당 판매가격}-\text{단위당 변동원가})}$
- **목표이익 달성을 위한 매출액**=$\dfrac{\text{총고정원가}+\text{목표이익}}{\text{공헌이익률}}$

목표이익을 분석하는 과정에서 법인세를 고려할 경우 목표이익은 다음과 같이 설정한다.

- 법인세 차감 후 순이익=(매출액−변동원가−고정원가)×(1−법인세율)
- 법인세 차감 후 목표판매량=$\dfrac{\dfrac{\text{세후목표이익}}{1-\text{법인세율}}+\text{고정원가}}{\text{단위당 공헌이익}}$

📖 개념 확인문제

다음 [보기]를 이용하여 계산할 경우 목표이익을 달성하기 위한 목표매출액은 얼마인가?

[2021년 1회, 2020년 6회, 3회, 2018년 2회]

┌─ 보기 ──────────────────────────────
- 손익분기점 매출액: 1,000,000원
- 공헌이익률: 50%
- 목표이익: 250,000원
└─────────────────────────────────

① 1,000,000원   ② 1,250,000원
③ 1,500,000원   ④ 1,625,000원

해설

- 목표매출 증가액: $\dfrac{\text{목표이익 }250,000\text{원}}{\text{공헌이익률 }50\%}=500,000$원
- ∴ 목표매출: 손익분기점 매출액 1,000,000원+목표매출 증가액 500,000원=1,500,000원

정답 ③

5 안전한계

안전한계는 기업에 손실을 발생시키지 않으면서 허용할 수 있는 매출액의 최대 감소액을 의 미한다. 기업의 안전성을 측정하는 지표로, 안전한계가 높을수록 기업의 안전성이 높다고 판 단한다.

- 안전한계 = 매출액 − 손익분기점 매출액
- 안전한계율 = $\dfrac{\text{매출액} − \text{손익분기점 매출액}}{\text{매출액}}$ = $\dfrac{\text{안전한계}}{\text{매출액}}$ = $\dfrac{\text{영업이익}}{\text{공헌이익}}$

📝 개념 확인문제

다음의 [보기]는 (주)생산성의 당해 회계자료 일부분이다. (주)생산성의 당해 안전한계율을 계산하면 얼마인가? (단, 백분율 %로 표시하시오) [2021년 5회, 4회]

보기
- 매출액: 2,000,000원
- 고정비: 600,000원
- 공헌이익률: 40%

답: (   )%

해설
- 손익분기점 매출액: $\dfrac{\text{고정비 } 600,000\text{원}}{\text{공헌이익률 } 40\%}$ = 1,500,000원
- ∴ 안전한계율: $\dfrac{\text{매출액 } 2,000,000\text{원} − \text{손익분기점 매출액 } 1,500,000\text{원}}{\text{매출액 } 2,000,000\text{원}}$ × 100 = 25%

정답 25

6 영업레버리지도

영업레버리지는 전체 비용 중 고정원가가 차지하는 정도를 의미한다. 기업이 제품을 생산할 때 고정원가가 차지하는 비중이 많은 기업은 레버리지가 높게 나타난다. 영업레버리지 효과는 영업레버리지가 높을 경우 매출액이 변동할 때, 영업이익은 매출액이 변동하는 비율보다 높은 비율로 변하게 되는 것을 의미한다.

- 영업레버리지도(DOL) = $\dfrac{\text{영업이익 변화율}}{\text{매출액 변화율}}$ = $\dfrac{\text{공헌이익}}{\text{영업이익}}$
- 영업이익 변화율 = 매출액 변화율 × 영업레버리지도

💡 TIP
- 매출액 변화율 = △매출액/매출액
- 영업이익 변화율 = △영업이익/영업이익

📝 개념 확인문제

[보기]는 (주)생산성의 당해 회계자료 일부분이다. (주)생산성의 당해 영업레버리지도(DOL)를 구하시오. [2023년 1회]

보기
- 매출액: 1,000,000원
- 고정비: 150,000원
- 공헌이익률: 30%

답: (   )

해설
- 공헌이익: 1,000,000원 × 30% = 300,000원
- 영업이익: 공헌이익 300,000원 − 고정비 150,000원 = 150,000원
- ∴ 영업레버리지도(DOL): $\dfrac{\text{공헌이익 } 300,000\text{원}}{\text{영업이익 } 150,000\text{원}}$ = 2

정답 2

CHAPTER **06** 기출&확인 문제

01 [2019년 5회]

'원가 – 조업도 – 이익분석'에 대한 다음 설명 중 옳지 않은 것은?

① 원가, 조업도, 이익의 상호관계를 분석하는 것이다.
② 공헌이익이 커질수록 손익분기점 판매량은 감소한다.
③ 손익분기점 판매량에서는 '공헌이익 = 변동비'가 된다.
④ 조업도의 관련 범위 내에서 모든 원가의 행태가 직선으로 표시된다는 가정이 필요하다.

해설

손익분기점 판매량에서는 '공헌이익 = 고정비'가 된다.

02 [2021년 6회]

(주)무릉은 단위당 판매가격이 2,000원인 제품을 생산, 판매하고 있다. 생산과 관련된 원가 자료가 [보기]와 같을 때, 이익이 발생하는 판매량은 몇 단위부터 시작되는가?

┌─ 보기 ─────────────────
• 고정비　　　　　750,000원
• 단위당 변동비　　　1,000원
└────────────────────

답: (　　　　　　　단위)

해설

• 손익분기점 판매량: 고정비 750,000원 ÷ 단위당 공헌이익(2,000 – 1,000원) = 750단위
• 750개까지는 이익이 발생하지 않으므로 이익이 발생하는 판매량은 751단위부터이다.

03 [2019년 4회]

원가 · 조업도 · 이익(CVP)분석에 대한 설명으로 옳지 않은 것은?

① 공헌이익률은 단위당 공헌이익을 단위당 매출액으로 나눈 값이다.
② 단위당 판매가격이 일정할 경우 단위당 변동원가가 감소하면 단위당 공헌이익도 감소한다.
③ 손익분기점에서의 총공헌이익은 총고정원가와 일치한다.
④ 공헌이익률이 커지면 손익분기점 매출액은 감소한다.

해설

'단위당 공헌이익 = 단위당 판매가격 – 단위당 변동원가'이다. 따라서 단위당 판매가격이 일정한 경우 단위당 변동원가가 감소하면 단위당 공헌이익은 증가한다.

04 [2021년 1회]

[보기]는 단일제품을 생산, 판매하고 있는 (주)생산성의 당해 연도 제품 관련 자료이다. (주)생산성이 당해 연도 법인세를 차감한 후 목표순이익 60,000원을 달성하기 위해 필요한 목표 판매수량을 계산하면 얼마인가?

┌─ 보기 ─────────────────
• 제품 단위당 판매가격: @2,000원/개
• 제품 단위당 변동원가: @1,000원/개
• 연간 고정비: 200,000원
• 법인세율: 40%
└────────────────────

답: (　　　　　　　)개

해설

• 세전 목표이익: 목표 순이익 60,000원 ÷ (1 – 40%) = 100,000원
∴ 목표 판매수량: (연간 고정비 200,000원 + 세전 목표이익 100,000원) ÷ (판매가격 @2,000원/개 – 변동원가 @1,000원/개) = 300개

| 정답 | **01** ③　　**02** 751　　**03** ②　　**04** 300

05 [2019년 5회]

(주)독도의 판매 및 원가 자료가 다음 [보기]와 같으며 현재는 손익분기점에 미달하고 있다. 광고료를 21,000원 추가 지출할 경우 판매량이 2,200개로 증가할 것으로 기대된다고 한다. 광고의 추가 실시 여부를 결정하기 위해 광고료를 추가 지출한 경우의 손익분기점 정보를 알려고 한다. 광고를 실시한 경우 손익분기점 판매량을 계산하면 몇 개인가?

┌ 보기 ─────────────────────────┐
- 생산량(판매량)   1,800개
- 단위당 판매가격   300원
- 단위당 변동원가   90원
- 총고정원가   420,000원
└──────────────────────────────┘

답: (   )개

해설

- 단위당 공헌이익: 단위당 판매가격 300원 − 단위당 변동원가 90원 = 210원
- ∴ 손익분기점 판매량: (총고정원가 420,000원 + 광고료 21,000원) ÷ 단위당 공헌이익 210원 = 2,100개

06 [2022년 5회]

[보기]는 (주)생산성의 공헌이익계산서 내용 중 일부이다. (주)생산성의 당해 영업레버리지도(DOL)가 2인 경우 (가)에 기록된 금액은 얼마인가? (단, 주어진 자료만을 이용하여 계산하시오)

┌ 보기 ─────────────────────────┐

공헌이익계산서

(주)생산성	(단위: 원)
매출액	100,000
− 변동비	60,000
= 공헌이익	
− 고정비	(가)
= 영업이익	

└──────────────────────────────┘

① 10,000원   ② 20,000원
③ 30,000원   ④ 40,000원

해설

- 공헌이익: 매출액 100,000원 − 변동비 60,000원 = 40,000원
- 영업레버리지도: 공헌이익 40,000원 ÷ 영업이익 x = 2
- 영업이익 x = 20,000원
- ∴ 고정비: 공헌이익 40,000원 − 영업이익 20,000원 = 20,000원

07 [2022년 4회]

[보기]의 원가내역에 의한 CVP분석 내용으로 옳지 않은 것은?

┌ 보기 ─────────────────────────┐
- 매출액: 1,000,000원
- 변동원가율: 60%
- 고정원가: 300,000원
- 법인세율: 40%
└──────────────────────────────┘

① 공헌이익률은 40%이다.
② 영업레버리지도는 0.25이다.
③ 손익분기점 매출액은 750,000원이다.
④ 법인세차감 후 당기순이익은 60,000원이다.

해설

- 공헌이익: 매출액: 1,000,000원 − 변동원가(1,000,000원 × 60%) = 400,000원
- 영업레버리지도: 공헌이익 400,000원 ÷ 영업이익 100,000원 = 4

TIP 안전한계율: 영업이익 100,000원 ÷ 공헌이익 400,000원 = 0.25

작은 기회로부터 종종
위대한 업적이 시작된다.

— 데모스테네스(Demosthenes)

실무

PART

05

실무
시뮬레이션

Enterprise Resource Planning

❘ 프로그램 설치 & 백데이터 복원

☑ [에듀윌 도서몰]−[도서자료실]−[부가학습자료]에서 다운로드

☑ PART 05 → 2024 핵심ERP 프로그램 설치

☑ 백데이터 파일은 반드시 압축 해제 후 복원

☑ 오류 발생 시 정답 및 해설 뒷면의 Q&A 참고

CHAPTER 01

iCUBE 핵심ERP
프로그램 설치 방법

QR코드를 촬영해 프로그램
설치 방법을 확인하세요!

실무 기초 특강

1 iCUBE 핵심ERP 프로그램 설치 시 유의사항

아래 컴퓨터 사양보다 낮은 환경에서는 2024 핵심ERP 프로그램을 설치할 수 없다.

설치 가능 OS	Microsoft Windows7 이상(Mac OS X, Linux 등 설치 불가)
CPU	Intel Core2Duo / i3 1.8Ghz 이상
Memory	3GB 이상
DISK	10GB 이상의 C:₩ 여유 공간

2 iCUBE 핵심ERP 프로그램 설치 방법

① 에듀윌 도서몰(book.eduwill.net) 홈페이지에 접속한다.
② 로그인 후 [도서자료실]−[부가학습자료]를 클릭한다.

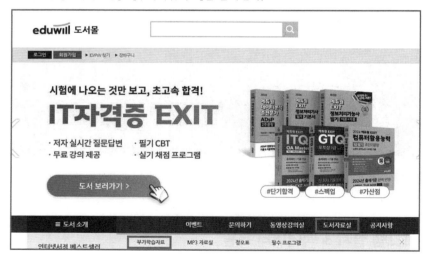

③ 카테고리를 ERP 정보관리사로 선택한 후 검색한다.

> **💡 TIP**
>
> [PART 05 실무 시뮬레이션]은 2024 버전, [PART 06 최신 기출문제]는 2023 버전으로 다운로드하여 학습해야 한다.

④ '2024 에듀윌 ERP 정보관리사 회계 1급' 교재의 다운로드 버튼을 클릭한 후 '2024 핵심ERP 프로그램.zip'을 다운로드한다.

⑤ 다운로드한 파일을 열어 '압축풀기'를 진행한 후 'CoreCubeSetup.exe'를 실행한다. 압축 프로그램이 없는 경우 설치가 필요하다.

⑥ 설치가 진행되면 '핵심ERP 설치 전 사양체크'가 실행된다.

🔆 TIP

'CoreCube.exe'를 실행한 경우 '지금 실행한 프로그램은 설치 프로그램이 아닙니다'라는 창이 뜨며 설치를 진행할 수 없다.

🔆 TIP

컴퓨터의 사양을 체크하여 핵심ERP 설치 가능 여부를 확인한다. 4단계를 모두 충족해야 설치가 진행된다.

⑦ 설치가 완료되면 'iCUBE 핵심ERP 2024'을 실행한다.

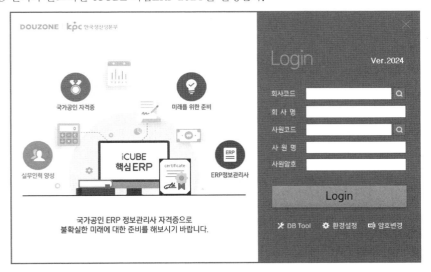

➕ **오류 해결 방법**

설치 중 오류 발생 시 [에듀윌 도서몰]−[도서자료실]−[부가학습자료]−ERP 정보관리사 검색 후 '핵심ERP 프로그램 설치 매뉴얼'을 확인한다.

3 백데이터 설치 방법

① [에듀윌 도서몰] – [도서자료실] – [부가학습자료] – ERP 정보관리사로 검색한다.
② '2024 에듀윌 ERP 정보관리사 회계 1급' 교재의 다운로드 버튼을 클릭한 후 '백데이터'
를 다운로드한다.
③ 다운로드된 백데이터의 압축을 풀고 다음 순서를 참고하여 백데이터를 복원한다.

4 백데이터 사용 방법

1. 백데이터 복원 방법

① iCUBE 핵심ERP 첫 화면에서 'DB Tool' 버튼을 클릭한다.

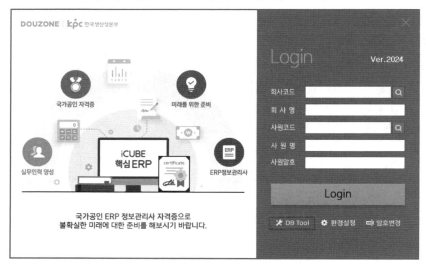

② iCUBE 핵심ERP DB TOOL 화면에서 'DB복원'을 클릭한다.

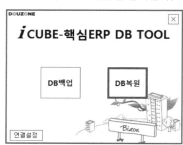

③ • 방법 1 – '기본백업폴더 복원'을 선택하는 경우

[C:₩iCUBECORE₩iCUBECORE_DB₩BAK] 경로에 있는 백데이터가 복원된다.

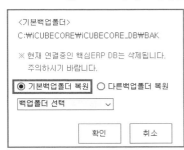

• 방법 2 – '다른백업폴더 복원'을 선택하는 경우

'폴더 찾아보기' 창에서 복원하고자 하는 폴더를 지정한 후 확인을 클릭하면 지정한
폴더에 있는 백데이터가 복원된다.

2. 백데이터 백업 방법

① iCUBE 핵심ERP 첫 화면에서 'DB Tool' 버튼을 클릭한다.

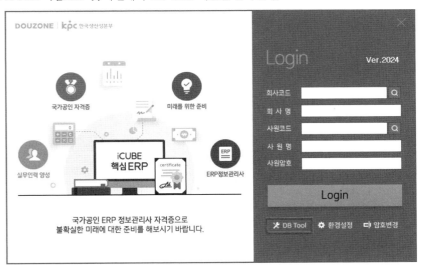

② iCUBE 핵심ERP DB TOOL 화면에서 'DB백업'을 클릭한다.

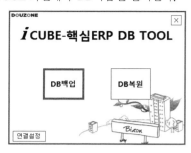

③ • 방법 1 - '기본폴더 백업'을 선택하는 경우
   [C:\iCUBECORE\iCUBECORE_DB\BAK] 경로에 백업된다.

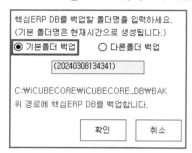

• 방법 2 - '다른폴더 백업'을 선택하는 경우
  '확인' 버튼 클릭 후 백데이터를 저장할 폴더를 직접 지정하여 백업할 수 있다.

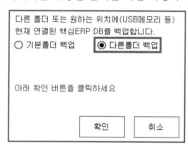

④ 백업 작업이 완료되면 지정한 폴더에 백데이터가 생성된 것을 확인할 수 있다.

시스템관리 실습하기

1 시스템관리 프로세스

[시스템관리]는 기초환경설정을 위해서 프로그램 실행 시 가장 먼저 등록해야 하는 메뉴로
iCUBE 핵심ERP의 시스템관리 프로세스는 다음과 같다.

회사등록 → 사업장등록 → (부문등록 → 부서등록) → 사원등록 → 시스템환경설정 → 사용자권한설정

2 회사등록정보

1. 회사등록

⊗ ERP 메뉴 찾아가기

시스템관리 ▶ 회사등록정보 ▶ 회사등록

회사등록은 사업자등록증을 토대로 입력한다. 다음은 프로그램에 등록된 [회사등록] 메뉴
화면과 이를 바탕으로 구현한 사업자등록증이다.

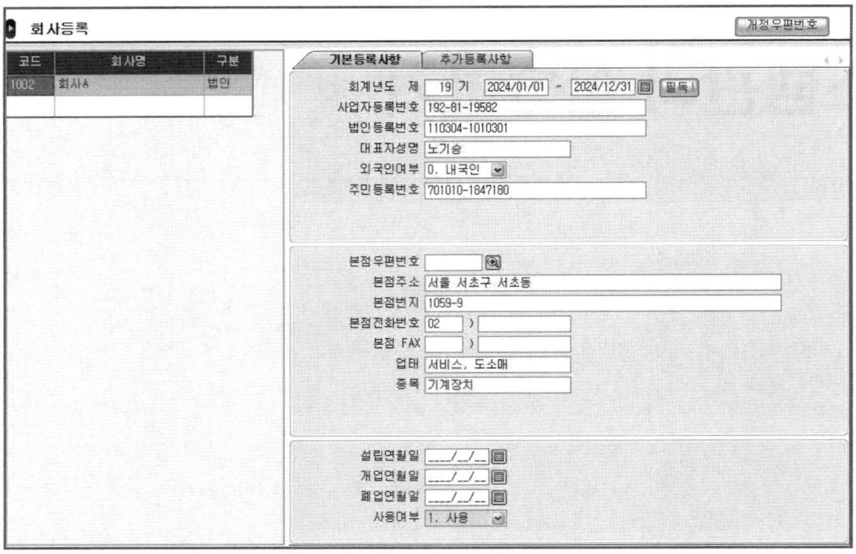

사업자등록증

(법인사업자)

등록번호: 192 - 81 - 19582

법인명(단체명) : 회사A
대　　　표　　자 : 노기승(701010 - 1847180)
개 업 연 월 일 : 0000년 00월 00일
법인등록번호 : 110304 - 1010301
사업장 소재지 : 서울 서초구 서초동 1059 - 9
본 점　소 재 지 : 서울 서초구 서초동 1059 - 9
사 업 의　종 류 : [업태] 서비스, 도소매　[종목] 기계장치

0000년 00월 00일
서초 세무서장 (인)

TIP
실제 사업자등록증에는 개업연월일
이 표기되어 있다.

2. 사업장등록

ERP 메뉴 찾아가기

시스템관리 ▶ 회사등록정보 ▶ 사업장등록

부가가치세법상 세금계산서의 발행 및 수취는 사업장별로 구분해서 이루어진다. 즉, 본점과 지점을 두고 있는 기업도 사업장은 각각 등록해야 하며, 실무에서는 회사등록 후 등록된 회사로 재로그인해서 사업장을 등록한다.

[사업장등록] 메뉴는 기본등록사항, 신고관련사항, 추가등록사항 탭으로 구성되어 있다. 기본등록사항 탭에서는 관할세무서(214.서초)를 확인할 수 있으며, 신고관련사항 탭에서는 해당 기업의 주업종코드, 지방세신고지 등을 확인할 수 있다. 등록된 주업종코드는 [회계관리] - [부가가치세관리] - [부가세신고서] 메뉴의 과세표준 명세서에 반영된다.

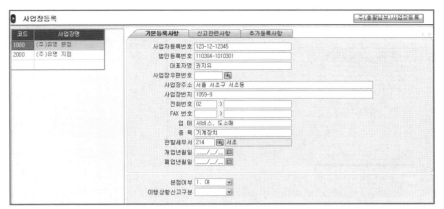

또한 [사업장등록] 메뉴의 오른쪽 상단에 있는 '주(총괄납부)사업장등록' 버튼을 클릭해 주 (총괄납부)사업자를 등록할 수 있다. 주(총괄납부)사업장등록은 두 개 이상의 사업장을 가 진 사업자가 신고는 사업장별로 각각 진행하지만 납부(또는 환급)는 한 곳에서 통합하여 진 행하는 방법이다. 회사가 관할과세관청에 신고하면 주(총괄납부)사업장등록이 완료된다.

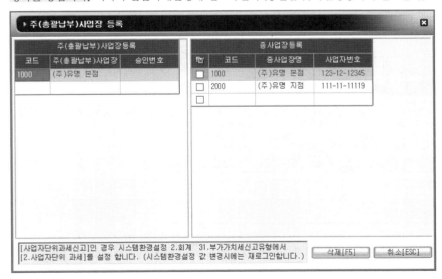

실무 연습문제 사업장등록

사업장: 2000.(주)유명 지점의 부가세신고 관할세무서는 어디인가?

① 대전   ② 송파
③ 서초   ④ 종로

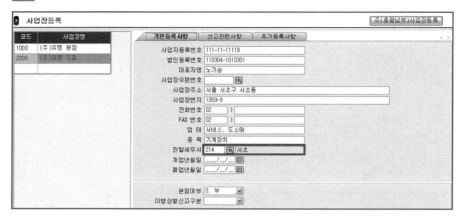

3. 부문 및 부서등록

ERP 메뉴 찾아가기

시스템관리 ▶ 회사등록정보 ▶ 부서등록

업무 영역에 따라 나눈 회계팀, 영업부, 생산부, 관리부 등을 부서라고 하며 부서를 등록하기 위해서는 부문등록이 선행되어야 한다. 부문등록에서 부문코드는 수정이 불가능하며 삭제가 필요한 경우 마우스로 클릭한 후 상단의 '삭제' 버튼을 누르면 된다. 다만, 해당 부문의 하위에 부서가 등록되어 있으면 삭제할 수 없다. 프로그램에 등록된 회사A의 부문과 부서는 다음과 같다.

실무 연습문제   부서등록

당사는 사용부서를 관리항목으로 사용하여 재무제표를 부문별로 조회하고 있다. 다음 중 '영업부'와 같은 부문에 속한 부서는 어디인가?   ⊕ 기출유형 압축노트 I p.2

① 1001.재경부
③ 4001.구매자재부
② 3001.생산부
④ 5001.마케팅부

정답 ④

'2001.영업부'와 '5001.마케팅부'는 같은 '2001.영업부문'에 속한다.

부서코드	부서명	사업장코드	사업장명	부문코드	부문명	사용기간	사용기간
1001	재경부	1000	(주)유명 본점	1001	관리부문	2008/01/01	
2001	영업부	1000	(주)유명 본점	2001	영업부문	2008/01/01	
3001	생산부	1000	(주)유명 본점	3001	제조부문	2013/01/01	
4001	구매자재부	1000	(주)유명 본점	4001	구매자재부문	2019/01/01	
5001	마케팅부	1000	(주)유명 본점	2001	영업부문	2024/01/01	

4. 사원등록

✎- ERP 메뉴 찾아가기

> 시스템관리 ▶ 회사등록정보 ▶ 사원등록

회사의 사원을 등록하고 입사일, 퇴사일, 입력방식, 권한부여 등을 하는 메뉴이다. 등록한 내용은 [인사정보등록] 메뉴와 연결되며, ERP 시스템을 운용하지 않는 사원이 입사해도 인사관리를 위해 반드시 사원등록이 이루어져야 한다.

💡 TIP

[사원등록] 메뉴에서 암호 입력 및 변경은 시스템관리자만 할 수 있다.

(1) 회계입력방식

회계입력방식은 0.미결, 1.승인, 2.수정으로 구성되어 있다. 회계모듈 사용권한을 가진 사원인 경우 [전표입력] 메뉴에서 전표입력 시 전표의 승인상태를 정한다.

구분	내용
0.미결	• 전표입력 시 전표상태가 미결로 입력 • 승인권자가 [전표승인해제] 메뉴에서 승인해야 승인 상태로 원장과 재무제표에 반영
1.승인	• 전표입력 시 전표상태가 승인으로 입력 • 승인권자의 별도 승인 불필요, 미결전표만 수정 가능
2.수정	• 전표입력 시 전표상태가 승인으로 입력 • 0.미결, 1.승인과 달리 별도의 승인/해제 작업 없이 승인 상태에서 수정 가능

사원등록

사원코드	사원명	사원명(영문)	부서코드	부서명	입사일	퇴사일	사용자여부	암호	인사입력방식	회계입력방식	조회권한
ERP13A02	김은찬		1001	재경부	2005/01/01		여		미결	수정	회사
ERP13A03	전윤호		1001	재경부	2015/01/01		여		미결	승인	부서
ERP13A04	신서율		2001	영업부	2010/01/01		부		미결	미결	미사용
ERP13A05	김종민		1001	재경부	2016/01/01		여		미결	미결	사업장
ERP13A06	박혜수		2001	영업부	2021/09/14		부		미결	미결	미사용

① 김은찬 사원은 '2.수정'으로 전표입력 시 승인으로 입력되며 별도 작업 없이 수정이 가능하다.

② 전윤호 사원은 '1.승인'으로 전표입력 시 전표가 승인으로 입력되지만, 승인된 전표의 수정은 할 수 없다.

③ 김종민 사원은 '0.미결'로 전표입력 시 미결 상태로 입력되며 이후 전표 승인처리를 해야 한다.

④ 신서율, 박혜수 사원은 '0.미결'로 등록되어 있지만 사용자여부가 '부'로 등록되어 있으므로 프로그램을 사용할 수 없다.

이론 / 실무 시뮬레이션 / 최신 기출문제

(2) 조회권한

1.회사, 2.사업장, 3.부서, 4.사원으로 구성되어 있다. '1.회사'를 선택할 경우 회사 전체의 조회권한이 부여되며, '2.사업장'은 해당 사업장, '3.부서'는 해당 부서, '4.사원'은 해당 사원에 대해서만 조회할 수 있다.

김은찬 사원의 조회권한은 '1.회사'로 회사 전체의 조회가 가능하나, 김종민 사원은 '2.사업장'으로 (주)유명 본점에 대해서만, 전윤호 사원은 '3.'부서'로 재경부에 대해서만 조회권한이 있다.

실무 연습문제   사원등록

 기출유형 압축노트 I p.2

[1] 전표입력 시 전표의 상태는 '승인'으로 발행되며, 승인전표 수정 및 삭제 시 전표의 승인해제 없이 수정이 가능한 사원은 누구인가? (단, 직접 전표를 입력하는 경우이며, 대차차액은 없는 것으로 가정한다)

① 전윤호   ② 김은찬
③ 김종민   ④ 박혜수

정답 ②

김은찬 사원의 회계입력방식은 '수정'으로 전표의 상태가 '승인'으로 발행되고 승인전표의 수정 및 삭제도 승인해제 없이 수정 가능하다. 전윤호 사원의 경우 전표의 상태가 '승인'으로 발행되지만 승인전표의 수정 및 삭제는 할 수 없다.

사원등록

사원코드	사원명	사원명(영문)	부서코드	부서명	입사일	퇴사일	사용자여부	암호	인사입력방식	회계입력방식	조회권한
ERP13A02	김은찬		1001	재경부	2005/01/01		여		미결	수정	회사
ERP13A03	전윤호		1001	재경부	2015/01/01		여		미결	승인	부서
ERP13A04	신서율		2001	영업부	2010/01/01		부		미결	미결	미사용
ERP13A05	김종민		1001	재경부	2016/01/01		여		미결	미결	사업장
ERP13A06	박혜수		2001	영업부	2021/09/14		부		미결	미결	미사용

현재 검색된 사원 수는   5   명 입니다.

[2] 다음 중 사원등록에 대한 설명으로 옳지 않은 것은?

① 등록된 사원코드는 수정할 수 없다.
② 퇴사일과 암호는 본인만 입력할 수 있다.
③ 박혜수 사원은 ERP 프로그램을 운영하지 않는다.
④ 김은찬 사원은 전표입력에서 승인된 전표를 수정 및 삭제할 수 있다.

정답 ②

[사원등록] 메뉴에서 퇴사일과 암호는 시스템관리자만 입력할 수 있다.

사원등록

사원코드	사원명	사원명(영문)	부서코드	부서명	입사일	퇴사일	사용자여부	암호	인사입력방식	회계입력방식
ERP13A02	김은찬		1001	재경부	2005/01/01		여		미결	수정
ERP13A03	전윤호		1001	재경부	2015/01/01		여		미결	승인
ERP13A04	신서율		2001	영업부	2010/01/01		부		미결	미결
ERP13A05	김종민		1001	재경부	2016/01/01		여		미결	미결
ERP13A06	박혜수		2001	영업부	2021/09/14		부		미결	미결

현재 검색된 사원 수는   5   명 입니다.

5. 시스템환경설정

ERP 메뉴 찾아가기

시스템관리 ▶ 회사등록정보 ▶ 시스템환경설정

[시스템환경설정] 메뉴의 조회구분은 1.공통, 2.회계, 3.인사, 4.물류, 5.원가로 구성되어 있다. '1.공통'은 본지점회계여부, 수량소숫점자리수, 원화단가소숫점자리수 등 프로그램 사용에 대한 전반적인 설정을 할 수 있으며 현재 프로그램에 등록된 본점과 지점의 회계여 부는 '0.미사용'이다. '2.회계'는 예산통제구분, 다국어재무제표 사용, 처분자산상각방법, 부가가치세 신고유형 등을 선택할 수 있다. '3.인사', '4.물류', '5.원가'는 ERP 정보관리사 의 회계 과목에서 출제되지 않으므로 '1.공통'과 '2.회계'를 집중적으로 학습하도록 한다.

시스템환경설정

조회구분	0. 전체	환경요소			

구분	코드	환경요소명	유형구분	유형설정	선택범위	비고
공통	01	본지점회계여부	여부	0	0.미사용 1.사용	
공통	02	수량소숫점자리수	자리수	2	선택범위:0-6	
공통	03	원화단가소숫점자리수	자리수	2	선택범위:0-6	
공통	04	외화단가소숫점자리수	자리수	2	선택범위:0-6	
공통	05	비율소숫점자리수	자리수	0	선택범위:0-6	

프로그램에 등록된 [시스템환경설정] 항목 중 시험에 자주 출제되는 요소는 다음과 같다.

환경요소명	유형설정	설명
20.예산통제구분	1.사용부서	• 예산관리는 '1.사용부서'로 통제하고 있다.
21.예산관리여부	여:1	• 예산통제구분은 '1.사용부서'지만 예산관리여부가 '0:부' 일 경우는 예산관리를 하지 않는다.
22.입출금전표사용여부	여:1	'여:1'로 등록되어 있으므로 현금거래에 대해 입금전표, 출금 전표 사용이 가능하다.
27.전표출력기본양식	4번	전표출력기본양식 1번~15번 중 4번을 사용한다.
28.다국어재무제표 사용	1.영어	1.영어, 2.일본어, 3.중국어 중 영어 재무제표를 사용한다.
29.등록자산상각방법	2.월할상각	고정자산의 감가상각비 계산방법은 월할상각을 사용한다.
30.처분자산상각방법	2.월할상각	처분하는 자산에 대해서도 처분 전 시점까지 월할상각한다.
31.부가가치세 신고유형	0.사업장별 신고	• '0.사업장별 신고'로 등록되어 있고 [사업장등록] 메뉴에서 주사업장총괄 납부에 본점과 지점이 등록되어 있으므로 신 고는 본점과 지점 각각 하지만 납부는 주사업장 한 곳에서 한다. • '2.사업자단위 과세'로 등록되어 있다면 본점과 지점에 대 해 사업자등록 번호를 하나로 통합하여 신고 및 납부를 본 점에서만 진행하는 것을 의미한다.
34.전표복사사용여부	1.사용	중복된 거래를 전표복사 기능을 사용하여 입력할 수 있다.

TIP

주사업장총괄에 본점과 지점이 등록 되어 있지 않을 경우 본점과 지점의 부가가치세신고와 납부를 각각 해야 한다.

[1] 당사는 ERP를 도입하고 회계모듈에 대한 환경설정을 마쳤다. 다음 중 환경설정에 대한 설명 ⊕ 기출유형 압축노트 I p.3
으로 옳지 않은 것은?

① 전표를 투입하는 사용부서별로 예산을 통제한다.

② 전표입력 시 입금 및 출금전표를 입력할 수 있다.

③ 거래처등록 시 거래처코드를 5자리로 자동 부여한다.

④ 월마다 발생하는 거래를 편리하게 입력하기 위해 전표복사 기능을 사용할 수 있다.

> **정답** ③
>
> '조회구분: 2.회계'로 조회한다. 25.거래처코드자동부여가 '0.사용안함'이므로 거래처코드는 자동 부여되지 않는다.
> ① 예산통제구분이 '1.사용부서', 예산관리여부가 '여:1'이므로 예산을 사용부서별로 통제한다.
> ② 입출금전표사용여부가 '여:1'이므로 입출금전표를 사용한다.
> ④ 전표복사사용여부는 '1.사용'으로 등록되어 있다.

● 시스템환경설정

조회구분 2. 회계 ▾   환경요소 [   ]

구분	코드	환경요소명	유형구분	유형설정	선택범위	비고
회계	20	예산통제구분	유형	1	0.결의부서 1.사용부서 2.프로젝트	
회계	21	예산관리여부	여부	1	여:1 부:0	
회계	22	입출금전표사용여부	여부	1	여:1 부:0	
회계	23	예산관리개시월	유형	01	예산개시월 :01~12	
회계	24	거래처등록보조화면사용	여부	1	여:1 부:0	
회계	25	거래처코드자동부여	여부	0	0-사용않함, 3-10-자동부여자리수	
회계	26	자산코드자동부여	여부	0	여:1 부:0	
회계	27	전표출력기본양식	유형	4	전표출력기본양식 1~15	
회계	28	다국어재무제표 사용	유형	1	0.사용안함 1.영어 2.일본어 3.중국어	
회계	29	등록자산상각방법	유형	2	1.상각안함 2.월할상각 3.반년법상각	
회계	30	처분자산상각방법	유형	2	1.상각안함 2.월할상각	
회계	31	부가가치세 신고유형	유형	0	0.사업장별 신고 1.사업자단위 신고(폐…	
회계	32	전표입력 품의내역검색 조회…	여부	0	0-사용자 조회권한 적용,1-미적용	
회계	34	전표복사사용여부	여부	1	0.미사용1.사용	
회계	35	금융CMS연동	유형	88	00.일반,03.기업,05.KEB하나(구.외환 CM…	

[2] 당사가 사용하고 있는 전표출력기본양식은?

① 1번 양식   ② 4번 양식
③ 7번 양식   ④ 9번 양식

> **정답** ②
>
> '조회구분: 2.회계'로 조회한다.

● 시스템환경설정

조회구분 2. 회계 ▾   환경요소 [   ]

구분	코드	환경요소명	유형구분	유형설정	선택범위	비고
회계	20	예산통제구분	유형	1	0.결의부서 1.사용부서 2.프로젝트	
회계	21	예산관리여부	여부	1	여:1 부:0	
회계	22	입출금전표 사용여부	여부	1	여:1 부:0	
회계	23	예산관리개시월	유형	01	예산개시월 :01~12	
회계	24	거래처등록보조화면사용	여부	1	여:1 부:0	
회계	25	거래처코드자동부여	여부	0	0-사용않함, 3-10-자동부여자리수	
회계	26	자산코드자동부여	여부	0	여:1 부:0	
회계	27	전표출력기본양식	유형	4	전표출력기본양식 1~15	

6. 사용자권한설정

☞ ERP 메뉴 찾아가기

시스템관리 ▶ 회사등록정보 ▶ 사용자권한설정

[사원등록] 메뉴에서 프로그램을 사용할 수 있는 권한여부가 '1.여'로 설정되어 있는 사원에게 각 사용모듈, 모듈 내 사용메뉴, 메뉴별 사용등급의 권한을 부여한다. 각 사용자의 업무, 권한, 등급에 따라 조회권한, 변경, 삭제, 출력이 자동으로 설정되며 수정도 가능하다. [사용자권한설정] 메뉴에서 모듈구분을 'S.시스템관리'로 조회했을 때 김은찬 사원의 주요 권한은 다음과 같다.

사원이 많고 권한이 동일한 경우 사원의 권한을 복사할 수 있다. 복사하고자 하는 사원을 선택하고 마우스 오른쪽 버튼을 눌러 '권한 복사'를 누른 후 새롭게 권한을 부여할 사원을 선택하여 다시 마우스 오른쪽 버튼을 눌러 '권한 붙여넣기'를 누르면 된다. '권한 붙여넣기(현재모듈)'는 현재 선택된 모듈만, '권한 붙여넣기(전체모듈)'는 복사할 사원의 전체 모듈 권한을 복사한다.

💡 TIP

'권한 복사'를 이용하여 다른 사원에게 권한을 설정한 경우 재로그인해야 설정된 권한으로 사용할 수 있다.

실무 연습문제 사용자권한설정

[1] 다음 중 승인전표의 상태를 '미결'로 변경할 수 있는 사원은?

① 김은찬   ② 전윤호

③ 김종민   ④ 신서율

⊕ 기출유형 압축노트 | p.4

정답 ①

'모듈구분: A.회계관리'로 조회하여 '사용가능한메뉴'에서 '전표승인해제'를 확인한다.

[2] 다음 중 당사의 회계관리의 사용자권한설정에 대한 설명으로 옳지 않은 것은?

① 김은찬 사원은 회사 업무용승용차 관리를 한다.
② 전윤호 사원은 본인의 전표를 승인 및 해제할 수 있다.
③ 전윤호 사원은 본인의 전표입력 및 전표출력이 가능하다.
④ 김은찬 사원은 관리자로서 부가가치세관리를 한다.

정답 ②

'모듈구분: A.회계관리'로 조회한다. 전윤호 사원은 전표입력, 전표출력에 대한 권한만 있으며 전표승인해제 메뉴
에 대한 권한은 없다.

---

3 기초정보관리

1. 거래처등록

(1) 일반거래처등록

> 시스템관리 ▶ 기초정보관리 ▶ 일반거래처등록

회사의 거래처를 등록하는 메뉴로 1.일반, 2.무역, 3.주민, 4.기타로 구분하여 등록한다.

구분	내용
1.일반	세금계산서 및 계산서 등 교부대상 거래처
2.무역	무역과 관련된 국외 거래처
3.주민	주민기재분 거래처
4.기타	일반, 무역, 주민 이외의 거래처

실무 연습문제 일반거래처등록

⊕ 기출유형 압축노트 l p.5

당사는 거래처에 거래처분류 코드를 등록하여 관리하던 중 거래처 '00011.(주)현진자동차'의 거래처분류 코드인 '1000.춘천'이 누락된 것을 발견하였다. 해당 거래처에 누락된 거래처분류 코드를 입력한 후 거래처분류 코드가 '1000.춘천'으로 설정된 거래처 중 거래처구분이 '일반'인 거래처를 조회하면 몇 개인가?

① 1개   ② 2개
③ 3개   ④ 4개

정답 ③

• (주)현진자동차의 기본등록사항 탭에서 '거래처분류: 1000.춘천'을 입력한다.

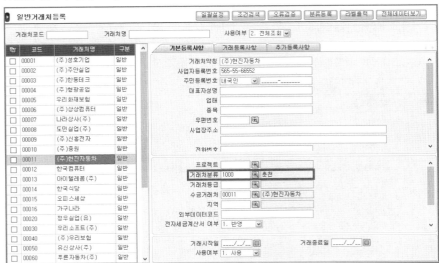

- 오른쪽 상단의 '조건검색' 버튼을 클릭하여 실행되는 '조건검색' 창에서 '거래처구분: 1.일반', '거래처분류: 1000.춘천'을 입력하여 검색한다.

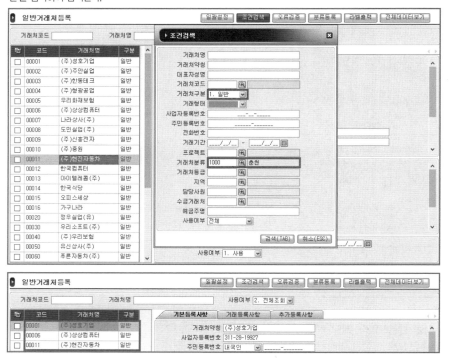

(2) 금융거래처등록

ERP 메뉴 찾아가기

시스템관리 ▶ 기초정보관리 ▶ 금융거래처등록

일반거래처를 제외한 금융기관 거래처를 등록하는 메뉴로 5.금융기관, 6.정기예금, 7.정기적금, 8.카드사, 9.신용카드로 구분하여 등록한다. 금융기관거래처 코드는 00001부터 시작하는 일반거래처 코드와 달리 90000번대부터 시작한다.

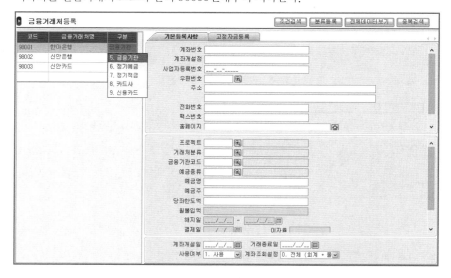

구분	내용
5.금융기관	보통예금 등 자유인출예금 거래처 등록
6.정기예금	인출제한예금인 정기예금 등록
7.정기적금	인출제한예금인 정기적금 등록
8.카드사	매출카드 거래처로 가맹점 번호 등록
9.신용카드	구매 용도의 법인신용카드 등록

실무 연습문제 거래처등록

다음 중 거래처등록의 구분에 대한 설명으로 옳지 않은 것은?

① 금융거래처의 금융기관 – 보통예금, 당좌예금
② 금융거래처의 카드사 – 구매를 위한 신용카드
③ 일반거래처의 일반 – 세금계산서(계산서) 수취 및 발급 거래처
④ 일반거래처의 무역 – 무역거래와 관련된 수출 및 수입 거래처

정답 ②

[금융거래처] 메뉴의 구분 '8.카드사'는 매출 시 결제 받는 신용카드에 대한 구분이다. 구매를 위한 신용카드는 '9.신용카드'이다.

2. 프로젝트등록

⊘ ERP 메뉴 찾아가기

시스템관리 ▶ 기초정보관리 ▶ 프로젝트등록

[프로젝트등록] 메뉴에 등록된 프로젝트는 [전표입력], [회계초기이월등록], [관리항목원장], [관리내역현황] 메뉴 등에 반영시킬 수 있으며, 반영된 자료는 [관리항목별손익계산서], [관리항목별원가보고서], [감가상각비현황] 메뉴의 PJT별 탭에 연동되어 함께 관리할 수 있다.

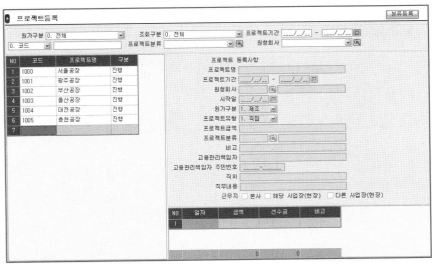

3. 관리내역등록

🔍 **ERP 메뉴 찾아가기**

시스템관리 ▶ 기초정보관리 ▶ 관리내역등록

회사의 특성에 맞게 관리항목을 등록하여 전표입력 시 선택할 수 있도록 하는 메뉴로, [관리항목원장] 메뉴 등을 통해 조회할 수 있다. 예를 들어 받을어음은 어음의 만기일, 어음번호, 배서인 등의 관리를 위해 [관리내역등록] 메뉴에 등록하여 전표입력 시 선택한다. [관리내역등록] 메뉴의 조회구분은 '0.공통', '1.회계'로 구분되어 있다. 각 관리항목의 구분이 '변경가능'인 경우 오른쪽 항목의 수정, 추가, 삭제가 가능하며, '변경불가능'인 경우 수정, 추가, 삭제가 불가능하다.

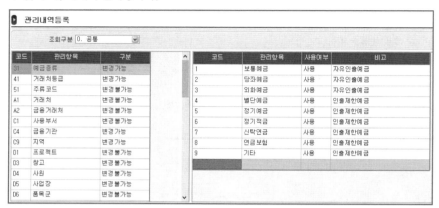

왼쪽 관리항목은 조회구분 '0.공통'에서는 추가할 수 없고, '1.회계'에서만 추가할 수 있다. 오른쪽 상단의 '관리항목등록' 버튼을 눌러 L 또는 M으로 시작하는 코드만 추가 가능하며 등록한 L, M 코드 관리항목은 삭제할 수 있으나 그 이외의 관리항목은 삭제할 수 없다.

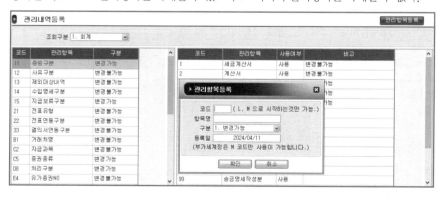

💡 **TIP**

차량유지비를 차량별로, 통신비를 전화번호별로 관리하기 위해서는 관리내역등록이 선행되어야 한다.

4 초기이월관리 – 회계초기이월등록

🔍 ERP 메뉴 찾아가기

시스템관리 ▶ 초기이월관리 ▶ 회계초기이월등록

사업장별로 전기에 이월된 전기분 재무상태표, 전기분 손익계산서, 전기분 원가명세서를 입력하는 메뉴이다.

1. 전기분 재무상태표 입력

외상매출금, 받을어음, 외상매입금, 지급어음 등 채권, 채무 계정은 각 거래처별로 채권, 채무 금액에 대한 상세내역을 등록한다.

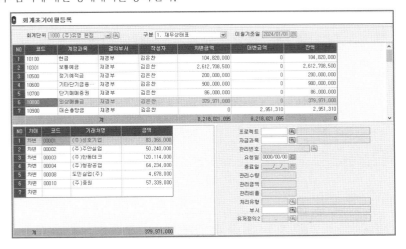

2. 전기분 손익계산서 입력

손익계산서에 상품매출원가를 등록할 경우에는 오른쪽 하단에 기초재고액, 당기매입액, 기말재고액 자료를 입력해야 한다.

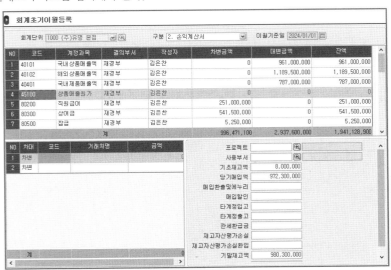

3. 500번대 원가 입력

제조기업의 경우 제조원가명세서를 나타내는 것으로 500번대 원가 코드로 입력되어 있다. 원재료비를 등록할 경우에는 오른쪽 하단의 기초재고액, 당기매입액, 기말재고액 자료를 입력해야 한다.

실무 연습문제 회계초기이월등록

[1] (주)유명 본점은 전년도 장부를 마감한 후 2024년도로 이월하였다. 다음 중 전년도에서 이월한 외상매출금의 거래처별 내역이 일치하지 않는 것은?

① 00001.(주)성호기업 – 88,366,000원
② 00002.(주)주안실업 – 50,240,000원
③ 00003.(주)한동테크 – 120,114,000원
④ 00004.(주)형광공업 – 64,234,000원

정답 ①

'구분: 1.재무상태표'에서 외상매출금 계정에 등록된 거래처별 금액을 확인한다. '00001.(주)성호기업'의 금액은 83,366,000원이다.

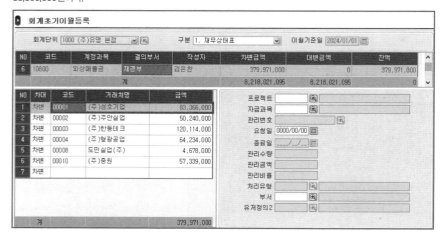

[2] 당사는 2024년에 처음으로 ERP를 도입하여 2023년 기말 재무제표 자료를 2024년 회계초
기이월에 모두 입력하여 사용하고 있다. 2024년 회계초기 자료에 대한 설명으로 옳은 것은?

① 2023년까지 상품은 프로젝트별로 잔액관리를 하고 있었다.
② 2023년 기말 차량운반구의 감가상각누계액은 9,004,330원이었다.
③ 2023년 기말 (주)중원 거래처의 외상매출금 잔액은 83,366,000원이었다.
④ 2023년 기말 미수금의 잔액은 (주)형광공업 8,000,000원, 신안은행 420,816,000원이었다.

정답 ②

① 상품 계정에 프로젝트는 등록되어 있지 않다.

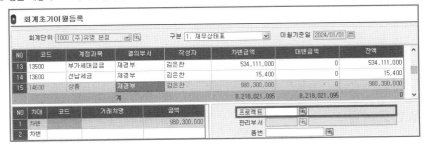

② 차량운반구의 감가상각누계액은 9,004,330원이다.

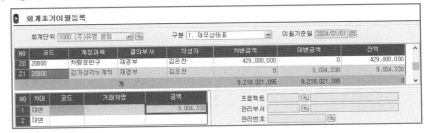

③ 외상매출금 계정에서 (주)중원의 잔액은 57,339,000원이다.

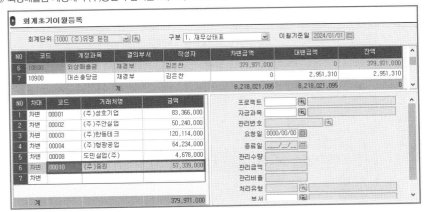

④ 미수금 계정의 잔액에서 420,816,000원은 신안은행이 아닌, 신안카드의 잔액이다.

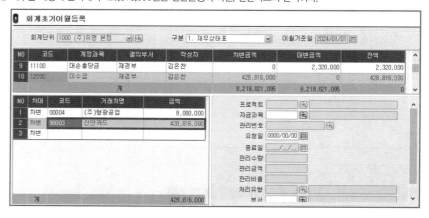

5 마감/데이타관리 – 마감및년도이월

⊘ ERP 메뉴 찾아가기

시스템관리 ▶ 마감/데이타관리 ▶ 마감및년도이월

장부를 마감하고, 마감자료를 차기로 이월하는 메뉴이다. 전표마감 후 마감기수의 전표는 수정이 통제된다. 이월을 할 경우 회계단위와 이월한 항목에 체크한 후 하단의 '이월시작' 버튼을 클릭하고 이월된 내용을 취소할 경우 '이월시작' 버튼 옆의 '취소' 버튼을 클릭한다.

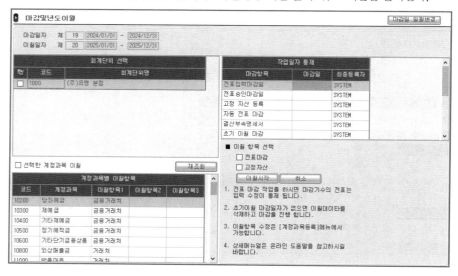

회계관리 실습하기

본 챕터는 '[백데이터] PART 05 실무 시뮬레이션'을 복원한 후 '회사: 1002.회사A', '사원: ERP13A02.김은찬'
으로 로그인하여 학습하세요(사원암호는 입력하지 않음).

※ 2024 버전 핵심ERP 프로그램을 사용하세요.

1 기초정보관리

1. 계정과목등록

👁 ERP 메뉴 찾아가기

회계관리 ▶ 기초정보관리 ▶ 계정과목등록

회사에서 사용하는 계정과목을 등록하는 메뉴이다. 기본적인 계정과목은 이미 등록되어
있으며 회사의 특성에 따라 계정과목을 수정하거나 '회사설정 계정'에 추가하여 사용할 수
있다.

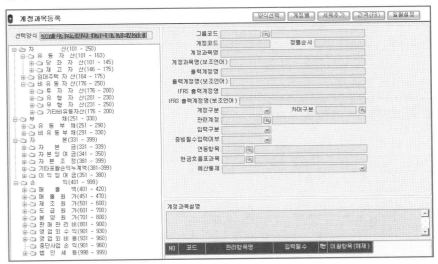

핵심ERP 프로그램에서 계정과목 코드는 다섯 자리로 구성되어 있다. 앞의 세 자리는 기
본 코드이며, 나머지 두 자리 코드는 세목을 추가할 때 사용된다. 프로그램에 등록된 회사
A의 [계정과목등록] 메뉴 중 판매관리비의 복리후생비 계정에는 다음과 같이 식대, 피복
비, 경조사비, 건강보험, 기타 세목이 등록되어 있다.

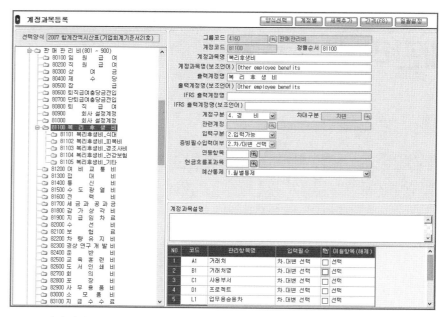

오른쪽 하단에서 해당 계정과목의 관리항목을 설정할 수 있다. 계정과목별로 설정이 다르며 판매관리비의 복리후생비 계정의 관리항목 내용은 다음과 같다.

NO	코드	관리항목명	입력필수	내용
1	A1	거래처	차·대변 선택	거래처 코드를 입력할 수 있다.
2	B1	거래처명	차·대변 선택	거래처 명칭을 입력할 수 있다.
3	C1	사용부서	차·대변 선택	사용한 지출부서를 기록한다.
4	D1	프로젝트	차·대변 선택	프로젝트별로 구분해서 이용할 경우 사용한다.
5	L1	업무용승용차	차·대변 선택	차량별로 구분해서 이용할 경우 사용한다.

실무 연습문제 계정과목등록

[1] 81300.접대비 계정의 계정과목명을 '기업업무추진비' 계정으로 수정한다.

정답

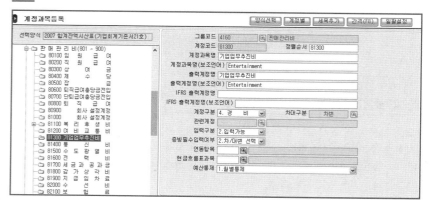

[2] 당사의 계정과목에 대한 설명 중 옳지 않은 것은?

① 10800.외상매출금 계정은 거래처별로 이월하도록 설정하였다.

② 여러 계정의 '증빙필수입력여부'를 일괄로 변경할 경우 일괄설정을 이용해서 간편하게 변경할 수 있다.

③ 81100.복리후생비 계정에 대해 세분화하여 세목으로 관리하고 있다.

④ 81300.기업업무추진비 계정은 전표입력 시 증빙누락을 방지하기 위해 증빙필수입력여부를 차/대변 필수로 설정하였다.

> **TIP**
>
> 프로그램에 설정된 '접대비' 계정은 '기업업무추진비' 계정으로 개정된다.

정답 ④

① 10800.외상매출금 계정의 관리항목 A1.거래처는 '이월항목(해제)'이 선택되어 있다.

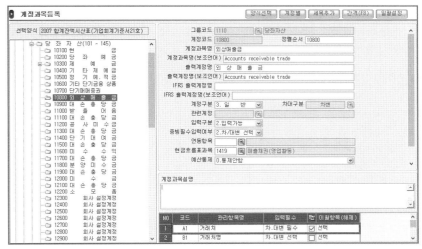

② 오른쪽 상단의 '일괄설정' 버튼을 클릭하여 '작업구분: 6.증빙필수입력값변경'으로 일괄로 변경할 수 있다.

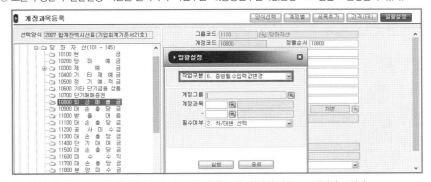

③ 81100.복리후생비 계정에는 '81101.식대~81105.기타'로 세분화하여 세목으로 관리하고 있다.

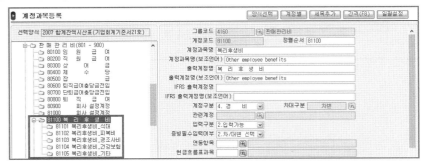

④ 81300.기업업무추진비 계정은 전표입력 시 증빙누락을 방지하기 위해 증빙필수입력여부를 차/대변 필수로 설정하였다.

[2] 당사에서 사용하고 있는 예산통제구분과 '81300.기업업무추진비' 계정의 예산통제방식은 무엇인가?

① 예산통제구분: 사용부서, 예산통제방식: 월별통제
② 예산통제구분: 결의부서, 예산통제방식: 누적통제
③ 예산통제구분: 결의부서, 예산통제방식: 월별통제
④ 예산통제구분: 사용부서, 예산통제방식: 누적통제

정답 ①

• [시스템환경설정] 메뉴에서 '조회구분: 2.회계'로 조회한다.

• '81300.기업업무추진비' 계정의 '예산통제'란을 확인한다.

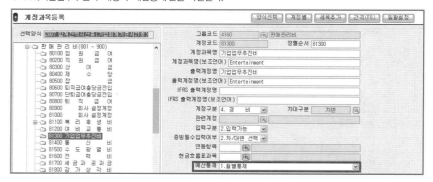

2 전표/장부관리

1. 전표입력

🔍 **ERP 메뉴 찾아가기**

회계관리 ▶ 전표/장부관리 ▶ 전표입력

발생한 거래의 분개를 입력하는 메뉴이다. 전표입력에 입력하는 거래는 부가가치세신고서에 반영하지 않는 거래와 세무구분을 넣어 부가세신고서에 반영하는 유형으로 나뉜다. 현금 지출 및 수령 여부에 따라 출금전표, 입금전표, 대체전표로 구분할 수 있다. [시스템환경설정] 메뉴에서 입출금전표 사용여부의 유형설정이 '1.여'인 경우 모두 사용하며, '0.부'인 경우에는 대체전표만 사용한다. 전표입력에 입력한 거래는 모두 분개장 메뉴에서 확인할 수 있다.

(1) 출금전표

출금전표는 현금으로 전액 지출된 거래로 출금전표를 선택하면 대변에 현금이 자동으로 입력되므로 차변 항목만 입력하면 된다. 날짜를 입력하고 조회하면 '번호', '품의내역'란 등이 활성화된다. 유형을 '1.일반'으로 선택하면 하단의 입력창으로 커서가 이동하며 구분을 '1.출금'으로 선택한 후 계정과목, 거래처, 금액 등을 입력하여 전표를 완성한다. 거래를 모두 입력한 후 Enter를 끝까지 눌러 기표번호, 상태, 승인자, 작업자가 모두 입력되어야 전표입력이 완료된다.

실무 연습문제   출금전표입력

12월 1일 재경부에서 본사 건물 신축을 위해 토지 구입 후 취득세 5,000,000원을 현금으로 납부하였다.

정답

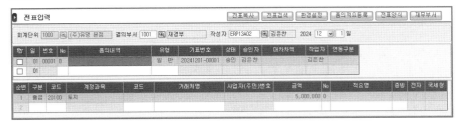

(2) 입금전표

입금전표는 현금으로 전액 입금된 거래로 구분에서 '2.입금'을 선택하면 차변에 현금이 자동으로 입력되므로 대변 항목만 입력하면 전표입력이 완료된다.

💡**TIP**

금액 '000'은 '+'버튼을 누르면 한 번에 입력된다. 예를 들어 1,000,000원은 '1,+,+'로 쉽게 입력할 수 있다.

12월 1일 한아은행 보통예금 계좌에서 6,000,000원을 현금으로 인출하였다.

정답

(3) 대체전표

현금 거래가 아닌 경우 또는 한 번에 현금과 함께 두 가지 이상의 계정을 입력할 때 사용하는 전표이다. 구분에서 '3.차변', '4.대변'을 각각 선택하여 입력한다.

실무 연습문제   대체전표입력

12월 1일 재경부 직원은 아래의 지출액을 한아은행 보통예금 계좌에서 이체하였다.

[지출내역]

지급내역	거래처	지급액
매출 거래처 직원 연말 선물 구입비용	(주)신흥전자	3,000,000원
영업차량 유류대	(주)중원	2,000,000원
사무실 임차료	(주)주안실업	1,000,000원

정답

(4) 전표삭제

입력한 전표를 삭제하려는 경우 체크박스에 체크한 후 상단의 '삭제' 버튼을 누르면 삭제된다.

실무 연습문제 전표삭제

12월 1일 거래를 모두 삭제하시오(삭제하지 않을 경우 이후 메뉴에서 금액이 다르게 조회될 수 있다).

정답

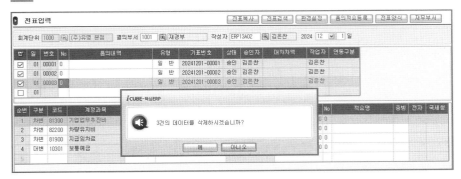

2. 전표승인해제

ERP 메뉴 찾아가기

회계관리 ▶ 전표/장부관리 ▶ 전표승인해제

[전표입력] 메뉴에서 회계입력방식이 '미결'인 사원이 전표를 입력하거나 대차차액이 발생하는 전표를 등록할 경우 미결전표가 생성된다. 이를 장부에 반영하기 위해서는 전표승인이 필요하다. [전표승인해제] 메뉴에서는 [전표입력] 메뉴에 '미결'로 입력된 전표를 '승인'으로 처리하여 장부 및 재무제표에 반영한다.

초기 입력에서 대차차액이 발생하여 '미결'로 등록된 전표는 이후 전표입력권한이 '승인'인 사원이 대차차액이 없도록 수정하여도 '미결' 상태로 남는다. 이 경우 [전표승인해제] 메뉴에서 승인작업을 진행해야 상태가 '승인'으로 변경된다. [전표승인해제] 메뉴에서 결의기간 '2024/06/01~2024/06/30', 전표상태 '미결'로 조회하면 다음과 같이 네 개의 전표가 조회된다.

미결전표 중 승인할 전표에 체크한 후 오른쪽 상단의 '승인처리' 버튼을 클릭하면 '승인 확인' 팝업창이 조회된다. 승인할 전표의 건수와 금액을 확인한 후 '승인처리' 버튼을 클릭하면 전표가 승인된다.

(주)유명 본점의 2024년 6월 미결전표를 승인처리한 후 거래처원장 메뉴에서 조회한 6월 말 거래처별 외상매입금 잔액으로 옳지 않은 것은? ➕ 기출유형 압축노트 | p.8

① 정우실업(유) – 246,295,000원
② 유신상사(주) – 52,456,000원
③ (주)성호기업 – 36,300,000원
④ (주)주안실업 – 16,000,000원

정답 ②

• '결의기간: 2024/06/01~2024/06/30', '전표상태: 미결'로 조회한다. 미결전표에 모두 체크한 후 오른쪽 상단의 '승인처리' 버튼을 클릭한다.

• [거래처원장] 메뉴의 잔액 탭에서 '계정과목: 1.계정별, 25100.외상매입금', '기표기간: 2024/06/30'으로 조회하면 유신상사(주)의 잔액은 52,465,000원이다.

3. 일월계표

💡 ERP 메뉴 찾아가기

회계관리 ▶ 전표/장부관리 ▶ 일월계표

일계표는 특정 날짜의 거래를 계정과목별로 집계한 집계표이며, 월계표는 일계표의 내용을 월단위로 집계한 집계표이다. 출력구분에서 '0.계정별', '1.세목별'로 선택하여 조회할 수 있다. 월계표와 일계표는 같은 조건에서 동일한 금액이 조회된다.

실무 연습문제 일월계표

기출유형 압축노트 | p.9

[1] 다음 중 (주)유명 본점의 2024년 1월 판매비와 관리비 중 현금 지출이 많은 순서는?

① 사무용품비 > 여비교통비 > 복리후생비 > 차량유지비
② 사무용품비 > 차량유지비 > 여비교통비 > 복리후생비
③ 차량유지비 > 여비교통비 > 복리후생비 > 사무용품비
④ 차량유지비 > 사무용품비 > 여비교통비 > 복리후생비

정답 ④

월계표 탭에서 '기간: 2024/01'로 조회한다.

일월계표 [양식선택] [환경설정]

일계표 / 월계표

회계단위 1000 (주)유명 본점 출력구분 0. 계정별 기 간 2024/01 ~ 2024/01

차변			계정과목	대변		
계	대체	현금		현금	대체	계
78,113,000	75,748,000	2,365,000	< 판 매 관 리 비 >			
30,000,000	30,000,000		직 원 급 여			
28,500,000	28,500,000		상 여 금			
5,250,000	5,250,000		잡 급			
2,355,000	1,830,000	525,000	복 리 후 생 비			
1,660,000	1,130,000	530,000	여 비 교 통 비			
1,200,000	1,200,000		기업업무추진비			
670,000	670,000		통 신 비			
878,000	878,000		수 도 광 열 비			
1,000,000	1,000,000		지 급 임 차 료			
3,800,000	3,800,000		보 험 료			
1,470,000	810,000	660,000	차 량 유 지 비			
330,000	330,000		운 반 비			
1,000,000	350,000	650,000	사 무 용 품 비			

[2] (주)유명 본점의 2024년 7월 거래내역에 대한 설명으로 옳지 않은 것은?

① 복리후생비의 현금 지출액은 2,530,000원이다.
② 판매비와 관리비의 현금 지출액은 4,090,000원이다.
③ (주)형광공업으로부터 외상매출금 16,500,000원을 회수했다.
④ (주)신흥전자로부터 상품 3,000,000원을 현금으로 구입했다.

정답 ④

①, ② 월계표 탭에서 '기간: 2024/07'로 조회한다.

일월계표 [양식선택] [환경설정]

일계표 / 월계표

회계단위 1000 (주)유명 본점 출력구분 0. 계정별 기 간 2024/07 ~ 2024/07

차변			계정과목	대변		
계	대체	현금		현금	대체	계
108,690,000	104,600,000	4,090,000	< 판 매 관 리 비 >			
9,000,000	9,000,000		직 원 급 여			
85,500,000	85,500,000		상 여 금			
4,660,000	2,130,000	2,530,000	복 리 후 생 비			
1,060,000	530,000	530,000	여 비 교 통 비			
2,530,000	2,530,000		기업업무추진비			
330,000		330,000	통 신 비			
3,800,000	3,800,000		보 험 료			
1,010,000	660,000	350,000	차 량 유 지 비			
800,000	450,000	350,000	사 무 용 품 비			
910,600,000	906,510,000	4,090,000	< 금 월 소 계 >		906,510,000	906,510,000
107,715,000		107,715,000	< 금월잔고/전월잔고 >	111,805,000		111,805,000
1,018,315,000	906,510,000	111,805,000	<< 합 계 >>	111,805,000	906,510,000	1,018,315,000

③ 외상매출금 계정을 더블클릭해서 '원장조회' 창을 확인한다.

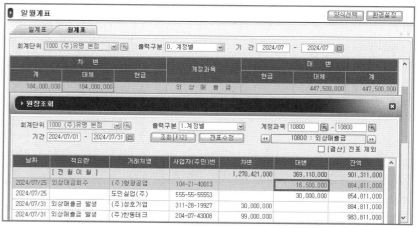

④ 상품 계정을 더블클릭하고 '원장조회' 창에서 (주)신흥전자의 거래를 더블클릭하여 해당 거래의 전표를 확인한다. 외상매입금 계정이므로 현금이 아닌, 외상으로 거래한 내역이다.

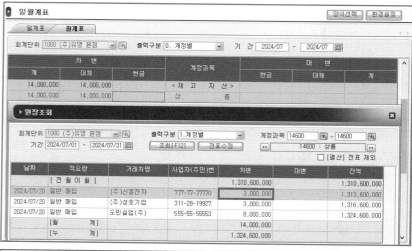

4. 총계정원장

📎 ERP 메뉴 찾아가기

회계관리 ▶ 전표/장부관리 ▶ 총계정원장

기업에서 사용하는 모든 계정과목을 하나씩 조회할 수 있는 메뉴로, 차변과 대변의 잔액을 확인할 수 있다. 일별, 월별로 장부가 나뉘어 있으며 특정 일을 조회하고자 하면 일별 탭, 월 단위로 조회하고자 하면 월별 탭을 선택한다.

실무 연습문제 총계정원장

2024년 상반기 중 (주)유명 본점의 복리후생비(판) 지출 금액이 가장 큰 달은 언제인가?

① 1월   ② 3월
③ 5월   ④ 6월

➕ 기출유형 압축노트 | p.11

정답 ③

월별 탭에서 '기간: 2024/01~2024/06', '계정과목: 1.계정별, 81100.복리후생비'로 조회한다.

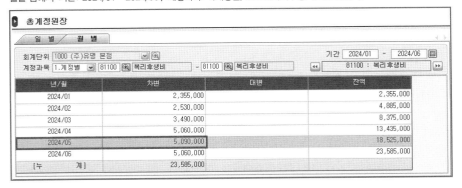

5. 현금출납장

📎 ERP 메뉴 찾아가기

회계관리 ▶ 전표/장부관리 ▶ 현금출납장

기업의 현금 입금액과 출금액을 확인할 수 있는 장부이다. 전체, 프로젝트별, 결의부서별, 결의사원별로 구분하여 조회할 수 있다. 전기이월 금액은 [회계초기이월등록] 메뉴에서 '1.재무상태표'로 조회된 현금의 금액이 표기된다. 입금의 '월계'란은 조회한 월의 현금 입금액이 조회되며, 월계의 '누계'란은 전기이월 금액(또는 전월이월 금액)에 당기 입금액이 포함된 금액이 조회된다. 출금의 '월계'란은 당월의 출금액이 조회되며, 출금의 '누계'란은 1월부터 출금된 금액의 누적 금액이 조회된다.

김은찬 사원이 작성한 승인전표 중 (주)유명 본점의 1분기에 발생한 현금 출금액은 얼마인가?

⊕ 기출유형 압축노트 l p.13

① 29,635,000원
② 29,356,000원
③ 24,610,000원
④ 4,610,000원

정답 ①

결의사원별 탭에서 '기표기간: 2024/01/01~2024/03/31'로 조회한다.

6. 계정별원장

ERP 메뉴 찾아가기

회계관리 ▶ 전표/장부관리 ▶ 계정별원장

각 계정의 거래내역을 자세히 기록한 장부이다. 총계정원장의 보조장부이며, 전체, 프로젝트별, 부서별로 나누어 조회 및 출력이 가능하다. 계정과목에 대해 기표기간과 계정과목을 설정한 후 조회하면 [전표입력] 메뉴에 등록된 해당 계정에 대한 증감내역을 차변과 대변, 잔액으로 구분하여 날짜별로 조회할 수 있다.

실무 연습문제   계정별원장

(주)유명 본점의 2024년 12월 31일까지의 단기매매증권 잔액을 조회한 값은 얼마인가?

① 154,000,000원
② 155,000,000원
③ 140,000,000원
④ 145,000,000원

정답 ③

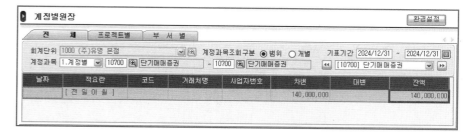

7. 거래처원장

🔍 ERP 메뉴 찾아가기

회계관리 ▶ 전표/장부관리 ▶ 거래처원장

각 계정과목별로 거래처별 잔액과 거래내용을 확인할 수 있는 보조기입장이다. 전표입력 과정에서 거래처코드를 입력하면 자동으로 작성되며 잔액, 원장, 총괄잔액, 총괄내용으로 조회가 가능하다.

'거래처'란을 '1.거래처'가 아닌 '2.거래처분류'로 선택하면 거래처분류명을 지정하여 검색할 수 있다. 조회된 자료에 커서를 두고 마우스 오른쪽 버튼을 눌러서 '정렬 및 소계 설정'을 선택한 후 '정렬 및 소계 리스트'에 있는 소계에 체크하면 거래처분류에 대한 소계를 집계할 수 있다.

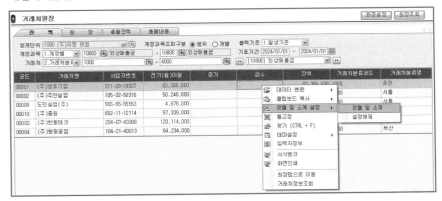

실무 연습문제 거래처원장

[1] (주)유명 본점은 전년도 장부 마감 후 2024년도로 이월하였다. 다음 중 전년도에서 이월한 지역별 외상매출금의 금액으로 옳지 않은 것은? (단, 거래처는 지역별로 분류하여 관리한다)   ⊕ 기출유형 압축노트 | p.14

① 춘천 – 83,366,000원   ② 서울 – 107,397,000원
③ 광주 – 120,114,000원   ④ 부산 – 64,234,000원

정답 ②

잔액 탭에서 '계정과목: 1.계정별, 10800.외상매출금', '기표기간: 2024/01/01', '거래처: 2.거래처분류, 1000~4000'으로 조회한다. 마우스 오른쪽 버튼을 눌러 '정렬 및 소계 설정' – '정렬 및 소계'에서 거래처분류코드 '소계'에 체크하고 적용 버튼을 누르면 거래처분류의 소계를 확인할 수 있다.

'TIP

'소계' 항목에 체크를 해제하면 적용 전 화면으로 조회된다.

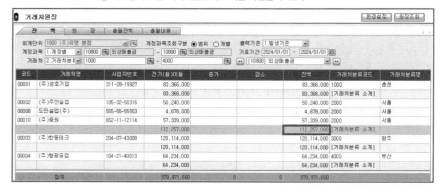

[2] (주)유명 본점의 2024년 3분기 중 외상매출금 증가액이 가장 큰 거래처는?

① (주)성호기업 ② (주)주안실업
③ 도민실업(주) ④ (주)한동테크

정답 ④

잔액 탭에서 '계정과목: 1.계정별, 10800.외상매출금', '기표기간: 2024/07/01~2024/09/30'으로 조회한다.

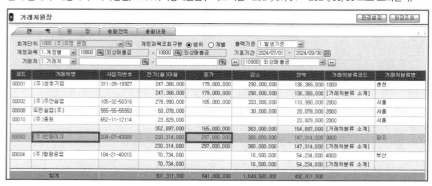

8. 관리항목원장

🔍 **ERP 메뉴 찾아가기**

회계관리 ▶ 전표/장부관리 ▶ 관리항목원장

[전표입력] 메뉴의 관리항목부분에 입력된 관리사항을 전표단위로 조회하는 메뉴이다. 관리내역코드가 입력된 자료를 조회조건에 따라 잔액, 원장, 총괄잔액, 총괄내용 탭별로 구분해서 조회할 수 있다.

[1] 업무용승용차를 'L1.업무용승용차' 관리항목으로 사용하여 관리하고 있다. (주)유명 본점의 2024년 상반기에 '12가 0102' 차량으로 지출한 판매비와 관리비 계정 중 지출이 발생한 계정은?

① 81100.복리후생비
② 82000.수선비
③ 82100.보험료
④ 82200.차량유지비

⊕ 기출유형 압축노트 | p.17

정답 ④

총괄잔액 탭에서 '관리항목: L1.업무용승용차', '관리내역: 0102.12가 0102', '기표기간: 2024/01/01~2024/06/30', '계정과목: 1.계정별, 80100.임원급여~84800.잡비'로 조회한다.

TIP

계정과목은 판매비와 관리비 구간의 '80100.임원급여~84800.잡비'로 조회한다.

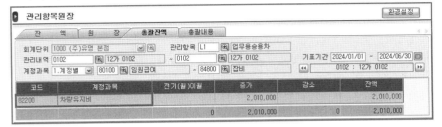

[2] (주)유명 본점은 공장을 프로젝트로 관리하고 있다. 2024년 1월~6월까지 울산공장에서 사용한 복리후생비(판)는 얼마인가?

① 5,420,000원
② 4,150,000원
③ 2,785,000원
④ 4,145,000원

정답 ④

잔액 탭에서 '관리항목: D1.프로젝트', '기표기간: 2024/01/01~2024/06/30', '계정과목: 1.계정별, 81100.복리후생비'로 조회한다.

9. 관리내역현황

ERP 메뉴 찾아가기

회계관리 ▶ 전표/장부관리 ▶ 관리내역현황

관리항목의 내역별 사용현황을 계정과목별로 파악하는 메뉴로 발생기준, 전년대비, 내역현황, 잔액, 원장 탭별로 조회할 수 있다.

당사는 전표의 관리항목을 이용하여 사용부서를 관리하고 있다. (주)유명 본점 손익계산서에 표시
되는 사무용품비 계정의 사용 금액이 전년 대비 당기 한 해 동안 가장 많이 증가한 부서는?

＋ 기출유형 압축노트 | p.18

① 재경부　　　　　　　　　　　　　　② 영업부
③ 생산부　　　　　　　　　　　　　　④ 구매자재부

정답　①

전년대비 탭에서 '관리항목: C1.사용부서', '관리내역: 1001.재경부~4001.구매자재부', '기표기간: 2024/01/01
~2024/12/31', '계정과목: 1.계정별, 82900.사무용품비'로 조회한다.

내역코드	관리내역명		계정과목	당기	전기	증감액	증감율
[1001]	재경부	82900	사무용품비	6,280,000		6,280,000	
	[소 계]			6,280,000		6,280,000	
[2001]	영업부	82900	사무용품비	6,050,000		6,050,000	
	[소 계]			6,050,000		6,050,000	
[3001]	생산부	82900	사무용품비	900,000		900,000	
	[소 계]			900,000		900,000	
[4001]	구매자재부	82900	사무용품비	3,200,000		3,200,000	
	[소 계]			3,200,000		3,200,000	
	계			16,430,000	0	16,430,000	

10. 매입매출장

ERP 메뉴 찾아가기

회계관리 ▶ 전표/장부관리 ▶ 매입매출장

전표입력 시 세무구분을 표시하여 등록한 부가가치세신고 거래에 대해 조회하는 보조장
부이다. 전표입력 시 부가세예수금, 부가세대급금이 기록된 거래를 일자별, 거래처별, 세
무구분별, 프로젝트별, 신고서기준 탭별로 조회할 수 있다.

일자별 탭에서는 신고기준일을 중심으로 세무구분, 공급가액, 고정자산매입액과 고정자
산세액 등을 확인할 수 있다. 신고서기준 탭에서는 예정신고 시 누락한 거래를 확정신고
서에 반영하는 예정신고누락분에 대해 오른쪽 상단의 '예정신고누락분 조회' 버튼을 이용
해 해당 거래를 조회할 수 있다.

[1] (주)유명 본점이 2024년 2기 부가세 예정신고기간 동안 신용카드로 매입한 내역 중 고정자산
매입 관련 세액은 얼마인가?

＋ 기출유형 압축노트 | p.19

① 100,000원　　　　　　　　　　　　② 200,000원
③ 300,000원　　　　　　　　　　　　④ 400,000원

정답　①

일자별 탭에서 '조회기간: 신고기준일, 2024/07/01~2024/09/30', '출력구분: 2.매입', '세무구분: 27.카드매입'으
로 조회한다.

매입매출장 [일괄출서] [추가입력/조회]

일자별 | 거래처별 | 세무구분별 | 프로젝트별 | 신고서기준

사업장 1000 (주)유명 본점 집계기준 신고기준일 조회기간 신고기준일 2024/07/01 ~ 2024/09/30
전표상태 1. 승인 출력구분 2. 매입 세무구분 27 카드매입 ~ 27 카드매입
전자세금구분 전자세금전송구분 0.전체

번호	신고기준일	기표일자	적요	세무구분	코드	거래처명	사업자번호	공급가액	세액	계	고정자산매입액	고정자산세액
1	2024/07/20	2024/07/20	매입 부가세	[27]카드매입	00050	유산상사(	231-51-11665	100,000	10,000	110,000		
				[소 계]				100,000	10,000	110,000		
				[누 계]				6,900,000	690,000	7,590,000	3,000,000	300,000
2	2024/08/20	2024/08/20	매입 부가세	[27]카드매입	00014	한국식당	222-22-22227	150,000	15,000	165,000		
3	2024/08/31	2024/08/31	컴퓨터	[27]카드매입	00014	한국식당	222-22-22227	1,000,000	100,000	1,100,000	1,000,000	100,000
				[소 계]				1,150,000	115,000	1,265,000	1,000,000	100,000
				[누 계]				8,050,000	805,000	8,855,000	4,000,000	400,000
4	2024/09/20	2024/09/20	매입 부가세	[27]카드매입	00050	유산상사(	231-51-11665	100,000	10,000	110,000		
				[소 계]				100,000	10,000	110,000		
				[누 계]				8,150,000	815,000	8,965,000	4,000,000	400,000
				[분 계]				1,350,000	135,000	1,485,000	1,000,000	100,000
		합계						1,350,000	135,000	1,485,000	1,000,000	100,000

[2] (주)유명 본점의 2024년 1기 부가가치세 예정신고기간의 과세매출 내역 중 공급가액이 가장 큰 거래처는?

① (주)성호기업 ② (주)주안실업
③ (주)한동테크 ④ (주)중원

정답 ②

거래처별 탭에서 '조회기간: 신고기준일, 2024/01/01~2024/03/31', '출력구분: 1.매출', '세무구분: 11.과세매출'로 조회한다.

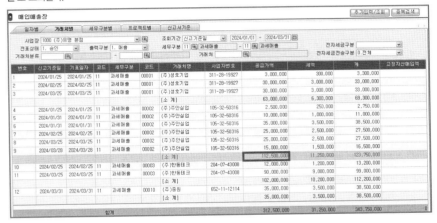

[3] (주)유명 본점의 2024년 1기 부가가치세 확정신고 시 첨부대상이 아닌 부속명세서는?

① 매입세액불공제내역 ② 매입처별 세금계산서합계표
③ 신용카드및현금영수증수취명세서 ④ 수출실적명세서

정답 ④

세무구분별 탭에서 '조회기간: 신고기준일, 2024/04/01~2024/06/30'으로 조회한다. 세무구분란에 '16.수출'이 조회되지 않으므로 수출실적명세서 작성은 불필요하다.

① 매입세액불공제내역(공제받지 못할 매입세액명세서) - 24.매입불공제
② 매입처별 세금계산서합계표 - 21.과세매입
③ 신용카드및현금영수증수취명세서 - 27.카드매입

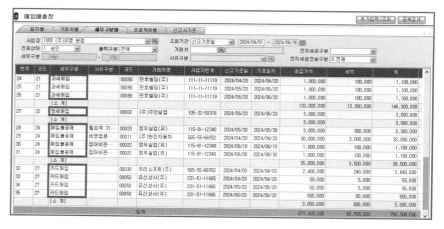

[4] (주)유명 본점의 2024년 2기 부가세 확정신고 시 매입에 대한 예정신고누락분 공급가액은 얼마인가?

① 2,800,000원
② 3,000,000원
③ 3,300,000원
④ 5,800,000원

정답 ②

- 신고서기준 탭에서 '조회기간: 신고기준일, 2024/10/01~2024/12/31'로 조회한다.

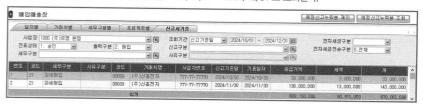

- 오른쪽 상단의 '예정신고누락분 조회' 버튼을 클릭하여 누락된 과세매입의 공급가액을 확인한다.

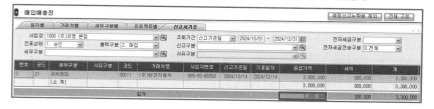

---

11. 기간비용현황

✏️ ERP 메뉴 찾아가기

회계관리 ▶ 전표/장부관리 ▶ 기간비용현황

당기에 발생한 비용, 수익 중 결산일 기준으로 경과한 금액과 미경과한 금액이 있는 경우 경과한 금액은 비용, 수익 계정으로, 미경과한 금액은 '1.선급비용', '2.선수수익'으로 처리하는 메뉴이다. 입력 탭에 자료를 입력하면 자동으로 선급 잔액이 계산된다. 기간비용현황 탭에서는 당해 연도 가입 내역 및 전기에 가입하여 당기에 비용처리해야 하는 내역이 모두 조회되며, 조회기간의 비용처리 금액과 선급비용 잔액을 확인할 수 있다. 선급비용의 잔액 또는 당기에 처리될 비용의 금액은 전표를 처리하지 않고 해당 탭의 '선급잔액'과 '조회기간비용'란에서 확인할 수 있다.

실무 연습문제 기간비용현황

당사는 선급비용에 대해서 기간비용 관리를 하고 있다. (주)유명 본점의 2024년 12월 결산 시 기간비용으로 인식할 금액은?

① 213,694원   ② 493,295원
③ 599,149원   ④ 978,281원

정답 ①

기간비용현황 탭에서 '구분: 1.선급비용', '계약기간: 2024/01~2024/12'로 조회한다.

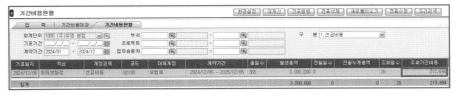

---

12. 외화명세서

ERP 메뉴 찾아가기

회계관리 ▶ 전표/장부관리 ▶ 외화명세서

회사가 보유하고 있는 외화예금 계정에 대해서 일본엔화(JPY), 원화(KRW), 미국달러(USD), 유럽연합유로(EUR) 등 환종별로 관리하는 메뉴이다. 발생 금액은 거래 당시 원화 금액, 발생외화는 거래 당시 외화 금액이다.

실무 연습문제 외화명세서

[1] (주)유명 본점이 2024년 12월 말 기준 외화예금으로 보유하고 있는 미국달러(USD) 잔액은? ➕ 기출유형 압축노트 | p.21

① 1,000달러   ② 25,000달러
③ 100,000달러   ④ 126,000달러

정답 ②

잔액 탭에서 '기표기간: 2024/01/01~2024/12/31', '계정과목: 10302.외화예금'으로 조회한다.

[2] 2024년 12월 말 결산 시 기준환율이 아래와 같은 경우 (주)유명 본점의 외화환산이익이 큰 환종 순으로 나열한 것은?

> [기준환율]
> • EUR(유럽연합유로): 1유로(€) = 1,300원
> • JPY(일본엔화): 100엔(¥) = 1,050원
> • USD(미국달러): 1달러($) = 1,155원

① EUR > JPY > USD   ② EUR > USD > JPY
③ USD > JPY > EUR   ④ USD > EUR > JPY

정답 ②

잔액 탭에서 '기표기간: 2024/12/31〜2024/12/31', '계정과목: 10302.외화예금'으로 조회한다.
• EUR: 1,000유로×1,300원/유로 − 1,100,000원 = 200,000원
• JPY: 100,000엔×10.50원/엔 − 1,031,000원 = 19,000원
• USD: 25,000달러×1,155원/달러 − 28,750,000원 = 125,000원

---

13. 지출증빙서류검토표(관리용)

> 🔍 **ERP 메뉴 찾아가기**
>
> 회계관리 ▶ 전표/장부관리 ▶ 지출증빙서류검토표(관리용)

지출증명서류를 수취해야 하는 거래가 발생한 경우 작성하는 서식이다(유형자산, 무형자산, 재고자산, 비용). 법인조정 서식인 지출증빙서류검토표를 간편하게 작성할 수 있도록 제공되는 관리용 메뉴로 집계 탭과 상세내역 탭으로 구성되어 있다.
① 집계 탭: 표준재무제표의 계정과목(이하 '표준과목')의 증빙별로 금액을 합산해서 조회
② 상세내역 탭: 표준과목의 각 증빙별로 상세 거래내역 조회
오른쪽 상단의 '계정설정' 버튼을 클릭하면 '표준재무제표 계정과목설정' 창이 실행되며 재무상태표(대차대조표), 손익계산서 및 원가명세서와 관련된 계정이 기본으로 설정되어 있다.

💡 **TIP**

집계 탭에서 표준과목을 더블클릭하면 상세내역 탭이 자동으로 조회되며, 상세내역 탭에서 더블클릭하면 다시 해당 전표로 이동한다.

오른쪽 상단의 '증빙설정' 버튼을 클릭하면 [전표입력] 메뉴에서 설정하는 증빙과 [지출증빙서류검토표(관리용)] 메뉴에서 조회되는 적격증빙 관계가 등록되어 있다.

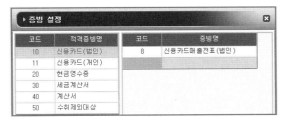

코드	적격증빙명	코드	증빙명
10	신용카드(법인)	8	신용카드매출전표(법인)
11	신용카드(개인)	8A	신용카드매출전표(개인)
20	현금영수증	9A	현금영수증
30	세금계산서	1	세금계산서
		4	거래명세서
40	계산서	2	계산서
50	수취제외대상	3	영수증(일반경비)
		3A	영수증(기업업무추진비)
		98	기업업무추진비명세작성분
		99	송금명세서작성분

[지출증빙서류검토표(관리용)] 메뉴의 집계 탭에서 1/4분기 손익계산서를 조회하면 다음과 같다.

상세내역 탭에서 상품 계정을 살펴보면 증빙별로 금액을 확인할 수 있다.

(주)유명 본점은 2024년 1월 말의 지출증빙서류검토표를 작성하려고 한다. 적격증빙 성격에 맞는 핵심ERP 증빙의 연결이 올바르게 설정이 되었는지 확인 후 증빙별 합계 금액으로 옳지 않은 것은?

[적격증빙별 전표증빙]
- 10.신용카드(법인) – 8.신용카드매출전표(법인)
- 11.신용카드(개인) – 8A.신용카드매출전표(개인)
- 20.현금영수증 – 9A.현금영수증
- 30.세금계산서 – 1.세금계산서, 4.거래명세서
- 40.계산서 – 2.계산서

① 계산서 – 1,418,000원
② 세금계산서 – 41,000,000원
③ 신용카드(개인) – 660,000원
④ 신용카드(법인) – 480,000원

정답 ①

집계 탭에서 '기표기간: 2024/01/01~2024/01/31', '재무제표: 2.손익계산서'로 조회한다. 증빙서류별 금액을 확인하면 계산서에 조회되는 금액은 0원이다.

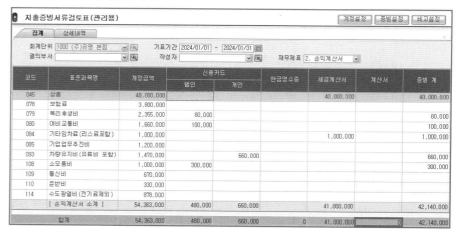

코드	표준과목명	계정금액	신용카드 법인	신용카드 개인	현금영수증	세금계산서	계산서	증빙 계
045	상품	40,000,000				40,000,000		40,000,000
078	보험료	3,800,000						
079	복리후생비	2,355,000	80,000					80,000
080	여비교통비	1,660,000	100,000					100,000
084	기타임차료(리스료포함)	1,000,000				1,000,000		1,000,000
085	기업업무추진비	1,200,000						
093	차량유지비(유류비 포함)	1,470,000		660,000				660,000
108	소모품비	1,000,000	300,000					300,000
109	통신비	670,000						
110	운반비	330,000						
114	수도광열비(전기료제외)	878,000						
	[손익계산서 소계]	54,363,000	480,000	660,000		41,000,000		42,140,000
	합계	54,363,000	480,000	660,000	0	41,000,000	0	42,140,000

14. 채권년령분석

🔍 ERP 메뉴 찾아가기

회계관리 ▶ 전표/장부관리 ▶ 채권년령분석

회사의 매출채권이나 대여금 등을 포함한 모든 채권은 항상 대손의 가능성이 존재한다. 기업은 거래처별 채권 잔액에 대하여 경과일수별로 분석하여 대손 추산의 분석자료로 활용한다. [채권년령분석] 메뉴는 기준 월 현재의 외상매입금, 외상매출금 등의 채권, 채무와 관련하여 월별 미회수 및 미지급 잔액을 조회하는 거래처별 연령분석에 관한 메뉴이다. 전개월수는 최대 60개월까지 조회가 가능하다.

채권년령분석				조건검색	환경설정

회계단위 1000 (주)유명 본점 ▼ 🔍   채권잔액일자 ▢▢/▢▢/▢▢ 📅   전개월수 ▢▢▢
계정과목 1.계정별 ▼   🔍
▶   잔액보유분 0.전체 ▼

코드	거래처명	금융기관	계좌번호	예금주	미지급액
합 계					

실무 연습문제   채권년령분석

(주)유명 본점은 외상매출금에 대하여 선입선출법 기준으로 채권년령을 관리하고 있다. 2024년 6월 말 기준으로 3개월 전까지의 채권년령에 대한 설명으로 옳은 것은?

➕ 기출유형 압축노트 Ⅰ p.21

① 미회수 외상매출금이 가장 큰 거래처는 (주)성호기업이다.
② 2024년 2/4분기 (주)형광공업 거래처에서 발생한 외상매출금은 없다.
③ (주)성호기업 거래처에서 미회수된 외상매출금은 118,366,000원이다.
④ (주)중원은 3개월 이상 반제되지 않은 외상매출금이 존재한다.

정답 ②

'채권잔액일자: 2024/06/30', '전개월수: 3', '계정과목: 1.계정별, 10800.외상매출금'으로 조회한다. (주)형광공업은 4월~6월에 조회되는 금액이 없으므로 발생한 외상매출금은 없다.
① (주)주안실업이 채권잔액 278,990,000원으로 미회수 금액이 가장 큰 거래처이다.
③ (주)성호기업 거래처에서 미회수된 외상매출금은 247,366,000원이다.
④ '조회기간 이전'란에 금액이 없는 거래처는 선입선출법에 따라 회수가 된 경우이다. (주)중원은 '조회기간 이전'란에 조회되는 금액이 없으므로 3개월 이상 반제되지 않은 금액은 없다.

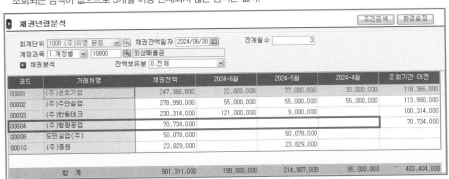

코드	거래처명	채권잔액	2024-6월	2024-5월	2024-4월	조회기간 이전
00001	(주)성호기업	247,366,000	22,000,000	77,000,000	30,000,000	118,366,000
00002	(주)주안실업	278,990,000	55,000,000	55,000,000	55,000,000	113,990,000
00003	(주)한동테크	230,314,000	121,000,000	9,000,000		100,314,000
00004	(주)형광공업	70,734,000				70,734,000
00008	도민실업(주)	50,078,000		50,078,000		
00010	(주)중원	23,829,000		23,829,000		
	합 계	901,311,000	198,000,000	214,907,000	85,000,000	~ 403,404,000

15. 채권채무잔액조회서

🔍 ERP 메뉴 찾아가기

회계관리 ▶ 전표/장부관리 ▶ 채권채무잔액조회서

[계정과목등록] 메뉴에 등록된 채권, 채무 계정에 대해 잔액을 조회하고, 채권채무조회서를 작성하는 메뉴이다. 거래처에 채권채무조회서를 발송하여 채권, 채무 내역을 확인 요청할 때 사용한다. 채권채무잔액, 채권채무조회서, 여신한도체크 탭으로 구성되어 있다.

실무 연습문제 채권채무잔액조회서

다음 중 (주)유명 본점의 2024년 1월 31일 기준 채권, 채무의 합계 금액을 조회했을 때 채권과 채무가 동시에 발생하지 않는 거래처는 어디인가? (단, 당사는 외상매출금, 받을어음, 미수금을 채권 계정으로, 외상매입금, 지급어음, 미지급금을 채무 계정으로 시스템에 등록하여 사용하고 있다)

➕ 기출유형 압축노트 l p.22

① (주)성호기업
② (주)주안실업
③ (주)한동테크
④ (주)형광공업

정답 ④

채권채무잔액 탭에서 '기준일자: 2024/01/31'로 조회한다.

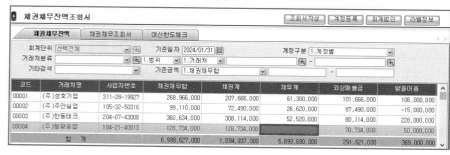

코드	거래처명	사업자번호	채권채무합	채권계	채무계	외상매출금	받을어음
00001	(주)성호기업	311-28-19927	268,966,000	207,666,000	61,300,000	101,666,000	106,000,000
00002	(주)주안실업	105-32-50316	99,110,000	72,490,000	26,620,000	87,490,000	-15,000,000
00003	(주)한동테크	204-07-43008	360,634,000	308,114,000	52,520,000	80,114,000	228,000,000
00004	(주)형광공업	104-21-40013	128,734,000	128,734,000		70,734,000	50,000,000
	합계		6,988,627,000	1,094,937,000	5,893,690,000	291,621,000	369,000,000

고정자산관리 실습하기

본 챕터는 '[백데이터] PART 05 실무 시뮬레이션'을 복원한 후 '회사: 1002.회사A', '사원: ERP13A02.김은찬'
으로 로그인하여 학습하세요(사원암호는 입력하지 않음).
※ 2024 버전 핵심ERP 프로그램을 사용하세요.

1 고정자산등록

⌖ ERP 메뉴 찾아가기

회계관리 ▶ 고정자산관리 ▶ 고정자산등록

1. 고정자산관리 프로세스

핵심ERP 프로그램은 감가상각을 진행하기 전에 [시스템환경설정] 메뉴에서 감가상각비
계산에 관련된 요소를 입력해야 한다. '회사A'의 [시스템환경설정] 메뉴에서 조회구분
'2.회계'로 조회하면 다음과 같다.

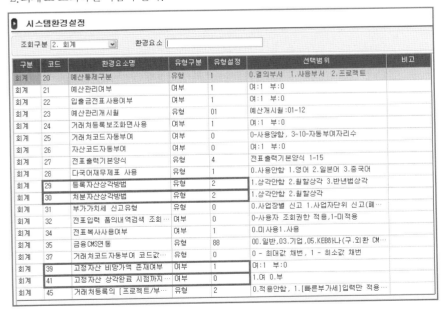

구분	코드	환경요소명	유형구분	유형설정	선택범위	비고
회계	20	예산통제구분	유형	1	0.결의부서 1.사용부서 2.프로젝트	
회계	21	예산관리여부	여부	1	여:1 부:0	
회계	22	입출금전표사용여부	여부	1	여:1 부:0	
회계	23	예산관리개시월	유형	01	예산개시월:01~12	
회계	24	거래처등록보조화면사용	여부	1	여:1 부:0	
회계	25	거래처코드자동부여	여부	0	0-사용않함, 3~10-자동부여자리수	
회계	26	자산코드자동부여	여부	0	여:1 부:0	
회계	27	전표 출력기본양식	유형	4	전표 출력기본양식 1~15	
회계	28	다국어재무제표 사용	유형	1	0.사용안함 1.영어 2.일본어 3.중국어	
회계	29	등록자산상각방법	유형	2	1.상각안함 2.월할상각 3.반년법상각	
회계	30	처분자산상각방법	유형	2	1.상각안함 2.월할상각	
회계	31	부가가치세 신고유형	유형	0	0.사업장별 신고 1.사업자단위 신고(폐…	
회계	32	전표입력 품의내역검색 조회 …	여부	0	0-사용자 조회권한 적용,1-미적용	
회계	34	전표복사사용여부	여부	1	0.미사용1.사용	
회계	35	금융 CMS연동	유형	88	00.일반,03.기업,05.KEB하나(구.외환 CM…	
회계	37	거래처코드자동부여 코드값…	유형	0	0 - 최대값 채번, 1 - 최소값 채번	
회계	39	고정자산 비망가액 존재여부	여부	1	여:1 부:0	
회계	41	고정자산 상각완료 시점까지 …	여부	0	1.여 0.부	
회계	45	거래처등록의 [프로젝트/부…	유형	2	0.적용안함, 1.[빠른부가세]입력만 적용	

코드 및 환경요소명	유형설정	설명
29.등록자산상각방법	2.월할상각	등록된 감가상각자산은 월할상각으로 감가상각비를 월별로 계산한다.
30.처분자산상각방법	2.월할상각	선택 처분하는 유형자산도 사용한 월만큼 상각한다.
39.고정자산 비망가액 존재여부	1.여	고정자산의 내용연수가 끝나고 비망가액을 둔다.
41.고정자산 상각완료 시점까지 월할상각 여부	0.부	고정자산의 상각완료 시점까지 월할상각을 하지 않는다.

2. 고정자산등록

[고정자산등록] 메뉴에 감가상각자산을 입력하면 자동으로 감가상각비가 계산되며 결산에도 자동으로 반영된다. 자산유형에 등록 또는 조회하고자 하는 자산을 검색하여 선택하면 자산을 등록할 수 있는 화면과 함께 기존에 등록된 자산이 있다면 자산의 감가상각 진행을 확인할 수 있다.

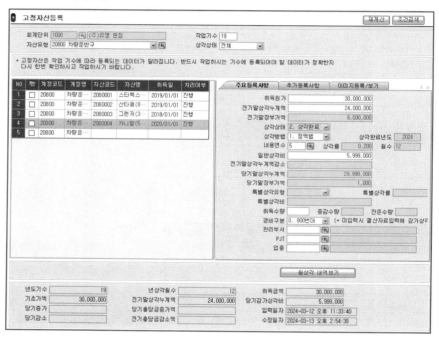

이후 감가상각자산에 변화가 발생한 경우 추가등록사항 탭으로 이동하여 자산변동처리에 반영한다. 자산변동처리가 가능한 항목은 1.자본적 지출, 2.양도, 3.폐기, 4.부서이동, 5.PJT이동이다.

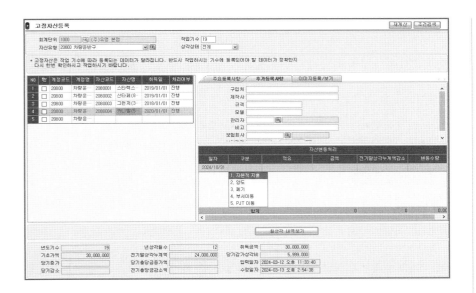

실무 연습문제 고정자산등록

⊕ 기출유형 압축노트 I p.23

[1] (주)유명 본점은 보유하고 있던 차량운반구 자산 중 '2080004.카니발(5514)'을 전체 양도하였다. 다음 자료를 참고하여 자산양도처리한 후 '2080004.카니발(5514)' 자산의 당해 감가상각비 금액은 얼마인가? (단, 당사는 ERP 프로그램을 통해 고정자산상각비를 계산한다)

- 자산유형: 차량운반구
- 자산명: 카니발(5514)
- 양도금액: 30,000,000원(전체 양도)
- 자산코드: 2080004
- 양도일: 2024.10.31.

① 4,999,168원
② 6,000,000원
③ 7,000,000원
④ 8,000,000원

정답 ①

'자산유형: 20800.차량운반구'로 조회하고 추가등록사항 탭에서 양도처리하고 하단의 '당기감가상각비'란을 확인한다.

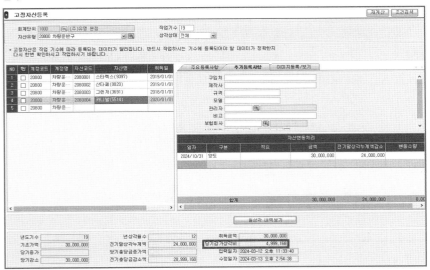

[2] 핵심ERP에서는 보유 중인 자산에 대해 자산변동처리가 가능하다. 다음 중 자산변동처리가 불가한 항목은?

① 자본적 지출
② 사업장 이동
③ 프로젝트 이동
④ 자산 폐기

정답 ②

'자산유형: 전체'로 조회한다. 추가등록사항 탭으로 이동하여 자산변동처리의 '일자'란에 임의의 날짜를 등록하고 '구분'란을 클릭하여 항목을 확인한다. 자산변동처리가 가능한 항목은 1.자본적 지출, 2.양도, 3.폐기, 4.부서이동, 5.PJT이동이다.

[3] 다음 내용을 참고하여 [고정자산등록] 메뉴에 입력한 후 해당 입력 자산의 당기 일반상각비 금액을 조회하면 얼마인가?

- 회계단위: (주)유명 본점
- 자산유형: 비품
- 자산코드: 21200008
- 자산명: 복합기
- 취득 금액: 24,000,000원
- 취득일: 2024/12/01
- 상각방법: 정액법
- 내용연수: 5년
- 경비구분: 800번대
- 관리부서: 재경부

① 200,000원
② 400,000원
③ 480,000원
④ 520,000원

정답 ②

'자산유형: 21200.비품'으로 조회하여 주어진 내역을 입력한 후 하단의 '당기감가상각비'란을 확인한다.

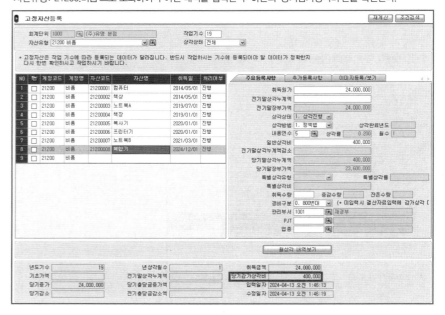

2 감가상각비현황

ERP 메뉴 찾아가기

회계관리 ▶ 고정자산관리 ▶ 감가상각비현황

[고정자산등록] 메뉴에 입력된 고정자산의 감가상각 내용을 총괄, 부서별, PJT별로 조회할 수 있는 메뉴로 손익계산서에 반영될 감가상각비 금액을 확인할 수 있다. 당기에 취득한 자산은 '당기증가액'란에 취득원가로 조회되고 당기 이전에 취득한 자산은 '기초가액'란에 조회된다. 만약 [고정자산등록] 메뉴에서 추가등록사항으로 자본적 지출을 반영하게 되면 이 또한 '당기증가액'란에 반영된다.

[감가상각비현황] 메뉴에서 오른쪽 상단의 '검색상세' 버튼을 클릭하면 '조건검색' 창이 조회된다. 이 창에서 계정과목과 자산코드 조건을 설정하여 빠르게 고정자산의 변동현황을 조회할 수 있다.

실무 연습문제 감가상각비현황

[1] 다음 내용을 참고하여 [고정자산등록] 메뉴에 입력한 후 (주)유명 본점의 2024년 3분기 결산 시 손익계산서에 계상할 비품의 감가상각비를 조회하면 얼마인가? ➕ 기출유형 압축노트 I p.24

- 회계단위: (주)유명 본점
- 자산코드: 21200009
- 취득 금액: 1,000,000원
- 상각방법: 정액법
- 경비구분: 800번대

- 자산유형: 비품
- 자산명: 휴대폰
- 취득일: 2024/07/01
- 내용연수: 5년
- 관리부서: 재경부

① 204,363원
② 204,350원
③ 613,063원
④ 663,052원

정답 ④

• [고정자산등록] 메뉴에서 '자산유형: 21200.비품'으로 조회하여 주어진 내역을 입력한다.

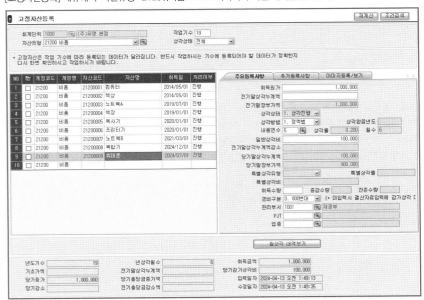

• 총괄 탭에서 '경비구분: 0.800번대', '기간: 2024/07∼2024/09'로 조회한다.

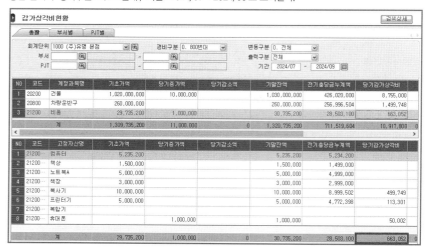

[2] (주)유명 본점에서 2024년 1월 말 결산 시 제조원가보고서에 계상할 기계장치의 감가상각비는 얼마인가?

① 206,338원

② 1,633,623원

③ 1,663,623원

④ 2,184,834원

정답 ③

총괄 탭에서 '경비구분: 1.500번대', '기간: 2024/01'로 조회한다.

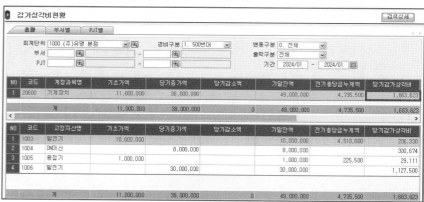

[3] (주)유명 본점은 고정자산등록 시 프로젝트(PJT)를 등록하여 관리하던 중 기계장치 자산으로 등록된 '1005.용접기'의 프로젝트(PJT)가 누락된 것을 발견하였다. 해당 자산의 프로젝트를 '1004.대전공장'으로 등록한 후 (주)유명 본점의 2024년 결산 시 제조원가보고서에 계상할 '1004.대전공장' 프로젝트로 등록된 기계장치의 감가상각비를 조회하면 얼마인가?

① 225,500원

② 344,299원

③ 349,299원

④ 399,299원

정답 ③

- [고정자산등록] 메뉴에서 '자산유형: 20600.기계장치'로 조회하고 'PJT: 1004.대전공장'을 입력한다.

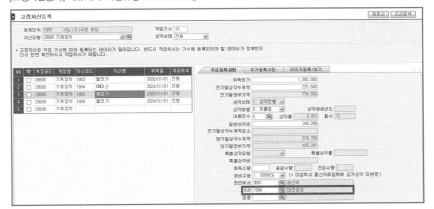

- 총괄 탭에서 '경비구분: 1.500번대', 'PJT: 1004.대전공장', '기간: 2024/01~2024/12'로 조회한다.

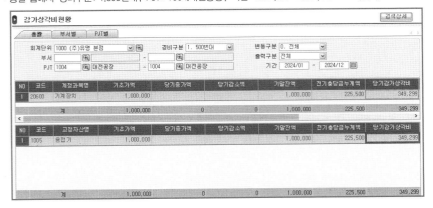

---

3 고정자산변동현황

ERP 메뉴 찾아가기

회계관리 ▶ 고정자산관리 ▶ 고정자산변동현황

[고정자산등록] 메뉴의 추가등록사항 탭에서 자산별로 자산변동관리를 했던 내용을 전체적으로 조회할 수 있는 메뉴이다. 자산의 변동은 1.자본적지출, 2.양도, 3.폐기, 4.부서이동, 5. PJT이동으로 구분된다. 2024년 1월부터 12월까지 고정자산의 변동현황을 조회하면 다음과 같다.

CHAPTER

결산/재무제표관리
실습하기

➕ **실습 방법**

본 챕터는 '[백데이터] PART 05 실무 시뮬레이션'을 복원한 후 '회사: 1002.회사A', '사원: ERP13A02.김은찬'
으로 로그인하여 학습하세요(사원암호는 입력하지 않음).
※ 2024 버전 핵심ERP 프로그램을 사용하세요.

---

1 결산자료입력

🔍 **ERP 메뉴 찾아가기**

회계관리 ▶ 결산/재무제표관리 ▶ 결산자료입력

1. 결산방법

핵심ERP 프로그램은 [전표입력] 메뉴에 직접 결산 회계처리를 하는 방법과 [결산자료입력] 메뉴를 통해 결산금액을 입력하면 자동으로 결산분개가 처리되는 방법이 있다.

2. [전표입력] 결산방법

[전표입력] 메뉴에 결산분개를 직접 입력하여 결산하는 방법이다.

(1) 소모품 정리

결산일을 기준으로 소모품의 사용액은 소모품비(비용) 계정으로, 미사용액은 소모품(자산) 계정으로 처리해야 한다. 구입 시 처리한 계정에 따라 회계처리가 달라진다.

① 구입 시 소모품(자산) 계정으로 처리한 경우 사용액을 비용처리한다. [합계잔액시산표] 메뉴에서 소모품 계정의 금액을 확인한 후 미사용액을 차감한 사용액을 차변에 소모품비 계정으로 기록하고 대변에서 소모품(자산)을 감소시킨다.

② 구입 시 소모품비(비용) 계정으로 처리한 경우 미사용액을 자산처리한다. 회사 창고에 남아 있는 미사용한 소모품을 확인하여 미사용액을 차변에 소모품(자산) 계정으로 기록하고 대변에서 소모품비(비용)를 감소시킨다.

(2) 유가증권 평가(단기매매증권, 매도가능증권)

① 단기매매증권의 장부 금액보다 공정가액이 상승한 경우 단기매매증권평가이익(영업외수익)을 인식하고, 반대로 공정가액이 하락한 경우 단기매매증권평가손실(영업외비용)을 인식한다.

② 매도가능증권의 장부 금액보다 공정가액이 상승한 경우 매도가능증권평가이익(기타포괄손익누계액)을 인식하고, 반대로 공정가액이 하락한 경우 매도가능증권평가손실(기타포괄손익누계액)을 인식한다. 단, 매도가능증권평가손익은 상계처리한다.

(3) 장부상 잔액과 실제 잔액의 차이

① 실제 잔액보다 장부상 잔액이 많은 경우 차변에 현금과부족, 대변에 현금으로 회계처리한다. 원인이 결산까지 파악되지 않는다면 차변에 잡손실, 대변에 현금과부족으로 상계처리한다.

② 실제 잔액보다 장부상 잔액이 적은 경우 차변에 현금, 대변에 현금과부족으로 회계처리한다. 원인이 결산까지 파악되지 않는다면 차변에 현금과부족, 대변에 잡이익으로 상계처리한다.

(4) 외화자산 및 부채의 평가

① 외화자산을 보유하는 경우 결산일의 기준환율에 따라 환율이 상승하면 외화환산이익, 환율이 하락하면 외화환산손실을 인식한다.

② 외화부채를 보유하는 경우 결산일의 기준환율에 따라 환율이 상승하면 외화환산손실, 환율이 하락하면 외화환산이익을 인식한다.

(5) 부가가치세 정리

2기 확정 부가가치세 납부세액에 대한 회계처리를 정리한다. 매출세액인 부가세예수금과 매입세액인 부가세대급금을 정리하고 납부세액은 미지급세금으로 처리한다.

(6) 가지급금과 가수금의 정리

가지급금과 가수금은 임시 계정이므로 적절한 계정과목으로 정리한다.

(7) 기말재고자산 중 재고자산감모손실과 재고자산평가손실

① 재고자산 수량 감소 성격에 따라 정상감모손실은 매출원가 가산 항목으로 별도의 회계처리가 없다. 하지만 비정상감모손실은 차변에 재고자산감모손실(영업외비용) 계정으로 회계처리하고 대변에 상품 및 제품의 타계정대체 출고를 체크한다.

② 재고자산의 가격이 하락하는 재고자산평가손실은 차변에 재고자산평가손실을 인식하고 대변에 재고자산 평가충당금으로 처리한다.

(8) 장기차입금의 유동성 대체

상환기간이 1년 이내에 도래할 경우 차변에 장기차입금을 기록하고 대변에 유동성 장기부채 계정을 사용한다.

(9) 발생주의에 따른 수익비용

선급비용, 선수수익, 미수수익, 미지급비용 계정에 대해서 발생주의에 따라 회계처리한다.

3. [결산자료입력] 결산방법

프로그램 화면에 표시되는 결산정리 항목에 금액만 입력하면 자동으로 회계처리되는 방법이다. 결산자료 탭에서 자동결산과 관련하여 입력할 수 있는 항목을 확인할 수 있다. '1.매출액'부터 '10.당기순이익'까지 '분개대상금액'란에 금액을 입력하면 손익계산서 작성을 위한 결산수정분개가 자동으로 작업된다. '기말재고액'란에 금액을 입력할 경우 매출원가가 산출되고 이외에도 감가상각비, 퇴직급여, 대손상각비, 법인세에 대한 결산수정분개 내용을 입력할 수 있다.

오른쪽 상단의 '감가상각' 버튼를 클릭하면 다음과 같은 창이 나타난다. '예'를 선택하면 [고정자산등록] 메뉴에 기록된 감가상각비가 자동으로 반영된다.

실무 연습문제 결산자료입력

[1] 다음 [보기]의 기말정리사항을 입력한 후 2024년 6월 말 결산 시 당기순손실을 구하시오. ⊕ 기출유형 압축노트 | p.25

> ┌ 보기 ┐
> 1. 기말재고: 상품 7,000,000원, 원재료 5,000,000원, 제품 8,000,000원
> 2. 고정자산등록의 자료를 결산에 반영하며, 그 외 기말정리사항은 없다.

① 903,500,000원   ② 1,587,412,919원

③ 1,114,040,000원   ④ 1,125,587,270원

정답 ④

- 결산자료 탭에서 '기간: 2024/01~2024/06'으로 조회한 후 오른쪽 상단의 '감가상각' 버튼을 클릭해 고정자산 등록의 자료를 반영하고 기말상품재고액란에 7,000,000원, 기말원재료재고액란에 5,000,000원, 기말제품재고 액란에 8,000,000원을 입력한다.

- 하단의 당기순이익 금액이 (-)이므로 당기순손실은 1,125,587,270원이다.

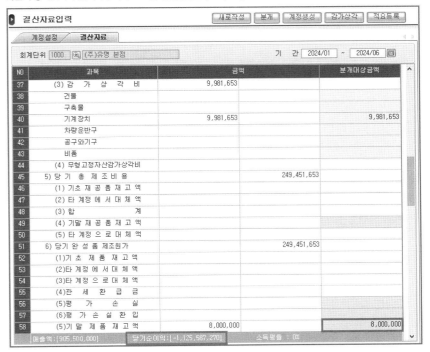

[2] (주)유명 본점은 실제원가계산을 사용하고 있다. 2024년 1월 말 현재 제품 생산과 관련된 재료비의 실제 소비가격이 단위당 2,000원, 기말원재료재고액이 5,000,000원인 경우 실제 재료소비량과 기초원가는 얼마인가? (단, 제조원가는 모두 직접원가이다)

① 소비량: 3,700단위, 기초원가: 28,675,000원
② 소비량: 3,700단위, 기초원가: 21,275,000원
③ 소비량: 4,000단위, 기초원가: 28,675,000원
④ 소비량: 4,000단위, 기초원가: 21,275,000원

정답 ①

- 결산자료 탭에서 '기간: 2024/01~2024/01'로 조회하고 기말원재료재고액란에 5,000,000원을 입력하면 원재료비는 7,400,000원이 된다.
- 실제 재료소비량: 원재료비 7,400,000원 ÷ 단위당 실제 소비가격 2,000원 = 3,700단위
- 기초원가: 원재료비 7,400,000원 + 노무비 21,275,000원 = 28,675,000원

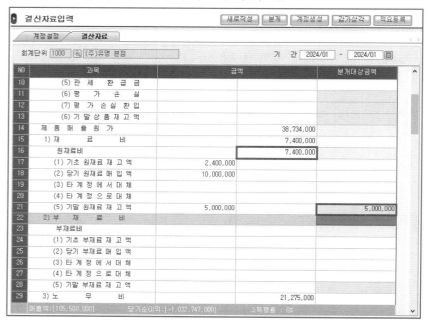

2 합계잔액시산표

⊘- ERP 메뉴 찾아가기

회계관리 ▶ 결산/재무제표관리 ▶ 합계잔액시산표

결산 전 회사가 계상한 계정별로 회계처리한 차변과 대변의 금액에 대해서 합계와 잔액을 나눠서 조회할 수 있는 메뉴로 계정별, 세목별, 제출용 탭별로 구분해서 볼 수 있다.

📝 TIP

소모품 계정 결산정리, 유가증권(단기매매증권)평가, 대손상각비 설정 문제가 주로 출제된다.

	차 변		계정과목	대 변	
잔 액	합 계			합 계	잔 액
11,036,783,995	15,092,247,095		<< 자 산 >>	4,390,026,940	334,563,840
9,324,579,795	13,379,011,895		[유 동 자 산]	4,059,703,410	5,271,310
7,250,179,795	11,303,611,895		< 당 좌 자 산 >	4,058,703,410	5,271,310
51,139,900	169,520,000		[10100]현 금	118,380,100	
-365,356,000			[10200]당 좌 예 금	365,356,000	
3,551,898,100	5,212,984,100		[10300]제 예 금	1,661,086,000	
200,000,000	200,000,000		[10500]정 기 예. 적 금		
1,100,000,000	1,100,000,000		[10600]기타 단기금융 상품		
140,000,000	140,000,000		[10700]단기매매증권		
823,111,000	2,696,721,000		[10800]외 상 매 출 금	1,873,610,000	
			[10900]대 손 충 당 금	2,951,310	2,951,310
582,300,000	617,300,000		[11000]받 을 어 음	35,000,000	
			[11100]대 손 충 당 금	2,320,000	2,320,000
516,816,000	516,816,000		[12000]미 수 금		
10,500,000	10,500,000		[12200]소 모 품		
4,643,995	4,643,995		[13300]선 급 비 용		
635,096,000	635,096,000		[13500]부 가 세 대 급 금		
12,324,511,095	17,854,045,195		합 계	17,854,045,195	12,324,511,095

3 재무상태표

🔍 ERP 메뉴 찾아가기

회계관리 ▶ 결산/재무제표관리 ▶ 재무상태표

관리용, 제출용, 세목별 탭별로 구분하여 조회할 수 있으며, 회사의 자산, 부채, 자본 항목에 대해서 전기와 당기를 비교하며 확인할 수 있다. 관리용 탭은 회계처리한 계정별로 조회되며, 제출용 탭은 계정이 묶여서 조회된다. 예를 들어 관리용 탭에서 현금, 당좌예금, 제예금으로 각각 조회된다면, 제출용 탭에서는 현금 및 현금성자산으로 통합된 계정으로 조회된다. 자산 및 부채는 유동성 배열법에 따라 유동성이 큰 유동자산 및 유동부채부터 배열되어 있다. 세목별 탭에서는 [계정과목등록] 메뉴에 등록한 세목으로 조회되며 제예금 계정이 보통예금, 외화예금으로 구분되어 조회된다. 재무상태표는 조회하는 메뉴이므로 입력을 할 수 없다.

실무 연습문제 재무상태표

[1] (주)유명 본점의 2024년 3월 말 결산 시 소모품의 기말재고액은 3,500,000원이다. 장부의 금액을 확인한 후 이와 관련된 기말결산 수정분개로 옳은 것은? (단, 소모품은 취득 시 자산 처리하였다)

⊕ 기출유형 압축노트 | p.26

① (차) 소모품   3,500,000   (대) 소모품비   3,500,000
② (차) 소모품비   3,500,000   (대) 소모품   3,500,000
③ (차) 소모품   7,000,000   (대) 소모품비   7,000,000
④ (차) 소모품비   7,000,000   (대) 소모품   7,000,000

정답 ④

사용액: 소모품 재고액 10,500,000원 − 기말재고액 3,500,000원 = 7,000,000원

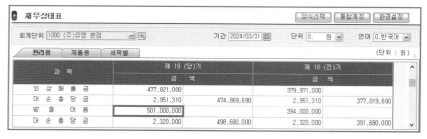

[2] (주)유명 본점은 2024년 3월 말 결산 시 받을어음에 대해 1%의 대손충당금을 설정하려고 한다. 다음 중 회계처리로 옳은 것은?

① (차) 대손상각비   2,320,000   (대) 대손충당금   2,320,000
② (차) 대손상각비   2,690,000   (대) 대손충당금   2,690,000
③ (차) 대손충당금   2,320,000   (대) 대손충당금환입   2,320,000
④ (차) 대손충당금   2,690,000   (대) 대손충당금환입   2,690,000

정답 ②

- 관리용 탭에서 '기간: 2024/03/31'로 조회한다.
- 대손상각비: 받을어음 잔액 501,000,000원 × 대손율 1% − 대손충당금 잔액 2,320,000원 = 2,690,000원

과 목	제 19 (당)기		제 18 (전)기	
	금 액		금 액	
외 상 매 출 금	477,821,000		379,971,000	
대 손 충 당 금	2,951,310	474,869,690	2,951,310	377,019,690
받 을 어 음	501,000,000		394,000,000	
대 손 충 당 금	2,320,000	498,680,000	2,320,000	391,680,000

4 손익계산서

ERP 메뉴 찾아가기

회계관리 ▶ 결산/재무제표관리 ▶ 손익계산서

재무상태표와 마찬가지로 관리용, 제출용, 세목별 탭별로 조회할 수 있다. 일정 기간 동안의 수익과 비용을 구분하고, 전기와 당기를 비교할 수 있으며 조회하는 메뉴이므로 입력은 할 수 없다. 세목별에서는 관리용과 제출용에서 표시하지 않는 세목까지 조회가 가능하다.

실무 연습문제 손익계산서

[1] (주)유명 본점의 2024년 6월 말 상품과 제품의 총 판매량이 250,000개일 때, 당기의 손익분기점 판매량은 몇 개인가? (단, 상품과 제품의 판매단가는 동일하다)

• 단위당 변동비: 1,622원	• 총 고정비: 400,000,000원

① 100,000개
③ 300,000개

② 200,000개
④ 400,000개

정답 ②

- 관리용 탭에서 '기간: 2024/06/30'으로 조회한다.
- 단위당 매출액: 매출액 905,500,000원÷판매량 250,000개=3,622원
- 손익분기점 판매량: 고정비 400,000,000원÷(단위당 매출액 3,622원 − 단위당 변동비 1,622원)=200,000개

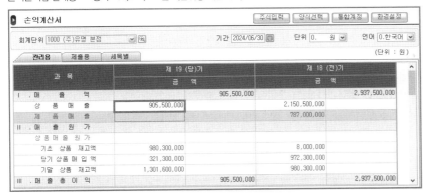

[2] (주)유명 본점은 2024년 9월 27일 상품 냉장고 1대(원가 1,500,000원, 시가 1,900,000원)를 대전시청에 기부하였다. 해당 전표입력 후 2024년 12월 말일 기준으로 상품이 타계정으로 대체된 금액은 얼마인가?

① 1,500,000원　　　　　　　　② 1,900,000원
③ 4,500,000원　　　　　　　　④ 4,900,000원

정답 ①

- [전표입력] 메뉴에서 9월 27일의 거래내역을 입력한다.

> 타계정 구분
> 재고자산 매입 이후 제조되어 판매되는 것이 아니라 원가 그대로 외부로 유출될 경우 또는 상품, 제품을 매입하는 거래 이외에 회사로 유입되는 경우, 전표입력 시 일반거래와 구분하기 위해 표기한다. 타계정 구분은 '0.일반', '1.타계정대체입고', '2.타계정대체출고'로 관리항목을 구분하고 있다.

- 관리용 탭에서 '기간: 2024/12/31'로 조회한다.

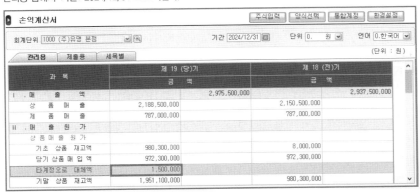

5 원가보고서

◇ ERP 메뉴 찾아가기

회계관리 ▶ 결산/재무제표관리 ▶ 원가보고서

관리용, 제출용, 세목별 탭별로 구분하여 조회할 수 있으며, 일정 기간 동안 발생한 재료비, 노무비, 제조경비 및 제조원가를 조회하는 것으로, 전기와 당기를 비교해 확인할 수 있다. 기간을 입력하고 조회하면 '매출원가 및 원가경비선택' 창이 실행되며 6가지 업종별로 설정할 수 있다. 6가지 업종은 1.제조원가, 2.공사원가, 3.임대원가, 4.분양원가, 5.운송원가, 6.기타원가로 구분되어 있다. 시험에서 부분 매출원가코드 및 계정과목은 45500.제품매출원가, 원가경비는 500번대 제조로 설정되어 있다.

실무 연습문제   원가보고서

(주)유명 본점의 2024년 상반기 제조원가보고서에 대한 설명 중 옳지 않은 것은?

⊕ 기출유형 압축노트 | p.27

① 이월된 원재료 금액은 2,400,000원이다.
② 노무비로 지출된 금액은 121,675,000원이다.
③ 제조경비가 감소하면 당기총제조비용은 증가한다.
④ 이월된 재공품 금액이 증가하여도 당기 원가보고서의 당기총제조비용은 동일하다.

정답 ③

관리용 탭에서 '기간: 2024/06/30'으로 조회한다. 제조경비가 감소하면 당기총제조비용은 감소한다.

ℹ️ TIP
'매출원가 및 원가경비선택' 창이 뜨면 '확인(ENTER)' 버튼을 누른다.

과 목	제 19 (당)기 금 액		제 18 (전)기 금 액	
I.재 료 비				456,000,000
원 재 료 비				456,000,000
기초 원재료 재고액	2,400,000		8,400,000	
당기 원재료 매입액	68,400,000		450,000,000	
기말 원재료 재고액	70,800,000		2,400,000	
II.부 재 료 비				
III.노 무 비		121,675,000		387,750,000
임 금	98,000,000		345,000,000	
상 여 금	23,675,000		42,750,000	
IV.제 조 경 비		51,995,000		92,053,000
복 리 후 생 비	15,575,000		26,895,000	
여 비 교 통 비	2,874,000		6,160,000	
접 대 비	5,720,000		2,510,000	
통 신 비	3,634,000		935,000	
가 스 수 도 료	4,956,000		2,633,000	
지 급 임 차 료	3,886,000		16,500,000	
보 험 료	7,754,000		22,350,000	
차 량 유 지 비	5,715,000		9,810,000	
사 무 용 품 비	1,881,000		4,260,000	
V.당 기 총 제 조 비 용		173,670,000		935,803,000
VI.기 초 재 공 품 재 고 액				
VII.타 계 정 에 서 대 체 액				
VIII.합 계		173,670,000		935,803,000
IX.기 말 재 공 품 재 고 액				
X.타 계 정 으 로 대 체 액				
XI.당 기 제 품 제 조 원 가		173,670,000		935,803,000

원가보고서 — 회계단위 1000 (주)유명 본점 / 제조 / 기간 2024/06/30 / 언어 0.
탭: 관리용 / 제출용 / 세목별

6 기간별손익계산서

⊘- ERP 메뉴 찾아가기

회계관리 ▶ 결산/재무제표관리 ▶ 기간별손익계산서

손익계산서를 월별, 분기별, 반기별, 전년대비 탭별로 조회해서 비교할 수 있는 메뉴이다. 회사의 매출액부터 당기순이익까지의 금액을 비교할 수 있으며 월별 탭은 1월~12월까지 매월별로, 분기별 탭은 1/4분기~4/4분기로 조회할 수 있다. 반기별 탭은 상반기, 하반기로 조회하며 전년대비 탭은 전기 1년과 당기에 설정한 기간에 대해 비교할 수 있다.

실무 연습문제 기간별손익계산서

[1] (주)유명 본점은 분기별로 손익계산서를 작성한다. 2024년에 상품을 가장 많이 매입한 분기는? ⊕ 기출유형 압축노트 l p.29

① 1/4분기 　　　　　　　　② 2/4분기
③ 3/4분기 　　　　　　　　④ 4/4분기

정답 ④

분기별 탭에서 자료를 조회하여 당기 상품매입액을 확인한다.

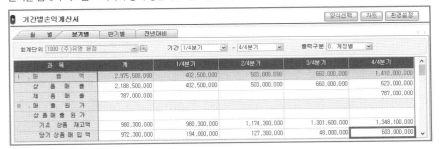

[2] 2024년 (주)유명 본점에서 사용된 판매비와 관리비 중 상반기에 비해 하반기 지출의 증가율이 가장 큰 계정은?

① 상여금 　　　　　　　　② 복리후생비
③ 여비교통비 　　　　　　④ 기업업무추진비

정답 ③

반기별 탭에서 자료를 조회하여 판매관리비 증감율을 확인한다.

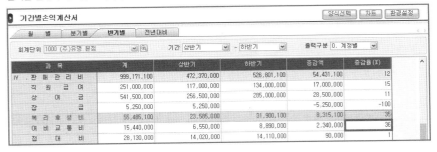

7 관리항목별손익계산서

⊗ ERP 메뉴 찾아가기

회계관리 ▶ 결산/재무제표관리 ▶ 관리항목별손익계산서

손익계산서의 자료를 회계단위별, 부문별, 부서별, PJT별, PJT분류별 탭별로 조회할 수 있는 메뉴이다. [기간별손익계산서] 메뉴가 시간별로 비교할 수 있다면, [관리항목별손익계산서] 메뉴는 장소별로 비교할 수 있다. 예를 들어 회사가 공장을 프로젝트별로 관리할 경우 공장별로 매출액을 비교해야 할 때 PJT별 탭에서 조회한다.

실무 연습문제 | 관리항목별손익계산서

[1] 핵심ERP에서는 다양하게 원가를 산출할 수 있도록 관리항목별 손익계산서를 제공하고 있다. 다음 중 원가를 산출할 수 없는 관리항목은?

① 부문별
② 비용센터별
③ 프로젝트별
④ 회계단위별

정답 ②

[2] 당사는 각 지역의 공장을 프로젝트로 관리한다. 다음 중 2024년 1년간 (주)유명 본점의 영업이익 금액이 가장 큰 공장은?

① 광주공장
② 대전공장
③ 부산공장
④ 춘천공장

정답 ④

PJT별 탭에서 'PJT: 광주공장, 부산공장, 대전공장, 춘천공장'을 선택하고 '기간: 2024/01/01～2024/12/31'로 조회한다.

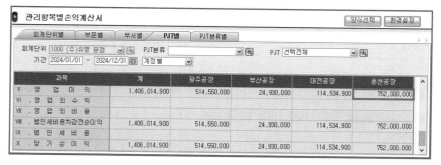

8 기간별원가보고서

ERP 메뉴 찾아가기

회계관리 ▶ 결산/재무제표관리 ▶ 기간별원가보고서

원가보고서 내용을 기간별로 조회할 수 있는 메뉴이다. 재료비, 노무비, 제조경비에 대해 월별, 분기별, 반기별, 전년대비 탭별로 조회해서 비교할 수 있다.

실무 연습문제   기간별원가보고서

[1] (주)유명 본점의 2024년 제조원가명세서에서 노무비 중 상여금이 지급되지 않은 분기는?

① 1/4분기   ② 2/4분기
③ 3/4분기   ④ 4/4분기

⊕ 기출유형 압축노트 | p.30

정답 ④

분기별 탭에서 '기간: 1/4분기~4/4분기'로 조회한다.

TIP

'매출원가 및 원가경비선택' 창이 뜨면 '확인(ENTER)' 버튼을 누른다.

[2] (주)유명 본점의 2024년 여비교통비(제조경비)를 가장 많이 지출한 분기는 언제인가?

① 1/4분기   ② 2/4분기
③ 3/4분기   ④ 4/4분기

정답 ③

분기별 탭에서 '기간: 1/4분기~4/4분기'로 조회한다.

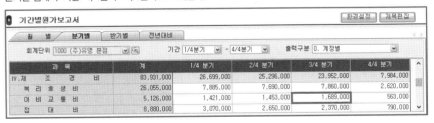

9 관리항목별원가보고서

ERP 메뉴 찾아가기

회계관리 ▶ 결산/재무제표관리 ▶ 관리항목별원가보고서

여러 조건으로 제조원가명세서를 조회하는 메뉴로 회계단위별, 부문별, 부서별, 프로젝트별, PJT분류별 탭별로 조회할 수 있다. 회사가 프로젝트로 공장을 관리하는 경우 프로젝트별 탭에서 공장별로 원가 자료를 조회할 수 있다.

실무 연습문제 관리항목별원가보고서

[1] (주)유명 본점은 전국 공장을 프로젝트별로 관리하고 있다. 2024년 3월 한 달 동안의 당기제품제조원가가 가장 높은 공장은? ⊕ 기출유형 압축노트 l p.31

① 서울공장 ② 광주공장
③ 부산공장 ④ 울산공장

정답 ①

프로젝트별 탭에서 '프로젝트: 서울공장, 광주공장, 부산공장, 울산공장'을 선택하고 '기간: 2024/03/01~2024/03/31'로 조회한다.

[2] (주)유명 본점은 공장을 프로젝트로 관리하여 제조원가보고서를 산출한다. 2024년 하반기에 복리후생비(제조원가)를 가장 많이 지출한 공장은?

① 서울공장 ② 광주공장
③ 부산공장 ④ 울산공장

정답 ①

프로젝트별 탭에서 '프로젝트: 서울공장, 광주공장, 부산공장, 울산공장'을 선택하고 '기간: 2024/07/01~2024/12/31'로 조회한다.

자금관리 실습하기

1 일자별자금계획입력

ERP 메뉴 찾아가기

회계관리 ▶ 자금관리 ▶ 일자별자금계획입력

자금계획을 수립하기 위한 메뉴로, 월별, 일자별로 항목별 입출금 예정액을 입력한다. 고정자금 기능을 이용하여 자금계획에 반영할 수 있고, [전표입력] 메뉴를 이용해 받을어음, 지급어음의 스케줄을 활용하여 자금에 반영할 수도 있다. 계획년월을 입력한 후 '자금반영' 버튼을 누르면 '고정자금 및 전표반영' 창이 나타난다. 적용년월을 확인한 후 적용, 조회 버튼을 클릭하면 해당 기간의 자금이 반영된다.

실무 연습문제 | 일자별자금계획입력

[1] (주)유명 본점은 매월 수입 및 지출에 대해 일자별자금계획을 수립하고 있다. 2024년 6월에 대한 전표와 2024년 8월에 대한 고정자금을 반영하여 자금계획을 수립하고 다음 중 2024년 8월의 자금계획수립 내역과 고정자금에 대한 설명으로 옳은 것은? ➕ 기출유형 압축노트 I p.33

① 2024년 8월 말 자금예정 잔액은 70,600,000원이다.
② 매월 20일에는 차입금상환, 일용직 인건비 11,900,000원이 고정지출된다.
③ 급여는 매월 50,000,000원 고정지출로 자금계획이 수립되어 있다.
④ 아이텔레콤(주)에 2024년 12월까지만 200,000원의 사무실 전화요금이 매월 지출될 예정이다.

정답 ③

자금계획입력 탭에서 '계획년월: 2024/08'로 입력한 후 오른쪽 상단의 '자금반영' 버튼 클릭해서 적용년월과 적용기간 확인한 후 '적용' 버튼을 누른다. 오른쪽 상단의 '고정자금' 버튼을 클릭하면 급여 50,000,000원이 매월 지출될 예정임을 확인할 수 있다.

① 2024년 8월 말 자금예정 잔액은 2,362,578,100원이다. 70,600,000원은 지출 예정 합계이다.
② 일용직 인건비의 고정지출 기간은 2022/12/31까지로 2024년에는 고정지출되지 않는다.
④ 사무실 전화요금 고정지출 기간의 종료시점은 정해져 있지 않다.

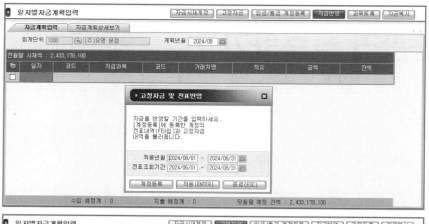

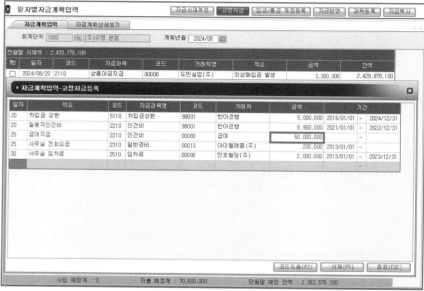

[2] (주)유명 본점의 고정자금에 등록된 거래처와 자금과목의 연결로 옳지 않은 것은?

① 민호빌딩(주) – 임차료
② 한아은행 – 차입금상환
③ 아이텔레콤(주) – 일반경비
④ (주)신흥전자 – 상품대금지급

정답 ④

오른쪽 상단의 '고정자금' 버튼을 클릭하면 (주)신흥전자에 대한 건은 조회되지 않는다.

2 자금계획카렌다

⊙ ERP 메뉴 찾아가기

회계관리 ▶ 자금관리 ▶ 자금계획카렌다

[일자별자금계획입력] 메뉴에서 등록한 수입예정, 지출예정을 달력 형식으로 확인하는 메뉴이다. [자금계획카렌다] 메뉴에서 조회하려는 상세내역을 더블클릭하면 [일자별자금계획입력] 메뉴로 이동하여 확인할 수 있다. [일자별자금계획입력] 메뉴에서 등록한 2024년 8월의 카렌다 내역은 다음과 같다.

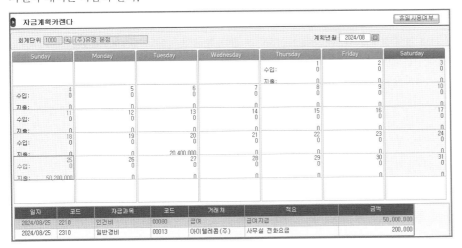

3 자금현황

⊙ ERP 메뉴 찾아가기

회계관리 ▶ 자금관리 ▶ 자금현황

[일자별자금계획입력] 메뉴에서 등록한 수입예정, 지출예정 내역을 확인하고 총괄거래현황, 어음현황, 자금집행실적, 일일자금계획 탭별로 조회할 수 있다. 총괄거래현황 탭은 현금, 당좌예금, 보통예금, 외화예금 등의 당일말자금 잔액으로 조회기간 종료시점의 가용자금 금액을 확인할 수 있다.

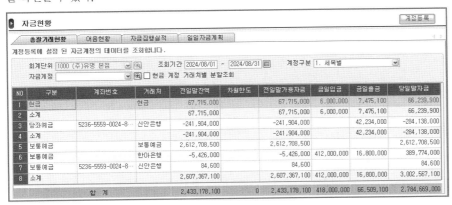

일일자금계획 탭은 [일자별자금계획입력] 메뉴에서 작성한 수입예정과 지출예정 내역을 일자별로 구분하여 확인할 수 있다.

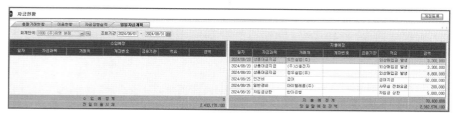

실무 연습문제 자금현황

[1] (주)유명 본점은 2024년 5월 31일 현재 당일 말 가용자금에 대해 보고하려고 한다. 현금의 세목별 당일 말 가용자금은 얼마인가?

⊕ 기출유형 압축노트 I p.34

① 70,715,000원
② 77,345,000원
③ 75,010,200원
④ 77,330,500원

정답 ②

[2] (주)유명 본점의 2024년 3월 31일 현재 당좌예금 가용자금 금액은 얼마인가?

① 84,685,000원
② −370,306,000원
③ −101,524,000원
④ 2,225,648,100원

정답 ③

총괄거래현황 탭에서 '조회기간: 2024/03/31'로 조회한다.

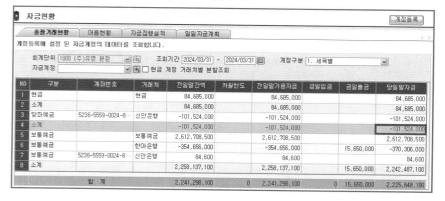

4 자금계획대비실적현황

ERP 메뉴 찾아가기

회계관리 ▶ 자금관리 ▶ 자금계획대비실적현황

자금계획과 실적을 일별, 월별로 조회할 수 있는 메뉴이다. 해당 기간에 대한 자금의 계획과 실적, 계획대비 실적을 분류하여 자세히 조회할 수 있다. 계획대비 탭에서는 자금계획 금액과 실제 조달 및 지출에 대한 실적 금액, 계획과 실적의 차이를 조회할 수 있다. 조회 시 조회기 간은 31일을 초과할 수 없다.

실무 연습문제 자금계획대비실적현황

(주)유명 본점은 자금계획과 실제 실적에 대해 분석하고자 한다. 2024년 8월 자금계획대비 실적 현황에 대한 설명으로 옳지 않은 것은?

① 자금에 대한 계획은 있었지만 현재 실적은 없는 상태이다.
② 인건비, 일반경비, 상품대금지급에 대한 경상지출 계획이 있다.
③ 8월의 경상지출에서 계획 금액이 가장 큰 항목은 인건비이다.
④ 자금지출계획보다 실적이 더 작을 경우 차이는 음수(−)로 표기된다.

정답 ④

자금지출계획보다 실적이 더 작을 경우 차이 금액은 양수(＋)로 표기된다. 차이는 계획에서 실적을 차감해서 표기되므로 음수(−)로 표기되는 경우는 실적 지출이 더 큰 경우이다.

자금계획대비실적현황				
회계단위 1000 (주)유명 본점			조회기간 2024/08/01 ~ 2024/08/31	
계 획 / 실 적 / **계획대비**				
자금과목	계획	실적	차이	비고
1.전일말자금	2,433,178,100	2,433,178,100	0	
2.자금조달계획대비…				
3.자금지출계획대비…	70,600,000		70,600,000	
경상지출	65,600,000		65,600,000	
상품대금지급	15,400,000		15,400,000	
인건비	50,000,000		50,000,000	
일반경비	200,000		200,000	
경상외지출	5,000,000		5,000,000	
차입금상환	5,000,000		5,000,000	
4. 당월말 자금	2,362,578,100	2,433,178,100	−70,600,000	
5. 대 체 거 래	0	6,000,000	−6,000,000	

5 자금입출금내역

ERP 메뉴 찾아가기

회계관리 ▶ 자금관리 ▶ 자금입출금내역

현금, 당좌예금, 보통예금에 대한 집행실적내역을 조회하는 메뉴이다. 자금입금내역과 자금지 출내역을 볼 수 있다. 자금입금내역은 [전표입력] 메뉴에서 차변 또는 입금으로 입력된 내용, 자금지출내역은 [전표입력] 메뉴에서 대변 또는 출금으로 입력된 내용과 금액이 반영된다.

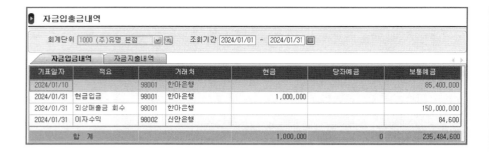

6 예적금현황

⊘- ERP 메뉴 찾아가기

회계관리 ▶ 자금관리 ▶ 예적금현황

현재 보유하고 있는 예금 및 적금에 대한 자금사항을 관리하는 메뉴이다. 잔액, 원장으로 구
분하여 조회할 수 있고 [금융거래처등록] 메뉴의 '당좌한도액'란에 입력된 내용과 [전표입력]
메뉴에 예적금으로 입력한 내용이 반영된다.

7 받을어음명세서

⊘- ERP 메뉴 찾아가기

회계관리 ▶ 자금관리 ▶ 받을어음명세서

[전표입력] 메뉴에 매출 후 수령한 받을어음을 입력할 때 어음번호와 만기일 및 발행일을 입
력한 경우 [받을어음명세서] 메뉴의 어음조회 탭에 반영된다. 어음의 회수시점인 만기를 관리
하기 위해서는 만기일별 탭에서 어음을 조회한다.

1. 받을어음 거래

받을어음은 일반적 상거래에서 상품 및 제품을 매출하고 약속어음을 받은 경우에 사용한
다. 어음을 수령하는 경우 차변에서 증가하고 이후 거래의 상황에 따라 추심, 배서양도,
할인, 부도 등으로 감소한다.

해당 거래를 입력할 경우 [받을어음명세서] 메뉴에서 어음조회 탭의 처리구분은 수취한 것은 1.보유, 추심은 2.만기결제, 할인은 3.할인, 배서양도한 것은 4.배서, 부도어음은 5.부도 등으로 변경된다.

받을어음	
차변	대변
• 약속어음 수취 • 환어음 수취	• 받을어음 추심 • 받을어음 배서양도 • 받을어음 할인 • 받을어음 부도

2. 받을어음 추심

받을어음 만기가 도래하면 회사는 은행 측에 어음대금을 수취해 줄 것을 의뢰한다. 이것을 추심이라고 하며, 은행은 거래처로부터 대금을 대신 수령하여 의뢰한 회사의 계좌에 입금시켜 준다.

3. 받을어음 배서양도

받을어음이 만기가 되기 전에 자산의 취득 및 채무의 상환 등의 이유로 어음의 뒷면에 서약을 통해 받을어음에 대한 받을 권리를 타인에게 양도할 수 있다.

> **실무연습문제** 받을어음명세서

다음 중 (주)유명 본점의 받을어음에 대한 설명으로 옳지 않은 것은?

➕ 기출유형 압축노트 | p.35

① '자가20240010' 어음은 2024년 5월 31일 만기결제되었다.
② 만기일이 2024년 4월 30일인 어음은 3건이다.
③ 2024년 9월 30일 만기가 도래하는 어음 중 만기금액이 가장 큰 어음의 거래처는 (주)주안실업이다.
④ 2024년 발행된 어음 중 '부분할인'된 내역은 존재하지 않는다.

> **정답** ①

① 어음조회 탭에서 '조회구분: 1.수금일, 2024/01/01~2024/12/31'로 조회한다. '자가20240010' 어음은 '처리구분: 1.보유' 상태로 현재 보유 중이다. 만기결제는 '처리구분: 2.만기결제'로 표기된다.

② 만기일별 탭에서 '만기일: 2024/04/30'으로 조회한다.

③ 만기일별 탭에서 '만기일: 2024/09/30'으로 조회한다.

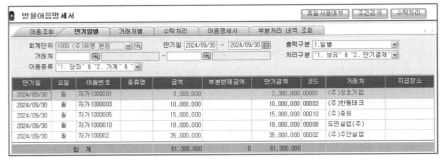

④ 부분처리 내역 조회 탭에서 '기간: 2024/01/01~2024/12/31'로 조회한다.

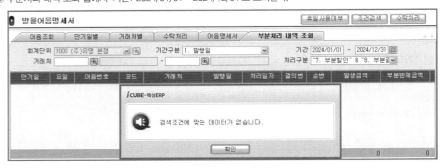

4. 받을어음 할인

회사가 받을어음을 보유하고 있으나 자금사정으로 만기까지 기다릴 수 없는 경우에는 받을어음을 담보로 자금을 차입하거나 은행에 매각할 수 있는데, 이것을 어음의 할인이라고 한다.

① 받을어음 할인에 대해 차입거래로 인식하고 어음을 담보로 제공한 후 자금을 차입하는 경우 차입금(부채)이 증가하고 관련 할인료는 이자비용으로 인식한다.

② 받을어음 할인에 대해 매각거래로 인식하고 어음을 은행에 판매할 경우 받을어음(자산)은 감소하며 관련 할인료는 매출채권처분손실로 인식한다. 실무 및 시험에서 별도의 언급이 없으면 어음의 할인은 매각거래로 처리한다.

③ 매각거래에서의 할인료

> 어음금액×할인율×은행보유기간/12개월(365일)

💡 TIP

할인기간 계산 시 할인하는 당일을 제외하고 만기까지 잔여 월수(일수)를 집계한다.

실무 연습문제 받을어음 할인

(주)유명 본점은 다음 어음을 할인하고 할인료를 차감한 금액을 당좌예금 계좌로 입금하였다. 이와 관련된 회계처리로 옳은 것은? (단, 월할계산하며 매각거래로 처리할 것)

- 어음번호:자가1000003
- 어음할인일: 2024년 6월 30일
- 어음할인율: 12%

① (차) 당좌예금　　　　　29,100,000　　　　(대) 받을어음　　　30,000,000
　　　매출채권처분손실　　　900,000
② (차) 당좌예금　　　　　29,100,000　　　　(대) 받을어음　　　30,000,000
　　　이자비용　　　　　　900,000
③ (차) 당좌예금　　　　　9,700,000　　　　(대) 받을어음　　　10,000,000
　　　매출채권처분손실　　　300,000
④ (차) 당좌예금　　　　　9,700,000　　　　(대) 받을어음　　　10,000,000
　　　이자비용　　　　　　300,000

정답 ③

- 어음조회 탭에서 '조회구분: 1.수금일, 2024/01/01~2024/12/31'로 조회한다.
- 매출채권처분손실: 어음금액 10,000,000원×연 12%×3개월/12개월=300,000원

8 지급어음명세서

ERP 메뉴 찾아가기

회계관리 ▶ 자금관리 ▶ 지급어음명세서

회사가 어음으로 대금 결제를 원할 경우 은행으로부터 발행할 어음을 수령한다. 수령한 어음을 [지급어음명세서] 메뉴에 등록하고 이후 거래가 발생하면 [전표입력] 메뉴에 지급어음 발행을 기록하면 된다. [지급어음명세서] 메뉴의 수불부 탭에서 구분은 은행으로부터 약속어음을 수령한 상태인 경우 '수령', 물건을 구입하고 어음을 발행한 경우 '발행', 그 어음을 상환하면 '결제'라고 표기된다.

1. 지급어음 수령

[지급어음명세서] 메뉴 상단의 '어음등록' 버튼을 이용해 은행으로부터 수령한 약속어음을 등록할 수 있다.

실무연습문제 지급어음 수령

다음 자료를 바탕으로 [지급어음명세서] 메뉴에 한아은행 약속어음 수령을 등록하시오.

⊕ 기출유형 압축노트 | p.35

- 수령일자: 2024.05.01.
- 금융기관: 98001.한아은행
- 매수: 5매
- 어음종류: 1.당좌
- 시작어음번호: 다라202405001

정답

- 어음조회 탭에서 '조회구분: 1.발행일, 2024/01/01~2024/12/31'로 조회한 후 상단의 어음등록 버튼을 클릭해 어음을 등록한다.

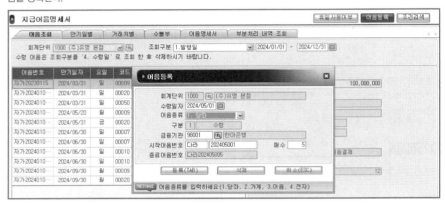

- 수불부 탭에서 '수령일: 2024/05/01'로 조회한다.

2. 지급어음 발행

회사가 상품 및 원재료 등 재고자산을 구입하고 약속어음을 발행하면 대변에 지급어음이
기록되며 [지급어음명세서] 메뉴의 수불부 탭에는 '발행'으로 표시된다.

실무 연습문제   지급어음 발행

다음 거래를 전표입력하고 [지급어음명세서] 메뉴에 반영된 내용을 확인하시오.

> 7월 2일 (주)성호기업으로부터 원재료 3,000,000원을 구입하고 대금은 약속어음을 발행했다(부가가치
> 세는 고려하지 말 것).
> • 어음번호: 다라202405001
> • 만기일: 2024/10/31
> • 지급은행: 98001.한아은행

정답

• [전표입력] 메뉴의 7월 2일자에 대변을 지급어음으로 선택해 어음번호와 만기일을 입력한다.

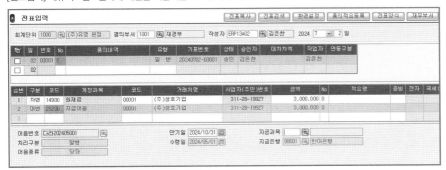

• 수불부 탭에서 '수령일: 2024/05/01'로 조회한다.

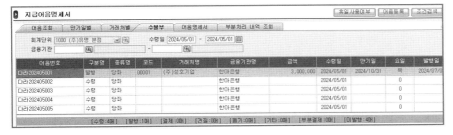

3. 지급어음 결제

발행했던 지급어음을 상환했을 경우, 처리구분이 '결제'로 표시된다.

실무 연습문제   지급어음 결제

[1] 다음 거래를 전표입력하고 [지급어음명세서] 메뉴에 반영된 내용을 확인하시오.

> 10월 31일 (주)성호기업에 발행했던 어음 3,000,000원이 만기가 되어 한아은행 보통예금 계좌에서
> 결제하였다.

- [전표입력] 메뉴의 10월 31일자에 차변을 지급어음으로 선택하면 '지급어음 반제처리' 창이 뜬다. 해당 어음을 선택하여 처리한다.

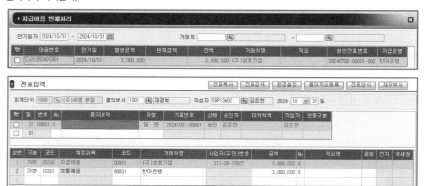

- 수불부 탭에서 '수령일: 2024/05/01'로 조회한다.

[2] (주)유명 본점의 2024년 한아은행으로부터 수령한 어음 중 부분결제를 포함하여 실제 결제된 어음은 몇 매인가?

① 1매   ② 2매
③ 3매   ④ 4매

①

수불부 탭에서 '수령일: 2024/01/01~2024/12/31', '금융기관: 98001.한아은행'으로 조회한다.

9 유가증권명세서

ERP 메뉴 찾아가기

회계관리 ▶ 자금관리 ▶ 유가증권명세서

국공채, 주식, 회사채를 보유할 경우 [유가증권명세서] 메뉴에서 관리할 수 있으며 먼저 [계정
과목등록] 메뉴에서 유가증권 계정을 선택하고 연동항목을 '08.유가증권'으로 설정해야 한다.

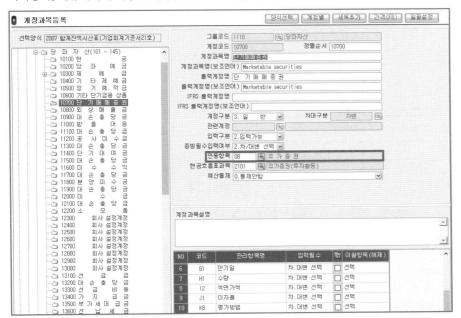

[유가증권명세서] 메뉴에는 만기일별현황 탭과 유가증권명세서 탭이 있으며, 만기일별현황
탭에서 만기일자를 설정해 조회하면 유가증권 중 전표입력 시 만기일을 등록한 거래를 만기
일별로 조회할 수 있다. 회사가 보유하는 유가증권이 없는 경우, [전표입력] 메뉴에서 관리항
목을 입력하지 않은 경우, [계정과목등록] 메뉴에 연동항목을 '08.유가증권'으로 설정하지 않
은 경우에는 자료가 조회되지 않는다. 회사A의 경우 [전표입력] 메뉴에 유가증권에 대한 관리
항목을 입력하지 않아 유가증권명세서에 조회되는 자료가 없다.

실무 연습문제 유가증권명세서

[1] 7월 4일 단기매매차익을 목적으로 주식 1,000주(액면가액 @10,000원)를 주당 10,500원에
매입하며 매입수수료 100,000원을 함께 현금으로 지급하였다(단, 지급수수료 계정은 영업외
비용으로 처리한다). 해당 거래를 전표입력하고 [유가증권명세서] 메뉴에 반영된 내용을 확
인하시오.

➕ 기출유형 압축노트 I p.36

- 증권 종류: 주식
- 평가방법: 시가법
- 처리자: 김은찬
- 유가증권No: 가나12345678
- 사용부서: 관리부(본사)

- [전표입력] 메뉴의 7월 4일자에 제시된 내용을 입력한다.

- 유가증권명세서 탭에서 '계정과목: 10700.단기매매증권'으로 조회한다.

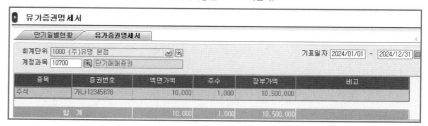

[2] 단기매매차익을 목적으로 매입한 주식(증권번호: 가나12345678) 중 2024년 11월 30일에 200주를 1주당 11,500원에 매각하였다. 본 거래와 관련한 단기매매증권처분손익 효과는 얼마인가? (단, 처분 시 수수료는 100,000원이다)

① 처분손실 100,000원   ② 처분손실 200,000원
③ 처분이익 100,000원   ④ 처분이익 200,000원

③

- 유가증권명세서 탭에서 '계정과목: 10700.단기매매증권'으로 조회한다.
- 장부 금액: 10,500,000원×200주/1,000주=2,100,000원
- 처분 금액: 11,500원×200주=2,300,000원
- 처분이익: 처분 금액 2,300,000원−장부 금액 2,100,000원−처분수수료 100,000원=100,000원

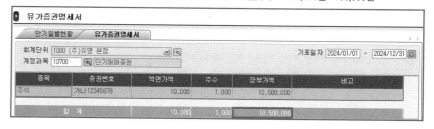

예산관리 실습하기

실습 방법

본 챕터는 '[백데이터] PART 05 실무 시뮬레이션'을 복원한 후 '회사: 1002.회사A', '사원: ERP13A02.김은찬'
으로 로그인하여 학습하세요(사원암호는 입력하지 않음).

※ 2024 버전 핵심ERP 프로그램을 사용하세요.

1 예산신청입력

ERP 메뉴 찾아가기

회계관리 ▶ 예산관리 ▶ 예산신청입력

1. 예산관리 선행작업

예산을 통제하고 관리하기 위해서 [시스템관리]-[회사등록정보]-[시스템환경설정] 메뉴
의 '조회구분: 2.회계'에서 '20.예산통제구분: 1.사용부서, 21.예산관리여부: 1.여, 23.예
산관리개시월: 01'을 확인한다.

2. 예산신청입력

예산관리를 위해 제일 먼저 하는 작업으로 반드시 예산신청을 해야 하는 것은 아니며 바로
예산편성부터 작업할 수 있다. 회사의 예산신청내역이 전기에 있었다면 전기신청, 전기편
성, 전기실행, 전기집행, 전기추정실적을 이용해서 예산신청입력을 할 수 있다.

2024년 1월부터 공장 복리후생비와 기업업무추진비에 대해 예산신청을 하고자 한다. '51100.복리후생비' 월별통제금액 2,000,000원, '51300.기업업무추진비' 3,000,000원으로 [예산신청입력] 메뉴에 입력하시오.

정답

• '계정과목: 51100.복리후생비'로 조회하고 월별 금액 2,000,000원을 입력한다.

• '계정과목: 51300.기업업무추진비'로 조회하고 월별 금액 3,000,000원을 입력한다.

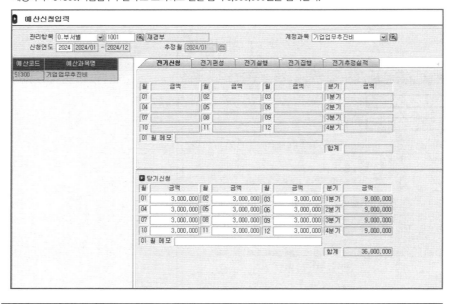

TIP

2024년 개정세법상 접대비의 명칭이 기업업무추진비로 변경된다. 캡처 화면과 동일한 화면을 확인하기 위해서는 계정과목등록 메뉴에서 접대비 계정명을 기업업무추진비로 변경해서 진행하면 된다(224쪽 참고).

2 예산편성입력

🔍 ERP 메뉴 찾아가기

회계관리 ▶ 예산관리 ▶ 예산편성입력

부서별로 신청한 예산을 기초로 예산편성을 할 수 있는 메뉴이다. 편성된 예산금액은 통제 및 예실대비의 기초가 되는 실행 예산금액이 된다.

1. 자료복사

당기신청 탭에서 복사할 예산과목명에 체크한 후 오른쪽 상단의 '자료복사' 버튼을 클릭하면 예산신청금액이 복사된다.

실무 연습문제　예산편성입력

'51100.복리후생비', '51300.기업업무추진비' 계정에 대해 예산신청한 금액을 동일하게 편성하시오.

➕ 기출유형 압축노트 | p.37

정답

• '계정과목: 51100.복리후생비'로 조회하여 해당 항목을 선택하고 오른쪽 상단의 '자료복사' 버튼을 클릭한다.

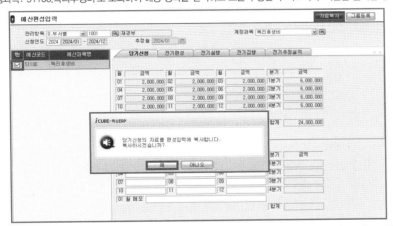

• '계정과목: 51300.기업업무추진비'로 조회하여 해당 항목을 선택하고 오른쪽 상단의 '자료복사' 버튼을 클릭한다.

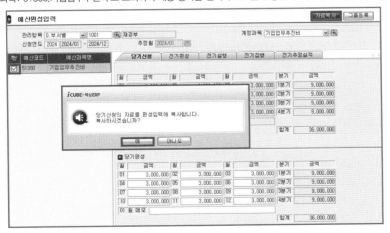

2. 그룹등록

오른쪽 상단의 '그룹등록' 버튼을 누르면 '그룹등록 도움창'이 실행되어 예산통제방법을 확인할 수 있다. '51300.기업업무추진비' 계정의 예산통제방법은 분기별 통제이다.

이는 [계정과목등록] 메뉴에서도 동일하게 확인할 수 있다.

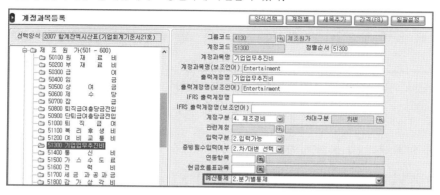

3 예산조정입력

⊗- ERP 메뉴 찾아가기

회계관리 ▶ 예산관리 ▶ 예산조정입력

예산편성금액은 예산조정에 의해 실행예산이 된다. [예산조정입력] 메뉴는 집행금액이 실행금액을 초과할 경우 예산을 조정하는 메뉴로 조정방법은 추경예산, 예산전용이 있다. 추경예산은 금액만 조정할 경우 사용하고, 예산전용은 계정과목, 부서, 금액 등의 항목을 수정할 때 사용한다.

실무 연습문제   예산조정입력

2024년 2월 28일 '51100.복리후생비'의 예산금액 2,000,000원 중 500,000원은 '51300.기업업무추진비'로 예산을 전용하는 조정을 하시오(단, 조정항목은 '1001.재경부'로 설정한다).

⊕ 기출유형 압축노트 | p.38

- '계정과목: 51100.복리후생비'를 선택하고 '조정일자: 2024/02/28', '조정대상월: 2024/02', '구분: 2.예산적용'을 입력한 후 '예산전용' 창에 '조정과목: 51300.기업업무추진비', '조정항목: 1001.재경부', '조정금액: 500,000'을 입력한다.

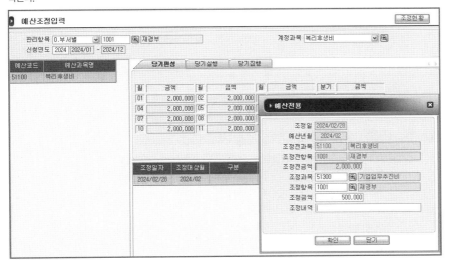

- 오른쪽 상단의 '조정현황' 버튼을 눌러 내역을 확인한다.

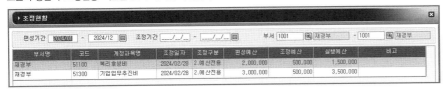

4 예실대비현황

ERP 메뉴 찾아가기

회계관리 ▶ 예산관리 ▶ 예실대비현황

편성예산과 실행예산, 집행실적을 조회하는 메뉴로 실행예산이 집행예산보다 많은 경우 예실대비 금액이 (+)로 표기되며, 이는 잔여예산 금액이 있음을 의미한다. 반면 실행예산보다 집행실적이 많은 경우 예실대비 금액이 (−)로 표기된다.

(주)유명 본점의 '81300.기업업무추진비'의 3/4분기 예산과 실적 중 예산을 초과한 달은 몇 월인가? (단, 집행방식은 승인집행으로 조회한다)

① 7월   ② 8월
③ 9월   ④ 없음

정답 ②

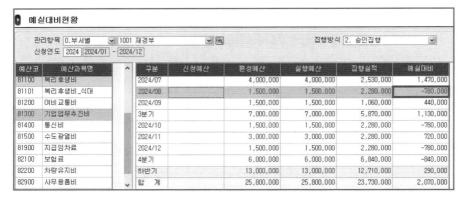

예산코	예산과목명		구분	신청예산	편성예산	실행예산	집행실적	예실대비
81100	복리후생비		2024/07		4,000,000	4,000,000	2,530,000	1,470,000
81101	복리후생비_식대		2024/08		1,500,000	1,500,000	2,280,000	-780,000
81200	여비교통비		2024/09		1,500,000	1,500,000	1,060,000	440,000
81300	기업업무추진비		3분기		7,000,000	7,000,000	5,870,000	1,130,000
81400	통신비		2024/10		1,500,000	1,500,000	2,280,000	-780,000
81500	수도광열비		2024/11		3,000,000	3,000,000	2,280,000	720,000
81900	지급임차료		2024/12		1,500,000	1,500,000	2,280,000	-780,000
82100	보험료		4분기		6,000,000	6,000,000	6,840,000	-840,000
82200	차량유지비		하반기		13,000,000	13,000,000	12,710,000	290,000
82900	사무용품비		합계		25,800,000	25,800,000	23,730,000	2,070,000

5 예산실적현황

ERP 메뉴 찾아가기

회계관리 ▶ 예산관리 ▶ 예산실적현황

예산부서에 대해 설정해놓은 예산구분별로 실적과 예산, 잔여예산과 집행률을 확인할 수 있는 메뉴이다. 부서별, 부문별, 회계단위별, 프로젝트, 프로젝트분류 탭별로 구분해서 조회할 수 있다. 부서별 탭에서 조회기간, 예산그룹, 부서, 집행방식을 선택하여 조회하며 집행방식은 1.결의집행과 2.승인집행으로 구분하여 조회할 수 있다.
누계예산대비실적은 조회기간의 시작월과 종료월까지의 예산 집행률을 집계한 것이며, 당월예산대비실적은 조회기간 중 마지막 종료월에 대한 집행률만 집계한 것이다.

2024년 상반기 동안 재경부에서 사용한 예산 중 집행률이 가장 큰 계정과목은? (단, 집행방식은 승인집행으로 조회한다)

① 81100.복리후생비   ② 81200.여비교통비
③ 81300.기업업무추진비   ④ 81400.통신비

부서별 탭에서 '조회기간: 2024/01~2024/06', '부서: 1001.재경부', '집행방식: 2.승인집행'으로 조회한다.

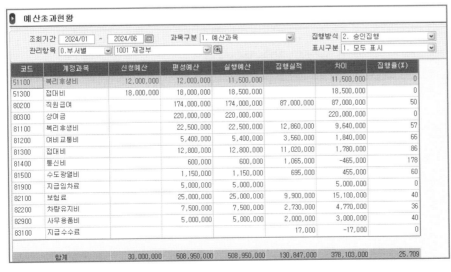

TIP
집행률은 [예산초과현황] 메뉴에서
도 확인할 수 있다.

6 예산초과현황

ERP 메뉴 찾아가기

회계관리 ▶ 예산관리 ▶ 예산초과현황

예산부서에 대해 설정해놓은 예산구분별로 신청예산, 편성예산, 실행예산, 집행실적과 실행
예산과 집행실적의 차이와 집행률(%)을 조회하며, 집행방식은 1.결의집행과 2.승인집행으로
구분하여 조회할 수 있다.

예산초과현황

조회기간 2024/01 ~ 2024/06 | 과목구분 1. 예산과목 | 집행방식 2. 승인집행
관리항목 0.부서별 1001 재경부 | 표시구분 1. 모두 표시

코드	계정과목	신청예산	편성예산	실행예산	집행실적	차이	집행률(%)
51100	복리후생비	12,000,000	12,000,000	11,500,000		11,500,000	0
51300	접대비	18,000,000	18,000,000	18,500,000		18,500,000	0
80200	직원급여		174,000,000	174,000,000	87,000,000	87,000,000	50
80300	상여금		220,000,000	220,000,000		220,000,000	0
81100	복리후생비		22,500,000	22,500,000	12,860,000	9,640,000	57
81200	여비교통비		5,400,000	5,400,000	3,560,000	1,840,000	66
81300	접대비		12,800,000	12,800,000	11,020,000	1,780,000	86
81400	통신비		600,000	600,000	1,065,000	-465,000	178
81500	수도광열비		1,150,000	1,150,000	695,000	455,000	60
81900	지급임차료		5,000,000	5,000,000		5,000,000	0
82100	보험료		25,000,000	25,000,000	9,900,000	15,100,000	40
82200	차량유지비		7,500,000	7,500,000	2,730,000	4,770,000	36
82900	사무용품비		5,000,000	5,000,000	2,000,000	3,000,000	40
83100	지급수수료				17,000	-17,000	0
	합계	30,000,000	508,950,000	508,950,000	130,847,000	378,103,000	25.709

[1] '1001.재경부'의 2024년 상반기 예산 중 예산을 초과하여 집행한 계정과목은? (단, 집행방식 ⊕ 기출유형 압축노트 | p.39
은 결의집행으로 조회한다)

① 81400.통신비　　　　　　　　　② 81500.수도광열비
③ 82100.보험료　　　　　　　　　④ 82200.차량유지비

정답 ①

'조회기간: 2024/01~2024/06', '집행방식: 1.결의집행'으로 조회한다.

예산초과현황

		조회기간 2024/01 ~ 2024/06	과목구분 1. 예산과목		집행방식 1. 결의집행	
		관리항목 0.부서별 1001 재경부			표시구분 1. 모두 표시	

코드	계정과목	신청예산	편성예산	실행예산	집행실적	차이	집행율(%)
81400	통신비		600,000	600,000	1,065,000	-465,000	178
81500	수도광열비		1,150,000	1,150,000	695,000	455,000	60
81900	지급임차료		5,000,000	5,000,000		5,000,000	0
82100	보험료		25,000,000	25,000,000	9,900,000	15,100,000	40
82200	차량유지비		7,500,000	7,500,000	2,730,000	4,770,000	36
82900	사무용품비		5,000,000	5,000,000	2,000,000	3,000,000	40
83100	지급수수료				17,000	-17,000	0
	합계	30,000,000	508,950,000	508,950,000	130,847,000	378,103,000	25.709

[2] 당사는 예산을 사용부서별로 관리하고 있다. 2024년 한 해 동안 재경부에서 사용한 예산 중 손익계산서에 표시되는 사무용품비의 집행률은? (단, 집행방식은 승인집행으로 조회한다)

① 44%　　　　　　　　　② 38%
③ 57%　　　　　　　　　④ 97%

정답 ③

'조회기간: 2024/01~2024/12', '집행방식: 2.승인집행'으로 조회한다.

예산초과현황

		조회기간 2024/01 ~ 2024/12	과목구분 1. 예산과목		집행방식 2. 승인집행	
		관리항목 0.부서별 1001 재경부			표시구분 1. 모두 표시	

코드	계정과목	신청예산	편성예산	실행예산	집행실적	차이	집행율(%)
81400	통신비		3,300,000	3,300,000	2,530,000	770,000	77
81500	수도광열비		3,900,000	3,900,000	695,000	3,205,000	18
81900	지급임차료		17,000,000	17,000,000		17,000,000	0
82100	보험료		51,000,000	51,000,000	20,160,000	30,840,000	40
82200	차량유지비		17,500,000	17,500,000	5,730,000	11,770,000	33
82900	사무용품비		11,000,000	11,000,000	6,280,000	4,720,000	57
83100	지급수수료				17,000	-17,000	0
	합계	60,000,000	1,217,100,000	1,217,100,000	260,662,100	956,437,900	21.417

CHAPTER 08 부가가치세관리 실습하기

1 부가세신고서 작성

🔍 **ERP 메뉴 찾아가기**

회계관리 ▶ 부가가치세관리 ▶ 부가세신고서

1. 부가세신고서

부가세신고서는 증빙(세금계산서, 신용카드, 현금영수증, 계산서 등) 및 지출 사유에 따라 [전표입력] 메뉴에 세무구분을 입력하면 부가세신고서 및 부가가치세 부속서류가 자동으로 작성된다.

(1) 매출거래

코드	유형	입력 내용	반영되는 장부
11	과세매출	세금계산서 발행, 부가가치세 10% (차) 현금 등　　　　　(대) 상품매출 　　　　　　　　　　　　　부가세예수금	• 세금계산서합계표 • 매입매출장 • 부가세신고서
12	영세매출	영세율세금계산서 발행, 부가가치세 0%, 내국신용장 Local L/C, 구매확인서	• 세금계산서합계표 • 매입매출장 • 부가세신고서 • 내국신용장, 구매확인서 전자발급명세서 • 영세율매출명세서
13	면세매출	면세사업자 발행 계산서, 면세(부가가치세 0원)	• 계산서합계표 • 매입매출장 • 부가세신고서
14	건별매출	세금계산서 미발행, 부가가치세 10%	• 매입매출장 • 부가세신고서
15	종합매출	간이과세자 매출	부가세신고서
16	수출	외국 직수출 거래, 외국환증명서, 수출면장	• 매입매출장 • 부가세신고서 • 수출실적명세서 • 영세율매출명세서

💡 **TIP**

부가가치세 과세 상품을 매출한 후 세금계산서를 발행한 경우 '11.과세매출'로 세무구분을 선택한다. 반면 과세 상품을 매출한 후 세금계산서를 발행하지 않고 카드전표를 발행한 경우에는 '17.카드매출'로 세무구분을 선택한다.

코드	유형	입력내용	반영되는 장부
17	카드매출	신용카드매출전표 발행, 부가가치세 10%	• 매입매출장 • 신용카드발행집계표 • 부가세신고서
18	면세카드매출	신용카드매출전표 발행, 면세(부가가치세 0원)	• 매입매출장 • 신용카드발행집계표 • 부가세신고서
19	면세건별	계산서 미발행, 면세(부가가치세 0원)	• 매입매출장 • 부가세신고서
31	현금과세	현금영수증 발행, 부가가치세 10%	• 매입매출장 • 신용카드발행집계표 • 부가세신고서 • 현금출납장
32	현금면세	현금영수증 발행, 면세(부가가치세 0원)	• 매입매출장 • 신용카드발행집계표 • 부가세신고서 • 현금출납장
33	과세매출 매입자발행 세금계산서분	공급받는 자 발행 세금계산서	• 매입매출장 • 부가세신고서

(2) 매입거래

코드	유형	입력내용	반영되는 장부
21	과세매입	세금계산서 수취, 부가가치세 10% (차) 상품 (대) 현금 부가세대급금	• 세금계산서합계표 • 매입매출장 • 부가세신고서
22	영세매입	영세율 세금계산서 수취, 부가가치세 0%, 내국 신용장 Local L/C, 구매확인서	• 세금계산서합계표 • 매입매출장 • 부가세신고서
23	면세매입	계산서 수취, 면세(부가가치세 0원)	• 계산서합계표 • 매입매출장 • 부가세신고서
24	매입불공제	세금계산서 수취, 부가가치세 10%, 세액공제가 불가능하므로 공급가액에 세액이 포함되어 표기	• 세금계산서합계표 • 매입매출장 • 부가세신고서
25	수입	수입세금계산서 수취, 부가가치세 10%, 세관장 발행, 매입세액 공제 가능	• 세금계산서합계표 • 매입매출장 • 부가세신고서
26	의제매입세액등	매입세액 공제 가능한 면세품목, 계산서, 신용카드, 현금영수증 발행(제조업은 농어민영수증 가능)	• 부가세신고서 • 매입매출장
27	카드매입	신용카드 전표 수취, 부가가치세 10%	• 부가세신고서 • 매입매출장 • 신용카드/현금영수증수취 명세서
28	현금영수증매입	현금영수증 수취, 부가가치세 10%	• 부가세신고서 • 매입매출장 • 신용카드/현금영수증수취 명세서
29	과세매입 매입자발행 세금계산서분	공급받는 자 발행 세금계산서	• 매입매출장 • 부가세신고서

2. 과세표준 매출세액

구 분				금 액	세율	세 액
과세표준 매출세액	과세	세금계산서발급분	1		10/100	
		매입자발행세금계산서	2		10/100	
		신용카드·현금영수증발행분	3		10/100	
		기타(정규영수증외매출분)	4		10/100	
	영세율	세금계산서발급분	5		0/100	
		기 타	6		0/100	
	예 정 신 고 누 락 분		7			
	대 손 세 액 가 감		8			
	합 계		9		㉑	

(1) 세금계산서 발급분

회사가 공급한 과세 재화 및 용역에 대해 세금계산서를 발행한 경우 표기되는 곳이다. 신용카드 결제 및 개인에게 공급한 내역이라도 세금계산서를 발행하면 세무구분을 11.과세매출로 전표에 입력하며 모두 세금계산서 발급분에 반영된다.

실무 연습문제 세금계산서 발급분

1월 1일 회사는 거래처 유신상사(주)에 10,000,000원(부가세 1,000,000원 별도)의 상품을 매출하고 전자세금계산서를 발행했으며 대금은 외상으로 했다. 전표입력 후 1기 예정 부가세신고기간의 매출세액은 얼마인가?

① 1,000,000원
② 35,050,000원
③ 35,550,000원
④ 33,250,000원

정답 ④

• [전표입력] 메뉴에서 1월 1일자의 구분을 '6.매출부가세'로 선택하여 '매출정보' 창에 자료를 입력한다. '거래처: 00050.유신상사(주)', '전표유형: 1000.매출전표', '세무구분: 11.과세매출'을 입력하고, 전자세금계산서를 발행하였으므로 '전자세금계산서여부: 1.여', '증빙: 1.세금계산서'를 입력한다.

TIP

거래처, 세무구분 등의 자료 검색은 F2를 눌러 팝업창에서 선택한다. 전표입력은 자동저장되며 반드시 '상태: 승인', '승인자: 김은찬'을 확인해야 한다.

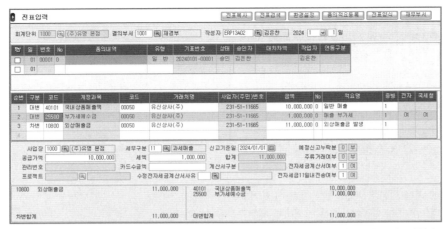

- [부가세신고서] 메뉴에서 '기간: 2024/01/01～2024/03/31'로 설정한 후 상단의 '불러오기' 버튼을 눌러 조회한다.

TIP

[부가세신고서] 메뉴 조회 시 기간을 입력하고 상단의 '불러오기' 버튼을 클릭하여 조회한다.

(2) 신용카드, 현금영수증발행분

회사가 공급한 과세 재화 및 용역에 대해 세금계산서를 발행하지 않고 신용카드전표 및 현금영수증을 발행한 경우 표기되는 곳이다. 세무구분은 17.카드매출, 31.현금과세 거래이며 신용카드로 결제가 진행되었어도 세금계산서를 발행한 경우에는 세금계산서 발급분에 반영되므로 주의해야 한다.

(3) 기타(정규영수증 외 매출분)

회사가 공급한 과세 재화 및 용역에 대해 세금계산서, 신용카드 및 현금영수증 모두 발행되지 않은 거래가 기록된다. 세무구분은 14.건별매출이며 주로 사업자등록이 되어 있지 않은 개인과의 거래이다. 개인이더라도 주민등록번호로 세금계산서를 발행한 경우에는 세금계산서 발급분에 반영되므로 주의해야 한다.

(4) 영세율 과세표준

회사가 수출하는 재화 및 용역에 대해서 기록된다. 영세율 과세표준의 세무구분은 12.영세매출, 16.수출이며 해당 거래는 영세율 거래로 모두 세액이 없다.

① 세금계산서 발급분: 전표입력에서 세무구분 12.영세매출 거래가 표기되는 자리이다. 수출 물품에 대한 국내거래로 내국신용장(Local L/C), 구매확인서가 있는 거래를 말한다.

② 기타: 전표입력에서 세무구분 16.수출 거래가 표기되는 자리이다. 직수출하는 거래로 세금계산서가 발급되지 않는 영세율 거래를 말한다.

(5) 과세표준

과세표준은 매출거래의 공급가액 합계이다. 부가세신고 대상 매출거래가 발생하여 공급가액이 증가하면 과세표준도 함께 증가한다. 과세표준은 오른쪽 상단의 '과세표준' 버튼을 클릭하면 '과세표준명세' 창의 '32.합계'란에 동일한 금액이 조회된다. 부가세신고서 일반과세 거래에는 표시되지 않은 면세매출에 대해 과세표준명세 '면세수입금액'란에서 확인할 수 있다.

실무 연습문제   과세표준

(주)유명 본점의 2024년도 제2기 예정 부가가치세신고 시 면세수입금액은 얼마인가?

① 48,600,000원   ② 56,056,000원

③ 50,000,000원   ④ 560,560,000원

정답 ③

'기간: 2024/07/01~2024/09/30'을 입력하고 오른쪽 상단의 '불러오기' 버튼을 누른 후 '과세표준' 버튼을 클릭한다.

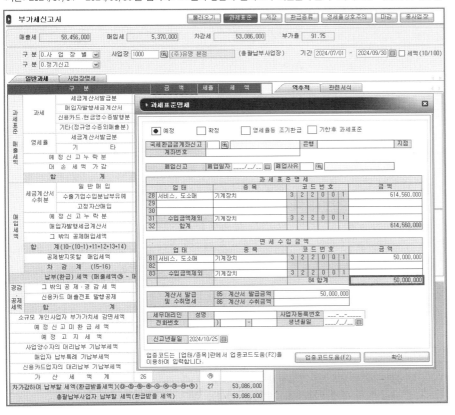

3. 매입세액

		구 분		금 액	세율	세 액
과세표준 매출세액	과세	세금계산서발급분	1		10/100	
		매입자발행세금계산서	2		10/100	
		신용카드·현금영수증발행분	3		10/100	
		기타(정규영수증외매출분)	4		10/100	
	영세율	세금계산서발급분	5		0/100	
		기 타	6		0/100	
	예 정 신 고 누 락 분		7			
	대 손 세 액 가 감		8			
	합 계		9		㉑	
매입세액	세금계산서 수취분	일 반 매 입	10			
		수출기업수입분납부유예	10-1			
		고정자산매입	11			
	예 정 신 고 누 락 분		12			
	매입자발행세금계산서		13			
	그 밖의 공제매입세액		14			
	합 계(10-(10-1)+11+12+13+14)		15			
	공제받지못할 매입세액		16			
	차 감 계 (15-16)		17		㉯	
	납부(환급)세액 (매출세액㉑ - 매입세액㉯)				㉓	

(1) 세금계산서 수취분

회사가 재화 및 용역을 공급받으며 세금계산서를 수취한 거래가 입력되며, [전표입력] 메뉴에서 세무구분 21.과세매입, 22.영세매입, 24.매입불공제, 25.수입인 거래가 반영된다. 매입거래 중 유형자산 및 무형자산의 취득과 자본적 지출 거래는 '고정자산매입'란에 별도로 기록된다.

① 일반매입: 고정자산 매입거래를 제외하고 전표입력에서 세무구분 21.과세매입, 22.영세매입, 24.매입불공제, 25.수입인 거래가 반영된다. 22.영세매입은 영세율세금계산서를 수취한 거래로 공급가액만 기록되고 세액은 없다. 24.매입불공제는 불공제 사유에 해당하는 거래 중 세금계산서를 수취한 거래가 반영된다. [부가세신고서] 메뉴의 '공제받지 못할 매입세액'란에 중복해서 기록되어 공제받는 매입세액이 없도록 작성된다.

② 수출기업수입분 납부유예 : 매출액에서 수출액이 차지하는 비율이 일정 요건을 충족하고 중소·중견사업자가 물품을 제조·가공하기 위한 원재료 등을 수입할 경우 부가가치세 납부유예를 세관장에게 미리 신청하면 수입부가가치세 납부를 유예할 수 있다.

③ 고정자산매입: 세금계산서 수취분 고정자산매입은 유형자산 및 무형자산의 취득과 자본적 지출이 발생하고 세금계산서를 수취한 거래가 반영된다.

실무 연습문제 세금계산서 수취분

[1] 2월 1일 (주)상상컴퓨터에 상품 20,000,000원(부가세 별도)을 매입하고 전자세금계산서를 발급받았으며, 대금은 외상으로 하였다. 전표입력 후 부가세신고서 일반매입 세액은 얼마인가?

기출유형 압축노트 I p.40

① 1,590,000원　　　　　　　　② 20,900,000원
③ 21,360,000원　　　　　　　　④ 22,090,000원

294 · PART 05 실무 시뮬레이션

• [전표입력] 메뉴에서 2월 1일자의 구분을 '5.매입부가세'로 선택하여 '매입정보' 창에 자료를 입력한다.

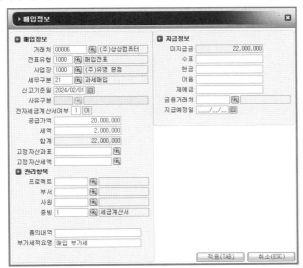

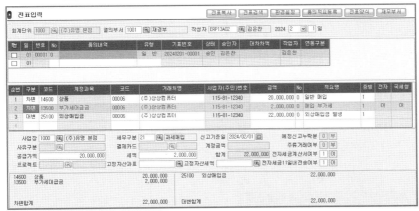

• 상품을 매입한 거래로 [부가세신고서] 메뉴의 '매입세액 – 세금계산서 수취분 – 10.일반매입'란에 반영된다.

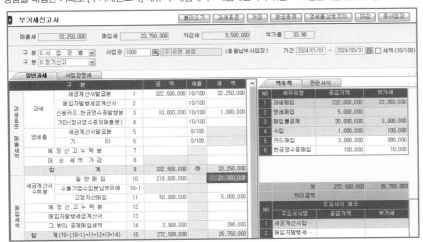

[2] 4월 4일 (주)제임스로부터 상품 5,000,000원을 수입하는 과정에서 인천세관 세관장에게 부가가치세 500,000원을 현금으로 납부하고 수입전자세금계산서를 수취하였다. 수출기업의 수입 부가가치세 납부유예 요건을 충족하여 수입 세금계산서 전표입력 시 사유구분을 입력하였다. 2024년 1기 부가가치세 확정신고 시 부가세신고서의 수출기업수입분 납부유예 항목에 기재되어야 하는 세액은 얼마인가?

① 200,000원   ② 300,000원
③ 500,000원   ④ 800,000원

정답 ③

• [전표입력] 메뉴에서 4월 4일자의 구분을 '5.매입부가세'로 선택하여 '매입정보' 창에 자료를 입력하고 '사유구분: 71.수입납부유예'를 선택한다.

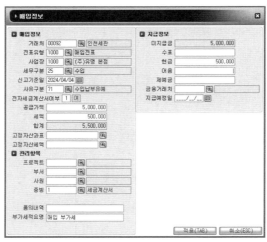

• 인천세관에 부가가치세를 납부한 거래이지만 공급가액은 상품에 대한 공급가액 전체를 입력한다. 상품과 외상매입금 계정은 F5를 눌러 삭제하고 부가세대급금과 현금만 남겨둔다.

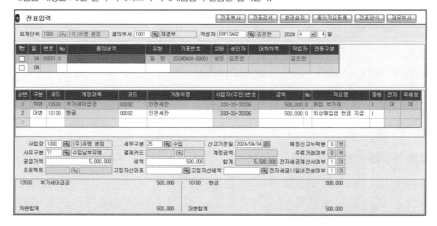

- [부가세신고서] 메뉴에서 '기간: 2024/04/01～2024/06/30'을 입력하고 오른쪽 상단의 '불러오기' 버튼을 클릭한다.

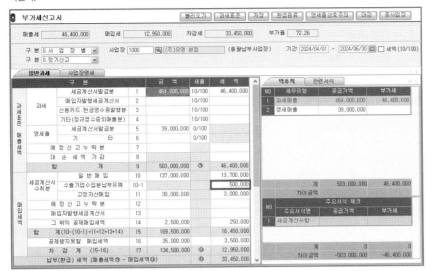

[3] 2024년 2기 예정신고기간에 세금계산서를 수취하며 취득한 고정자산의 매입세액은 얼마인가?

① 3,500,000원
② 3,700,000원
③ 4,000,000원
④ 9,465,000원

정답 ②

'기간: 2024/07/01～2024/09/30'을 입력하고 오른쪽 상단의 '불러오기' 버튼을 클릭한다.

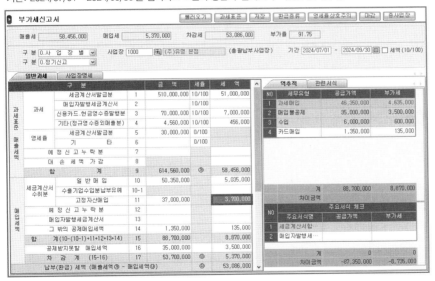

(2) 그 밖의 공제매입세액

그 밖의 공제매입세액은 세금계산서를 수취하지 않고도 매입세액 공제가 가능한 것으로 [전표입력] 메뉴에서 세무구분 26.의제매입세액등, 27.카드매입, 28.현금영수증매입이 반영되며, 신용카드 및 현금영수증을 수취한 거래와 의제매입세액, 재활용 폐자원 세액 등 세금계산서를 수취하지는 않았지만 부가가치세법상 매입세액 공제가 가능한 거래가 기록 된다. '그 밖의 공제매입세액'란에서 TAB을 누르거나 더블클릭하면 다음 팝업창이 실행된다.

TIP
- 카드로 결제한 거래라도 세금계산서를 수취했다면 과세매입으로 '일반매입'란에 표기된다.
- 세액공제가 가능한 거래를 기록하는 란이므로 면세거래는 표기되지 않는다.
- 매입세액 불공제 거래(비영업용 소형승용차 등)는 신용카드로 결제해도 세액공제가 되지 않으므로 표기되지 않는다.

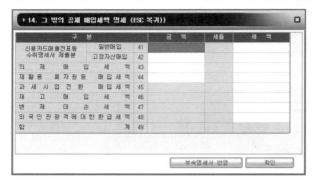

(3) 공제받지 못할 매입세액

세금계산서 수취분 중 부가가치세법상 매입세액 공제가 되지 않는 거래로 [전표입력] 메뉴에서 세무구분 24.매입불공제 거래가 반영된다. 따라서 세무구분 24.매입불공제로 입력한 하나의 거래는 세금계산서 수취분과 공제받지 못할 매입세액에 두 번 기록된다. '공제받지 못할 매입세액'란에서 TAB을 누르거나 더블클릭하면 다음 팝업창이 실행된다.

[전표입력] 메뉴에서 24.매입불공제 거래 입력 시 불공제 사유 구분을 반드시 기입해야 한다.

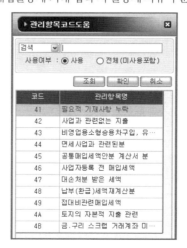

코드	관리항목명	내용
41	필요적 기재사항 누락	세금계산서의 필요적 기재사항 • 공급자 사업자등록번호 및 상호(성명) • 공급받는 자의 사업자등록번호 • 작성연월일 • 공급가액과 세액
42	사업과 관련 없는 지출	
43	비영업용 소형승용차 구입, 유지 및 임차	• 세법상 영업용승용차(택시, 렌트카 등 운수업) 제외 • 1,000cc 이하 소형승용차 제외
44	면세사업과 관련된 분	
45	공통매입세액안분 계산서분	
46	사업자등록 전 매입세액	
47	대손처분받은 세액	
48	납부(환급)세액 재계산분	
49	기업업무추진비 관련 매입세액	거래처 식사 및 선물 등 세금계산서 수취거래
4A	토지의 자본적 지출 관련	
4B	금, 구리 스크랩 거래 계좌 미사용 관련 매입세액	

실무 연습문제 매입불공제

다음 거래를 전표입력한 후 2024년 2기 예정신고 시 부가세신고서에 조회되는 공제받지 못할 매입세액은 얼마인가?

> 9월 29일 비영업용 승용차(배기량: 1,200cc)를 구입하고 매입전자세금계산서를 수취한 후 신안은행 보통예금 계좌에서 이체하였다.
> • 공급자: (주)현진자동차　　　• 공급가액: 20,000,000원　　　• 세액: 2,000,000원

① 2,000,000원　　　　　　　② 2,500,000원
③ 3,500,000원　　　　　　　④ 5,500,000원

정답 ④

• [전표입력] 메뉴에서 9월 29일자의 구분을 '5.매입부가세'로 선택하여 '매입정보' 창에 자료를 입력한다.

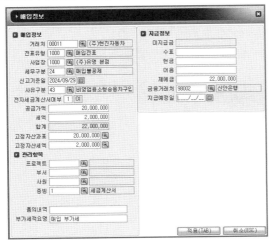

- 자동으로 입력된 14600.상품을 20800.차량운반구로, 10300.제예금을 10301.보통예금으로 수정한다.

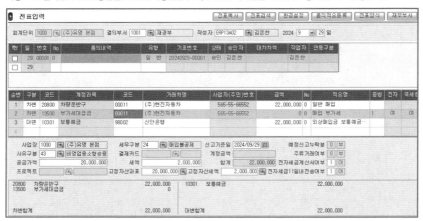

- [부가세신고서] 메뉴에서 '기간: 2024/07/01~2024/09/30'을 입력하고 오른쪽 상단의 '불러오기' 버튼을 클릭한다.

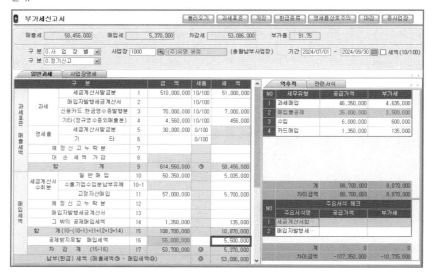

TIP

공제받지 못할 매입세액 거래가 추가되어도 납부(환급)세액은 변함이 없다.

(4) 예정신고누락분

부가가치세신고 대상 거래에 대해 회사가 예정신고 거래를 누락한 경우에는 확정신고서에 반영하여 매출세액을 납부하고 매입세액을 공제받을 수 있다. 다만, 누락한 거래의 성격에 따라 가산세가 부과된다. 부가세신고서상에서 예정신고누락분을 입력할 수 있으며 TAB을 누르거나 더블클릭을 하면 팝업창이 실행된다.

실무 연습문제 예정신고누락분

2024년 2기 예정신고누락분을 확정신고에 포함하여 신고하려고 한다. 2기 예정신고에 누락된 세액의 합계 금액은 얼마인가?

① 280,000원
② 300,000원
③ 580,000원
④ 850,000원

정답 ③

· [부가세신고서] 메뉴에서 '기간: 2024/10/01～2024/12/31'을 입력하고 오른쪽 상단의 '불러오기' 버튼을 클릭한다.
· 예정신고 누락 매출세액 280,000원 + 예정신고 누락 매입세액 300,000원 = 580,000원

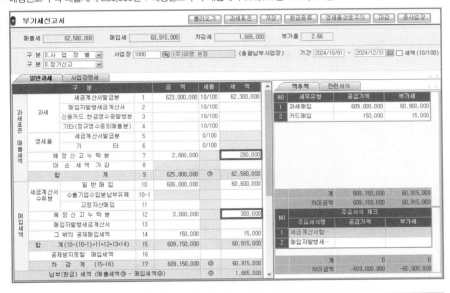

4. 납부(환급)세액

(1) 과세기간과 세액 납부 환급

일반과세자는 1년을 2기로 나누고 각각 예정, 확정으로 나누어 연 4회, 부가세신고기간이 종료된 후 다음 달 25일까지 신고 및 납부를 해야 한다.

1기		2기	
예정	확정	예정	확정
1월~3월	4월~6월	7월~9월	10월~12월
4월 25일까지 납부	7월 25일까지 납부	10월 25일까지 납부	1월 25일까지 납부

(2) 부가가치세 납부

납부와 관련된 회계처리를 하면 매출세액은 부가세예수금 계정을, 매입세액은 부가세대급금 계정을 사용하고, 납부세액은 미지급세금 또는 미지급금으로 처리한다.

(차) 부가세예수금	×××	(대) 부가세대급금	×××
		미지급세금	×××

실무 연습문제   부가가치세 납부

(주)유명 본점의 1기 부가가치세 확정신고 시 차가감하여 납부할 세액은 얼마인가?

① 12,950,000원   ② 33,450,000원
③ 46,400,000원   ④ 64,400,000원

정답 ②

[부가세신고서] 메뉴에서 '기간: 2024/04/01～2024/06/30'을 입력하고 오른쪽 상단의 '불러오기' 버튼을 클릭한다.

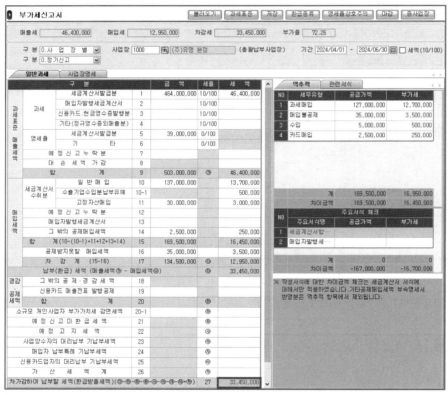

(차) 부가세예수금	46,400,000	(대) 부가세대급금	12,950,000
		미지급세금	33,450,000

(3) 부가가치세 환급

매출세액보다 매입세액이 많아 환급이 발생하는 경우로 납부(환급)세액란이 음수(−)로 표기된다.

(차) 부가세예수금	×××	(대) 부가세대급금	×××
미수금	×××		

환급세액은 확정신고기간이 경과된 후 30일 이내에 환급이 된다. 또한 환급세액이 있는 경우 부가세를 미리 신고하고 조기 환급을 받을 수 있다.

(4) 전자신고 세액공제

홈텍스를 이용해 부가가치세신고를 전자신고하는 경우 10,000원의 세액을 공제받을 수 있다. 세액공제 금액은 [부가세신고서] 메뉴에서 '경감·공제세액−그 밖의 공제·경감세액−전자신고세액공제'란에 금액 10,000원을 입력하면 차가감하여 납부할 세액이 10,000원 감소한다.

2 세금계산서합계표

ERP 메뉴 찾아가기

회계관리 ▶ 부가가치세관리 ▶ 세금계산서합계표

세금계산서를 발행 및 수취한 거래가 반영되는 메뉴이다. 0.사업장별, 1.사업자단위(과세)로 구분해서 조회가 가능하며, 매출과 매입 각각 조회할 수 있다. 조건설정 후 조회하고 화면 오른쪽 상단의 '불러오기' 버튼을 클릭하면 전표입력된 거래를 반영시킬 수 있다.

1.매출	[전표입력] 메뉴에서 세무구분 11.과세매출, 12.영세매출로 입력된 거래가 반영
2.매입	[전표입력] 메뉴에서 세무구분 21.과세매입, 22.영세매입, 24.매입불공제, 25.수입으로 입력된 거래가 반영
자료조회 버튼	[세금계산서합계표]에 조회된 거래처에 커서를 두고 상단의 '자료조회' 버튼을 클릭하면 [전표입력] 메뉴에 입력된 세무구분 확인 가능

실무 연습문제   세금계산서합계표

[1] (주)유명 본점의 2024년 1기 부가가치세 확정신고기간에 발급한 매출세금계산서 중 공급가액 합계액이 가장 큰 거래처는?

⊕ 기출유형 압축노트 I p.41

① (주)주안실업   ② (주)한동테크
③ (주)성호기업   ④ 도민실업(주)

'기간: 2024/04~2024/06', '구분: 1.매출'로 조회한다.

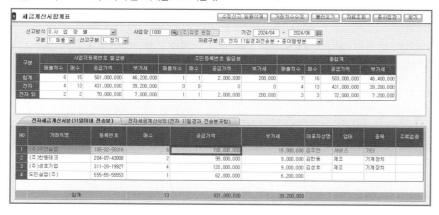

[2] (주)유명 본점의 2024년 2기 예정 세금계산서합계표에 대한 설명으로 옳지 않은 것은?

① 민호빌딩(주)에서 발급받은 세금계산서는 총 1매이다.

② 도민실업(주)으로부터 수취한 세금계산서의 매수가 가장 많다.

③ 매입세금계산서의 총 공급가액은 107,350,000원이다.

④ 매입세금계산서 중 전자세금계산서(11일내 전송분)의 매입처는 10곳이다.

'기간: 2024/07~2024/09', '구분: 2.매입'으로 조회한다. 민호빌딩(주)에서 발급받은 세금계산서는 전자세금계산서 1매, 전자세금계산서외 1매로 총 2매이다.

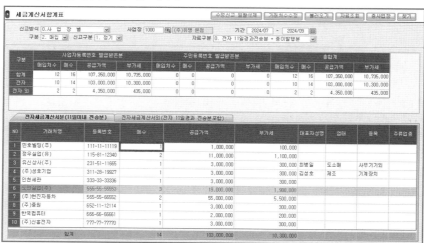

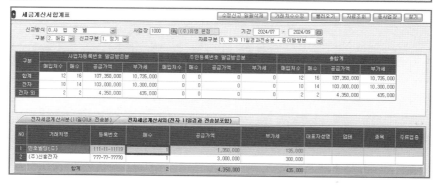

3 계산서합계표

🔍 ERP 메뉴 찾아가기

회계관리 ▶ 부가가치세관리 ▶ 계산서합계표

면세 재화 및 용역에 대해 계산서를 발행 및 수취한 경우에 반영되는 서류로 [전표입력] 메뉴에서 세무구분 13.면세매출과 23. 면세매입으로 입력된 거래가 반영된다. '자료조회' 버튼을 클릭한 후 자세히 확인하고 싶은 거래를 더블클릭하면 [전표입력] 메뉴로 이동한다.

실무 연습문제　계산서합계표

다음 거래를 전표입력하고 2기 예정신고 시 [계산서합계표] 메뉴에 반영된 계산서 매출 금액은 얼마인가?

➕ 기출유형 압축노트ㅣp.43

> 9월 1일 거래처 (주)중원에 면세상품 1,000,000원을 매출하고 계산서를 발행하였다. 해당 계산서는 종이계산서이며, 대금은 외상으로 하였다.

① 1,000,000원　　　　　　　　　　② 50,000,000원
③ 50,100,000원　　　　　　　　　　④ 51,000,000원

정답　④

• [전표입력] 메뉴에서 9월 1일자의 구분을 '6.매출부가세'로 선택하여 '매출정보' 창에 자료를 입력한다.

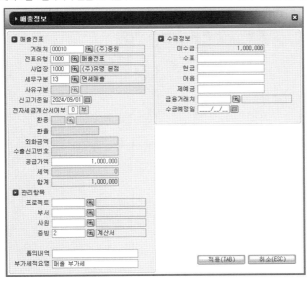

이론 / 실무 시뮬레이션 / 최신 기출문제

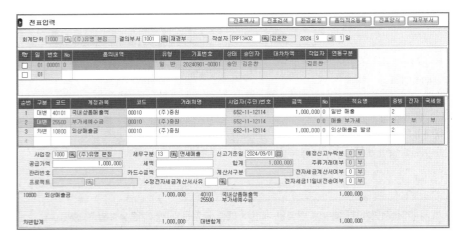

• [계산서합계표] 메뉴에서 '기간: 2024/07~2024/09', '구분: 1.매출'로 조회한 후 전자계산서외(전자 11일경과 전송분포함) 탭을 클릭하면 거래내용을 조회할 수 있다.

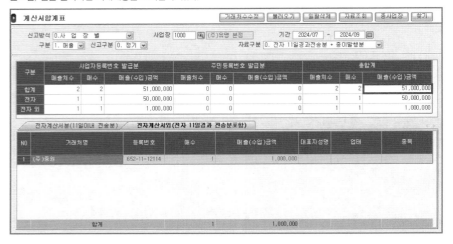

4 매입세액불공제내역

🔍 ERP 메뉴 찾아가기

회계관리 ▶ 부가가치세관리 ▶ 매입세액불공제내역

세금계산서를 수취한 거래 중 부가가치세법에 따라 매입세액공제를 받을 수 없는 사유의 지출에 대해 [전표입력] 메뉴에서 세무구분을 24.불공제매입으로 입력하면 자동으로 작성되는 메뉴이다. [매입세액불공제내역] 메뉴에서 기간 입력 후 '불러오기' 버튼을 실행하면 공제받지 못할 매입세액 내역에 자동 반영된다.

[1] (주)유명 본점의 2024년 1기 부가가치세 확정신고기간에 발생한 매입거래 중 '기업업무추진비(접대비) 관련 매입세액' 사유로 불공제되는 매입세액은 얼마인가?

① 100,000원

② 200,000원

③ 300,000원

④ 3,500,000원

➕ 기출유형 압축노트 I p.45

정답 ②

'기간: 2024/04~2024/06'을 입력한 후 오른쪽 상단의 '불러오기' 버튼을 클릭한다.

매입세액불공제내역		불러오기	일괄삭제	종사업장

신고구분 0.사 업 장 별   사업장 1000 🔍 (주)유명 본점   기간 2024/04 ~ 2024/06

정기/수정구분 0. 정기

1. 인적사항

상호(법인명) (주)유명 본점   성명(대표자) 권지유   사업자등록번호 123-12-12345

2. 공제받지 못할 매입세액 내역

매입세액 불공제 사유	세금계산서		
	매수	공급가액	불공제매입세액
필요적 기재사항 누락	1	3,000,000	300,000
사업과 관련없는 지출			
비영업용소형승용차구입, 유지 및 임차	1	30,000,000	3,000,000
접대비관련매입세액	2	2,000,000	200,000
면세 사업과 관련된분			
토지의 자본적 지출 관련			
사업자등록 전 매입세액			
금.구리 스크랩 거래계좌 미사용 관련 매입세액			
합계	4	35,000,000	3,500,000

[2] 다음 거래를 전표입력 후 (주)유명 본점의 2024년 1기 부가가치세 확정신고기간 동안의 공제받지 못할 매입세액에 대한 설명으로 옳은 것은?

> • 매입내용: 2024년 4월 18일 비영업용 소형승용차(1,800cc)를 구입한 후 세금계산서를 수취하고 신안은행에서 전액 이체처리하였다.
> • 거래처: 푸른자동차(주)
> • 합계액: 33,000,000(VAT 포함)
> • 참고사항: 프로젝트별 공통매입안분 및 재계산은 하지 않는다.

① 불공제매입세액은 총 6,500,000원이다.

② 비영업용 소형승용차 구입 및 유지 불공제매입세액은 6,500,000원이다.

③ 불공제매입세액 관련 세금계산서는 4장이다.

④ 기업업무추진비 관련 매입세액은 300,000원이다.

정답 ①

② 비영업용 소형승용차 구입 및 유지 불공제매입세액은 6,000,000원이다.

③ 불공제매입세액 관련 세금계산서는 5장이다.

④ 기업업무추진비 관련 매입세액은 200,000원이다.

💡 **TIP**

'공제받지 못할 매입세액' 창이 뜨면 '예(TAB)'를 클릭한다.

• [전표입력] 메뉴에서 4월 18일자의 구분을 '5.매입부가세'로 선택하여 '매입정보' 창에 자료를 입력한다.

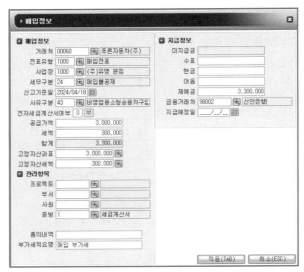

• 자동으로 입력되는 14600.상품을 20800.차량운반구로, 10300.제예금을 10301.보통예금으로 수정한다.

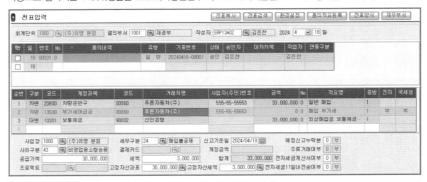

• [매입세액불공제내역] 메뉴에서 '기간: 2024/04~2024/06'을 입력한 후 오른쪽 상단의 '불러오기' 버튼을 클릭한다.

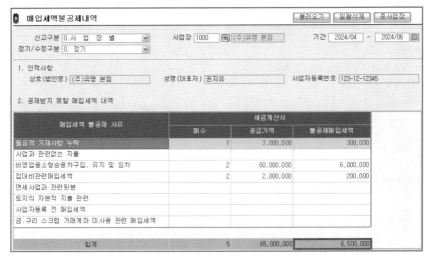

5 신용카드발행집계표/수취명세서

ERP 메뉴 찾아가기

회계관리 ▶ 부가가치세관리 ▶ 신용카드발행집계표/수취명세서

1. 신용카드/현금영수증 수취명세서

[전표입력] 메뉴의 세무구분에서 27.카드매입, 28.현금영수증매입 거래는 세금계산서를 수취하지 않았지만 매입세액 공제가 가능한 거래이다. 신용카드/현금영수증 수취명세서는 매입세액 공제를 받기 위해 27.카드매입, 28.현금영수증매입 유형의 거래 및 거래처가 기록된 부속서류이다. 부가세신고서의 '14.그 밖의 공제 매입세액'란에 반영된다.

(1) 신용카드 등 수취명세서 탭

[전표입력] 메뉴의 세무구분 27.카드매입으로 입력된 거래가 기록된다.

(2) 현금영수증 수취명세서 탭

[전표입력] 메뉴의 세무구분 28.현금영수증매입 거래가 기록된다.

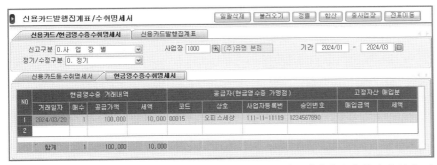

신용카드/현금영수증 수취명세서 탭에 입력되는 거래는 세금계산서를 수취하지 않은 과세거래에 대해 신용카드전표 및 현금영수증을 수취한 거래이다. 카드전표를 수취하고 세금계산서도 수취한 경우에는 21.과세매입 거래로 처리되므로 반영되지 않는다.

실무 연습문제   신용카드/현금영수증 수취명세서

[1] (주)유명 본점의 2024년 2기 부가가치세 예정신고기간에 신용카드로 매입한 내역 중 사업용 카드로 매입한 건수는?   ⊕ 기출유형 압축노트 I p.46

① 2건   ② 3건
③ 5건   ④ 7건

정답 ②

신용카드/현금영수증 수취명세서 탭에서 '기간: 2024/07~2024/09'로 조회하고 오른쪽 상단의 '불러오기' 버튼을 클릭하여 신용카드 등 수취명세서 탭을 확인한다.

[2] 다음 거래를 전표입력하고 2024년 1기 부가가치세 예정신고기간에 현금영수증 수취명세서의 매입세액은 얼마인가?

> 1월 9일 거래처 (주)중원에 상품 3,190,000원(부가세 포함)을 매입하고 현금으로 지급하며 현금영수증을 수취하였다.

① 200,000원
③ 400,000원

② 300,000원
④ 500,000원

정답 ②

• [전표입력] 메뉴에서 1월 9일자의 구분을 '5.매입부가세'로 선택하여 '매입정보' 창에 자료를 입력한다.

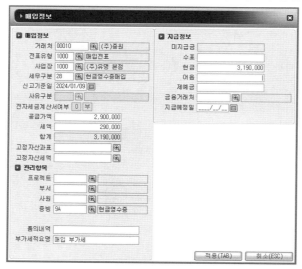

• 신용카드/현금영수증 수취명세서 탭에서 '기간: 2024/01~2024/03'으로 조회하고 오른쪽 상단의 '불러오기' 버튼을 클릭하여 현금영수증 수취명세서 탭을 확인한다.

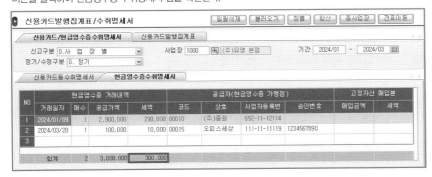

[3] 10월 3일 (주)유명 본점은 (주)성호기업에 기계장치를 2,000,000원(VAT 별도)에 매입하면서 98003.신안카드를 이용하여 카드로 결제하였다. 해당 거래내역을 전표입력한 후 2기 부가가치세 확정신고기간의 신용카드매입 건 중 고정자산매입세액의 합계는 얼마인가?

① 200,000원   ② 500,000원
③ 700,000원   ④ 900,000원

정답 ①

• [전표입력] 메뉴에서 10월 3일자의 구분을 '5.매입부가세'로 선택하여 '매입정보' 창에 자료를 입력한다.

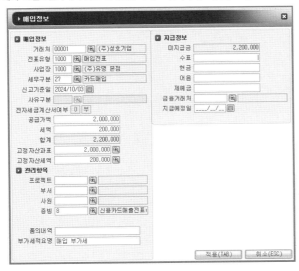

• 자동으로 입력된 14600.상품을 20600.기계장치로, 25100.외상매입금을 25300.미지급금으로 수정한다. 미지급금의 거래처에 98003.신안카드를 입력하고 부가세대급금의 결제카드란에 98003.신안카드를 등록한다.

2. 신용카드발행집계표 탭

[전표입력] 메뉴에서 세무구분 11.과세매출과 13.면세매출 거래 일부, 17.카드매출, 18.면세카드매출, 31.현금과세, 32.현금면세로 입력된 거래가 반영되는 부속서류이다. 17.카드매출, 31.현금과세 거래는 부가세신고서 3.신용카드, 현금영수증발행분 자리에 반영된다.

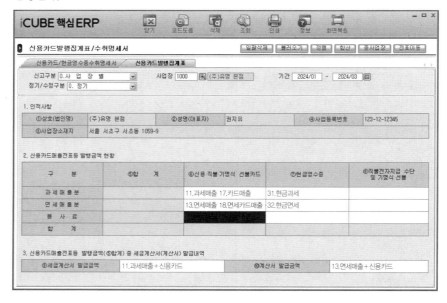

[1] (주)유명 본점의 2024년 1기 부가가치세 예정신고기간에 발생한 신용카드매출액 중 세금계 ⊕ 기출유형 압축노트 | p.48
산서가 발급된 금액은 얼마인가?

① 2,700,000원 ② 3,000,000원
③ 5,700,000원 ④ 6,600,000원

정답 ④

신용카드발행집계표 탭에서 '기간: 2024/01~2024/03'으로 조회한다.

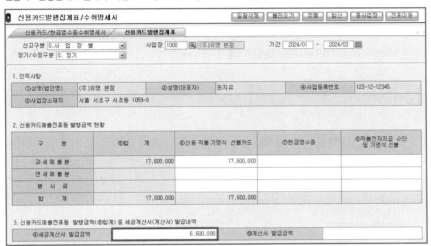

[2] 4월 7일 (주)한동테크에 상품 3,000,000원(면세)을 법인신용카드인 신안카드로 매출하고
계산서를 발급하였다. 전표입력 후 1기 부가가치세 확정신고기간에 발생한 신용카드매출액
중 계산서가 발급된 금액은 얼마인가? (단, 카드미수금은 외상매출금 계정으로 입력한다)

① 2,700,000원 ② 3,000,000원
③ 5,700,000원 ④ 6,000,000원

정답 ②

• [전표입력] 메뉴에서 4월 7일자의 구분을 '6.매출부가세'로 선택하여 '매출정보' 창에 자료를 입력한다.

- 외상매출금의 거래처를 98003.신안카드로 수정하고 부가세예수금의 카드수금액란에 3,000,000원을 입력한다.

- 신용카드발행집계표 탭에서 '기간: 2024/04~2024/06'을 입력하고 오른쪽 상단의 '불러오기' 버튼을 클릭하여 입력한 거래를 확인한다.

6 건물등감가상각자산취득명세서

⌾ ERP 메뉴 찾아가기

회계관리 ▶ 부가가치세관리 ▶ 건물등감가상각자산취득명세서

[전표입력] 메뉴에서 세무구분이 21.과세매입, 22.영세매입, 24.매입불공제, 25.수입, 27.카드매입, 28.현금영수증매입인 데이터의 관리항목 중 '고정자산과표'와 '고정자산세액'을 조회할 수 있는 메뉴이다. 일정 기간 동안 취득한 고정자산을 종류별로 매입 금액을 확인할 수 있다.

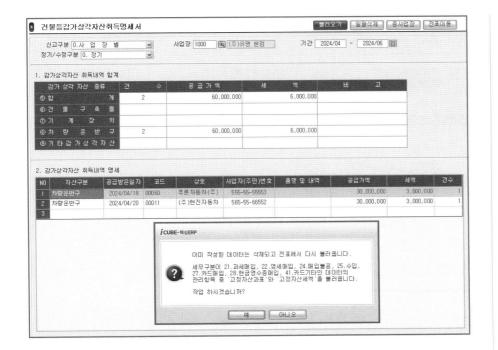

실무 연습문제　건물등감가상각자산취득명세서

[1] 다음 중 (주)유명 본점의 2024년 1기 부가가치세 확정신고기간에 매입한 자산의 종류는?　➕ 기출유형 압축노트 I p.50

　　① 건물 · 구축물　　　　　　　　　② 기계장치
　　③ 기타감가상각자산　　　　　　　④ 차량운반구

정답 ④

'기간: 2024/04~2024/06'을 입력하고 오른쪽 상단의 '불러오기' 버튼을 클릭한다.

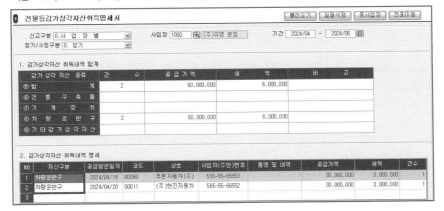

[2] 2024년 2기 부가가치세 예정신고기간에 매입한 자산 중 차량운반구의 건수는?

　　① 1건　　　　　　　　　　　　　② 2건
　　③ 3건　　　　　　　　　　　　　④ 4건

'기간: 2024/07~2024/09'를 입력하고 오른쪽 상단의 '불러오기' 버튼을 클릭한다.

TIP

'불러오기' 버튼을 클릭하여 실행되는 창이 뜨면 '예'를 클릭한다.

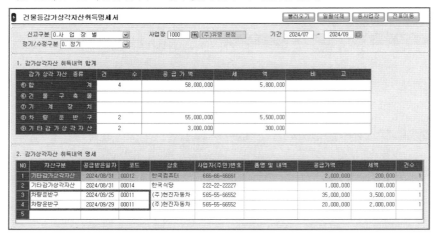

7 수출실적명세서

ERP 메뉴 찾아가기

회계관리 ▶ 부가가치세관리 ▶ 수출실적명세서

[전표입력] 메뉴에서 세무구분 16.수출로 입력된 거래에 대해 수출신고번호와 선적일자, 통화코드, 환율, 외화 금액과 원화 금액을 기록하는 부속서류이다. 수출신고번호가 없는 거래는 기타영세율적용에 반영된다. 부가세 과세기간에 직수출한 금액은 수출재화 원화 금액과 기타영세율적용 원화 금액을 합한 금액이다. 수출은 매출거래로 [계정과목등록] 메뉴에서 매출세액인 '25500.부가세예수금' 계정의 연동항목이 '01.매출부가세'일 때 [수출실적명세서] 메뉴에도 연동된다.

실무 연습문제   수출실적명세서

10월 6일 (주)유명 본점은 오피스세상에 상품 $5,000(USD 환율 $1=1,100원)를 수출신고서(신고번호 12345-67-890123-45)에 의해 직수출하고 대금은 외상으로 하였다. 전표입력 후 수출실적명세서의 외화금액은 총 얼마인가?

➕ 기출유형 압축노트 I p.51

① 1,000
② 5,000
③ 10,000
④ 12,000

정답 ②

- [전표입력] 메뉴에서 10월 6일자의 구분을 '6.매출부가세'로 선택하여 '매출정보' 창에 자료를 입력한다.

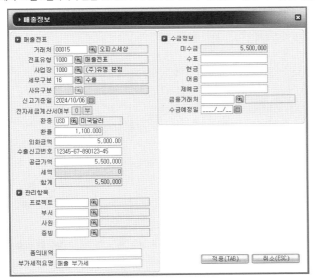

- 자동으로 입력된 40101.국내상품매출액을 40102.해외상품매출액으로 수정한다.

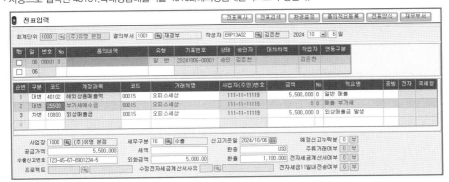

- [수출실적명세서] 메뉴에서 '거래기간: 2024/10~2024/12'로 입력하고 오른쪽 상단의 '불러오기' 버튼을 클릭하여 '건별로 불러옴', '기타영세율적용란으로 불러옴'을 선택한 후 조회한다.

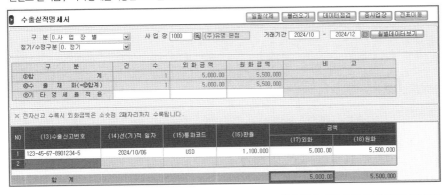

8 부동산임대공급가액명세서

ERP 메뉴 찾아가기

회계관리 ▶ 부가가치세관리 ▶ 부동산임대공급가액명세서

부동산 임대용역을 제공하는 사업자는 부가가치세신고 시 부동산임대공급가액명세서를 제출해야 하며, 이는 부가가치세 성실신고 여부와 보증금에 대한 간주임대료 계산의 적정 여부 등을 판단하는 자료로 활용된다. 주어진 자료를 직접 입력해서 간주임대료를 산출하며 간주임대료에 해당하는 금액은 세금계산서가 발행된 거래는 아니지만 매출세액을 납부해야 하므로 세무구분 14.건별 거래로 [부가세신고서] 메뉴에서 '과세-기타'란에 반영된다. 간주임대료 이자율은 국세청장이 고시하는데, 시험에서는 프로그램에 설정된 이자율로 계산하면 된다(현재 고시된 이자율은 2.9%이다).

실무 연습문제 부동산임대공급가액명세서

⊕ 기출유형 압축노트 | p.53

다음 자료를 [부동산임대공급가액명세서]에 입력한 후 2024년 1기 확정기간의 간주임대료를 계산하여 [전표입력] 메뉴에 간주임대료와 관련하여 반영하고 [부가세신고서] 메뉴의 매출세액에 반영된 간주임대료 금액은 총 얼마인가? (단, 월세와 관리비는 정상적으로 세금계산서가 발행되었다)

- 동: 서울특별시 종로구 청운효자동
- 호수: 501호
- 사업자등록번호: 109-88-11118
- 용도: 사무실
- 보증금: 50,000,000원
- 관리비: 100,000원
- 층: 지상 5층
- 상호(성명): 아이텔레콤(주)
- 면적: 500㎡
- 임대기간: 2023/04/01~2025/03/31
- 월세: 1,000,000원

① 43,510원
② 435,109원
③ 330,000원
④ 344,958원

정답 ①

- '과세기간: 2024/04 ~ 2024/06'으로 조회하고 주어진 자료를 입력한다. 간주임대료는 보증금이자가 435,109원이므로 매출세액은 43,510원이다.
- 보증금 이자 : 50,000,000원 × 3.5% × 91/366 ≒ 435,109원

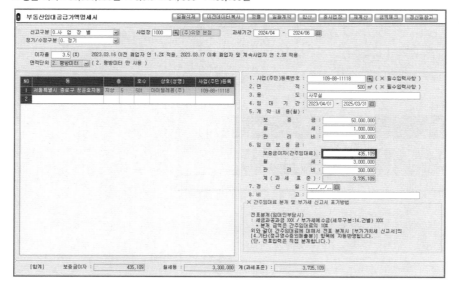

- [전표입력] 메뉴에서 6월 30일자의 구분을 '6.매출부가세'로 선택하여 '매출정보' 창에 자료를 입력한다. 전표입력을 통해 간주임대료를 부가세신고서에 반영할 경우 '세무구분: 14.건별매출'을 선택하고 간주임대료의 10%를 부가세 예수금으로 처리한다.

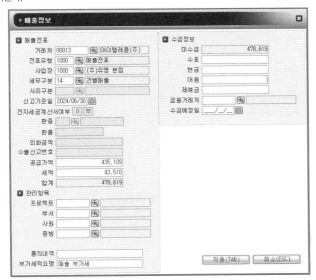

- 자동으로 입력되는 10800.외상매출금은 81700.세금과공과금으로 수정하고, 25500.부가세예수금과 동일하게 금액을 43,510원으로 수정한다. 40101.국내상품매출액은 F5를 눌러 삭제한다.

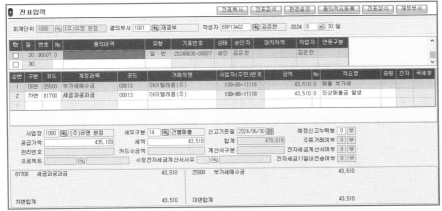

- [부가세신고서] 메뉴에서 '과세-4.기타(정규영수증외매출분)'란에 간주임대료와 관련하여 반영된 금액을 확인한다.

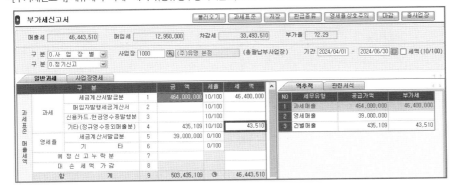

9 의제매입세액공제신고서

ERP 메뉴 찾아가기

회계관리 ▶ 부가가치세관리 ▶ 의제매입세액공제신고서

사업자가 면세농산물 등을 원재료로 하여 제조, 가공한 재화 또는 창출한 용역의 공급이 과세되는 경우 매입가액의 일정 비율을 의제매입세액으로 계산하여 부가세신고 시 공제받을 수 있다. [의제매입세액공제신고서] 메뉴는 의제매입세액공제를 적용받는 경우 작성하며, 불러오기 기능을 통해 전표입력의 데이터를 간편하게 불러와 작성할 수 있다. 매입세액정산 탭은 확정신고 시 활성화되며, 확정신고 시 매입세액을 정산해서 작성하여야 한다.

실무 연습문제   의제매입세액공제신고서

[1] (주)유명 본점의 거래내용을 전표입력한 후 2024년 1기 예정 부가가치세신고 시 의제매입세액 공제액은 얼마인가?

> 2024년 3월 4일 사과잼의 원재료인 사과 100상자를 외상으로 구입한 후 전자계산서를 수취하였다.
> - 사업장: 1000.(주)유명 본점
> - 매입가액: 2,000,000원
> - 구입처: 대한유통(주)
> - 공제율: 2/102

① 39,215원

② 117,647원

③ 137,254원

④ 254,901원

정답 ①

- [전표입력] 메뉴에서 3월 4일자의 구분을 '5.매입부가세'로 선택하여 '매입정보' 창에 자료를 입력한다.

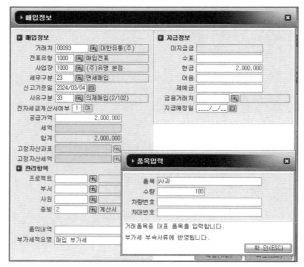

- 자동으로 입력된 14600.상품을 14900.원재료로 수정한다.

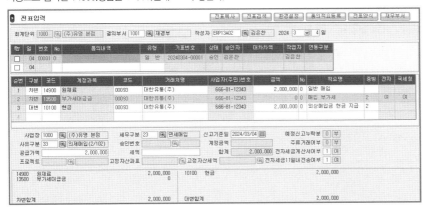

- [의제매입세액공제신고서] 메뉴에서 '기간: 2024/01~2024/03'을 입력한 후 오른쪽 상단의 '불러오기' 버튼을 클릭하여 의제매입세액 39,215원(=2,000,000원×2/102)을 조회한다.

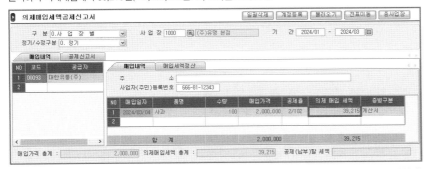

- [부가세신고서] 메뉴에서 '기간: 2024/01/01~2024/03/31'을 입력하고 상단의 '불러오기' 버튼을 클릭한 후 '매입세액−14.그 밖의 공제매입세액'란에서 TAB을 누르거나 더블클릭한다. 팝업창의 '43.의제매입세액' 공급 가액 2,000,000원을 확인하고 세액란에 39,215원을 입력한 후 저장한다.

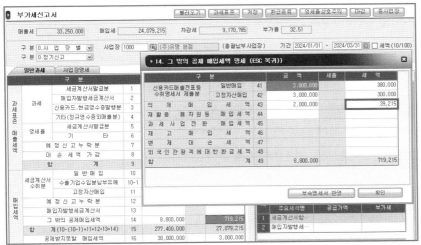

[2] 대한유통(주)와의 거래내용을 [의제매입세액공제신고서] 메뉴에 직접 입력한 후 부가가치세 1기 확정신고 시 공제 및 납부할 세액은 얼마인가? (단, 예정신고 시 공제받은 세액은 39,215원이며, 공제율은 2/102를 선택하고 매입세액을 정산할 것)

[원재료 외상 매입 관련 내용]

구입일자	품목명	수량	단가
2024.04.02.	복숭아	100Box	30,000원

공급가액	증명서류	구입 목적
3,000,000원	전자계산서	통조림제조원료

[과세표준]
• 예정분: 901,000,000원
• 확정분: 687,749,452원

① 39,215원　　　　　　　　② 58,824원
③ 98,039원　　　　　　　　④ 99,039원

정답 ②

• '기간: 2024/04~2024/06'을 입력하고 매입내역 탭에서 오른쪽 상단의 '불러오기' 버튼을 클릭한 후 거래내용을 입력한다.

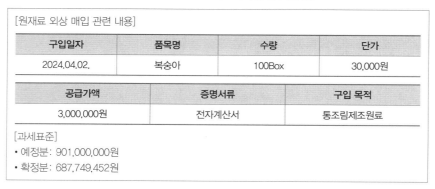

• 매입세액정산 탭에서 과세표준을 반영한다.

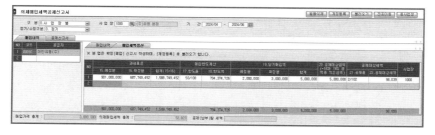

- 공제신고서 탭에서 오른쪽 상단의 '불러오기' 버튼을 눌러 자료를 불러온 후, 매입세액정산 탭의 '예정신고분'란에서 F2를 눌러 예정신고 금액을 불러온다.

TIP

p.318 '실무 연습문제-[1] 문제'의 풀이과정에서 [부가세신고서] 메뉴의 의제매입세액을 반영한 후 저장하지 않았을 경우 [의제매입세액공제신고서] 메뉴의 예정신고분 금액이 조회되지 않는다. 이 경우 직접 39,215원을 입력한다.

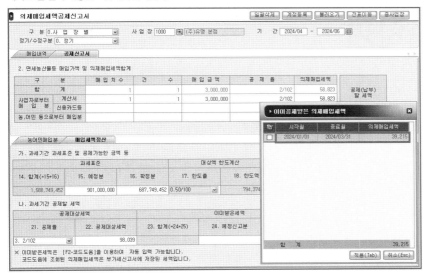

- 확정신고기간에 공제가 가능한 세액은 58,824원이다.

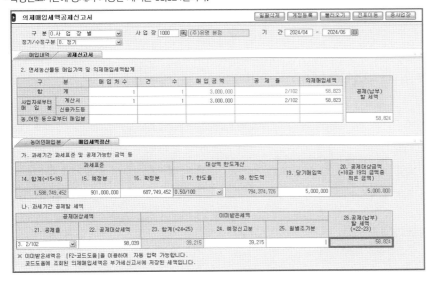

CHAPTER 09

업무용승용차관리 실습하기

➕ **실습 방법**

본 챕터는 '[백데이터] PART 05 실무 시뮬레이션'을 복원한 후 '회사: 1002.회사A', '사원: ERP13A02.김은찬'
으로 로그인하여 학습하세요(사원암호는 입력하지 않음).

※ 2024 버전 핵심ERP 프로그램을 사용하세요.

1 업무용승용차 차량등록

🔍 **ERP 메뉴 찾아가기**

회계관리 ▶ 업무용승용차관리 ▶ 업무용승용차 차량등록

1. 업무용승용차 관련비용

기업이 업무용승용차와 관련하여 사적으로 사용하는 것을 방지하고 과도한 비용을 손금
으로 인정받는 것을 차단하기 위해 '업무용승용차 관련비용 등의 손금불산입' 규정을 두고
법인의 손금인정액을 제한하고 있다.

2. 주요 개정내용

(1) 승용차 관련비용이 연간 1,500만원 이하

임직원 전용 자동차보험에 가입한 법인 승용차와 관련하여 지출한 비용(감가상각비, 임차
료, 유류비, 자동차세, 보험료, 수리비, 통행료 등)은 별도의 운행기록 작성 없이 전액 비
용(손금)으로 인정된다.

(2) 승용차 관련비용이 연간 1,500만원 초과

임직원 전용 자동차보험에 가입한 법인차량과 관련하여 지출한 비용이 1,500만원을 초과
하여 초과액에 대해 비용공제를 받으려면 운행기록을 작성하여 업무용 사용비율에 따라
비용을 인정받아야 한다.

(3) 업무용으로 인정된 승용차 관련비용 중 차량 감가상각비가 연간 800만원 이상

차량의 감가상각비는 연 800만원까지만 비용(손금)으로 인정하며 한도 초과액은 다음 연
도로 이월하여 비용을 공제받는다.

3. 업무용승용차 차량등록

[업무용승용차 차량등록] 메뉴를 사용하기 위해서는 관련 계정의 관리항목을 [계정과목등
록] 메뉴 관련 계정에 'L'로 시작하는 관리항목으로 반드시 등록해야 한다. 프로그램에는
기본으로 'L1.업무용승용차'가 설정되어 있다.

기존에 취득해서 관리하고 있는 차량은 상단의 '고정자산불러오기' 버튼을 클릭한 후 '자산
불러오기(F12)' 버튼을 눌러 [고정자산등록] 메뉴에 기록된 회사 소유 차량을 조회한 후
등록할 수 있다. 직원소유차량, 리스 및 렌탈 차량은 [업무용승용차 차량등록] 메뉴에 직
접 입력한다.

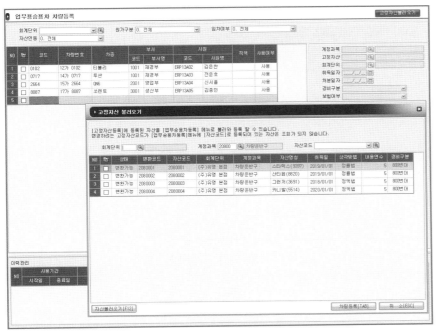

업무용승용차 관련비용에 대해 손금으로 인정 받기 위해서는 '보험여부'가 '1.여'로 등록되
어야 한다.

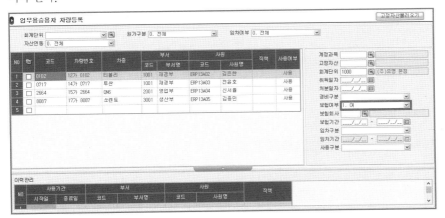

업무용승용차가 관리항목에 등록되어 있는지 확인하기 위해서는 [시스템관리]-[기초정
보관리]-[관리내역등록] 메뉴에서 조회구분을 1.회계로 변경한 후 관리항목 'L1.업무용
승용차'를 클릭하여 오른쪽의 자산등록 내역을 확인한다.

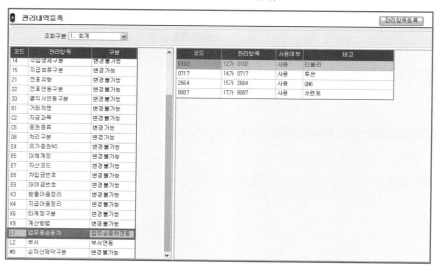

업무용승용차관리를 위해서는 [관리내역등록] 메뉴에 차량이 등록되어야 하며, [계정과목
등록] 메뉴의 차량 관련비용 계정 관리항목명에 'L1.업무용승용차'가 등록되어 있어야 한
다. 대표적으로 차량유지비 계정을 확인하면 아래와 같다. 차량유지비 이외에도 업무용승
용차의 지출 관련 계정인 보험료, 세금과공과금 등에 등록되어 있다.

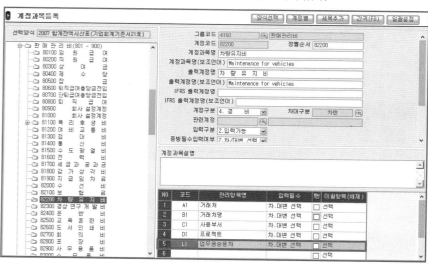

[1] 당사는 법인세법에 따라 업무용승용차에 관한 관리를 하고 있다. 아래 계정과목 중 당사의 업 ⊕ 기출유형 압축노트 | p.55
무용승용차 관련 계정과목에 해당하지 않는 것은?

① 82200.차량유지비　　　　　　　　② 81700.세금과공과금
③ 82100.보험료　　　　　　　　　　④ 81800.감가상각비

정답 ④

[계정과목등록] 메뉴에서 '81800.감가상각비'의 관리항목명에는 L1.업무용승용차가 설정되어 있지 않다.

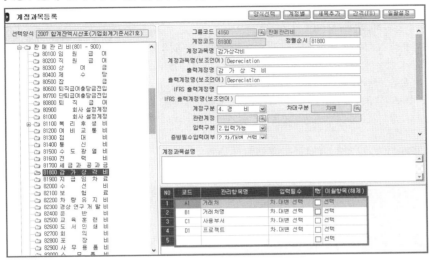

[2] (주)유명 본점은 업무용승용차를 등록하여 관리하고 있다. 다음 중 업무용승용차 보험여부가
'부'로 설정된 차량번호는?

① 12가 0102　　　　　　　　　　② 14가 0717
③ 15가 2664　　　　　　　　　　④ 17가 8087

정답 ②

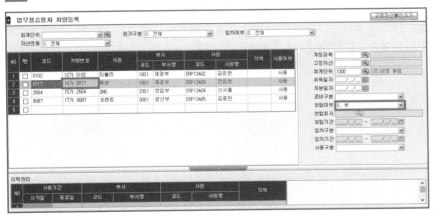

2 업무용승용차 운행기록부

ERP 메뉴 찾아가기

회계관리 ▶ 업무용승용차관리 ▶ 업무용승용차 운행기록부

[업무용승용차 운행기록부] 메뉴는 차량별로 작성하며, [업무용승용차 관련비용 명세서(관리용)] 메뉴에서 업무사용 금액이 승용차 1대당 1,500만원을 초과하는 차량에 대해 직접 작성하는 메뉴이다. '출·퇴근용'과 '일반업무용'의 사용거리를 합산하여 '업무용 사용거리'를 산정한다. 총주행거리 중 업무용 사용거리를 제외한 내역은 비업무용 사용거리로 계산되며, 업무용 사용거리를 총주행거리로 나누어 업무사용비율을 계산한다.

2024년에 사용한 업무용승용차 관련비용을 분석하여 운행기록부 작성 여부를 판단할 경우 [업무용승용차 관련비용 명세서(관리용)] 메뉴의 명세서 탭에서 '기표기간: 2024/01/01~2024/12/31'을 설정한 후 '불러오기' 버튼을 클릭한다. 명세서 탭에서 업무용승용차 관련비용의 합계 금액을 확인한다. 관련비용 합계 금액이 1,500만원을 초과할 경우, 운행기록부를 작성해야 초과액을 손금으로 인정받을 수 있다.

➕ [업무용승용차 운행기록부] 메뉴 작성 기준

업무용승용차 관련비용이 1,500만원을 초과할 경우 운행기록일지를 작성해야 한다.

구분		법인 기준 내용
대상 차량		개별소비세 부과대상 승용차(경차, 승합차 제외)
관련비용		업무용 차량 취득비용 및 유지비용(감가상각비, 임차료, 유류비, 보험료, 수선비, 자동차세, 통행료, 금융리스 부채 이자비용 등)
비용인정 방법		① 임직원전용 자동차보험에 가입 ② 관련비용 1,500만원 초과 지출 차량에 대해 운행기록부 작성
운행기록부 작성 여부	작성 X	Min[차량 관련비용, 1,500만원]
	작성 O	1,500만원 초과 손금인정(미작성 시 1,500만원 초과비용 손금인정 안 됨)

실무 연습문제   업무용승용차 운행기록부

[1] (주)유명 본점의 영업부에서 사용되는 업무용승용차 '15가 2664' 차량에 대하여 운행기록부를 작성하였다. 2024년 1월 한 달 동안 해당 차량의 업무사용비율은 얼마인가?

① 70%   ② 80%
③ 85%   ④ 90%

정답 ④

'사용기간(과세기간): 2024/01/01~2024/01/31'로 조회한다.

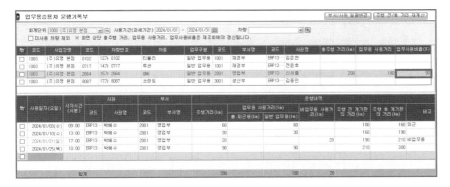

[2] (주)유명 본점의 업무용승용차 '15가 2664' 차량에 대하여 운행기록부를 작성하고 있다. 2024년 1월 28일 'ERP13A06.박혜수' 사원이 일반업무용(주행거리: 100km)으로 해당 차량을 사용하였다. 해당 내역을 운행기록부에 작성한 후 2024년 1월 한 달 동안 해당 차량의 업무사용비율을 조회하면 얼마인가? (단, 운행내역을 작성한 후 재조회하여 상단의 업무사용비율을 갱신한다)

① 40%   ② 90%
③ 91%   ④ 93%

정답 ④

'사용기간(과세기간)': 2024/01/01~2024/01/31'로 조회하여 자료를 입력한 후 오른쪽 상단의 '주행 전/후 거리 재계산' 버튼을 누르고 재계산(TAB)을 눌러 반영한다.

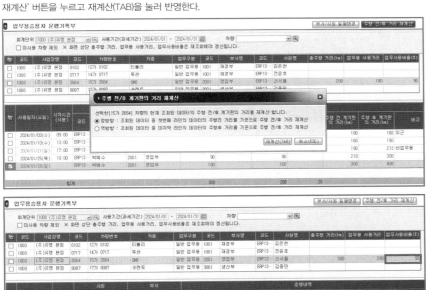

3 업무용승용차 관련비용 명세서(관리용)

ERP 메뉴 찾아가기

회계관리 ▶ 업무용승용차관리 ▶ 업무용승용차 관련비용 명세서(관리용)

[계정과목등록] 메뉴의 관리항목명에 업무용승용차를 등록하고 [전표입력] 메뉴에서 해당 지출이 발생할 때마다 해당 차량을 등록하면 [업무용승용차 관련비용 명세서(관리용)] 메뉴에 차량유지비, 유류비, 보험료, 수선비, 자동차세 등 업무용승용차 관련비용이 자동 반영된다. [업무용승용차 관련비용 명세서(관리용)] 메뉴는 전표에 입력한 관련비용 중 업무와 관련이 있는지, 없는지를 구분하고 손금산입과 손금불산입 금액을 산출한다.
관련비용이 1,500만원을 초과할 경우 손금불산입 관련 운행기록부를 작성해야 한다. 1,500만원 이하의 지출은 운행기록부를 작성하지 않고 모두 비용으로 인정받을 수 있다.

실무 연습문제   업무용승용차 관련비용 명세서(관리용)

(주)유명 본점은 업무용승용차 손금불산입 특례 규정에 따라 업무용승용차 관련비용 명세서를 작성하여 관리하고 있다. 명세서를 불러오기하여 작성한 후 2024년에 지출한 업무용승용차 관련비용 중 '12가0102' 차량의 손금으로 인정되는 금액을 조회하면 얼마인가?

➕ 기출유형 압축노트 | p.56

① 419,999원
② 1,080,000원
③ 2,010,000원
④ 3,509,999원

정답 ③

• 명세서 탭에서 '기표기간: 2024/01/01~2024/12/31'을 입력한 후 오른쪽 상단의 '불러오기' 버튼을 클릭한다.

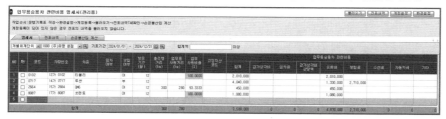

• 손금불산입 계산 탭에서 '조회기간: 2024/01/01~2024/12/31'을 입력하고 오른쪽 상단의 '불러오기' 버튼을 클릭한다.

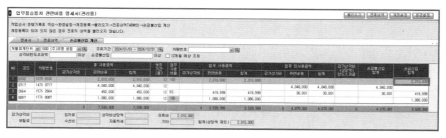

TIP

명세서 탭에서 일부 기간의 비용을 조회한 경우 손금불산입 계산 탭에서 자료를 조회한 후 '12개월 예상 조회' 박스에 체크하여 다시 조회하면 1년 동안의 손금불산입 금액을 확인할 수 있다.

노력을 이기는 재능은 없고
노력을 외면하는 결과도 없다.

– 이창호 프로 바둑 기사

PART

06

최신 기출문제

Enterprise
Resource
Planning

| 프로그램 설치 & 백데이터 복원

☑ [에듀윌 도서몰]–[도서자료실]–[부가학습자료]에서 다운로드

☑ PART 06 → 2023 핵심ERP 프로그램 설치

☑ 백데이터 파일은 반드시 압축 해제 후 복원

☑ 오류 발생 시 정답 및 해설 뒷면의 Q&A 참고

기출문제 2023년 3회

이론 해설 특강

실무 해설 특강

이론

01

ERP와 기존의 정보 시스템(MIS) 특성 간의 차이점에 대한 설명으로 가장 적절하지 않은 것은?

① 기존 정보시스템의 업무 범위는 단위 업무이고, ERP는 통합 업무를 담당한다.
② 기존 정보시스템의 전산화 형태는 중앙집중식이고, ERP는 분산처리구조이다.
③ 기존 정보시스템은 업무처리 방식은 수평적이고, ERP 업무처리 방식은 수직적이다.
④ 기존 정보시스템의 데이터베이스 형태는 파일 시스템이고, ERP는 관계형 데이터베이스 시스템(RDBMS)이다.

02

ERP 시스템 투자비용에 관한 개념 중 '시스템의 전체 라이프사이클(Life-cycle)'을 통해 발생하는 전체 비용을 계량화한 비용'에 해당하는 것은?

① 유지 보수 비용(Maintenance Cost)
② 시스템 구축비용(Construction Cost)
③ 총소유비용(Total Cost of Ownership)
④ 소프트웨어 라이선스비용(Software License Cost)

03

정보시스템의 역할로 가장 적절하지 않은 것은?

① 기업의 다양한 업무 지원
② 고객만족 및 서비스 증진 효과
③ 효율적 의사결정을 위한 지원 기능
④ 조직원의 관리, 감독, 통제 기능 강화

04

클라우드 ERP의 특징 혹은 효과에 대한 설명 중 가장 옳지 않은 것은?

① 안정적이고 효율적인 데이터 관리
② IT 자원관리의 효율화와 관리비용의 절감
③ 필요한 어플리케이션을 자유롭게 설치 가능
④ 원격근무 환경 구현을 통한 스마트워크 환경 정착

05

ERP에 대한 설명 중 가장 적절하지 않은 것은?

① 신속한 의사결정을 지원하는 경영 정보 시스템이다.
② 회계, 인사, 생산, 물류 등 기업의 업무가 통합된 시스템이다.
③ 모든 사용자들은 사용권한 없이도 쉽게 기업의 정보에 접근할 수 있다.
④ ERP의 기본 시스템에 공급망 관리, 고객지원 기능 등의 확장기능을 추가할 수 있다.

06

재무제표의 기본가정으로 가장 적절하지 않은 것은?

① 기업실체의 가정
② 계속기업의 가정
③ 현금주의의 가정
④ 기간별 보고의 가정

07

[보기]에서 설명하는 회계정보의 질적 특성으로 가장 적절한 것은?

> ─ 보기 ─
> 재무상태, 경영성과 등을 보고, 이전에 세웠던 기대치에 맞게 수시로 계획을 수정할 수 있는 능력이다.

① 중립성
② 예측가치
③ 피드백가치
④ 표현의 충실성

08

재무제표 중 손익계산서의 작성기준으로 가장 적절하지 않은 것은?

① 1년기준
② 총액주의
③ 발생주의
④ 유동성 배열

09

손익계산서에 대한 설명으로 가장 적절하지 않은 것은?

① 매출액에서 매출원가를 차감하여 매출총이익을 표시한다.
② 수익과 비용은 각각 총액으로 보고하는 것을 원칙으로 한다.
③ 영업외수익은 기업의 영업활동으로부터 발생한 수익을 표시한다.
④ 손익계산서는 일정 기간 동안 기업의 경영성과에 관한 정보를 제공하는 보고서를 의미한다.

10

회계순환과정상 총계정원장의 마감에 대한 설명으로 가장 적절하지 않은 것은?

① 당기순손익을 계산하여 당기순이익 계정에 대체한다.
② 수익, 비용 계정 잔액을 집합 계정인 손익 계정에 대체 후 마감한다.
③ 기말 결산정리사항을 분개하여 총계정원장의 해당 계정에 수정 기입한다.
④ 자산, 부채, 자본 계정은 차기이월로 마감하고, 개시 기입 시 전기이월로 기입한다.

11

선적지 인도기준으로 재고자산을 취득할 경우 취득원가에서 차감해야 하는 항목은?

① 매입금액
② 매입과 관련된 할인액 및 에누리액
③ 선적 후 매입자가 부담한 매입운임
④ 선적 후 매입자가 부담한 매입에 따른 하역료 및 보험료

12

[보기]는 (주)생산의 2023년 7월 1일 현재, 장기차입금 계정에 대한 자료이다. 이를 바탕으로 2023년도 말 유동성 장기부채 계정으로 대체될 금액을 계산하시오(당기 회계기간 보고 종료일은 2023년 12월 31일이다.)

항목	금액	상환예정일	사용인
장기차입금A	1,000,000	2023년 12월 31일	상환 예정 시기에 상환하는 것으로 가정함
장기차입금B	2,000,000	2024년 6월 30일	
장기차입금C	3,000,000	2024년 12월 31일	
장기차입금D	4,000,000	2025년 6월 30일	

① 2,000,000원
② 5,000,000원
③ 6,000,000원
④ 10,000,000원

13

사채발행의 회계처리에 대한 설명으로 가장 적절하지 않은 것은?

① 사채할인발행차금은 사채의 차감적 평가 계정이다.
② 사채의 액면이자율이 시장이자율보다 낮은 경우 할인발행이 된다.
③ 유효이자율법 적용 시 사채할증발행차금 상각액은 매년 증가한다.
④ 대변에 사채를 발행금액으로 기록하고, 차변에 수령하는 금액을 액면금액으로 기록한다.

14

영업용 트럭을 어음을 발행하여 외상으로 구입한 경우, 대변에 기재해야 하는 계정과목으로 가장 적절한 것은?

① 미수금
② 선수금
③ 미지급금
④ 외상매입금

15

[보기]는 (주)생산에 대한 자료이다. (주)생산의 사채할인발행차금을 정액법으로 상각할 경우 2022년 12월 31일에 상각해야 할 금액은? (단, 정답은 단위를 제외한 숫자만 입력하시오)

> 보기
> • 2022년 1월 1일 연리 12%, 만기가 5년인 액면금액 100,000원인 사채를 96,000원에 할인발행
> • 사채발행비용 2,000원을 지급

답: (   )원

16

[보기]를 이용하여 (주)생산성이 연수합계법으로 감가상각을 한다면 2023년 12월 31일 결산 시 재무상태표에 계상될 감가상각누계액은 얼마인가? (단, 정답은 단위를 제외한 숫자만 입력하시오)

> 보기
> • 취득일: 2022년 1월 1일
> • 취득원가: 1,000,000원
> • 잔존가치: 0원
> • 내용연수: 4년
> • 결산일: 12월 31일
> • 월할 상각 적용

답: (   )원

17

[보기]는 재무제표의 기본가정에 대한 설명이다. (A)에 들어갈 적절한 용어는?

> 보기
> • 기업 실체의 가정: 기업을 독립적인 회계단위로 간주하고, 회계 단위의 관점에서 재무정보를 측정·보고한다.
> • (A)의 가정: 기업은 목적과 의무를 이행하기에 충분할 정도로 장기간 존속한다고 가정한다.
> • 화폐 평가의 가정: 회계의 모든 거래는 화폐 단위로 측정할 수 있고, 화폐의 가치는 안정되어 있다고 가정한다.
> • 기간별 보고의 가정: 일정한 단위 기간마다 정보를 제공하는 가정이다.

답: (   )의 가정

18

부가가치세법상 재화의 공급에 속하는 항목으로 가장 적절한 것은?

① 상속세 및 증여세법에 의하여 사업용 자산으로 물납하는 경우
② 매입세액공제를 받은 재화를 폐업일까지 판매하지 못하고 창고에 보관하는 경우
③ 질권, 저당권, 양도 담보의 목적으로 동산, 부동산 및 부동산상의 권리를 제공하는 경우
④ 국세징수법에 따른 공매 및 민사집행법에 따른 경매에 따라 재화를 인도, 양도하는 경우

19

[보기]의 설명으로 가장 적절한 것은?

> 보기
> 법인의 각 사업연도 소득은 익금총액에서 손금총액을 공제하여 계산한다. 그러나 실제 계산에 있어서는 수익에서 비용을 공제한 결산서상 당기순이익을 출발점으로 기업회계와 세무회계의 차이를 조정하여 각 사업연도의 소득금액을 계산한다. 이러한 조정을 통하여 정확한 과세소득을 계산하기 위한 일련의 절차를 말한다.

① 사업연도
② 세무조정
③ 신고조정
④ 결산조정

20

법인세 납세지에 대한 설명으로 가장 적절하지 않은 것은?

① 국내에 사업의 실질적 관리장소를 둔 법인은 내국법인이다.
② 내국법인은 법인등기부상 법인 대표의 소재지가 납세지이다.
③ 외국법인은 국내사업장이 있는 경우에는 국내 사업장의 소재지를 납세지로 한다.
④ 내국법인은 등기상 본점·주사무소(사업의 실질적 관리장소) 소재지를 납세지로 한다.

21

법인세 신고 시 반드시 제출해야 하는 서류로 가장 적절한 것은?

① 재무상태표, 현금흐름표
② 현금흐름표, 세무조정계산서
③ 포괄손익계산서, 세무조정계산서
④ 소득금액조정합계표, 합계잔액시산표

22

법인세법상 세무조정의 소득처분이 다른 하나는?

① 법인세비용
② 지정기부금 한도초과액
③ 퇴직급여충당부채 한도초과액
④ 임대보증금 등의 간주임대료

23

부가가치세법상 세금계산서의 발급시기에 대한 설명 중 가장 적절하지 않은 것은?

① 재화, 용역의 공급시기를 작성연월일로 하여 발급해야 하나, 상황에 따라 공급시기가 되기 전 세금계산서를 발급할 수 있다.
② 재화, 용역의 공급시기 전에 대가를 받지 않은 경우, 세금계산서 발급일로부터 7일 이내에 대가를 받으면 세금계산서를 발급한 때를 공급시기로 볼 수 있다.
③ 재화, 용역의 공급시기 전에 대가의 일부 또는 전부를 받고, 받은 대가에 대하여 세금계산서를 발급하는 경우 그 발급하는 때를 공급시기로 볼 수 있다.
④ 거래처별로 1역월 이내의 범위 중 사업자가 임의로 정한 기간동안의 공급가액을 합산하여 그 기간의 종료일자를 작성연월일로 세금계산서를 발급하는 경우, 그 기간의 종료일자까지 발급할 수 있다.

24

[보기]의 괄호 안에 들어가야 하는 법인세 세무조정의 소득처분은 무엇인가? (정답은 한글로 입력하시오)

> ┌ 보기 ┐
> 법인세 세무조정에 따른 소득처분 시, 사외유출의 소득 귀속자가 출자임원인 경우의 소득처분은 (   )(으)로 한다.

답: (   )

25

[보기]는 법인세법상 계산구조를 나타낸 것이다. 빈칸에 들어갈 용어를 한글로 기입하시오.

> ┌ 보기 ┐
>
> | | 결산서상 당기순이익 |
> |---|---|
> | (+) | 익금산입 · 손금불산입 |
> | (−) | 손금산입 · 익금불산입 |
> | | 차 가 감 소 득 금 액 |
> | (+) | 기부금 한도초과액 |
> | = | 각 사업 연도(   ) |

답: (각 사업연도   )

26

[보기]의 (   )에 들어갈 적절한 숫자는?

> ┌ 보기 ┐
> 법인세의 과세표준에 세율을 곱하여 산출세액을 계산할 때, 사업연도가 1년 미만인 경우의 처리 방법은 다음과 같다. 사업연도 개월수는 12개월로 나누어 계산하며, 1개월 미만의 일수는 (   ) 개월로 계산한다.

답: (   )개월

27

[보기]를 참고하여 (주)생산성의 매몰원가(Sunk Cost)를 구하시오.

> ― 보기 ―
> (주)생산성은 현재 정상 판매가 불가능한 재고자산을 보유하고 있는데, 이의 제조원가는 1,500,000원이다. (주)생산성은 재고자산을 처분하기 위해 다음과 같은 의사결정안을 수립하였다.
> 첫 번째는 200,000원을 투입하여 재가공한 후 500,000원에 판매하는 것이고, 두 번째는 이를 재가공하지 않고 그대로 재활용센터에 판매하여 100,000원을 받는 것이다.

① 100,000원
② 200,000원
③ 500,000원
④ 1,500,000원

28

개별원가계산에 대한 설명으로 가장 적절하지 않은 것은?

① 개별원가계산은 주문생산을 주로 하는 업종에 적합하다.
② 개별원가계산은 제품의 규격이 다양한 업종에 적합하다.
③ 제조간접비를 실제 발생액으로 배부하는 것을 실제원가계산이라 한다.
④ 제조간접비는 개별 작업과 직접 대응되어 발생 시점에 바로 계산한다.

29

[보기]의 원가내역에 의한 CVP분석 내용으로 적절하지 않은 것은?

> ― 보기 ―
> • 매출액: 1,000,000원
> • 변동원가율: 60%
> • 고정원가: 300,000원
> • 법인세율: 40%

① 안전한계율은 4이다.
② 공헌이익률은 40%이다.
③ 손익분기점 매출액은 750,000원이다.
④ 법인세차감후당기순이익은 60,000원이다.

30

[보기]는 종합원가계산제도를 채택하고 있는 (주)생산성의 자료이다. 가공원가는 공정 전반에 걸쳐서 균등하게 발생한다고 가정한다. (주)생산성이 선입선출법을 적용할 경우 가공원가의 총완성품환산량을 계산하면 얼마인가? (단, 정답은 단위를 제외한 숫자만 입력하시오)

> ― 보기 ―
> • 기초재공품 수량: 200개(진척도 50%)
> • 당기 착수량: 1,000개
> • 당기 완성수량: 1,100개
> • 기말재공품 수량: 100개(진척도 60%)

답: (   )개

31

[보기]는 (주)생산성의 원가자료이다. [보기]를 이용하여 (주)생산성의 당기제품제조원가를 계산하면 얼마인가? (단, 정답은 단위를 제외한 숫자만 입력하시오)

> ― 보기 ―
> | • 제품 기초재고액 | 2,200원 |
> | • 제품 기말재고액 | 3,200원 |
> | • 재공품 기초재고액 | 1,500원 |
> | • 재공품 기말재고액 | 1,500원 |
> | • 직접재료원가 | 6,000원 |
> | • 직접노무원가 | 5,000원 |
> | • 제조간접원가 | 4,000원 |

답: (   )원

32

[보기]의 (A)에 가장 적절한 관리회계 용어를 한글로 입력하시오.

> ― 보기 ―
> • 고정원가는 일정한 (A) 범위 내에서 총고정원가가 일정한 행태를 나타내는 원가를 말한다.
> • 표준원가시스템에서 고정제조간접원가의 예산액과 배부액의 차이를 (A)차이라고 한다.

답: (   )

프로그램 버전	iCUBE 핵심ERP 2023
로그인 정보	• 회사: 1001.회계 1급 회사A • 사원: ERP13A02.김은찬
DB 파일명	[백데이터] 2024 에듀윌 ERP 회계 1급 > PART 04 최신 기출문제_2023년 3회

01

다음 중 사원등록에 대한 설명으로 옳지 않은 것은?

① 등록된 사원 코드는 수정할 수 없다.
② 퇴사일과 암호는 본인만 입력할 수 있다.
③ 영업부 소속 사원은 김민준 사원이 유일하다.
④ 김은찬 사원은 전표입력에서 승인된 전표를 수정 및 삭제할 수 있다.

02

당사 고정자산의 자본적 지출이 발생하여 자산변동 처리를 입력하려고 한다. 다음 중 자산변동 처리를 입력할 수 없는 사원은 누구인가?

① ERP13A01.김은찬
② ERP13A03.조민지
③ ERP13A04.김민준
④ ERP13A05.배윤미

03

당사의 계정과목 설정을 확인했을 때, 각 계정과목이 반영되는 서식이 잘못 연결된 것은?

① 10302.외화예금 – 외화명세서
② 10700.단기매매증권 – 유가증권명세서
③ 12000.미수금 – 받을어음명세서
④ 26300.선수수익 – 기간비용현황

04

다음 중 당사 전표입력 메뉴의 환경설정에 대한 설명으로 옳지 않은 것은?

① 전표 복사 기능을 사용할 수 있다.
② 전표의 분개내역 입력 시 대차차액이 일치할 경우 전표를 자동 저장할 수 있다.
③ 전표의 품의내역으로 전표복사하여 전표를 생성할 수 있다.
④ 전표의 분개내역에서 세무구분 27.카드매입 전표입력 시 결제카드는 필수로 입력해야 한다.

05

(주)한국생산 본점은 2023년 12월 말 결산 시 받을어음에 대해 2%의 대손충당금을 설정하려고 한다. 다음 중 회계처리로 옳은 것은?

① 대손상각비   1,570,000원 / 대손충당금   1,570,000원
② 대손상각비   2,251,020원 / 대손충당금   2,251,020원
③ 대손충당금   2,251,020원 / 대손충당금환입 2,251,020원
④ 대손충당금   4,432,000원 / 대손충당금환입 4,432,000원

06

(주)한국생산 본점은 (주)우리보험 거래처와 보험계약을 맺고 보험료를 선급비용으로 관리하고 있다. 기간비용현황에서 확인 시 2023년 5월 계상할 보험료로 알맞은 금액은?

① 127,038원
② 254,789원
③ 381,827원
④ 542,630원

07

(주)한국생산 본점은 [10800.외상매출금]이 발생하는 거래처를 거래처 분류별로 나누어 관리를 하고 있다. 다음 중 거래처 분류가 다른 거래처는?

① 00002.(주)하진테크
② 00003.(주)제동
③ 00004.(주)상상유통
④ 00005.(주)중원

08

2023년 12월 말 결산 시 기준환율이 아래와 같은 경우 (주)한국생산 본점의 외화환산이익은 얼마인가?

[기준환율]
• EUR(유럽연합유로) 1유로(€) = 1,420원(₩)
• JPY(일본엔화) 100엔(¥) = 1,050원(₩)
• USD(미국달러) 1달러($) = 1,380원(₩)

① 899,400원
② 1,589,700원
③ 2,186,900원
④ 3,419,100원

09

당사는 2023년 5월 15일부로 2023년 5월 보험료(판매관리비)로 편성된 '1001.회계팀' 예산금액 중 200,000원을 '1001.회계팀'의 여비교통비(판매관리비)로 예산을 전용하기로 하였다. 예산전용을 수행한 후 5월 '1001.회계팀'의 여비교통비(판매관리비) 집행률을 조회하면 얼마인가?(단, 집행방식은 승인집행으로 조회)

① 71%
② 84%
③ 95%
④ 96%

10

다음 중 (주)한국생산 본점의 2023년 1월 20일 발생한 판매비와 관리비에서 현금 지출 금액이 큰 순서대로 계정과목을 나열한 것은?

① 보험료 > 여비교통비 > 복리후생비 > 접대비
② 보험료 > 차량유지비 > 사무용품비 > 통신비
③ 차량유지비 > 사무용품비 > 접대비 > 통신비
④ 보험료 > 여비교통비 > 차량유지비 > 사무용품비

11

(주)한국생산 본점의 2023년 1월부터 2023년 4월까지의 기간 동안 차량유지비(판매관리비) 계정을 가장 많이 사용한 달은 언제인가?

① 1월
② 2월
③ 3월
④ 4월

12

다음 [보기]의 내용을 참고하여 고정자산등록 메뉴에 입력한 후 해당 자산의 당기 일반상각비 금액을 조회하면 얼마인가?

> ─┤ 보기 ├─
> 2023년 4월 15일에 (주)한국생산 본점의 기계장치 자산 [1006.발전기]의 발전모터 1개를 20,000,000원에 추가로 구매하여 장착하였다. 이때 장착한 모터는 자본적 지출로 처리하였다.

① 12,000,000
② 17,000,000
③ 20,000,000
④ 25,000,000

13

(주)한국생산 본점의 손익계산서를 조회했을 때, 상품매출원가의 당기 기초재고액과 전기 기말재고액이 다르다는 메시지를 확인하였다. 실제 장부에 있는 당기 기초재고액이 맞는 금액이라는 것을 확인하였다면 해당 메시지를 없애기 위해 회계 담당자는 아래 보기 중 어떤 작업을 해야 하는가?

① 차액만큼 전표입력 메뉴에서 상품 계정을 차변에 입력한다.
② 초기이월등록 메뉴에서 재무상태표 상품 계정 금액을 차액만큼 수정한다.
③ 초기이월등록 메뉴에서 재무상태표 상품 계정 오른쪽 하단 기초재고 금액을 수정한다.
④ 초기이월등록 메뉴에서 손익계산서 상품매출원가 계정 오른쪽 하단 기말재고액 금액을 수정한다.

14

(주)한국생산 본점의 [ERP13A02.유지현] 사원은 업무용승용차 운행 후 운행기록부를 작성하려고 한다. [2080001.69어6467] 차량에 대하여 2023년 3월 15일 09:00부터 60km를 업무용으로 운행하였다. 위 운행기록부를 작성한 후 확인했을 때 2023년 3월 한 달 동안 해당 차량의 업무사용비율은 얼마인가? (단, 운행기록부 작성 후 재조회하여 갱신된 업무사용비율을 확인한다)

① 75%
② 82%
③ 85%
④ 92%

15

(주)한국생산 춘천지사의 2023년 1기 부가가치세 확정신고 시 세금계산서 수취분 고정자산매입 세액 총 합계 금액은 얼마인가? (사업장: [2000] (주)한국생산 춘천지사)

① 500,000원
② 2,000,000원
③ 3,000,000원
④ 4,000,000원

16

2023년 1월 31일 (주)한국생산 춘천지사는 (주)한국상사에게 기계장치를 3,000,000원(VAT 별도)에 현금으로 매입하고 현금영수증(승인번호: 90970123)을 발급받았다. 해당 거래내역을 전표입력(고정자산과표 기계장치로 3,000,000원 전액입력)한 뒤 조회되는 2023년 1기 부가가치세 예정신고기간의 현금영수증 매입건 중 고정자산매입세액은 얼마인가? (사업장: [2000] (주)한국생산 춘천지사)

① 300,000원
② 400,000원
③ 500,000원
④ 600,000원

17

2023년 1월 27일 (주)한국생산 춘천지사는 한국화학(주)에게 내국신용장으로 2,000,000원 영세매출 거래가 발생했다(서류번호: 111111). 해당 거래내역을 전표입력 후 내국신용장·구매확인서 전자발급명세서 서식을 작성한 뒤에 확인되는 2023년 1기 부가가치세 예정 신고기간의 영세율매출명세서 총 합계 금액은 얼마인가? (사업장: [2000] (주)한국생산 춘천지사)

① 43,700,000원   ② 45,700,000원
③ 47,700,000원   ④ 49,700,000원

18

당사의 부가가치세 신고유형에 대한 설명으로 옳은 것은?

① 당사의 부가가치세 신고유형은 사업자단위 과세 신고유형을 적용하고 있다.
② 당사의 사업장은 총 4개의 사업장이 있으며 본점은 (주)한국생산 춘천지사이다.
③ 당사는 총괄납부 사업자로 (주)한국생산 본점에서 모두 총괄하여 신고 및 납부한다.
④ 당사는 총괄납부 사업자로 신고는 각 사업장별로 하고 납부는 (주)한국생산 본점에서 총괄하여 납부한다.

19

(주)한국생산 춘천지사는 수출기업의 수입 부가가치세 납부유예 요건을 충족하여 수입 세금계산서 전표입력 시 사유구분을 입력하였다. 2023년 1기 부가가치세 확정신고 시 부가세신고서의 수출기업 수입분납부유예 항목에 기재되어야 하는 세액은 얼마인가? (사업장: [2000] (주)한국생산 춘천지사)

① 100,000원   ② 200,000원
③ 300,000원   ④ 400,000원

20

(주)한국생산 춘천지사의 2023년 1기 부가가치세 확정신고 시 첨부대상이 아닌 부속명세서는? (사업장: [2000] (주)한국생산 춘천지사)

① 수출실적명세서
② 매입세액불공제내역
③ 매입처별 세금계산서합계표
④ 매출처별 세금계산서합계표

21

(주)한국생산 본점의 2023년 상반기 제조원가보고서에 대한 설명 중 옳지 않은 것은?

① 이월된 원재료 금액은 28,000,000원이다.
② 상반기에 원재료 112,000,000원을 매입하였다.
③ 원재료가 타 계정으로 대체된 금액은 2,000,000원이다.
④ 노무비가 증가하여도 당기제품제조원가는 증가하지 않는다.

22

(주)한국생산 본점은 고정자산등록 시 프로젝트(PJT)를 등록하여 관리하던 중 차량운반구 자산으로 등록된 [2080007.1톤트럭]의 프로젝트(PJT)가 등록되어있지 않은 것을 발견하였다. 해당 자산의 프로젝트를 [1004.대전공장]으로 등록 후 (주)한국생산 본점 2023년 결산 시 제조원가보고서에 계상할 [1004.대전공장] 프로젝트로 등록된 차량운반구의 감가상각비를 조회하면 얼마인가?

① 2,749,000원   ② 4,749,000원
③ 6,000,000원   ④ 10,749,000원

23

(주)한국생산 본점은 공장을 프로젝트로 관리하여 원가보고서를 산출한다. 2023년 4월 한 달 동안 가장 많은 제품 제조원가가 발생한 공장은 어디인가?

① 부산공장   ② 광주공장
③ 대전공장   ④ 울산공장

24

(주)한국생산 본점의 제조공장 직원들에게 상여금이 지급되고 있다. 다음 보기 중 2023년 상반기에 상여금이 지급된 월은 언제인가?

① 3월   ② 4월
③ 5월   ④ 6월

25

(주)한국생산 본점은 실제원가계산을 사용하고 있다. 2023년 1월 말 현재 제품생산과 관련된 재료비의 실제 소비가격이 단위당 5,700원이고, 기말원재료 재고액이 8,000,000원일 경우 실제 재료소비량은 얼마인가?

① 10,000단위   ② 20,000단위
③ 30,000단위   ④ 40,000단위

기출문제 2023년 4회

이론

01
ERP 도입 시 선정기준으로 가장 적절하지 않은 것은?

① 경영진의 확고한 의지가 있어야 한다.
② 경험 있는 유능한 컨설턴트를 활용해야 한다.
③ 전사적으로 전 임직원의 참여를 유도해야 한다.
④ 다른 기업에서 가장 많이 사용하는 패키지를 선택하는 것이 좋다.

02
클라우드 서비스 사업자가 클라우드 컴퓨팅 서버에 ERP 소프트웨어를 제공하고, 사용자가 원격으로 접속해 ERP 소프트웨어를 활용하는 서비스는?

① DaaS(Desktop as a Service)
② PaaS(Platform as a Service)
③ SaaS(Software as a Service)
④ IaaS(Infrastructure as a Service)

03
경영환경 변화에 대한 대응방안 및 정보기술을 통한 새로운 기회 창출을 위해 기업경영의 핵심과 과정을 전면 개편함으로써 경영성과를 향상시키기 위한 경영은?

① JIT(Just In Time)
② MBO(Management By Objectives)
③ MRP(Material Requirement Program)
④ BPR(Business Process Re-Engineering)

04
ERP의 발전과정으로 가장 적절한 것은?

① MRP Ⅰ → MRP Ⅱ → ERP → 확장형 ERP
② MRP Ⅱ → MRP Ⅰ → ERP → 확장형 ERP
③ MRP Ⅰ → ERP → 확장형 ERP → MRP Ⅱ
④ ERP → 확장형 ERP → MRP Ⅰ → MRP Ⅱ

05
효과적인 ERP 교육을 위한 고려사항으로 가장 적절하지 않은 것은?

① 다양한 교육도구를 이용하라.
② 교육에 충분한 시간을 배정하라.
③ 비즈니스 프로세스보다 트랜잭션을 우선하라.
④ 조직 차원의 변화관리활동을 잘 이해하도록 교육을 강화하라.

06
일반기업회계기준에서 규정하고 있는 기본 재무제표의 종류로 가장 적절하지 않은 것은?

① 주석
② 자본변동표
③ 현금흐름표
④ 이익잉여금처분계산서

07
일반기업회계기준상 재무제표는 몇 가지 기본가정을 두고 있다. [보기]에 해당되는 기본가정으로 가장 적절한 것은?

┌ 보기 ┐
기업실체의 이해관계자는 지속적으로 의사결정을 해야 하므로 적시성이 있는 정보가 필요하게 된다. 따라서 기업실체의 존속기간을 일정한 회계기간 단위로 구분하고 각 회계기간에 대한 재무제표를 작성하여 재무상태, 경영성과, 현금흐름, 자본변동 등에 대한 정보를 제공하게 된다.
└─────┘

① 기업실체의 가정
② 계속기업의 가정
③ 화폐평가의 가정
④ 기간별 보고의 가정

08

[보기]는 일반기업회계기준 관련 내용이다. [보기]의 (   )에 공통으로 들어갈 내용은?

> **보기**
> • 매출액－매출원가＝매출총이익
> • 매출총이익－판매비 및 일반관리비＝영업이익
> • 영업이익＋영업외수익－영업외비용＝(   )
> • (   )－법인세비용＝당기순이익

① 영업이익
② 매출총이익
③ 법인세비용
④ 법인세비용차감전순이익

09

손익계산서 계정과목 중 제품, 상품, 용역 등의 총매출액에서 매출할인, 매출환입, 매출에누리 등을 차감한 금액으로 가장 적절한 것은?

① 순매출액
② 영업이익
③ 매출총이익
④ 주당순이익

10

[보기]의 (   )에 해당되는 재무 보고서로 가장 적절한 것은?

> **보기**
> (   )는 기업의 일정 기간 현금흐름을 나타내는 표로서, 현금의 변동내용을 명확하게 표시하는 보고서이다. 이 보고서에 영향을 미치는 영업활동, 재무활동, 투자활동으로 구분하여 표시된다.

① 재무상태표
② 현금흐름표
③ 자본변동표
④ 손익계산서

11

[보기]에서 설명하고 있는 계정과목으로 가장 적절한 것은?

> **보기**
> 현금의 수입은 있었으나 회계처리할 계정과목이나 금액이 확정되지 않은 경우, 우선 대변에 기입하고 추후에 확정되면 차변에 기입하여 상계시키는 계정이다.

① 선수금
② 예수금
③ 가수금
④ 미수금

12

비용의 이연에 해당하는 항목으로 가장 적절한 것은?

① 이자비용
② 선급보험료
③ 선수임대료
④ 미지급임차료

13

[보기]는 (주)생산성의 결산자료이다. (주)생산성의 당기 말 결산수정분개로 가장 적절한 것은? (단, 월할 계산한다)

> **보기**
> • 당기 말 결산일은 2023년 12월 31일이다.
> • 2023년 10월 1일: 자동차보험료 1년분(1,200,000원)을 현금으로 지급하고 다음과 같이 자산처리하였다.
>   (차) 선급비용 1,200,000 / (대) 현금 1,200,000

① (차) 보험료　　900,000　　(대) 미지급비용　900,000
② (차) 선급비용　300,000　　(대) 보험료　　　300,000
③ (차) 보험료　　300,000　　(대) 선급비용　　300,000
④ (차) 선급비용　900,000　　(대) 보험료　　　900,000

14

재고자산의 매입, 매출 관련 거래의 회계처리로 가장 적절한 것은?

① 매출할인은 총매출액에서 가산(＋)한다.
② 매출에누리 및 매출환입은 총매출액에서 가산(＋)한다.
③ 매입할인 및 매입운임은 당기 총매입액에서 차감(－)한다.
④ 매입에누리 및 매입환출은 당기 총매입액에서 차감(－)한다.

15

[보기]는 2023년 12월 31일 (주)생산성의 재무상태 관련 자료이다. (주)생산성의 '현금 및 현금성자산' 합계액은 얼마인가? (단, 정답은 단위(원)를 제외한 숫자만 입력하시오)

> **보기**
> • 자기앞수표: 500원
> • 단기매매증권: 700원
> • 선일자수표: 200원
> • 타인발행당좌수표: 200원
> • 우편환증서: 150원
> • 보통예금: 450원
> • 수입인지: 250원
> • 일람출급어음: 300원
> • 당좌예금: 100원
> • 만기가 도래한 배당금지급통지표: 300원

답: (　　　　　)원

16

[보기]는 (주)생산성의 당기 재고 관련 자료이다. 이를 이용하여 구한 (주)생산성의 당기 매출원가는 얼마인가?

> ─ 보기 ─
> • 기초재고액: 100,000원
> • 당기 총매입액: 1,300,000원
> • 기말재고액: 200,000원
> • 매입할인: 100,000원
> • 매입환출: 100,000원
> • 매입에누리: 100,000원

답: (   )원

17

[보기]에서 설명하는 용어를 한글로 입력하시오.

> ─ 보기 ─
> 거래나 사건 그리고 환경이 기업에 미치는 재무적 효과를 현금이 수취되거나 지급되는 기간에 기록하는 것이 아니라, 그 거래가 발생한 기간에 기록하는 것을 말한다. 즉, 재고자산·서비스를 구매자나 수요자에게 실제로 인도(교환)할 때, 비용에 대한 인식 역시 기업이 물품·노동·서비스를 실제로 이용·소비할 때 인식하는 것을 말한다.

답: (   )회계

18

부가가치세법에 따른 기타 용역의 공급시기가 '예정신고기간 또는 과세기간의 종료일'로 적절하지 않은 것은?

① 사업자가 부동산 임대용역을 공급하고 전세금 또는 임대보증금을 받는 경우
② 역무의 제공이 완료되는 때, 또는 대가를 받기로 한 때를 공급시기로 볼 수 없는 경우
③ 헬스클럽장 등 스포츠센터를 운영하는 사업자가 연회비를 미리 받고 회원들에게 시설을 이용하게 할 경우
④ 사업자가 사회기반시설에 대한 민간투자법 방식을 준용하여 설치한 시설에 대하여 둘 이상의 과세기간에 걸쳐 계속적으로 시설을 이용하게 하고 그 대가를 받는 경우

19

법인세 납세의무자에 대한 설명으로 가장 적절하지 않은 것은?

① 영리 외국법인의 경우에는 국내원천소득에 한하여 법인세 납세의무가 있다.
② 영리 내국법인은 국내외 모든 소득에 대하여 법인세 납세의무가 있다.
③ 내국법인 중 비영리법인은 모든 소득에 대하여 법인세 납세의무가 없다.
④ 국내에서 사업을 영위할지라도 외국에 본점을 둔 법인은 외국법인으로 분류된다.

20

법인세법상 납세지에 대한 설명으로 가장 적절하지 않은 것은?

① 내국법인은 법인등기부상 본점 또는 주사무소의 소재지가 납세지이다.
② 내국법인은 국내에 본점 또는 주사무소가 있지 아니하는 경우에는 사업을 실질적으로 관리하는 장소의 소재지로 한다.
③ 외국법인은 국내사업장이 있는 경우에는 국내사업장의 소재지를 납세지로 한다.
④ 외국법인은 국내사업장이 없을 경우에 외국법인이 납세지를 지정할 수 있고, 부동산 소득과 양도소득이 있는 경우에도 지정한 소재지를 납세지로 한다.

21

우리나라 법인세법상 사업연도에 대한 설명으로 가장 적절하지 않은 것은?

① 신설법인의 최초 사업연도는 설립등기일부터 사업연도 종료일까지의 기간으로 한다.
② 기업이 정한 회계기간을 그대로 사업연도로 인정하며, 1년을 초과할 수 있도록 하고 있다.
③ 기업의 존속기간을 인위적으로 정하여 과세소득을 측정하기 위한 시간적 단위를 사업연도라고 한다.
④ 사업연도를 변경하려는 법인은 직전 사업연도 종료일로부터 3개월 이내에 사업연도 변경신고서를 제출하여야 한다.

22

법인세법상 세무조정 시 유보에 해당하는 소득처분은?

① 접대비(기업업무추진비) 한도초과액
② 기부금 한도초과액
③ 감가상각비 한도초과액
④ 임원상여금 한도초과액

23

[보기]는 (주)생산의 2023년도 귀속 감가상각에 관한 자료이다. 법인세법에 따른 세무조정과 소득처분으로 가장 적절한 것은?

> • 보기
> • 기계장치 취득원가: 1,000,000원
> • 회사가 계상한 감가상각비: 550,000원
> • 법인세법상 상각범위액(가정): 450,000원

	세무조정	소득처분
①	익금산입	감가상각비 100,000원(△유보)
②	익금불산입	감가상각비 100,000원(유보)
③	손금산입	감가상각비 100,000원(△유보)
④	손금불산입	감가상각비 100,000원(유보)

24

법인세법상 과세표준의 계산은 [보기]의 순서에 따라 계산된다. [보기]에서 (A)에 들어갈 용어를 한글로 기입하시오.

> • 보기
>
> 각 사업연도 소득금액
> (-) 이 월 결 손 금
> (-) (A)
> (-) 소 득 공 제
> = 과 세 표 준

답: ( )

25

[보기]에서 설명하는 있는 법인세법상의 용어를 한글로 기입하시오.

> • 보기
>
> 법인세법상의 소득이 사내에 유보되었는지 사외로 유출되었는지를 밝히고, 사외로 유출된 경우 소득의 귀속자를 명확하게 하는 절차를 말한다. 즉, 본 절차는 법인의 세무상 순자산을 계산함으로써 각사업연도소득과 청산소득계산에 적정화를 기하고 사외유출된 소득의 귀속자에 대한 소득세를 부과함으로써 조세부담의 공평을 기하는 것에 의의가 있다.

답: ( )

26

[보기] 매입세액 자료 중 부가가치세법상 공제받는 매입세액의 합계액은 얼마인가? (단, 정답은 단위(원)를 제외한 숫자만 입력하시오)

> • 보기
> • 소모품비: 1,000,000원
> • 사업장 임차료: 5,000,000원
> • 토지의 자본적 지출 관련: 5,000,000원
> • 접대비 및 이와 유사한 비용 관련: 6,000,000원
> • 비영업용 승용자동차(1000cc 초과) 구입비: 4,000,000원

답: ( )원

27

조업도의 감소에 따라 고정비 및 변동비에 대한 설명으로 가장 적절하지 않은 것은?

① 총고정비는 일정하다.
② 총변동비는 감소한다.
③ 단위당 고정비는 감소한다.
④ 단위당 변동비는 일정하다.

28

제조간접원가에 대한 설명으로 가장 적절하지 않은 것은?

① 제조간접원가는 가공원가이다.
② 제조간접원가는 고정원가만 가능하다.
③ 조립공정의 전력비는 제조간접원가이다.
④ 보조부문인 수선부서 종업원의 임금은 제조간접원가이다.

29

[보기]는 표준원가계산제도를 채택하고 있는 (주)생산성의 직접노무비 관련 자료이다. 당해 (주)생산성의 직접노무비 임률차이를 계산하면 얼마인가?

> • 보기
> • 직접노무비 표준임률: 시간당 @800원/시간
> • 직접노무비 실제임률: 시간당 @1,000원/시간
> • 실제생산량에 허용된 표준직접노동시간: 500시간
> • 실제생산량에 투입된 실제직접노동시간: 600시간

① 80,000원 유리한 차이
② 80,000원 불리한 차이
③ 120,000원 유리한 차이
④ 120,000원 불리한 차이

30

(주)생산성은 종합원가계산을 채택하고 있으며 가공비는 공정 전반에 걸쳐 균등하게 발생한다. [보기]에 주어진 자료를 활용하여, 기말재공품의 평가를 평균법과 선입선출법으로 계산할 경우 가공비 총완성품환산량의 차이는 얼마인가? (단, 정답은 단위(개)를 제외한 숫자만 입력하시오)

┌─ 보기 ─────────────────────────┐
• 기초재공품 수량: 200개(완성도 60%)
• 당기 착수 수량: 800개
• 기말재공품 수량: 100개(완성도 40%)
• 당기 완성품 수량: 900개
└────────────────────────────────┘

답: (   )개

31

[보기]는 (주)생산성의 당해 회계자료 일부분이다. 당해 영업레버리지도(DOL)는 얼마인가?

┌─ 보기 ─────────────────────────┐
• 매출액: 1,000,000원
• 고정비: 300,000원
• 공헌이익률: 40%
• 공헌이익: 400,000원(1,000,000원×0.4)
└────────────────────────────────┘

답: (   )

32

[보기]는 (주)생산성의 당해 회계자료 일부분이다. (주)생산성의 당해 안전한계율(%)은 얼마인가? (단, 정답은 단위(%)를 제외한 숫자만 입력하시오)

┌─ 보기 ─────────────────────────┐
• 매출액: 2,000,000원
• 고정비: 600,000원
• 공헌이익률: 40%
• 공헌이익: 800,000원(2,000,000원×0.4)
└────────────────────────────────┘

답: (   )%

실무 시뮬레이션

프로그램 버전	iCUBE 핵심ERP 2023
로그인 정보	• 회사: 1004.회계 1급 회사B • 사원: ERP13A01.김은찬
DB 파일명	[백데이터] 2024 에듀윌 ERP 회계 1급 > PART 04 최신 기출문제_2023년 4회

01

다음 사원 중 소속 부서가 '1001.회계팀'이 아니지만 [전표입력] 메뉴에서 전표입력이 가능한 사원은 누구인가?

① ERP13A01.김은찬　　② ERP13A02.윤수현
③ ERP13A03.김수빈　　④ ERP13A04.신서율

02

손익계산서에 반영되는 교육훈련비 계정의 관리항목으로 등록하지 않아 해당 계정을 전표입력 시 입력이 불가한 관리항목은 무엇인가?

① A1.거래처　　② C1.사용부서
③ D1.프로젝트　　④ D4.사원

03

당사는 신용카드를 금융거래처로 등록하여 사용하고 있다. 당사에 거래처 구분이 '신용카드'로 등록된 거래처는 몇 개인가?

① 1개　　② 2개
③ 3개　　④ 4개

04

당사는 '98001.신안은행' 거래처의 당좌한도액을 100,000,000원으로 설정하려고 한다. 해당 거래처의 당좌한도액을 입력 후 (주)더존 본점의 2023년 3월 8일 현재 보통예금 계정 중 '98001.신안은행' 거래처의 가용자금 금액으로 옳은 것은?

① 273,000원　　② 812,000원
③ 1,000,000원　　④ 2,100,000원

05

(주)더존 본점은 지출증빙서류검토표를 작성하던 중 핵심ERP의 증빙을 연결하는 작업이 잘못된 것을 발견하였다. 아래 [적격증빙별 전표증빙]과 같이 증빙 연결을 수정 후 2023년 한 해 동안 현금영수증으로 지출된 내역의 합계액을 조회하면 얼마인가?

[적격증빙별 전표증빙]
• 10.신용카드(법인) – 8.신용카드매출전표(법인)
• 11.신용카드(개인) – 8A.신용카드매출전표(개인)
• 20.현금영수증 – 9A.현금영수증
• 30.세금계산서 – 1.세금계산서
• 40.계산서 – 2.계산서

① 1,000,000원
② 3,320,000원
③ 3,720,000원
④ 4,240,000원

06

(주)더존 본점의 업무용승용차 [200.20나 0927] 차량에 대하여 운행기록부를 작성하고 있다. 2023년 1월 10일 09:00부터 [ERP13A04.신서율] 사원이 일반업무용(주행거리: 80km)으로 해당 차량을 사용하였다. 해당 내역을 운행기록부에 작성 후 2023년 1월 한 달 동안 해당 차량의 업무사용비율을 조회하면 얼마인가? (운행내역을 작성 후 재조회하여 상단의 업무사용비율을 갱신한다)

① 50%
② 52%
③ 66%
④ 73%

07

(주)더존 본점은 '(주)상상유통'에 매출 후 2023년 2월 2일에 수취한 어음(자가202302020001)을 은행에서 할인받으려 한다. 아래 조건으로 할인받을 경우 할인료에 대한 회계처리의 계정과목과 금액으로 옳은 것은? (할인일: 2023년 3월 31일, 할인율: 연 13%, 월할계산, 매각거래로 처리)

① 이자비용: 143,000원
② 이자비용: 572,000원
③ 매출채권처분손실: 143,000원
④ 매출채권처분손실: 572,000원

08

(주)더존 본점의 2023년 손익계산서에 대한 설명 중 옳지 않은 것은?

① 상품매출액이 가장 큰 분기는 3분기이다.
② 2023년 한 해 동안 판매관리비로 지출된 통신비는 7,755,000원이다.
③ 판매관리비의 수도광열비는 상반기에 비해 하반기에 지출액이 더 크다.
④ 공장을 프로젝트별로 관리하고 있으며 상반기 통신비 지출이 가장 큰 공장은 울산공장이다.

09

당사는 예산을 사용부서별로 관리하고 있다. 2023년 1월 한 달 동안 '1001.회계팀'에서 사용한 예산 중 집행률이 가장 큰 계정은 무엇인가? (단, 집행방식은 승인집행으로 조회)

① 80200.직원급여
② 81200.여비교통비
③ 81500.수도광열비
④ 82200.차량유지비

10

다음 중 (주)더존 본점의 2023년 10월 16일부터 2023년 11월 8일 사이 발생한 제조원가 중 현금으로 지출한 금액이 큰 순서로 옳은 것은?

① 접대비＞보험료＞차량유지비＞여비교통비＞통신비
② 접대비＞보험료＞차량유지비＞여비교통비＞사무용품비
③ 복리후생비＞보험료＞차량유지비＞사무용품비＞여비교통비
④ 복리후생비＞보험료＞차량유지비＞여비교통비＞사무용품비

11

다음 중 현재 설정된 전표입력 메뉴의 환경설정에 대한 설명으로 옳지 않은 설명은 무엇인가? (단, 현재 설정된 환경설정값은 변경하지 않는다)

① 전표의 거래처명은 수정이 불가하다.
② 부가세 계정의 공급가액에 0원 입력이 불가하다.
③ 전표입력 시 품의내역에 작성한 내역이 적요명으로 복사된다.
④ 세무구분이 [27.카드매입]인 부가세 계정을 입력 시 결제카드의 입력 여부는 필수가 아니다.

12

'ERP13A01.김은찬' 사원이 작성한 승인전표 중 (주)더존 본점의 2023년 10월 한 달 동안 발생한 현금의 입금액에서 출금액을 차감하면 얼마인가?

① 1,500,000원　　　② 2,615,000원
③ 12,385,000원　　④ 65,770,000원

13

(주)더존 본점의 2023년 2월부터 6월 사이에 외상매입금 발생금액이 가장 큰 달은 언제인가?

① 2월　　　② 3월
③ 4월　　　④ 5월

14

(주)더존 본점의 2023년 하반기에 [ERP13A01.김은찬] 사원이 작성한 전표 중 전표상태가 '미결'인 전표는 몇 건인가?

① 2건　　　② 4건
③ 6건　　　④ 8건

15

(주)더존 지점은 부동산임대업도 하고 있어 부가가치세 신고 시 간주임대료를 포함하여 신고하려고 한다. 2023년 1기 부가가치세 예정신고 시 다음 [부동산임대내역]의 자료를 기반으로 보증금이자(간주임대료)를 계산하여 2023년 3월 30일로 전표처리 후 2023년 1기 부가가치세 예정신고기간의 (주)더존 지점의 건별매출의 매출세액을 조회하면 얼마인가? (단, 보증금이자(간주임대료)는 프로그램을 이용하여 계산하며 전표입력 시 소수점 이하는 절사한다) (사업장: [2000] (주)더존 지점)

```
[부동산임대내역]
• 상호(성명): SJ정보통신
• 면적/용도: 500㎡/사무실
• 임대기간: 2023/03/01~2024/02/28
• 보증금: 200,000,000원
• 동: 3017064000.대전광역시 서구 둔산2동
• 층/호수: 지상 1층/101호
• 월세: 2,000,000원(이자율은 1.2%로 계산한다)
• 관리비: 100,000원
```

① 17,326원　　② 20,383원
③ 59,178원　　④ 120,383원

16

(주)더존 지점의 2023년 2기 부가가치세 확정신고 시 수출실적명세서에 작성될 수출재화의 외화금액은 얼마인가? (사업장: [2000] (주)더존 지점)

① 12,000달러　　② 23,000달러
③ 43,700달러　　④ 84,700달러

17

(주)더존 지점의 2023년 2기 부가가치세 예정신고기간에 발급한 매출세금계산서 중 공급가액 총 합계액이 가장 큰 거래처를 고르시오. (사업장: [2000] (주)더존 지점)

① (주)제동　　② (주)중원
③ (주)영은실업　　④ (주)하진테크

18

(주)더존 지점은 2023년 6월 1일 기계장치를 2,000,000원(VAT 별도)에 매입 후 전표입력을 완료하였으나 부가세 계정의 고정자산과표 내역이 누락된 것을 발견하였다. 해당 전표의 고정자산과표의 기계장치 항목에 공급가액 및 세액을 입력 후 2023년 1기 부가가치세 확정신고기간에 건물등감가상각자산취득명세서의 기계장치 항목에 작성해야하는 공급가액을 조회하면 얼마인가? (사업장: [2000] (주)더존 지점)

① 2,000,000원　　② 3,000,000원
③ 5,000,000원　　④ 8,000,000원

19

(주)더존 지점의 2023년 2기 부가가치세 확정신고기간에 발생한 신용카드매출액 중 계산서가 발급된 금액은? (사업장: [2000] (주)더존 지점)

① 1,900,000원
② 2,000,000원
③ 2,500,000원
④ 5,500,000원

20

(주)더존 지점의 2023년 2기 부가가치세 확정신고 시 매출에 대한 예정신고누락분의 건수와 공급가액으로 옳은 것은? (사업장: [2000] (주)더존 지점)

① 1건 / 500,000원
② 1건 / 4,000,000원
③ 1건 / 25,000,000원
④ 2건 / 29,000,000원

21

(주)더존 본점의 2023년 제조원가보고서에 표시되는 복리후생비에 대한 설명 중 옳지 않은 것은 무엇인가?

① 상반기에 11,715,000원의 복리후생비가 지출되었다.
② 상반기보다 하반기에 지출한 복리후생비 금액이 더 크다.
③ 2023년 한 해동안 '3001.생산부'에서 사용한 복리후생비는 260,000원이다.
④ 2월부터 4월까지 세 달 동안 6,430,000원의 복리후생비가 지출되었다.

22

(주)더존 본점의 2023년 1월 말 상품과 제품의 총 판매량이 25,000개일 때, 다음 [보기]를 참고하면 손익분기점 판매량은 몇 개인가? (단, 상품과 제품의 판매단가는 동일하다.)

┌─ 보기 ─────────────────────┐
| 1) 단위당 변동비 | 3,324원 |
| 2) 총 고정비 | 60,000,000원 |
└────────────────────────────┘

① 10,000개
② 20,000개
③ 30,000개
④ 40,000개

23

고정자산등록 메뉴에 [보기]의 고정자산을 등록 후 (주)더존 본점의 2023년 원가보고서에 계상할 차량운반구의 감가상각비를 조회하면 얼마인가?

┌─ 보기 ──────────────────────────────────────┐
• 회계단위: (주)더존 본점	• 자산유형: 차량운반구
• 자산코드: 208003	• 자산명: 1톤트럭
• 취득금액: 30,000,000원	• 취득일: 2023/04/01
• 상각방법: 정액법	• 내용연수: 5년
• 경비구분: 500번대	• 관리부서: 회계팀
└───┘

① 4,500,000원
② 9,300,000원
③ 33,300,000원
④ 34,499,000원

24

(주)더존 본점은 2023년 6월 30일 원재료를 복리후생비로 대체 출고하고 전표입력을 완료하였으나 원재료 계정의 '타계정구분'이 잘못 입력된 것을 확인하였다. 해당 전표를 찾아 '타계정구분'을 수정 후 2023년 6월 30일 기준으로 (주)더존 본점의 원재료가 타계정으로 대체된 금액을 조회하면 얼마인가?

① 500,000원
② 1,000,000원
③ 1,200,000원
④ 1,500,000원

25

(주)더존 본점의 2023년 제조원가보고서에 표시되는 전기(20기, 2022년)의 원재료매입액을 조회하면 얼마인가? (단, 전기의 데이터는 초기이월등록에 등록된 데이터를 사용하여 조회한다)

① 478,050,000원
② 485,050,000원
③ 955,600,000원
④ 991,108,000원

기출문제 2023년 5회

이론 해설 특강

실무 해설 특강

이론

01

클라우드 서비스 기반 ERP와 관련된 설명으로 가장 적절하지 않은 것은?

① PaaS에는 데이터베이스 클라우드 서비스와 스토리지 클라우드 서비스가 있다.
② ERP 소프트웨어 개발을 위한 플랫폼을 클라우드 서비스로 제공받는 것을 PaaS라고 한다.
③ ERP 구축에 필요한 IT 인프라 자원을 클라우드 서비스로 빌려 쓰는 형태를 IaaS라고 한다.
④ 기업의 핵심 애플리케이션인 ERP, CRM 솔루션 등의 소프트웨어를 클라우드 서비스를 통해 제공받는 것을 SaaS라고 한다.

02

차세대 ERP의 비즈니스 애널리틱스(Business Analytics)에 관한 설명으로 가장 적절하지 않은 것은?

① 비즈니스 애널리틱스는 구조화된 데이터(Structured Data)만 분석대상으로 한다.
② ERP시스템의 방대한 데이터 분석을 위해 비즈니스 애널리틱스가 차세대 ERP의 핵심요소가 되고 있다.
③ 비즈니스 애널리틱스는 리포트, 쿼리, 대시보드, 스코어카드뿐만 아니라 예측모델링과 같은 진보된 형태의 분석기능도 제공한다.
④ 비즈니스 애널리틱스는 질의 및 보고와 같은 기본적 분석기술과 예측 모델링과 같은 수학적으로 정교한 수준의 분석을 지원한다.

03

ERP 시스템 투자비용에 관한 개념 중 '시스템의 전체 라이프사이클(Life-cycle)을 통해 발생하는 전체 비용을 계량화한 비용'에 해당하는 것은?

① 유지 보수 비용(Maintenance Cost)
② 시스템 구축비용(Construction Cost)
③ 총소유비용(Total Cost of Ownership)
④ 소프트웨어 라이선스비용(Software License Cost)

04

효과적인 ERP 패키지 도입을 위한 고려사항으로 가장 적절하지 않은 것은?

① 도입 효과를 위해 자사에 맞는 패키지 선정
② 가시적인 성과를 거둘 수 있는 부분에 집중
③ 업무 효율을 위해 전체 모듈에 대한 전면적인 수정
④ 지속적인 교육 및 워크숍을 통해 직원들의 변화 유도

05

Best Practice 도입을 목적으로 ERP 패키지를 도입하여 시스템을 구축 시 가장 적절하지 않은 것은?

① BPR과 ERP 시스템 구축을 병행하는 방법
② ERP 패키지에 맞추어 BPR을 추진하는 방법
③ 기존 업무처리에 따라 ERP 패키지를 수정하는 방법
④ BPR을 실시한 후에 이에 맞도록 ERP 시스템을 구축하는 방법

06

재무회계에 대한 설명으로 가장 적절하지 않은 것은?

① 기업 이해관계자의 의사결정을 위한 유용한 회계정보를 제공한다.
② 모든 기업의 회계기간은 1년으로, 시작은 1월 1일이며 12월 31일에 종료된다.
③ 시간·정보는 과거지향적이며, 일정한 원칙에 의하여 모든 재산의 변동상황을 기록한다.
④ 재무회계의 주목적은 일정한 시점에 있어서의 재무상태와 일정 기간의 경영성과를 파악하는 것이다.

07

[보기]에서 설명하는 회계활동을 수행하기 위한 기본 전제(가정)는 무엇인가?

> 보기
> 원칙적으로 기업은 소유주의 것이지만, 기업을 소유주와는 독립적으로 존재하는 회계단위로 간주하여 이 회계단위의 관점에서 그 경제활동에 대한 재무정보를 측정 보고한다는 전제(가정)이다.

① 계속기업의 전제(가정)
② 기업실체의 전제(가정)
③ 기간별보고의 전제(가정)
④ 기업 대리인의 전제(가정)

08

[보기]에 기입되어야 할 금액으로 옳은 것은? (단, 기중에 자본의 증자와 감자 및 배당 등은 없었다고 가정하며, △은 순손실을 의미한다)

기초			기말			총수익	총비용	순손익
자산	부채	자본	자산	부채	자본			
450	(가)	(나)	240	(다)	175	(라)	70	△15

	(가)	(나)	(다)	(라)
①	260	190	65	85
②	290	160	65	85
③	290	160	55	55
④	260	190	65	55

09

[보기]에서 설명하는 용어는 무엇인가?

> ― 보기 ―
> 일정 기간 동안 기업의 경영성과에 대한 정보를 제공하는 재무보고서로 한 회계기간에 속하는 경영성과를 일정한 형식에 따라 나타내는 보고서이다. 당해 회계기간의 경영성과뿐만 아니라 수익창출능력 등의 예측에도 유용한 정보를 제공해 주는 보고서이다.

① 합계시산표   ② 재무상태표
③ 손익계산서   ④ 현금흐름표

10

현금흐름표에 관한 설명으로 가장 적절하지 않은 것은?

① 현금의 흐름은 영업활동, 재무활동, 투자활동으로 구분하여 보고한다.
② 현금흐름표는 일정 기간 동안 기업의 현금흐름과 일정 시점의 현금보유액을 나타내는 재무제표이다.
③ 영업활동이란, 현금의 차입 및 상환활동, 신주발행이나 배당금의 지급활동과 같이 부채 및 자본 계정에 영향을 미치는 거래이다.
④ 투자활동이란, 현금의 대여와 회수활동, 유가증권, 투자자산, 유형자산 및 무형자산의 취득과 처분과 같이 영업을 준비하는 활동이다.

11

회계순환과정 상 장부를 마감하는 과정에서 집합손익 계정으로 대체하여 마감하지 않는 계정과목은?

① 매출채권   ② 매출원가
③ 이자비용   ④ 감가상각비

12

재무제표와 관련된 등식 중 성립할 수 없는 것은 무엇인가? (단, 기중에 자본의 증자와 감자 및 배당은 없었다고 가정한다)

① 총수익 = 총비용 + 당기순이익
② 기초자산 = 기초부채 + 기초자본
③ 매출총이익 = 순매출액 − 매출원가
④ 기말자산 + 총수익 = 기말부채 + 기말자본 + 총비용

13

[보기]의 자료에서 현금 및 현금성자산 금액의 합계액은?

> ― 보기 ―
> | | |
> |---|---|
> | • 우편환증서 | 150,000원 |
> | • 자기앞수표 | 200,000원 |
> | • 보통예금 | 500,000원 |
> | • 선일자수표 | 100,000원 |
> | • 수입인지 | 30,000원 |
> | • 당좌거래개설보증금 | 250,000원 |
> | • 현금 | 100,000원 |
> | • 국세환급금통지서 | 30,000원 |

① 880,000원   ② 950,000원
③ 980,000원   ④ 1,050,000원

14

도착지 인도기준으로 재고자산을 취득할 때 매입자의 취득원가에 가산(+)해야 하는 항목으로 가장 적절하지 않은 것은?

① 매입금액
② 매입과 관련된 에누리와 환출액
③ 도착 후 매입자가 부담한 매입운임
④ 도착 후 매입자가 부담한 매입에 따른 하역료 및 보험료

15

[보기]는 (주)무릉의 손익계산서 관련 자료이다. (주)무릉의 영업이익은 얼마인가? (단, 정답은 단위를 제외한 숫자만 입력하시오)

┌─ 보기 ────────────────────────────────┐
· 기초상품재고액: 2,000,000원
· 기말상품재고액: 1,500,000원
· 당기매출액: 5,000,000원
· 당기매입액: 3,000,000원
· 급여: 550,000원
· 기타의 대손상각비: 15,000원
· 감가상각비: 150,000원
· 접대비(기업업무추진비): 50,000원
· 매입상품 운반비: 7,000원
· 이자비용: 35,000원
└───────────────────────────────────┘

답: (   )원

16

[보기]는 현금흐름표에 대한 설명이다. [보기]의 (   )에 들어갈 용어를 한글로 입력하시오.

┌─ 보기 ────────────────────────────────┐
· 현금흐름표는 기업의 현금흐름을 나타내는 표이다.
· 현금의 변동내용을 명확하게 보고하기 위하여 해당 회계기간에 현금의 유입과 유출내용을 적정하게 표시하여야 한다.
· 현금흐름에 영향을 주는 영업활동, 재무활동, (   )활동으로 구분 표시된다.
└───────────────────────────────────┘

답: (   )활동

17

[보기]의 (A)에 들어갈 용어를 한글로 입력하시오.

┌─ 보기 ────────────────────────────────┐
일반기업회계기준에서는 재무상태표상 자본은 자본금, 자본잉여금, (A), 기타포괄손익누계액, 이익잉여금으로 분류한다.
└───────────────────────────────────┘

답: (   )

18

부가가치세법상 납세의무자에 대한 설명으로 가장 적절하지 않은 것은?

① 재화의 수입에 대한 부가가치세는 사업자가 아닌 세관장이 수입자로부터 징수한다.
② 납세의무자는 사업자 또는 재화를 수입하는 자이며, 부가가치세를 실질적으로 납부하는 사람은 최종소비자이다.
③ 면세대상 재화 또는 용역을 공급하는 사업자는 부가가치세법상 사업자가 아니며, 부가가치세의 납세의무도 지지 아니한다.
④ 부가가치세를 납부하여야 할 의무가 있는 자를 과세사업자라 하며, 면세사업자와 비사업자는 원칙적으로 부가가치세를 납부할 의무가 없다.

19

부가가치세법상 영세율에 대한 설명으로 가장 적절하지 않은 것은?

① 국제적으로 이중과세를 방지한다.
② 저소득층의 세부담에 대한 역진성을 완화한다.
③ 수출품 가격완화를 통하여 수출산업을 지원한다.
④ 사업자의 부가가치세 부담을 완화해주는 완전 면세제도이다.

20

현행 우리나라 법인세의 특징에 대한 설명으로 가장 적절하지 않은 것은?

① 법인세는 누진세로써 소득의 규모와 관계없이 단일세율을 적용하는 비례세와 대비된다.
② 법인세는 국세로써 과세권한이 지방자치단체에 있는 지방세와 대비된다.
③ 납세자와 담세자가 다른 간접세로 납세자와 담세자가 동일한 직접세와 대비된다.
④ 소득을 과세대상으로 하는 소득세로, 보유재산을 과세대상으로 하는 재산세와 대비된다.

21

법인세법상 납세지에 대한 설명으로 가장 적절하지 않은 것은?

① 외국법인의 납세지는 국내사업장의 소재지로 한다.
② 내국법인의 납세지는 법인등기부상 주사무소의 소재지로 한다.
③ 내국법인의 납세지는 법인등기부상 기재된 본점의 소재지로 한다.
④ 외국법인은 국내사업장이 없을 경우, 부동산소득과 양도소득이 있는 경우 해당 외국법인이 지정한 소재지를 납세지로 한다.

22

[보기]는 무엇에 대한 설명인가?

> ── 보기 ─
> 1. 우리나라의 법인세법상 법인의 계속적인 조세수입을 적시에 확보하기 위해 일정한 기간 단위로 소득을 구분하여야 하는데 이러한 소득을 구분하는 일정한 기간을 말한다.
> 2. 법령 또는 정관 등에서 정하는 1회계기간으로 한다.

① 이월연도　　　　　② 세무조정
③ 사업연도　　　　　④ 마감연도

23

법인세법상 세무조정을 하여 유보에 해당하는 소득처분으로 가장 적절하지 않은 것은?

① 접대비(기업업무추진비) 한도초과
② 대손충당금 한도초과
③ 감가상각비 한도초과액
④ 퇴직급여충당금 한도초과

24

세무조정사항 중 반드시 장부에 반영되어야만 세무회계상 손금으로 인정받을 수 있는 사항을 무엇이라고 하는지 한글로 입력하시오.

답: (　　　　　　　　　　)

25

사업연도가 2023년 7월 1일~2024년 6월 30일이며, 납세의무가 있는 기업인 (주)생산의 각 사업연도 소득에 대한 법인세 과세표준과 세액은 언제까지 신고 및 납부해야 하는가? (단, 정답은 예와 같이 숫자만 입력하시오. 예: 2024년 9월 23일 경우 9, 23으로 입력)

답: (2024년　　　　월　　　　일)

26

[보기]의 자료 중, 법인세 세무조정계산서 작성 시 소득금액조정합계표 및 자본금과 적립금조정명세서(乙)의 작성과 연관되는 모든 항목의 합계액은? (단, 정답은 단위를 제외한 숫자만 입력하시오)

> ── 보기 ─
> • 임원상여금: 2,000원
> • 접대비(기업업무추진비) 한도초과액: 4,000원
> • 대손충당금 한도초과액: 5,000원
> • 건물 감가상각비 한도초과액: 5,000원

답: (　　　　　　　　)원

27

[보기]는 표준원가계산제도를 채택하고 있는 (주)생산성의 직접노무비 관련 자료이다. 당해 (주)생산성의 직접노무비 임률차이를 계산하면 얼마인가?

> ── 보기 ─
> • 직접노무비 표준임률: 시간당 @400원/시간
> • 직접노무비 실제임률: 시간당 @500원/시간
> • 실제생산량에 허용된 표준직접노동시간: 500시간
> • 실제생산량에 투입된 실제직접노동시간: 600시간

① 40,000원 유리한 차이
② 40,000원 불리한 차이
③ 60,000원 유리한 차이
④ 60,000원 불리한 차이

28

개별원가계산을 적용하기에 가장 적합한 업종은 무엇인가?

① 사무용품인 볼펜을 대량생산하는 문구제조업
② 최신형 핸드폰을 대량생산하는 전자제품제조업
③ 고객의 주문에 의해서만 비행기를 생산하는 항공업
④ 인스턴트 고등어 통조림을 대량생산하는 식품가공업

29

조업도의 증감에 따른 변동비 및 고정비의 원가행태 변화에 대한 설명으로 옳지 않은 것은?

① 조업도의 증가에 따라 총변동비는 증가한다.
② 조업도의 증가에 따라 총고정비는 일정하다.
③ 조업도의 증가에 따라 단위당 고정비는 감소한다.
④ 조업도의 증가에 따라 단위당 변동비는 증가한다.

30

[보기]는 (주)생산성의 당해 9월 노무비 계정 원가자료이다. 이를 활용할 때 9월에 실제로 발생한 노무비는 얼마인가? (단, 주어진 자료만을 이용하여 계산한다. 정답은 단위를 제외한 숫자만 입력하시오)

┌─ 보기 ─
• 9월의 노무비 현금지급액: 600원
• 9월의 노무비 미지급액: 370원
• 8월에 선지급된 9월분 노무비 해당액: 280원
• 9월의 노무비 현금지급액 중 8월분 미지급노무비 해당액: 150원
• 9월의 노무비 현금지급액 중 10월분 노무비 해당액: 240원

답: (   )원

31

[보기]는 (주)생산성의 당해 회계자료 일부분이다. 당해 영업레버리지도(DOL)를 계산하면 얼마인가?

┌─ 보기 ─
• 매출액: 1,000,000원
• 고정비: 250,000원
• 공헌이익률: 50%

답: (   )

32

(주)생산성은 2023년도에 매출액의 20%에 해당하는 목표이익을 얻고자 한다. [보기]의 목표매출액 계산식에서 (A)에 들어갈 적절한 숫자를 소수점 첫째 자리까지 기재하시오.

┌─ 보기 ─
• 매출액: S
• 총고정비: FC
• 2023년도 변동비율: 매출액의 50%
• 목표매출액 계산식: S = FC ÷ (A)

답: (   )

실무 시뮬레이션

프로그램 버전	iCUBE 핵심ERP 2023
로그인 정보	• 회사: 1001.회계 1급 회사A • 사원: ERP13A01.김은찬
DB 파일명	[백데이터] 2024 에듀윌 ERP 회계 1급 > PART 04 최신 기출문제_2023년 5회

01

다음 중 사원등록에 대한 설명으로 옳지 않은 것은? (단, 사용자권한설정은 수정하지 않는다)

① 등록된 사원 코드는 수정할 수 없다.
② 인사팀 소속 사원은 조민지 사원이 유일하다.
③ 퇴사일과 암호는 시스템관리자만 수정이 가능하다.
④ 유지현 사원은 회계입력방식이 '승인'이므로 전표승인해제 메뉴 사용이 가능하다.

02

당사는 ERP를 도입하여 당사의 환경설정에 맞게 시스템 환경설정을 모두 마쳤다. 당사의 시스템 환경설정으로 옳지 않은 것은?

① 예산통제는 사용부서별로 통제한다.
② 처분 자산의 상각비를 월할로 계산한다.
③ 재무제표를 영어로 조회 및 출력할 수 있다.
④ 고정자산등록 시 자산코드는 5자리로 자동 채번된다.

03

당사는 무역 거래처 관리 중 [00008.청우유통(주)] 거래처의 거래처구분이 '일반'으로 잘못 등록된 것을 발견하였다. 해당 거래처의 거래처구분을 '무역'으로 변경 후 거래처 구분이 '무역'인 거래처를 조회하면 몇 개인가?

① 1개   ② 2개
③ 3개   ④ 4개

04

(주)한국생산 본점의 2023년 2월부터 6월 사이에 외상매출금 발생 금액이 가장 큰 달은 언제인가?

① 2월   ② 3월
③ 4월   ④ 5월

05

손익계산서에 표시되는 접대비(업무추진비) 입력 시 관리항목으로 사용부서와 프로젝트를 입력하였다. (주)한국생산 본점의 2023년 1분기 손익계산서에 표시되는 접대비(기업업무추진비) 중 사용부서가 '1001.회계팀'이며, 프로젝트가 '1000.서울공장'으로 관리항목이 입력된 발생금액은 얼마인가?

① 1,010,000원   ② 1,800,000원
③ 4,610,000원   ④ 6,410,000원

06

(주)한국생산 본점은 (주)우리보험 거래처와 보험계약을 맺고 보험료를 선급비용으로 관리하고 있다. 기간비용현황에서 당해연도의 내역을 새로불러오기 한 뒤 2023년 12월 결산 시 보험료로 알맞은 금액은? (단, 당해기간 동안 (주)우리보험 거래처로 보험료 처리 분개는 하지 않은 것으로 가정한다)

① 127,038원   ② 254,789원
③ 381,827원   ④ 3,519,024원

07

(주)한국생산 본점의 2023년 12월 말 결산 시 소모품의 기말 재고액은 4,000,000원이다. 장부의 금액을 확인한 후 이와 관련된 기말 결산 수정 분개로 옳은 것은 무엇인가? (단, 소모품은 취득 시 자산처리하였다)

① 소모품   63,000,000원 / 소모품비   63,000,000원
② 소모품비   63,000,000원 / 소모품   63,000,000원
③ 소모품   71,000,000원 / 소모품비   71,000,000원
④ 소모품비   71,000,000원 / 소모품   71,000,000원

08

(주)한국생산 본점은 보유하고 있던 차량운반구 자산 중 [2080007. 1톤트럭]을 전체 양도하였다. 아래 [보기]를 참고하여 자산양도처리한 후 [2080007.1톤트럭] 자산의 당해 감가상각비 금액은 얼마인가? (당사는 ERP 프로그램을 통해 고정자산 상각비를 계산한다)

> ─ 보기
> • 자산유형: 차량운반구
> • 자산코드: 2080007
> • 자산명: 1톤트럭
> • 양도일: 2023.7.5.
> • 양도금액: 24,000,000원(전체양도)

① 3,000,000원   ② 3,500,000원
③ 4,000,000원   ④ 4,500,000원

09

(주)한국생산 본점은 지출증빙서류검토표를 작성하던 중 핵심ERP의 증빙을 연결하는 작업이 잘못된 것을 발견하였다. 아래 [적격증빙별 전표증빙]과 같이 증빙 연결을 수정 후 2023년 한 해 동안 접대비(기업업무추진비)가 수취제외대상으로 설정된 내역들의 합계액을 조회하면 얼마인가?

> [적격증빙별 전표증빙]
> • 10.신용카드(법인) − 8.신용카드매출전표(법인)
> • 11.신용카드(개인) − 8A.신용카드매출전표(개인)
> • 20.현금영수증 − 9A.현금영수증
> • 30.세금계산서 − 1.세금계산서
> • 40.계산서 − 2.계산서
> • 50.수취제외대상 − 3.영수증, 3A.영수증(접대비), 99.송금명세 작성분

① 2,280,000원   ② 2,520,000원
③ 4,390,000원   ④ 5,500,000원

10

(주)한국생산 본점은 업무용승용차 손금불산입 특례 규정에 따라 업무용승용차 관련비용 명세서를 작성하고 있다. 한 해 동안 (주)한국생산 본점 명세서를 불러오기하여 작성한 후, 2023년 지출한 업무용승용차 관련 비용 중 '29아 8902' 차량의 손금으로 인정되는 금액을 조회하면 얼마인가?

① 3,820,000원   ② 4,550,000원
③ 6,230,000원   ④ 18,600,000원

11

다음중 (주)한국생산 본점의 2023년 3월 1일부터 2023년 6월 30일 사이 발생한 제조원가 중 현금으로 지출한 금액이 가장 큰 순서로 옳은 것은?

① 차량유지비 > 여비교통비 > 보험료 > 사무용품비
② 차량유지비 > 보험료 > 여비교통비 > 사무용품비
③ 차량유지비 > 여비교통비 > 사무용품비 > 보험료
④ 차량유지비 > 보험료 > 사무용품비 > 여비교통비

12

당사는 예산을 사용부서별로 관리하고 있다. 2023년 2월 한 달 동안 '회계팀'에서 사용한 예산 중 손익계산서에 표시되는 보험료 집행률은 얼마인가? (단, 집행방식은 승인집행으로 조회)

① 84%
② 86%
③ 90%
④ 100%

13

다음 중 현재 설정된 전표입력 메뉴의 환경설정에 대한 설명으로 옳지 않은 설명은? (단, 현재 설정된 환경설정 값은 변경하지 않는다)

① 전표의 거래처명 수정이 가능하다.
② 전표의 품의내역으로 전표복사하여 전표를 생성할 수 있다.
③ 전표입력시 품의내역에 작성한 내역이 적요명으로 복사된다.
④ 부가세 계정의 세무구분 [25.수입] 전표입력 시 공급가액을 제외할 수 있다.

14

(주)한국생산 본점의 한 해 동안 여비교통비(판매관리비) 계정을 가장 많이 사용한 분기는 언제인가?

① 1분기
② 2분기
③ 3분기
④ 4분기

15

(주)한국생산 춘천지사의 2023년 1기 부가가치세 예정신고기간에 발생한 신용카드매출액 중 세금계산서가 발급된 금액은 얼마인가? (사업장: [2000] (주)한국생산 춘천지사)

① 4,500,000원
② 5,900,000원
③ 6,000,000원
④ 11,500,000원

16

(주)한국생산 춘천지사는 부동산임대업도 하고 있어 부가가치세 신고 시 간주임대료를 포함하여 신고하려고 한다. 2023년 2기 부가가치세 확정신고 시 다음 [부동산임대내역]의 자료를 기반으로 보증금이자(간주임대료)를 계산하여 2023년 12월 31일 전표처리 후 2023년 2기 부가가치세 확정신고기간의 (주)한국생산 춘천지사의 건별매출의 매출세액을 조회하면 얼마인가? (단, 보증금이자(간주임대료)는 프로그램을 이용하여 계산하며 전표입력 시 소수점 이하는 절사하며, 입력한 전표의 상태가 '미결'인 경우 '승인'처리한다) (사업장: [2000] (주)한국생산 춘천지사)

> [부동산임대내역]
> • 상호(성명): (주)상상유통
> • 면적/용도: 500㎡/사무실
> • 임대기간: 2023/10/01~2024/09/30
> • 보증금: 300,000,000원
> • 동: 3017066000 · 대전광역시 서구 둔산3동
> • 층/호수: 지상 1층/101호
> • 월세: 2,000,000원(이자율은 1.2%로 계산한다)
> • 관리비: 150,000원

① 90,739원
② 110,239원
③ 170,730원
④ 190,739원

17

(주)한국생산 춘천지사의 2023년 1기 부가가치세 확정신고 시 첨부대상이 아닌 부속명세서는? (사업장: [2000] (주)한국생산 춘천지사)

① 신용카드수취명세서
② 매입세액불공제 내역
③ 매입처별 계산서합계표
④ 매출처별 세금계산서합계표

18

(주)한국생산 춘천지사의 2023년 1기 부가가치세 확정기간에 발급한 매출세금계산서 중 공급가액 총 합계액이 가장 큰 거래처는? (사업장: [2000] (주)한국생산 춘천지사)

① 00001.(주)영은실업
② 00003.(주)제동
③ 00005.(주)중원
④ 00002.(주)하진테크

19

(주)한국생산 춘천지사의 2023년 2기 부가가치세 예정신고기간의 부가가치세 과세표준명세 금액은? (사업장: [2000] (주)한국생산 춘천지사)

① 143,700,000원
② 418,000,000원
③ 559,000,000원
④ 610,100,000원

20

2023년 2월 5일 (주)한국생산 춘천지사는 '푸른자동차(주)'에게 내국신용장으로 3,000,000원 영세매출 거래가 발생했다(서류번호: 232511). 해당 거래내역을 전표입력 후 내국신용장·구매확인서 전자발급명세서 서식을 작성한 뒤에 확인되는 2023년 1기 부가가치세 예정신고기간의 영세율매출명세서 총 합계 금액은? (사업장: [2000] (주)한국생산 춘천지사)

① 43,700,000원
② 46,700,000원
③ 49,800,000원
④ 51,900,000원

21

(주)한국생산 본점의 2023년 1월 말 상품과 제품의 총 판매량이 40,000개일 때, 다음 [보기]를 참고하면 손익분기점 판매량은 몇 개인가? (단 상품과 제품의 판매단가는 동일하다)

┌─ 보기 ─────────────────────────┐
| 1) 단위당 변동비 | 1,400원 |
| 2) 총 고정비 | 20,000,000원 |
└──────────────────────────────┘

① 2,500개
② 2,700개
③ 3,000개
④ 3,300개

22

(주)한국생산 본점은 부서별로 부문을 설정하여 관리하고 있다. 2023년 상반기 동안 '2001.영업부문'으로 설정된 부문에서 지출한 사무용품비(제조경비)를 조회하면 얼마인가?

① 2,100,000원
② 4,275,000원
③ 5,305,000원
④ 11,400,000원

23

(주)한국생산 본점은 고정자산등록 시 관리부서를 등록하여 관리하던 중 기계장치 자산으로 등록된 [1007.압축기]의 관리부서가 누락된 것을 발견하였다. 해당 자산의 관리부서를 [3001.생산부]로 등록 후 (주)한국생산 본점 2023년 결산 시 제조원가보고서에 계상할 [3001.생산부] 부서로 등록된 기계장치의 감가상각비를 조회하면 얼마인가?

① 12,000,000원
② 16,000,000원
③ 18,000,000원
④ 22,000,000원

24

(주)한국생산 본점은 2023년 6월 30일 원재료를 복리후생비로 대체 출고하여 전표입력을 완료하였으나 원재료 계정의 '타계정구분'이 잘못 입력된 것을 확인하였다. 해당 전표를 찾아 '타계정구분'을 수정 후 2023년 6월 30일 기준으로 (주)한국생산 본점의 원재료가 타계정으로 대체된 금액을 조회하면 얼마인가?

① 500,000원
② 1,000,000원
③ 1,500,000원
④ 2,000,000원

25

(주)한국생산 본점의 2023년 1분기 제조원가보고서에 대한 설명 중 옳지 않은 것은?

① 이월된 원재료 금액은 28,000,000원이다.
② 원재료가 타계정으로 대체된 금액은 1,000,000원이다.
③ 제조경비가 감소하면 당기총제조비용은 증가한다.
④ 노무비가 증가하면 당기제품제조원가도 증가한다.

기출문제 2023년 6회

이론 해설 특강

실무 해설 특강

이론

01

ERP 도입 기업의 사원들을 위한 ERP 교육을 계획할 때, 고려사항으로 가장 적절하지 않은 것은?

① 전사적인 참여가 필요함을 강조한다.
② 지속적인 교육이 필요함을 강조한다.
③ ERP 커스터마이징이 최대한 필요함을 강조한다.
④ 자료의 정확성을 위한 철저한 관리가 필요함을 강조한다.

02

[보기]는 무엇에 대한 설명인가?

> ─ 보기 ─
> 조직의 효율성을 제고하기 위해 업무흐름뿐만 아니라 전체 조직을 재구축하려는 경영혁신전략 기법이다. 주로 정보기술을 통해 기업 경영의 핵심과 과정을 전면 개편함으로 경영성과를 향상시키려는 경영기법인데 매우 신속하고 극단적인 그리고 전면적인 혁신을 강조하는 이 기법은 무엇인가?

① 지식경영
② 벤치마킹
③ 리스트럭처링
④ 리엔지니어링

03

ERP에 대한 설명 중 가장 적절하지 않은 것은?

① 신속한 의사결정을 지원하는 대표적인 경영 정보 시스템이다.
② 모든 사용자들은 사용권한 없이도 쉽게 기업의 정보에 접근할 수 있다.
③ 회계, 인사, 영업, 구매, 생산, 물류 등 기업의 업무가 통합된 시스템이다.
④ ERP의 기본 시스템에 공급망 관리, 고객지원기능 등의 확장기능을 추가할 수 있다.

04

ERP와 전통적인 정보 시스템(MIS) 특성 간의 차이점에 대한 설명으로 가장 적절하지 않은 것은?

① 전통적인 정보 시스템의 업무범위는 단위 업무이고, ERP는 통합 업무를 처리한다.
② 전통적인 정보 시스템의 시스템구조는 폐쇄형이나 ERP는 개방성을 갖는다.
③ 전통적인 정보 시스템의 업무처리 대상은 Process 중심이나 ERP는 Task 중심이다.
④ 전통적인 정보 시스템의 저장구조는 파일 시스템을 이용하나 ERP는 관계형 데이터베이스 시스템(RDBMS) 등을 이용한다.

05

ERP시스템의 SCM 모듈을 실행함으로써 얻는 장점으로 가장 적절하지 않은 것은?

① 공급사슬에서의 가시성 확보로 공급 및 수요변화에 대한 신속한 대응이 가능하다.
② 정보투명성을 통해 재고수준 감소 및 재고회전율(Inventory Turnover) 증가를 달성할 수 있다.
③ 공급사슬에서의 계획(Plan), 조달(Source), 제조(Make) 및 배송(Deliver) 활동 등 통합 프로세스를 지원한다.
④ 마케팅(Marketing), 판매(Sales) 및 고객서비스(Customer Service)를 자동화함으로써 현재 및 미래 고객들과 상호작용할 수 있다.

06

재무정보의 질적 특성에 대한 설명으로 가장 적절하지 않은 것은?

① 재무정보가 갖추어야 할 가장 중요한 질적 특성은 목적적합성과 비교가능성이다.
② 재무정보가 유용하기 위해 갖추어야 할 주요 속성을 말하며, 재무정보 유용성의 판단기준이 된다.
③ 회계기준제정기구가 회계기준을 제정 또는 개정할 때 대체적 회계처리방법들을 비교 평가할 수 있는 판단기준이 된다.
④ 경영자와 감사인이 회계정책을 선택 또는 평가하거나, 재무정보 이용자가 기업실체가 사용한 회계처리방법의 적절성 여부를 평가할 때 판단기준을 제공한다.

07

[보기]에서 적용된 회계의 기본가정(전제)으로 가장 적절한 것은?

> **보기**
>
> (주)생산성은 건물이나 기계장치를 구입하기 위해 소요된 원가를 자산으로 계상하고, 이후 그 자산이 실제로 영업활동에 사용되는 회계기간에 걸쳐 비용으로 계상하고자 한다.

① 기업실체의 가정　　　② 현금주의의 가정
③ 계속기업의 가정　　　④ 기간별 보고의 가정

08

재무제표의 특징으로 가장 적절한 것은?

① 재무상태표 : 일정 시점의 재무상태 / 정태적 보고서 / 현금주의
② 손익계산서 : 일정 시점의 경영성과 / 동태적 보고서 / 발생주의
③ 현금흐름표 : 일정 기간의 현금흐름 / 동태적 보고서 / 현금주의
④ 자본변동표 : 일정 기간의 자본 현황 / 정태적 보고서 / 발생주의

09

[보기]의 손익 계정에서 영업이익의 합계는 얼마인가?

> **보기**
>
> | | |
> |---|---|
> | • 매출원가 | 100,000원 |
> | • 매출액 | 150,000원 |
> | • 종업원의 복리후생비 | 15,000원 |
> | • 이자비용 | 5,000원 |
> | • 건물의 감가상각비 | 3,500원 |
> | • 기부금 | 3,000원 |
> | • 기타의 대손상각비 | 1,200원 |

① 25,700원　　　　② 30,700원
③ 31,500원　　　　④ 50,000원

10

현금흐름표는 기업의 일정 기간 현금흐름을 나타내는 표로서 현금흐름에 영향을 미치는 세 가지 활동으로 구분하여 표시된다. [보기]의 (가), (나), (다)에 해당되는 용어를 순서대로 나열한 것은?

> **보기**
>
> • ((가))은 영업활동에 필요한 자산을 취득하거나 처분하는 활동 등을 의미한다.
> • ((나))은 제품이나 서비스를 만들어 고객에게 전달하는 활동 등을 의미한다.
> • ((다))은 기업이 필요한 자금을 조달하고 부채를 상환하는 활동 등을 의미한다.

	(가)	(나)	(다)
①	재무활동	투자활동	영업활동
②	영업활동	이익활동	재무활동
③	투자활동	영업활동	이익활동
④	투자활동	영업활동	재무활동

11

발생주의에 입각한 회계처리로 가장 적절하지 않은 것은?

① 당기에 미지급된 당기분 보험료를 당기의 비용으로 계상한다.
② 장기건설공사의 공사수익을 공사진행률에 따라 매년 인식한다.
③ 당기 2월에 현금으로 지급한 1년분 임차료를 전액 당기의 비용으로 계상한다.
④ 유형자산은 내용연수에 걸쳐 체계적이고 합리적인 방법으로 감가상각하여 비용으로 인식한다.

12

재무상태표를 유동성 배열법 기준으로 작성할 때 가장 먼저 기록할 계정과목은 무엇인가?

① 토지　　　　② 상품
③ 현금　　　　④ 영업권

13

[보기]의 자료를 이용할 경우 2023년 12월 31일 결산수정분개로 가장 적절한 것은? (단, 월할계산할 것)

> **보기**
>
> • 결산일은 2023년 12월 31일이다.
> • 2023년 8월 1일 : 1년분 임차료(120,000원)를 현금으로 지급하고 다음과 같이 분개하였다.
> 　(차) 임차료 120,000 / (대) 현금 120,000

①	(차) 임차료	70,000	(대) 선급비용	70,000
②	(차) 선급비용	50,000	(대) 임차료	50,000
③	(차) 임차료	50,000	(대) 선급비용	50,000
④	(차) 선급비용	70,000	(대) 임차료	70,000

14

재고자산의 매입, 매출 관련 거래의 회계처리로 가장 적절한 것은?

① 매출에누리는 총매출액에서 가산(+)한다.
② 매출환입 및 매출운임은 총매출액에서 가산(+)한다.
③ 매입할인 및 매입운임은 당기 총매입액에서 가산(+)한다.
④ 매입에누리 및 매입할인은 당기 총매입액에서 차감(-)한다.

15

[보기]는 회계정보의 질적 특성과 수익 인식 시점에 대한 설명이다. ( )에 공통적으로 들어갈 적합한 용어를 한글로 입력하시오.

> ─ 보기 ─
> • 재무정보가 갖추어야 할 가장 중요한 질적특성은 목적적합성(또는 관련성)과 ( )이다.
> • 특정 거래를 회계처리할 때 대체적인 회계처리방법이 허용되는 경우, 목적적합성(또는 관련성)과 ( )이(가) 더 높은 회계처리방법을 선택할 때에 재무정보의 유용성이 증대된다.
> • 목적적합성과 ( ) 중 어느 하나가 완전히 상실된 경우 그 정보는 유용한 정보가 될 수 없다.

답: ( )

16

[보기]는 (주)생산성의 외상매입금 거래자료이다. (주)생산성의 당기 기말의 재무상태표에 계상될 외상매입금은 얼마인가? (단, 정답은 단위를 제외한 숫자만 입력하시오)

> ─ 보기 ─
> • 당기 외상매입금 상환액: 5,000,000원
> • 당기 외상매입금 발생액: 7,500,000원
> • 전기 말 외상매입금 잔액: 2,500,000원

답: ( )원

17

[보기]는 (주)생산성의 당기 재고 관련 자료들이다. 이를 이용하여 (주)생산성의 당기 매출원가를 계산하면 얼마인가? (단, 정답은 단위를 제외한 숫자만 입력하시오)

> ─ 보기 ─
> • 기초재고액   100,000원
> • 당기 총매입액   1,400,000원
> • 기말재고액   200,000원
> • 매입할인   100,000원
> • 매입환출   100,000원
> • 매입에누리   100,000원

답: ( )

18

(주)무릉이 [보기]의 거래내용으로 재화를 공급했을 경우, 부가가치세 과세표준 금액은 얼마인가?

> ─ 보기 ─
> • 상품매출액   10,000,000원
> • 매출할인   250,000원
> • 매출에누리   100,000원
> • 판매장려상품 지급   200,000원
> • 외상판매 연체이자   50,000원
> • 거래처 파산 대손금   250,000원

① 9,400,000원   ② 9,600,000원
③ 9,650,000원   ④ 9,850,000원

19

부가가치세법상의 세금계산서 발급에 대한 내용으로 가장 적절하지 않은 것은?

① 세금계산서는 사업자가 제15조 및 제16조에 따른 재화 또는 용역의 공급시기에 재화 또는 용역을 공급받는 자에게 발급하여야 한다.
② 관계 증명서류 등에 따라 실제 거래사실이 확인되는 경우에는 해당 거래일을 작성 연월일로 하여 세금계산서를 발급할 수도 있다.
③ 재화, 용역의 거래상 부가가치세 관련하여 필요한 정규증명으로 (전자)세금계산서, (전자)계산서, 신용카드매출전표 그리고 현금영수증 등이 있다.
④ 사업자가 재화 또는 용역을 공급하는 경우에는 세금계산서를 그 공급을 받는 자에게 발급하여야 하나 발급하기 어렵거나 불필요한 경우에는 발급하지 아니할 수 있다.

20

법인세 납세의무자에 대한 설명으로 적절하지 않은 것은?

① 내국법인 중 비영리법인은 모든 소득에 대하여 법인세 납세의무가 없다.
② 영리외국법인의 경우에는 국내원천소득에 한하여 법인세 납세의무가 있다.
③ 영리내국법인은 영리기관이므로 국내외 모든 소득에 대하여 법인세 납세의무가 있다.
④ 국내에서 사업을 영위할지라도 외국에 본점을 둔 법인은 외국법인으로 분류된다.

21

법인세법상 익금산입에 해당되는 항목들의 합계액은 얼마인가?

┌─ 보기 ─────────────────────────────┐
│ • 자기주식처분이익   100,000원 │
│ • 감자차익   200,000원 │
│ • 부가가치세 매출세액   300,000원 │
│ • 상품판매대금   1,000,000원 │
│ • 전기납부 법인세 환급액   400,000원 │
│ • 자산수증이익   500,000원 │
└────────────────────────────────────┘

① 1,500,000원   ② 1,600,000원
③ 1,800,000원   ④ 2,500,000원

22

법인세신고 시 필수적으로 첨부해야 하는 서류로 가장 적절하지 않은 것은?

① 재무상태표   ② 세무조정계산서
③ 포괄손익계산서   ④ 합계잔액시산표

23

법인세법상 납세지에 대한 설명으로 가장 적절하지 않은 것은?

① 내국법인은 법인등기부상 법인대표의 소재지가 납세지이다.
② 내국법인은 법인등기부상 본점 또는 주사무소의 소재지가 납세지이다.
③ 외국법인은 국내사업장이 있는 경우에는 국내사업장의 소재지를 납세지로 한다.
④ 내국법인은 국내에 본점 또는 주사무소가 있지 아니하는 경우에는 사업을 실질적으로 관리하는 장소의 소재지로 한다.

24

[보기]는 2023년 제2기 (주)무릉의 매입관련 부가가치세 관련 자료이다. 공제되는 부가가치세 매입세액은 얼마인가? (단, 정답은 단위를 제외한 숫자만 입력하시오)

┌─ 보기 ─────────────────────────────┐
│ • 매입 전자세금계산서의 공급가액 합계는 50,000,000원이며, 여 │
│   기에는 제품운반용 화물차 수리비 공급가액 500,000원이 포함 │
│   되어 있다. │
│ • 공장부지 진입로 포장대금(전자세금계산서 수령) 공급가액 │
│   3,000,000원이다. │
│ • 금강회관(과세사업자)에서 매출거래처 직원들과 회식을 하고 받 │
│   은 신용카드 매출전표의 공급대가는 385,000원이다. │
└────────────────────────────────────┘

답: (   )원

25

[보기]의 설명으로 가장 적절한 용어를 한글로 입력하시오.

┌─ 보기 ─────────────────────────────┐
│ 법인의 각 사업연도 소득은 익금총액에서 손금총액을 공제하여 계 │
│ 산한다. 그러나 실제 계산에 있어서는 수익에서 비용을 공제한 결 │
│ 산서상 당기순이익을 출발점으로 기업회계와 세무회계의 차이를 │
│ 조정하여 각 사업연도의 소득금액을 계산한다. 이러한 조정을 통 │
│ 하여 정확한 과세소득을 계산하기 위한 일련의 절차를 말한다. │
└────────────────────────────────────┘

답: (   )

26

[보기]에서 설명하는 법인세법상의 용어를 한글로 입력하시오.

┌─ 보기 ─────────────────────────────┐
│ 법인세법상의 각 사업연도 소득금액은 기업회계상 당기순손익에 │
│ 서 익금산입 사항과 손금불산입 사항을 가산하고, 익금불산입 사항과 │
│ 손금산입 사항을 차감하여 계산한다. 이렇게 익금에 가산된 금액 │
│ 등이 누구에게 귀속하는가를 확정하는 세법상의 절차를 말한다. │
└────────────────────────────────────┘

답: (   )

27

[보기]를 참고하여 (주)생산성의 매몰원가(Sunk Cost)를 구하면 얼마인가?

┌─ 보기 ─────────────────────────────┐
│ (주)생산성은 현재 정상 판매가 불가능한 재고자산을 보유하고 있 │
│ 는데, 이의 제조원가는 1,000,000원이다. (주)생산성은 재고자산을 │
│ 처분하기 위해 다음과 같은 의사결정안을 수립하였다. │
│ 첫 번째는 200,000원을 투입하여 재가공한 후 500,000원에 판매 │
│ 하는 것이고, 두 번째는 이를 재가공하지 않고 그대로 재활용센터 │
│ 에 판매하여 100,000원을 받는 것이다. │
└────────────────────────────────────┘

① 100,000원   ② 200,000원
③ 500,000원   ④ 1,000,000원

28

원가집계 계정의 흐름으로 가장 적절한 것은?

① 매출원가 → 재공품 → 재료비 → 제품
② 재료비 → 매출원가 → 재공품 → 제품
③ 매출원가 → 재료비 → 재공품 → 제품
④ 재료비 → 재공품 → 제품 → 매출원가

29

정상개별원가계산에서 제조간접비 배부차이 금액을 조정하는 일반적인 방법으로 가장 적절하지 않은 것은?

① 단계배부법
② 영업외손익법
③ 매출원가조정법
④ 요소별 비례배분법

30

[보기]의 (A)에 가장 적절한 관리회계 용어를 한글로 입력하시오.

> 보기
> • 영희는 피아노학원을 다니고 있었는데, 방학이 되자 수영을 배우려고 알아보니 피아노학원 수업시간과 겹치게 되었다.
> • 영희는 수영을 꼭 배우고 싶어 수강 중인 피아노학원을 그만두고 수영을 수강하려고 한다.
> • 이때 피아노학원을 위해 지출되었던 수강료는 (A)원가(비용)에 해당한다.

답: ( )원가

31

[보기]는 (주)생산성의 당기 생산관련 자료이다. 변동원가계산을 적용하고 있는 (주)생산성의 총공헌이익을 계산하면 얼마인가? (단, 정답은 단위를 제외한 숫자만 입력하시오)

> 보기
> • 매출액   2,000원
> • 직접재료비   700원
> • 직접노무비   300원
> • 변동제조간접비   200원
> • 고정제조간접비   250원
> • 변동판매비와관리비   100원
> • 고정판매비와관리비   250원

답: ( )원

32

[보기]는 (주)생산성의 당해 회계자료 일부분이다. (주)생산성의 당해 안전한계율(%)은 얼마인가? (단, 정답은 단위를 제외하고 숫자만 기입하시오)

> 보기
> • 매출액: 1,000,000원
> • 고정비: 200,000원
> • 공헌이익률: 40%

답: ( )%

실무 시뮬레이션

프로그램 버전	iCUBE 핵심ERP 2023
로그인 정보	• 회사: 1004.회계 1급 회사B • 사원: ERP13A01.김은찬
DB 파일명	[백데이터] 2024 에듀윌 ERP 회계 1급 > PART 04 최신 기출문제_2023년 6회

01

다음 거래처 중 현재는 사용하고 있지 않아 사용구분을 '미사용'으로 설정해 놓은 거래처는 어디인가?

① 00001.(주)영은실업
② 00008.청우유통(주)
③ 00014.한국식당
④ 00100.대전시청

02

다음 판매관리비 계정 중 지출이 발생하여 전표입력을 할 때 증빙을 필수로 입력해야 하는 계정은?

① 80200.직원급여
② 80800.퇴직급여
③ 81200.여비교통비
④ 81400.통신비

03

다음 중 사용자권한설정에 대한 설명으로 옳지 않은 것은?

① 윤수현 사원은 [결산/재무제표관리] 메뉴를 사용할 수 없다.
② 김은찬 사원은 기간비용현황 메뉴에서 등록, 변경 작업을 할 수 있다.
③ 윤수현 사원과 김수빈 사원은 전표입력 메뉴를 사업장 권한으로 조회할 수 있다.
④ 김은찬 사원은 고정자산등록의 자본적 지출 발생 시 자산변동처리를 입력할 수 있다.

04

(주)더존 본점은 판매관리비를 프로젝트별로 관리하고 있다. 2023년 상반기 판매관리비 중 사무용품비를 가장 많이 지출한 프로젝트는?

① 서울공장   ② 광주공장
③ 부산공장   ④ 울산공장

05

(주)더존 본점의 2023년 10월에 발생한 전표 중 전표상태가 '미결'인 전표의 차변 금액 합계는 얼마인가?

① 2,150,000원   ② 2,200,000원
③ 3,150,000원   ④ 3,200,000원

06

(주)더존 본점은 업무용승용차를 부서별로 관리하고 있다. 등록된 차량 중 보험이 미등록된 차량은 어느 부서에서 관리하는 차량인가?

① 1001.회계팀   ② 2001.영업부
③ 3001.생산부   ④ 4001.총무부

07

(주)더존 본점은 2022년에서 2023년으로 소모품 잔액을 이월하였다. 다음 거래처 중 이월된 금액이 가장 많은 거래처는?

① 00001.(주)영은실업   ② 00003.(주)제동
③ 00004.(주)상상유통   ④ 00005.(주)중원

08

2023년 하반기 동안 [1001.회계팀]에서 사용한 예산 중 집행율이 가장 큰 계정과목은? (단, 집행방식은 승인집행으로 조회)

① 81100.복리후생비   ② 81200.여비교통비
③ 81400.통신비   ④ 82100.보험료

09

(주)더존 본점은 매월 수입 및 지출에 대해 일자별자금계획을 수립하고 있다. 2023년 12월 고정적으로 지출되는 금액은 2023년 10월과 비교하면 금액 차이가 얼마인가?

① 200,000원   ② 2,000,000원
③ 3,500,000원   ④ 4,000,000원

10

(주)더존 본점은 외상매출금에 대하여 선입선출법 기준으로 채권년령을 관리하고 있다. 2023년 12월 말 기준으로 6개월 전까지의 채권년령에 대한 설명으로 옳지 않은 것은?

① 총 미회수 외상매출금은 1,141,279,000원이다.
② 2023년 10월 한 달 동안 미회수 외상매출금 합계는 190,400,000 원이다.
③ 조회조건 이전 가장 많은 채권 잔액을 보유한 거래처는 (주)중원 거래처이다.
④ (주)제동 거래처는 2023년 7월부터 2023년 12월까지 매월 미회수 외상매출금이 존재한다.

11

(주)더존 본점은 거래처별 외상매입금 관리를 하고 있다. 다음 보기 중 2023년 3분기 기간 동안에 25100.외상매입금 계정이 가장 많이 발생한 거래처는 어디인가?

① 00007. (주)라라실업
② 00008. 청우유통(주)
③ 00009. (주)신흥전자
④ 00010. D&H

12

2023년 5월 한 달 동안 (주)더존 본점에서 입금 및 출금된 현금을 분석하고 있다. [1001.회계팀] 결의부서에서 5월 한 달 동안 현금 입금액은 얼마인가?

① 110,000원
② 220,000원
③ 550,000원
④ 660,000원

13

(주)더존 본점에서는 받을어음을 등록하여 만기일을 관리하고 있다. 다음 받을어음 중 3분기 만기일(2023.09.30.)에 만기가 도래하지 않은 어음은?

① 자가2023043000001
② 자가2023063000001
③ 자가2023063000002
④ 자가2023033000004

14

2023년 6월 15일 [1010] 자산코드로 융합기 자산을 신규 취득하여 기계장치 유형으로 고정자산 등록하였다. 취득가액 60,000,000원, 상각방법 정액법, 내용연수 5년으로 신규 자산을 등록한 후에 (주)더존 본점의 2023년 6월 상각비 확인 시 기계장치 계정유형으로 조회되는 당기감가상각비 금액은 얼마인가? (당사는 상각비를 프로그램 계산에 따른다)

① 999,916원
② 1,000,000원
③ 3,099,916원
④ 5,499,916원

15

다음 중 (주)더존 지점의 2023년 2기 부가가치세 예정신고기간에 면세매출이 발생한 거래처가 아닌 것은? (사업장: [2000] (주)더존 지점)

① (주)중원
② (주)제동
③ (주)영은실업
④ (주)하진테크

16

(주)더존 지점의 2023년 2기 부가가치세 예정신고기간에 신용카드발행집계표/수취명세서 서식에 대한 설명으로 옳지 않은 것은? (사업장: [2000] (주)더존 지점)

① 현금영수증으로 매입한 내역은 존재하지 않는다.
② 신용카드로 매입한 내역 중 복지카드 매입내역이 존재한다.
③ 신용카드 발행금액 중 세금계산서 발급금액은 1,900,000원이다.
④ 신용카드로 매입한 내역 중 고정자산 매입관련 세액 합계는 600,000원이다.

17

(주)더존 지점의 2023년 2기 부가가치세 확정신고 시 면세수입금액은 얼마인가? (사업장: [2000] (주)더존 지점)

① 44,512,000원
② 52,000,000원
③ 96,500,000원
④ 279,030,000원

18

(주)더존 지점은 법인이며 농산물을 원재료로 매입하여 가공한 후 매출하는 사업자이다. 다음 [보기]의 내용을 전표입력하고 2023년 2기 부가세 예정신고기간에 작성해야 할 부가세 서식에서 집계되는 세액의 합계 금액으로 옳은 것은? (사업장: [2000] (주)더존 지점)

> ┌ 보기 ┐
> 매입내역: 2023년 8월 23일 청우유통(주) 거래처에게 원재료로 배추 300포기를 3,000,000원에 매입하고 계산서를 수취하였으며, 대금은 전액 외상으로 매입하였다(의제매입 공제율 6/106).

① 169,811원
② 269,811원
③ 369,811원
④ 469,811원

19

(주)더존 지점의 2023년 2기 부가가치세 확정신고 시 부가세신고서에 대한 설명으로 옳지 않은 것은? (사업장: [2000] (주)더존 지점)

① 공제받지 못할 매입세액으로 220,000원이 발생하였다.
② (주)더존 지점은 해당 과세기간에 부가세 환급을 받을 수 있다.
③ 매입세액 예정신고누락분 금액이 매출세액 예정신고누락분 금액보다 작다.
④ 신용카드수취명세서 매입내역에서 고정자산 매입으로 인한 세액은 330,000원이다.

20

(주)더존 지점의 2023년 2기 부가가치세 확정신고 시 신고해야 할 서식이 아닌 것은? (사업장: [2000] (주)더존 지점)

① 수출실적명세서
② 매입세액불공제내역
③ 신용카드발행집계표/수취명세서
④ 사업자단위과세 사업장별세액명세서

21

(주)더존 본점은 2023년 12월 31일 결산 시 원가보고서를 작성하면서 잘못된 부분을 발견하였다. 원재료를 복리후생비로 대체 출고하고 전표입력을 완료하였으나 원재료 계정의 '타계정구분'이 잘못 입력된 것을 확인하였다. 해당 전표를 찾아 전표를 정상적으로 수정하려고 할 때 올바른 작업은?

① 2023.03.31. 전표의 원재료 계정을 차변으로 변경한다.
② 2023.03.31. 전표의 원재료 계정에서 타계정구분을 변경한다.
③ 2023.06.30. 전표의 원재료 계정을 차변으로 변경한다.
④ 2023.06.30. 전표의 원재료 계정에서 타계정구분을 변경한다.

22

당사는 분기별 결산을 진행한다. 2023년도 1분기 결산을 ERP 시스템에서 자동결산으로 진행하려고 할 때 확인사항으로 옳지 않은 것은?

① 당기 상품매입액이 당기 원재료매입액보다 금액이 더 크다.
② 2023년도 1분기 자동결산 시 분개생성에서 역분개는 자동생성되지 않는다.
③ 기말상품재고액이 0원이라고 가정했을 때 상품매출원가는 746,970,000원이다.
④ 제품매출원가에 반영되는 감가상각비를 불러왔을 때 차량운반구로 1,200,000원이 반영된다.

23

(주)더존 본점의 2023년 제조원가명세서에서 노무비 중 급여가 가장 많이 지급된 분기는?

① 1/4분기
② 2/4분기
③ 3/4분기
④ 4/4분기

24

(주)더존 본점은 실제원가계산을 사용하고 있다. 2023년 1월 말 현재 제품생산과 관련된 재료비의 실제 소비가격이 단위당 5,000원이고, 기말원재료재고액이 400,000,000원인 경우 실제 재료소비량은 얼마인가?

① 106,750단위
② 120,820단위
③ 207,250단위
④ 224,800단위

25

(주)더존 본점은 전국 공장을 프로젝트별로 관리하고 있다. 2023년 3월 한 달 동안 당기제품제조원가가 가장 높은 공장은?

① 광주공장
② 서울공장
③ 대전공장
④ 울산공장

기출문제 2024년 1회

이론 해설 특강

실무 해설 특강

이론

01

ERP 아웃소싱(Outsourcing)에 대한 설명으로 적절하지 않은 것은?

① ERP 자체개발에서 발생할 수 있는 기술력 부족을 해결할 수 있다.
② ERP 아웃소싱을 통해 기업이 가지고 있지 못한 지식을 획득할 수 있다.
③ ERP 개발과 구축, 운영, 유지 보수에 필요한 인적 자원을 절약할 수 있다.
④ ERP 시스템 구축 후에는 IT 아웃소싱 업체로부터 독립적으로 운영할 수 있다.

02

기업이 클라우드 ERP를 통해 얻을 수 있는 장점으로 적절하지 않은 것은?

① 안정적이고 효율적인 데이터관리
② 시간과 장소에 구애받지 않고 ERP 사용이 가능
③ 장비관리 및 서버관리에 필요한 IT 투입자원 감소
④ 필요한 어플리케이션을 자율적으로 설치 및 활용이 가능

03

ERP 시스템의 프로세스, 화면, 필드, 그리고 보고서 등 거의 모든 부분을 기업의 요구사항에 맞춰 구현하는 방법을 무엇이라 하는가?

① 정규화(Normalization)
② 트랜잭션(Transaction)
③ 컨피규레이션(Configuration)
④ 커스터마이제이션(Customization)

04

ERP와 인공지능(AI), 빅데이터(Big Data), 사물인터넷(IoT) 등 혁신 기술과의 관계에 대한 설명으로 가장 적절하지 않은 것은?

① 현재 ERP는 기업 내 각 영역의 업무프로세스를 지원하여 독립적으로 단위별 업무처리를 추구하는 시스템으로 발전하고 있다.
② 제조업에서는 빅데이터 분석기술을 기반으로 생산자동화를 구현하고 ERP와 연계하여 생산계획의 선제적 예측과 실시간 의사결정이 가능하다.
③ ERP에서 생성되고 축적된 빅데이터를 활용하여 기업의 새로운 업무 개척이 가능해지고, 비즈니스 간 융합을 지원하는 시스템으로 확대가 가능하다.
④ 현재 ERP는 인공지능 및 빅데이터 분석기술과의 융합으로 전략경영 등의 분석도구를 추가하여 상위계층의 의사결정을 지원할 수 있는 지능형 시스템으로 발전하고 있다.

05

Best Practice 도입을 목적으로 ERP 패키지를 도입하여 시스템을 구축하고자 할 경우 가장 적절하지 않은 것은?

① BPR과 ERP 시스템 구축을 병행하는 방법
② ERP 패키지에 맞추어 BPR을 추진하는 방법
③ 기존 업무처리에 따라 ERP 패키지를 수정하는 방법
④ BPR을 실시한 후에 이에 맞도록 ERP 시스템을 구축하는 방법

06

[보기]는 회계의 기본가정에 관한 설명이다. (가), (나), (다)에 해당되는 용어를 순서대로 나열한 것을 고르시오.

> 보기
> • ((가)) 기업은 자금을 제공한 당사자와는 별도로 존재하는 하나의 독립된 실체라고 할 수 있다.
> • ((나)) 기업은 원칙적으로 영속적인 생명을 가지고 있는 것으로 보고, 계속하여 그 사업을 영위한다는 전제하에 회계처리를 하는 것을 말한다.
> • ((다)) 기업실체는 일정 기간 단위로 분할하여 회계보고서를 작성하여야 하는데, 이렇게 된 기간단위를 회계기간이라고 한다.

	(가)	(나)	(다)
①	기업실체의 가정	기간별 보고의 가정	현금주의 가정
②	계속기업의 가정	기업실체의 가정	기간별 보고의 가정
③	기간별 보고의 가정	기업실체의 가정	계속기업의 가정
④	기업실체의 가정	계속기업의 가정	기간별 보고의 가정

07

[보기]에서 회계정보의 질적 특성에 관한 내용 중 (A)에 가장 적합한 회계용어는 무엇인가?

> **보기**
> - 회계정보가 갖추어야 할 가장 중요한 질적 특성은 목적적합성과 (A)이다.
> - 이 중 회계정보의 (A)은(는) 그 정보가 나타내고자 하는 대상을 충실히 표현하고 있어야 하고, 객관적으로 검증할 수 있어야 하며, 중립적이어야 한다.

① 중요성 ② 신뢰성
③ 예측가치 ④ 확인가치

08

재무제표 작성기준 중 손익계산서 작성기준으로 가장 적절하지 않은 것은?

① 발생주의 ② 총액주의
③ 유동성 배열법 ④ 수익·비용 대응의 원칙

09

[보기]는 손익계산서와 관련된 자료이다. 영업이익은 얼마인가?

> **보기**
> | | |
> |---|---|
> | • 매출액 | 220,000원 |
> | • 매출원가 | 80,000원 |
> | • 급여 | 60,000원 |
> | • 광고선전비 | 10,000원 |
> | • 이자비용 | 10,000원 |
> | • 접대비 | 15,000원 |
> | • 감가상각비 | 20,000원 |
> | • 기부금 | 3,000원 |

① 22,000 ② 25,000
③ 35,000 ④ 40,000

10

손익계산서에 대한 설명으로 가장 적절하지 않은 것은?

① 매출액에서 매출원가를 차감하여 매출총이익을 표시한다.
② 수익과 비용은 각각 총액으로 보고하는 것을 원칙으로 한다.
③ 영업외수익은 기업의 영업활동으로부터 발생한 수익으로 표시한다.
④ 손익계산서는 일정 기간 동안 기업의 경영성과에 관한 정보를 제공하는 보고서를 의미한다.

11

계정과목 중 그 성격(재무제표 구성요소)이 다른 항목은?

① 선수금 ② 예수금
③ 미수금 ④ 가수금

12

발생주의에 입각한 회계처리로 가장 보기 힘든 것은 무엇인가?

① 당기에 미지급된 당기분 임차료를 당기의 비용으로 계상한다.
② 장기건설공사의 공사수익을 공사진행률에 따라 매년 인식한다.
③ 당기 5월에 현금으로 받은 1년분 임대료를 전액 당기의 수익으로 계상한다.
④ 유형자산은 내용연수에 걸쳐 체계적이고 합리적인 방법으로 감가상각하여 비용으로 인식한다.

13

[보기]의 상황을 기업회계기준에 따라 회계처리할 때 발생하는 계정과목으로 가장 적절하지 않은 것은?

> **보기**
> (주)생산의 상장주식 20주를 1주당 50,000원에 취득하고, 대금은 수표를 발행하여 지급하고 거래수수료 50,000원을 포함하여 보통예금 계좌에서 이체하여 지급하였다. 해당 주식은 장기투자를 목적으로 보유하는 것으로 가정한다.

① 당좌예금 ② 보통예금
③ 매도가능증권 ④ 단기매매증권

14

[보기]는 계속기록법을 적용하고 있는 (주)생산성의 결산 전 기말 재고자산과 관련된 자료이다. 이 회사가 결산업무를 진행할 때 재고자산평가손실을 계산하면 얼마인가?

> **보기**
> - 장부상 재고자산수량: 110개
> - 조사한 결과 실제재고수량: 100개
> - 단위당 취득원가: @900원/개
> - 단위당 공정가치(결산 시): @800원/개

① 10,000원 ② 15,000원
③ 20,000원 ④ 22,000원

15

[보기]에서 설명하는 회계정보의 질적 특성을 한글로 입력하시오.

> **보기**
>
> 재무상태, 경영성과 등을 보고 세웠던 기대치를 확인 또는 수정되게 함으로써 의사결정에 영향을 미칠 수 있는 특성을 의미한다.

답: (   )가치

16

[보기]는 2023년 12월 31일 (주)생산성의 재무상태 관련 자료이다. 이를 이용하여 '현금 및 현금성자산' 합계액을 계산하면 얼마인가? (단, 정답은 단위를 제외한 숫자만 입력하시오)

> **보기**
>
> • 자기앞수표: 700원
> • 당좌예금: 500원
> • 선일자수표: 300원
> • 타인발행당좌수표: 200원
> • 우편환증서: 150원
> • 보통예금: 450원
> • 우표: 250원
> • 배당금지급통지표: 300원
> • 전신환증서: 100원
> • 일람출급어음: 100원

답: (   )원

17

(주)생산성은 상품을 매출하고 받은 약속어음을 은행에서 할인받고 할인료를 차감한 실수금은 당좌예금 계좌에 입금처리하였다. 그 관련 자료가 [보기]와 같을 때, 매출채권처분손실 금액은 얼마인가? (단, 정답은 단위를 제외한 숫자로 입력하시오)

> **보기**
>
> • 약속어음 액면가: 5,000,000원
> • 할인율: 연 2%
> • 할인기간: 73일
>   (단, 1년은 365일로 하며, 소수일 경우 소수점 이하는 버릴 것)

답: (   )원

18

현행 우리나라 법인세의 설명으로 가장 옳지 않은 것은?

① 과세권한이 국가에 있는 국세이다.
② 독립적 세원이 존재하는 독립세이다.
③ 납세자와 담세자가 동일한 직접세이다.
④ 재화나 용역이 최종소비자에게 도달될 때까지의 모든 거래단계마다 부과하는 과세이다.

19

법인세법상 납세지에 대한 설명 중 가장 적절하지 않은 것은?

① 외국법인의 법인세 납세지는 국내사업장의 소재지로 한다.
② 원천징수한 법인세의 납세지는 원천징수의무자의 소재지로 한다.
③ 내국법인은 등기부에 따른 본점·주사무소(사업의 실질적 관리장소)의 소재지로 한다.
④ 납세지가 변경된 경우에는 그 변경된 날부터 30일 이내에 변경 전의 납세지 관할 세무서장에게 이를 신고하여야 한다.

20

법인세법상 손금산입 항목으로 옳지 않은 것은?

① 임차료
② 법인세비용
③ 유형자산의 수선비
④ 양도한 자산의 양도 당시 장부가액

21

내국법인이 지출한 각 사업연도 지출금액 중 한도 없이 전액을 손금으로 인정하는 항목은?

① 기부금
② 퇴직금(임원)
③ 광고선전비(업무 관련)
④ 접대비(또는 기업업무추진비)

22

(주)생산성은 2023년 9월 1일 주당 20,000원에 취득한 자기주식 2,000주 중 자기주식 1,000주를 2023년 12월 31일에 주당 25,000원에 처분하고 [보기]와 같이 회계처리하였다. 세무조정과 소득처분으로 옳은 것은?

> **보기**
>
> (차) 현금 25,000,000 (대) 자기주식 20,000,000
>   자기주식처분이익 5,000,000
> 단, 자기주식처분이익을 자본잉여금으로 회계처리하였다.

① 〈익금산입〉 자기주식처분이익 5,000,000(기타)
② 〈익금불산입〉 자기주식처분이익 5,000,000(유보)
③ 〈손금산입〉 자기주식처분이익 5,000,000(△유보)
④ 〈손금불산입〉 자기주식처분이익 5,000,000(상여)

23

[보기]는 법인세를 계산하는 과정이다. 순서로 옳은 것은?

> ┌ 보기 ┐
> 당기순이익 > (a) > (b) > (c) > (d) > 고지세액

① (a)과세표준 > (b)결정세액 > (c)각 사업연도 소득 > (d)산출세액
② (a)각 사업연도 소득 > (b)과세표준 > (c)산출세액 > (d)결정세액
③ (a)각 사업연도 소득 > (b)과세표준 > (c)결정세액 > (d)산출세액
④ (a)과세표준 > (b)산출세액 > (c)결정세액 > (d)각 사업연도 소득

24

[보기]는 부가가치세 산출과 납부세액의 계산방식이다. (　　)에 들어갈 용어를 한글로 입력하시오.

> ┌ 보기 ┐
> 부가가치세 계산방식 중 매출액과 매입액에 각각 세율을 적용하여 매출세액에서 매입 시 징수당한 매입세액을 공제하여 계산하는 방식이다. 현재, 우리나라를 비롯하여 유럽 등 대부분의 국가들은 (　　)법을 채택하고 있다.

답: (　　　　　　　　)법

25

[보기]의 설명으로 알맞은 용어는 무엇인지 한글로 입력하시오.

> ┌ 보기 ┐
> 1. 법령 또는 정관 등에서 정하는 1회계기간을 의미한다.
> 2. 우리나라의 법인세법상 법인의 계속적인 조세수입을 적시에 확보하기 위해 일정한 기간 단위로 소득을 구분하여야 하는데 이러한 소득을 구분하는 일정한 기간을 말한다.

답: (　　　　　　　　)

26

[보기]의 (　　)에 들어갈 용어를 한글로 기입하시오.

> ┌ 보기 ┐
> (　　)(이)란 사업자가 재화나 용역을 공급하는 때에 공급받는 자로부터 당해 재화나 용역에 대한 과세표준에 소정의 세율을 적용하여 부가가치세를 징수하는 것을 말한다.

답: (　　　　　　　　)

27

유조선 제조기업인 (주)생산조선의 원가회계 담당자가 다음과 같이 제조원가를 분류한 내용이다. 적절하지 않은 것은?

① 유조선의 동력 엔진 – 직접재료비
② 장갑이나 나사 등 소모성 비품 – 간접재료비
③ 유조선 제조 전문기술자의 임금 – 직접노무비
④ 공장 내 식당에서 근무하는 영양사의 급여 – 직접노무비

28

(주)생산성은 1월 중 41,000원의 직접재료를 구입하였다. 1월 중 제조간접원가의 합은 30,000원이었고 당월총제조원가는 103,000원이었다. 직접재료의 1월 초 재고가 6,000원이었고 1월 말 재고가 7,000원이었다면 1월 중 직접노무원가는 얼마인가?

① 31,000원
② 33,000원
③ 35,000원
④ 36,000원

29

종합원가계산에 대한 설명 중 적절하지 않은 것은?

① 동종 제품의 연속 대량생산체제에서 사용한다.
② 정유업, 제분업, 철강업, 제지업 등의 업종에서 주로 사용하는 원가계산 방법이다.
③ 기말재공품의 평가가 불필요하며, 제조지시서의 원가를 집계하여 원가를 계산한다.
④ 개별원가계산에 비해 원가계산의 정확성은 낮지만, 제품의 대량 생산체제에 적용하기 쉬운 장점이 있다.

30

[보기]는 종합원가계산제도를 채택하고 있는 (주)생산성의 생산과 관련된 자료이다. 가공원가는 공정 전반에 걸쳐서 균등하게 발생한다고 가정하며, (주)생산성이 선입선출법을 적용할 경우 가공원가의 총완성품환산량을 계산하면 얼마인가? (단, 정답은 단위를 제외한 숫자만 입력하시오)

┌─ 보기 ─
• 기초재공품 수량: 200개(진척도 50%)
• 당기 착수량: 1,000개
• 당기 완성수량: 1,000개
• 기말재공품 수량: 200개(진척도 60%)
└

답: (   )개

31

[보기]는 영업레버리지도(DOL)에 대한 설명이다. (A)에 공통으로 들어갈 적절한 관리회계 용어를 한글로 입력하시오.

┌─ 보기 ─
영업레버리지도(DOL)란 (A)원가가 지레함으로써 매출액의 변화율에 따른 영업이익의 변화율이 반응하는 효과를 말한다. 따라서 (A)원가의 비중이 큰 기업은 영업레버리지도 또한 크게 나타난다.
└

답: (   )원가

32

[보기]는 (주)생산성의 당기 판매 관련 자료이다. 이를 이용하여 (주)생산성이 '법인세 차감 후 목표이익 120,000원'을 얻기 위한 목표달성 매출액을 계산하면 얼마인가? (단, 정답은 단위를 제외한 숫자만 입력하시오)

┌─ 보기 ─
• 단위당 판매가격: @1,000원/개
• 단위당 변동비: @700원/개
• 총고정비: 100,000원
• 당기 법인세율: 40%
└

답: (   )원

실무 시뮬레이션

프로그램 버전	iCUBE 핵심ERP 2023
로그인 정보	• 회사: 1001.회계 1급 회사A • 사원: ERP13A01.김은찬
DB 파일명	[백데이터] 2024 에듀윌 ERP 회계 1급 > PART 04 최신 기출문제_2024년 1회

01

당사는 ERP를 도입하고 회계와 관련된 시스템환경설정을 마쳤다. 다음 중 당사의 시스템환경설정으로 옳지 않은 것은?

① 전표의 관리항목 중 사용부서로 예산을 통제한다.
② 거래처 등록시 거래처코드는 5자리로 자동 부여한다.
③ 기존에 입력된 전표를 복사하여 전표를 입력할 수 없다.
④ 고정자산 상각이 완료되는 자산은 비망가액을 남겨 관리한다.

02

당사의 프로젝트 등록에 대한 설명으로 옳은 것은?

① 본사 프로젝트는 현재 진행 중이다.
② 등록된 프로젝트의 원가구분은 모두 제조 원가구분이다.
③ 프로젝트 분류는 동부, 중부, 남부 3개의 분류가 등록되어 있다.
④ 울산공장 프로젝트의 원가구분은 제조, 프로젝트 유형은 직접 프로젝트이다.

03

당사의 계정과목에 대한 설명 중 옳지 않은 것은?

① 13200.대손충당금은 13100.선급금의 차감 계정이다.
② 51100.복리후생비 계정에 대해 세분화하여 관리하고 있다.
③ 25400.예수금 계정은 프로젝트별로 이월하도록 설정하였다.
④ 10400.기타제예금 계정은 관리항목으로 자금과목을 입력할 수 있다.

04

당사는 회계팀 접대비(판매관리비)로 편성된 예산 금액 중 300,000원을 2024년 6월 2일에 여비교통비(판매관리비)로 예산을 전용하기로 했다. 예산전용 작업을 직접 수행한 후 6월 여비교통비(판매관리비)의 잔여예산 금액은 얼마인가? (단, 집행방식은 승인집행으로 조회)

① 170,000원
② 270,000원
③ 370,000원
④ 470,000원

05

당사는 업무용승용차를 [L3.업무용승용차] 관리항목으로 사용하여 관리하고 있다. (주)한국생산 본점의 2024년 3월 한 달 동안 [82200.차량유지비] 계정으로 가장 많은 비용이 발생한 업무용승용차는?

① 2080001.69어6467
② 2080002.38거1390
③ 2080003.26우8873
④ 2080004.38가4990

06

다음 중 (주)한국생산 본점의 2024년 2월 거래내역에 대한 설명으로 옳은 것은?

① 상품 매출액은 215,000,000원이다.
② 판매용 상품을 모두 현금으로 매입했다.
③ 외상매출금은 100,000,000원 회수하였다.
④ 제조원가 중 여비교통비는 모두 현금으로 지출했다.

07

당사는 프로젝트별 손익계산서를 작성하고 있다. 다음 중 (주)한국생산 본점의 2024년 1분기 영업이익이 가장 큰 프로젝트는?

① 1000.서울공장
② 1001.광주공장
③ 1002.부산공장
④ 1003.울산공장

08

당사는 거래처별 외상매입금 관리를 하고 있다. 2024년 1분기 동안 (주)한국생산 본점에서 외상매입금 계정이 가장 많이 감소한 거래처는?

① 00006.DN상사(주)
② 00007.(주)라라실업
③ 00020.정우실업(유)
④ 00050.유신상사(주)

09

(주)한국생산 본점은 2024년 3월 말 결산 시 미수금에 대해 1%의 대손충당금을 설정하려고 한다. 다음 중 회계처리로 옳은 것은?

① 대손상각비   2,114,020원 / 대손충당금   2,114,020원
② 대손상각비   2,481,960원 / 대손충당금   2,481,960원
③ 대손충당금   2,114,020원 / 대손충당금환입   2,114,020원
④ 대손충당금   2,420,000원 / 대손충당금환입   2,420,000원

10

[보기]의 거래내용을 전표입력 후 (주)한국생산 본점에서 2024년 1년간 보험료로 인식할 기간비용은 총 얼마인가?

> ┌ 보기 ────────────────────────────
> 2024년 5월 1일 (주)한국생산 본점 건물의 화재보험료를 (주)우리보험에게 3,000,000원에 계약하고 신안은행 보통예금 계좌에서 이체했다.
> (자산계정으로 분개, 대체 계정은 82100.보험료, 계약기간은 2024/05/01~2025/04/30, 계산방법: 양편넣기)

① 1,006,705원
② 2,013,655원
③ 3,521,719원
④ 4,528,669원

11

(주)한국생산 본점의 회계담당자는 거래처 (주)영은실업에 40,000,000원, (주)제동에 30,000,000원 여신한도액을 설정하였다. 여신한도액 설정 후에 2024년 6월 30일 기준 여신초과액이 가장 큰 거래처는 어디인가?

① (주)영은실업
② (주)제동
③ (주)상상유통
④ (주)중원

12

(주)한국생산 본점의 2024년 3월 말 결산 시 소모품의 기말재고액은 37,000,000원이다. 장부의 금액을 확인한 후 이와 관련된 기말 결산 수정 분개로 옳은 것은? (단, 소모품은 취득 시 자산처리하였다)

① 소모품   30,000,000원 / 소모품비   30,000,000원
② 소모품비   30,000,000원 / 소모품   30,000,000원
③ 소모품   37,000,000원 / 소모품비   37,000,000원
④ 소모품비   37,000,000원 / 소모품   37,000,000원

13

당사는 사용부서별로 회의비(판관비)를 관리하고 있다. 다음 중 2024년 1년 동안 (주)한국생산 본점에서 회의비(판관비) 계정 지출이 전년대비 가장 많이 증가한 부서는 어느 부서인가?

① 1001.회계팀
② 2001.영업부
③ 3001.생산부
④ 4001.자재부

14

(주)한국생산 본점은 업무용승용차를 등록하여 관리하고 있다. 다음 중 차량을 리스로 임차하여 사용하고 있는 업무용승용차 차량번호는?

① 69어6467
② 38거1390
③ 26우8873
④ 38가4990

15

다음 중 (주)한국생산 춘천지사의 2024년 1기 부가가치세 확정신고기간에 작성한 부가세신고서에 대한 설명으로 옳지 않은 것은? (사업장: [2000] (주)한국생산 춘천지사)

① 신고 업태는 제조업, 도소매이며 종목은 기계장치이다.
② 해당 과세기간에 납부할 세액 26,140,000원이 계산되었다.
③ 매입세액 중 세금계산서 수취분 고정자산 매입세액은 3,000,000원이다.
④ 신용카드수취명세서 매입내역 중 고정자산 매입세액은 500,000원이다.

16

2024년 1월 30일 (주)한국생산 춘천지사는 청우유통(주)에게 기계장치를 5,000,000원(VAT 별도)에 현금으로 매입하고 현금영수증(승인번호: 45332927)을 발급받았다. 해당 거래내역을 전표입력 후 2024년 1기 부가가치세 예정신고기간의 현금영수증 매입건 중 고정자산매입세액을 조회하면 얼마인가? (사업장: [2000] (주)한국생산 춘천지사)

① 500,000원
② 550,000원
③ 600,000원
④ 650,000원

17

(주)한국생산 춘천지사의 2024년 1기 부가가치세 확정신고 시 '비영업용소형승용차구입 및 유지'의 사유로 매입세액 공제를 받지 못하는 세액은 얼마인가? (사업장: [2000] (주)한국생산 춘천지사)

① 2,150,000원
② 2,200,000원
③ 2,450,000원
④ 2,550,000원

18

다음 [보기]의 거래내역을 전표입력 후 (주)한국생산 춘천지사의 2024년 1기 부가가치세 예정신고기간에 직수출한 원화금액 합계는 얼마인가?

> ─ 보기 ─
> • 회계단위 및 사업장: [2000] (주)한국생산 춘천지사
> • 2월 10일 '논스탑' 거래처에 상품 $28,000(USD환율 1$당 1,200원)을 수출신고서(신고번호: 15555–55–555555–X)에 의해 외상으로 직수출했다(매출액 계정은 [40102.해외매출액] 계정을 사용).

① 29,400,000원   ② 33,600,000원
③ 43,700,000원   ④ 77,300,000원

19

(주)한국생산 춘천지사의 2024년 1기 부가가치세 예정신고기간의 부가가치세 면세수입금액은 얼마인가? (사업장: [2000] (주)한국생산 춘천지사)

① 40,000,000원   ② 42,000,000원
③ 44,000,000원   ④ 46,000,000원

20

(주)한국생산 춘천지사의 2024년 1기 부가가치세 확정신고 시 신고해야 할 서식이 아닌 것은? (사업장: [2000] (주)한국생산 춘천지사)

① 수출실적명세서
② 세금계산서합계표
③ 매입세액불공제내역
④ 신용카드발행집계표/수취명세서

21

회계담당자가 (주)한국생산 본점의 2024년 1분기 제조원가보고서를 조회하였더니 원재료비의 당기 기초재고액과 전기 기말재고액이 다르다는 안내메시지가 발생하는 것을 확인하였다. 이에 해당 메시지가 발생하지 않도록 조치를 취하려고 할 때 올바른 것은?

① 전표입력 메뉴에서 [14900.원재료] 계정의 금액을 수정한다.
② 초기이월등록 메뉴에서 [14700.제품] 계정의 금액을 수정한다.
③ 초기이월등록 메뉴에서 [50100.원재료비] 계정의 오른쪽 하단 기말재고액 금액을 수정한다.
④ 초기이월등록 메뉴에서 [45500.제품매출원가] 계정의 오른쪽 하단 기말재고액 금액을 수정한다.

22

회계담당자가 (주)한국생산 본점의 2024년 원가보고서를 분석하고 있다. 노무비(급여)는 2024년 상반기에 총 얼마가 지출되었는가?

① 171,000,000원   ② 233,000,000원
③ 253,000,000원   ④ 325,169,000원

23

(주)한국생산 본점에서 2024년 6월 말 결산 시 제조원가보고서에 계상할 기계장치의 감가상각비는 얼마인가?

① 10,999,506원   ② 16,249,010원
③ 24,120,040원   ④ 32,457,110원

24

(주)한국생산 본점의 2024년 1월 말 상품과 제품의 총 판매량이 40,000개일 때, 다음 [보기]를 참고하면 손익분기점 판매량은 몇 개인가? (단, 상품과 제품의 판매단가는 동일하다)

> ─ 보기 ─
> 1) 단위당 변동비   2,400원
> 2) 총 고정비   77,000,000원

① 10,000개   ② 11,000개
③ 13,000개   ④ 14,000개

25

(주)한국생산 본점은 분기별로 원가보고서를 작성한다. 2024년에 [52900.사무용품비] 계정을 가장 많이 지출한 분기는 언제인가?

① 1/4분기   ② 2/4분기
③ 3/4분기   ④ 4/4분기

내가 꿈을 이루면
나는 누군가의 꿈이 된다.

– 이도준

여러분의 작은 소리
에듀윌은 크게 듣겠습니다.

본 교재에 대한 여러분의 목소리를 들려주세요.
공부하시면서 어려웠던 점, 궁금한 점,
칭찬하고 싶은 점, 개선할 점, 어떤 것이라도 좋습니다.

에듀윌은 여러분께서 나누어 주신 의견을
통해 끊임없이 발전하고 있습니다.

에듀윌 도서몰 book.eduwill.net
· 부가학습자료 및 정오표: 에듀윌 도서몰 → 도서자료실
· 교재 문의: 에듀윌 도서몰 → 문의하기 → 교재(내용, 출간) / 주문 및 배송

2024 에듀윌 ERP 정보관리사 회계 1급

발 행 일	2024년 5월 10일 초판
편 저 자	유슬기
펴 낸 이	양형남
개 발	정상욱, 신은빈
펴 낸 곳	(주)에듀윌
등록번호	제25100-2002-000052호
주 소	08378 서울특별시 구로구 디지털로34길 55
	코오롱싸이언스밸리 2차 3층

www.eduwill.net
대표전화 1600-6700

88개월, 1360회
베스트셀러 1위

합격비법이 담긴 교재로
합격의 차이를 직접 경험해보세요.

회계 1, 2급

인사 1, 2급

물류 1·2급

생산 1·2급

수험생 빈출 질문 모음!
실무 프로그램 Q&A

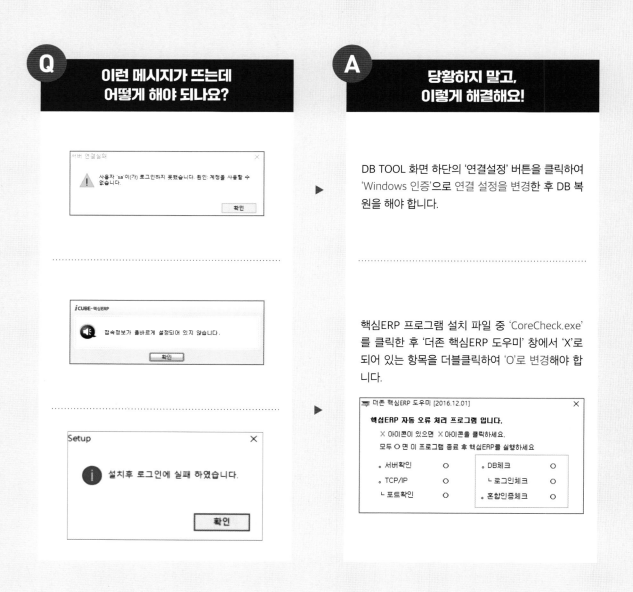

Q 이런 메시지가 뜨는데 어떻게 해야 되나요?

서버 연결실패

⚠ 사용자 'sa'이(가) 로그인하지 못했습니다. 원인: 계정을 사용할 수 없습니다.

확인

A 당황하지 말고, 이렇게 해결해요!

DB TOOL 화면 하단의 '연결설정' 버튼을 클릭하여 'Windows 인증'으로 연결 설정을 변경한 후 DB 복원을 해야 합니다.

---

iCUBE-핵심ERP

🔊 접속정보가 올바르게 설정되어 있지 않습니다.

확인

핵심ERP 프로그램 설치 파일 중 'CoreCheck.exe'를 클릭한 후 '더존 핵심ERP 도우미' 창에서 'X'로 되어 있는 항목을 더블클릭하여 'O'로 변경해야 합니다.

Setup

ⓘ 설치후 로그인에 실패 하였습니다.

확인

더존 핵심ERP 도우미 [2016.12.01]

핵심ERP 자동 오류 처리 프로그램 입니다.

X 아이콘이 있으면 X 아이콘을 클릭하세요.
모두 O 면 이 프로그램 종료 후 핵심ERP를 실행하세요

∘ 서버확인	O	∘ DB체크	O
∘ TCP/IP	O	ㄴ 로그인체크	O
ㄴ 포트확인	O	∘ 혼합인증체크	O

2024 최신판

에듀윌 ERP 정보관리사
회계 1급

최신 기출문제

정답 및 해설

eduwill

2024 최신판

에듀윌 ERP 정보관리사
회계 1급

에듀윌 ERP 정보관리사

회계 1급

정답 및 해설

이론

01	③	02	③	03	④	04	③	05	③	06	③	07	③	08	④	09	③	10	①
11	②	12	②	13	④	14	③	15		1,200		16		700,000		17		계속기업	
18	②	19	②	20	②	21	③	22	③	23	④	24		상여		25		소득금액	
26		1		27	④	28	④	29	①	30		1,060		31		15,000			
32		조업도																	

01　③

기존 정보 시스템(MIS)은 수직적으로 업무를 처리하고, ERP는 수평적으로 업무를 처리한다.

02　③

총소유비용(Total Cost of Ownership)에 대한 설명이다.

03　④

정보 시스템은 기업의 다양한 업무 지원, 효율적 의사결정을 위한 지원 기능, 통합 정보 시스템 구축, 선진 업무 프로세스 (Best Practice) 도입, 재고비용 절감과 생산성 향상, 정보 공유, 자원의 최적화 실현, 투명경영, 기업의 경쟁력 강화 등 의 역할을 한다.

04　③

클라우드 컴퓨팅은 모든 어플리케이션을 보관할 수 없으므로 사용자가 필요로 하는 어플리케이션을 지원받지 못하거나 설치하는 데 제약이 있을 수 있다.

05　③

사용자권한설정 메뉴에서 사원별로 권한이 부여된 메뉴의 정보에만 접근할 수 있으므로 사용권한 없이 접근할 수 있는 것은 아니다.

06 ③

재무제표의 기본가정에는 기업실체의 가정, 계속기업의 가정, 기간별 보고의 가정이 있다.

07 ③

회계정보의 질적특성 중 목적적합성 하부구조의 피드백가치에 대한 설명이다.

08 ④

유동성 배열법은 재무상태표 작성기준이다.

> **TIP** 1년 기준의 경우 재무상태표의 작성기준으로 잘 알려져 있으나 이의신청결과 재무제표 작성의 전반적 특성으로 해석하도록 하고 있으며 보기 중 명확하게 재무상태표 작성기준에 해당하는 것은 유동성 배열법이다.

09 ③

영업외수익은 기업의 주된 영업활동이 아닌 활동으로부터 발생한 수익을 말한다.

10 ①

당기순손익을 계산하여 자본 계정에 대체한다.

11 ②

매입과 관련된 할인액 및 에누리는 취득원가에서 차감하며 매입금액, 매입자 부담 운반비, 하역료, 보험료는 취득원가에 가산한다.

12 ②

- 2023년도 말 유동성 장기부채 계정으로 대체될 장기차입금은 내년(2024년)에 상환될 금액이다.
- 장기차입금B 2,000,000원 + 장기차입금C 3,000,000원 = 5,000,000원

13 ④

대변에 사채를 액면가액으로 기록하고, 차변에 수령하는 금액을 발행금액으로 기록한다.

14 ③

유형자산인 차량운반구(영업용 트럭)를 어음을 발행하여 외상으로 구입한 경우 미지급금 계정으로 처리한다.

(차) 차량운반구 ×××　　　　　(대) 미지급금 ×××

15 1,200

- 사채발행 시 회계 처리

(차) 현금 등   94,000   (대) 사채   100,000

    사채할인발행차금   6,000*

  * 사채할인발행차금: 액면가액 100,000원 − (발행가액 96,000원 − 사채발행비용 2000원) = 6,000원

사채할인발행차금은 정액법으로 상각할 경우 6,000원이 5년간 정기적으로 상각되어 매년 1,200원 상각해야 한다.

16 700,000

- 2022년 감가상각비: (취득원가 1,000,000원 − 잔존가치 0원) $\times \dfrac{4}{1+2+3+4} = 400,000$원

- 2023년 감가상각비: (취득원가 1,000,000원 − 잔존가치 0원) $\times \dfrac{3}{1+2+3+4} = 300,000$원

∴ 감가상각누계액: 2022년 감가상각비 400,000원 + 2023년 감가상각비 300,000원 = 700,000원

17 **계속기업**

계속기업의 가정: 기업은 목적과 의무를 이행하기에 충분할 정도로 장기간 존속한다고 가정한다.

18 ②

담보 제공이나 공매 및 경매, 조세의 물납 등은 재화의 공급으로 보지 않는다. 폐업 시 잔존재화는 간주공급에 속한다.

19 ②

세무조정에 대한 설명이다.

┃오답 풀이┃

① 사업연도: 법인에 대해 법령이 규정한 1회계기간으로서 법인세의 과세기간이 된다.

③ 신고조정: 결산서에 수익 또는 비용으로 계상하지 않은 익금 또는 손금을 세무조정에 의해 과세소득에 반영하는 것이다.

④ 결산조정: 법인이 결산을 확정하기 전 기업의 손익계산서 등 재무제표를 세법에 맞게 조정하는 작업이다.

20 ②

내국법인은 법인등기부상 본점 또는 주사무소의 소재지가 납세지이다.

21 ③

재무상태표, 세무조정계산서, 포괄손익계산서, 이익잉여금처분계산서(결손금처리계산서)는 법인세신고 시 필수 첨부서류에 해당하나 현금흐름표는 기타 첨부서류로 외부감사 대상 법인에게만 해당된다.

22 ③

퇴직급여충당부채 한도초과액은 유출이 아니므로 유보처분하고, 법인세비용, 지정기부금 한도초과액, 임대보증금 등의 간주임대료는 기타사외유출에 해당된다.

23 ④

거래처별로 1역월 이내에서 사업자가 임의로 정한 기간의 공급가액을 합산하여 그 기간의 종료일자(말일자)를 작성연월일로 하여 세금계산서를 발급하는 경우 공급일이 속하는 달의 다음 달 10일까지 발급할 수 있다.

24 상여

법인세 세무조정에 따른 소득처분 시, 사외유출의 소득 귀속자가 출자임원인 경우의 소득처분은 상여로 한다.

25 소득금액

각 사업연도 소득금액을 산출하는 계산구조이다.

26 1

사업연도가 1년 미만인 내국법인의 각 사업연도의 소득에 대한 법인세는 그 사업연도의 과세표준으로 계산한 금액을 그 사업연도의 월수로 나눈 금액에 12를 곱하여 산출한 금액을 그 사업연도의 과세표준으로 하여 계산한 세액에 그 사업연도의 월수를 12로 나눈 수를 곱하여 산출한 세액을 그 세액으로 한다. 이 경우 월수는 태양력에 따라 계산하되, 1개월 미만의 일수는 1개월로 정하는 방법으로 한다.

27 ④

매몰원가는 과거에 한 의사결정에 따라 이미 발생한 원가로, 현재의 의사결정에 영향을 미치지 않는 원가를 말한다. [보기]에서는 보유하고 있는 재고자산의 제조원가 1,500,000원이 (주)생산성의 매몰원가(Sunk Cost)이다.

28 ④

개별원가계산에서 제조간접비는 간접비 성격으로 개별 작업과 간접적으로 대응되어 차후 배부기준을 통해 계산한다.

29 ①

- 공헌이익: 매출액 1,000,000원 − 변동비 600,000원 = 400,000원
- 영업레버리지도: 공헌이익 400,000원 ÷ 영업이익 100,000원 = 4

|오답 풀이|
② 공헌이익률: 공헌이익 400,000원 ÷ 매출액 1,000,000원 = 0.4 (또는 40%)
③ 손익분기점 매출액: 고정원가 300,000원 ÷ (1 − 변동원가율 60%) = 750,000원
④ 법인세차감후당기순이익: 영업이익 100,000원 − 법인세 100,000원 × 40% = 60,000원
- 영업이익(법인세차감전순이익): 공헌이익 400,000원 − 고정원가 300,000원 = 100,000원

30 **1,060**

- 풀이 1. {(기초재공품 수량 200개×0.5) + (900×1) + (기말재공품 수량 100개×0.6)} = 1,060개
- 풀이 2. 당기완성품 수량 1,100개 + 기말재공품 수량 100개×0.6 − 기초재공품 수량 200개×0.5 = 1,060개

31 **15,000**

당기제품제조원가: 재공품 기초재고액 1,500원 + 직접재료원가 6,000원 + 직접노무원가 5,000원 + 제조간접원가 4,000원 − 재공품 기말재고액 1,500원 = 15,000원

32 **조업도**

- 고정원가는 일정한 조업도 범위 내에서 총고정원가가 일정한 행태를 나타내는 원가를 말한다.
- 표준원가시스템에서 고정제조간접원가의 예산액과 배부액의 차이를 조업도차이라고 한다.

01	②	02	④	03	③	04	④	05	①	06	③	07	②	08	③	09	①	10	③
11	②	12	②	13	④	14	②	15	③	16	①	17	②	18	④	19	③	20	①
21	④	22	④	23	①	24	④	25	①										

01   ②

퇴사일과 암호는 시스템 관리자만 변경이 가능하다.

◎ [시스템관리] – [회사등록정보] – [사원등록]

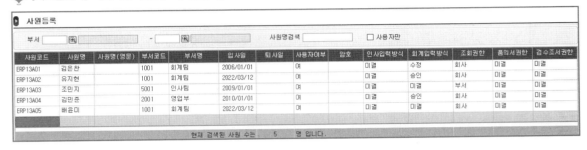

02   ④

고정자산의 자산변동처리는 고정자산등록 메뉴에서 진행한다. 시스템관리 – 회사등록정보 – 사용자권한설정 화면에서 '모듈구분: A.회계관리'로 조회하면 ERP13A05.배윤미 사원은 '사용가능한메뉴' 항목에서 고정자산등록 메뉴를 확인할 수 없다.

◎ [시스템관리] – [회사등록정보] – [사용자권한설정]

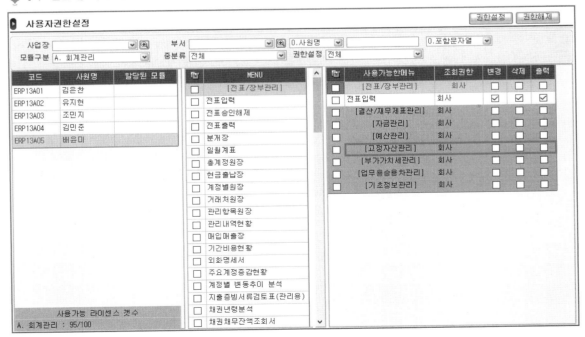

03 ③

'12000.미수금'에 대해 연동항목이 설정되어 있지 않다. 받을어음명세서에 반영되기 위해서는 연동항목이 '04.받을어음'으로 설정되어야 한다.

◎ [시스템관리] – [기초정보관리] – [계정과목등록]

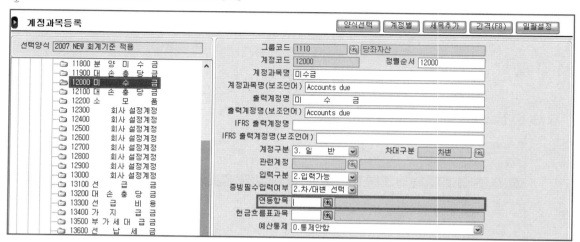

04 ④

전표입력 메뉴의 오른쪽 상단에 '환경설정'을 조회한다. '세무구분 [27.카드매입] 결제카드 필수' 부분은 체크 박스가 해제되어 있어 필수로 입력하지 않는다.

◉ [회계관리] – [전표/장부관리] – [전표입력]

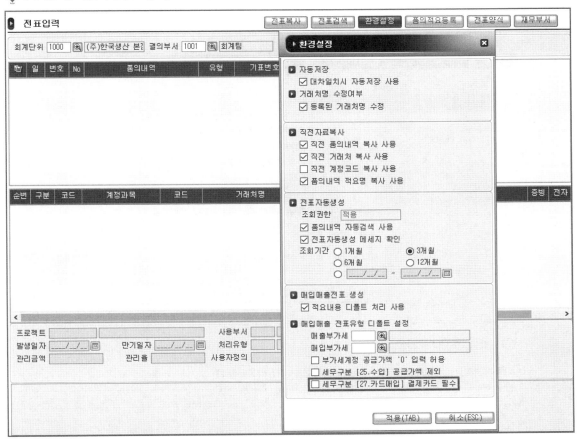

05 ①

- 회계단위: 1000(주)한국생산 본점, '기간: 2023/12/31'로 조회한다.
- 받을어음 199,500,000원×2% – 대손충당금 2,420,000원 = 1,570,000원

◉ [회계관리] – [결산/재무제표관리] – [재무상태표] – 관리용 탭

과 목	제 21 (당)기 금 액		제 20 (전)기 금 액	
대 손 충 당 금	1,527,710	399,029,190	3,527,710	450,442,290
받 을 어 음	199,500,000			
대 손 충 당 금	2,420,000	197,080,000	2,420,000	-2,420,000

06 ③

오른쪽 상단의 '새로불러오기' 버튼을 이용해 대상이 되는 거래를 불러온다.

📍 [회계관리] – [전표/장부관리] – [기간비용현황] – 입력 탭

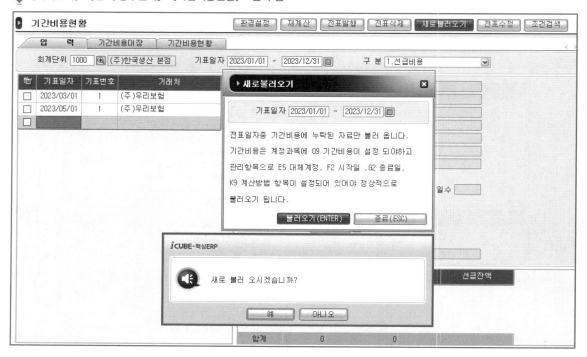

'계약기간: 2023/05~2023/05'로 조회한다.

📍 [회계관리] – [전표/장부관리] – [기간비용현황] – 기간비용현황 탭

07 ②

'계정과목: 1.계정별, 10800.외상매출금', '기표기간: 2023/01/01~2023/12/31'로 조회한다. '00003.(주)제동'은 종로구로 분류하고 있다.

📍 [회계관리] – [전표/장부관리] – [거래처원장] – 잔액 탭

08 ③

- '기표기간: 2023/01/01~2023/12/31', '계정과목: 10302.외화예금'으로 조회한다.
- 외화환산이익: 640,000원 + 6,900원 + 1,540,000원 = 2,186,900원
  - EUR: (2,000€ × 1,420원) − 2,200,000원 = 640,000원
  - JPY: (20,000¥ × 10.50원) − 203,100원 = 6,900원
  - USD: (8,000$ × 1,380원) − 9,500,000원 = 1,540,000원

📍 [회계관리] – [전표/장부관리] – [외화명세서] – 잔액 탭

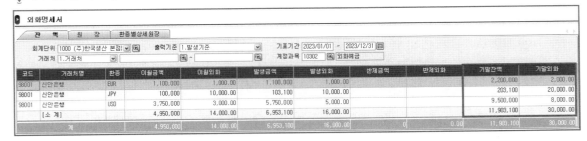

09 ①

• '관리항목: 0.부서별, 1001.회계팀', '계정과목: 82100.보험료'로 조회한 후 당기편성 탭에서 '조정일자: 2023/05/15', '조정대상월: 2023/05', '구분: 2.예산전용'을 입력하면 '예산전용' 창이 실행된다. '조정과목: 81200. 여비교통비', '조정항목: 1001.회계팀', '조정금액: 200,000'을 입력하고 '확인' 버튼을 클릭한다.

◉ [회계관리] – [예산관리] – [예산조정입력] – 당기편성 탭

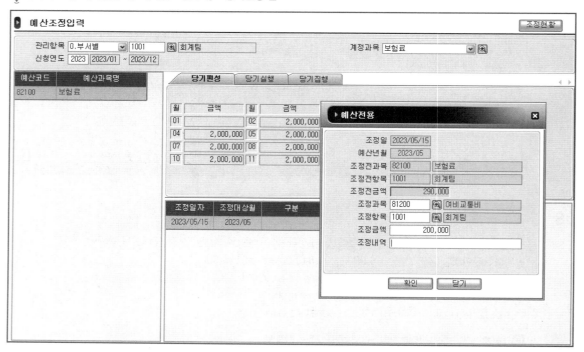

• '조회기간: 2023/05~2023/05', '집행방식: 2.승인집행', '관리항목: 0.부서별, 1001.회계팀'으로 조회한다.

◉ [회계관리] – [예산관리] – [예산초과현황]

예산초과현황

코드	계정과목	신청예산	편성예산	실행예산	집행실적	차이	집행율(%)
80200	직원급여		20,000,000	20,000,000	20,000,000		100
81100	복리후생비		3,000,000	3,000,000	1,750,000	1,250,000	58
81200	여비교통비		550,000	750,000	530,000	220,000	71
81300	접대비		900,000	900,000	850,000	50,000	94
81400	통신비		500,000	500,000		500,000	0
81500	수도광열비		50,000	50,000		50,000	0
82100	보험료		2,000,000	1,800,000	1,710,000	90,000	95
82200	차량유지비		400,000	400,000	500,000	-100,000	125
82700	회의비		50,000	50,000		50,000	0
82900	사무용품비		250,000	250,000	230,000	20,000	92
83100	지급수수료		1,000,000	1,000,000		1,000,000	0
합계		0	28,700,000	28,700,000	25,570,000	3,130,000	89.094

10 ③

- '기간: 2023/01/20~2023/01/20'로 조회한다.
- 차량유지비 660,000원>사무용품비 650,000원>접대비 550,000원>통신비 400,000원

◉ [회계관리] − [전표/장부관리] − [일월계표] − 일계표 탭

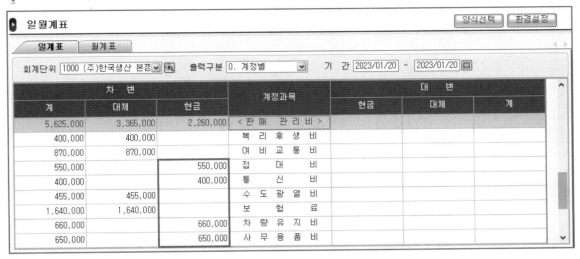

11 ②

◉ [회계관리] − [결산/재무제표관리] − [기간별손익계산서] − 월별 탭

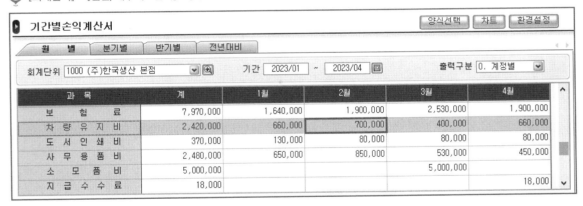

12 ②

'자산유형 : 20600.기계장치'로 조회한다. 자산코드 1006.발전기를 선택한 후 추가등록사항탭의 자산변동처리란에 '일자 : 2023/04/15', '구분 : 1.자본적 지출', '금액 : 20,000,000'을 입력하고 '당기감가상각비'란을 확인한다.

◎ [회계관리] − [고정자산관리] − [고정자산등록] − 추가등록사항 탭

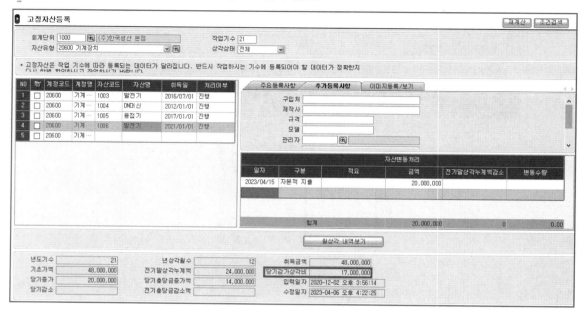

13 ④

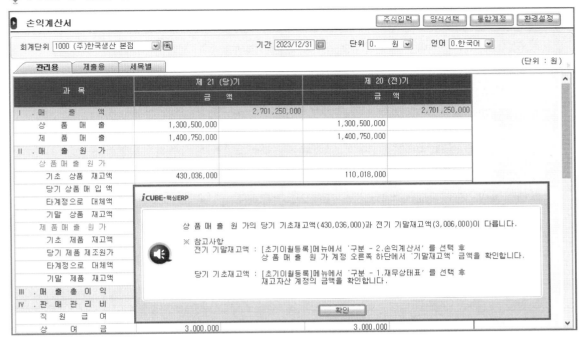

손익계산서에서 나오는 메시지창을 확인하고, [회계초기이월등록] 메뉴 실행 후 '구분: 2.손익계산서'에서 45100.상품
매출원가를 조회하고 기말재고액 금액을 수정한다.

[시스템관리] – [초기이월관리] – [회계초기이월등록]

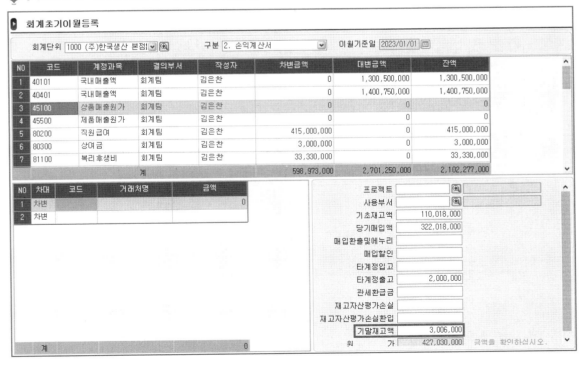

14 ②

- '사용기간(과세기간): 2023/03/01~2023/03/31'로 조회한다.
- '2080001.69어6467'을 선택한 후 '사용일자(요일): 2023/03/15(수)', '시작시간(시분): 09:00', '사원명: 유지현', '주행거리(km): 60'을 입력하고 오른쪽 상단의 '주행 전/후 거리 재계산' 버튼을 클릭한다.

📍 [회계관리] – [업무용승용차관리] – [업무용승용차 운행기록부]

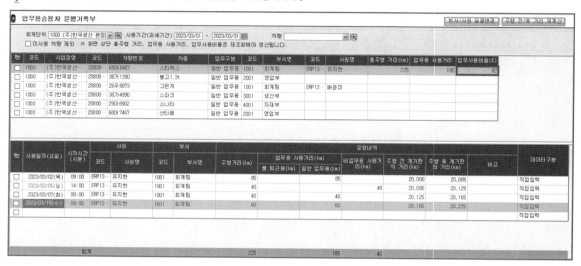

15 ③

'사업장: 2000.(주)한국생산 춘천지사', '기간: 2023/04/01~2023/06/30'을 입력한 후 오른쪽 상단의 '불러오기' 버튼을 클릭한다.

📍 [회계관리] – [부가가치세관리] – [부가세신고서] – 일반과세 탭

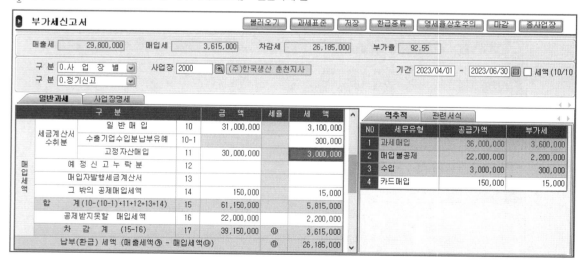

16 ①

'회계단위: 2000.(주)한국생산 춘천지사'의 1월 31일에 거래내역을 입력한다.

◉ [회계관리] – [전표/장부관리] – [전표입력]

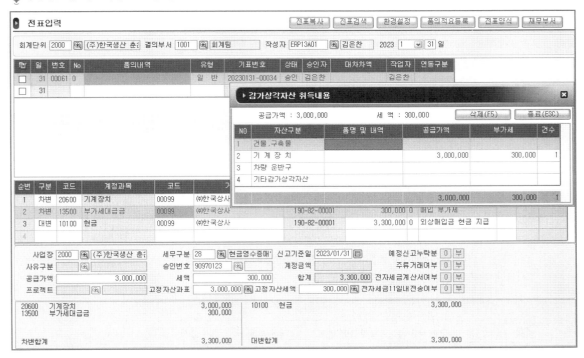

'사업장: 2000.(주)한국생산 춘천지사', '기간: 2023/01~2023/03'으로 조회한 후 하단의 현금영수증수취명세서 탭을
확인한다.

◉ [회계관리] – [부가가치세관리] – [신용카드발행집계표/수취명세서] – 신용카드/현금영수증수취명세서 탭 – 현금영수증수취
명세서 탭

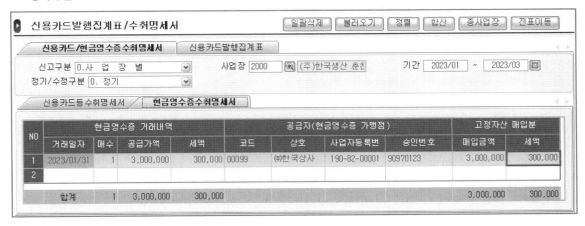

17 ②

'회계단위: 2000.(주)한국생산 춘천지사'의 1월 27일에 거래내역을 입력한다.

◎ [회계관리] – [전표/장부관리] – [전표입력]

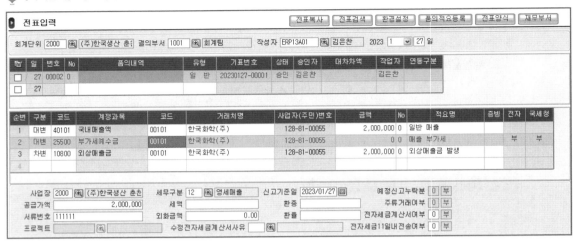

'사업장: 2000.(주)한국생산 춘천지사', '거래기간: 2023/01~2023/03', 상단의 '불러오기'버튼을 눌러 '내국신용장'에 체크한 후 조회한다.

◎ [회계관리] – [부가가치세관리] – [내국신용장·구매확인서 전자발급명세서]

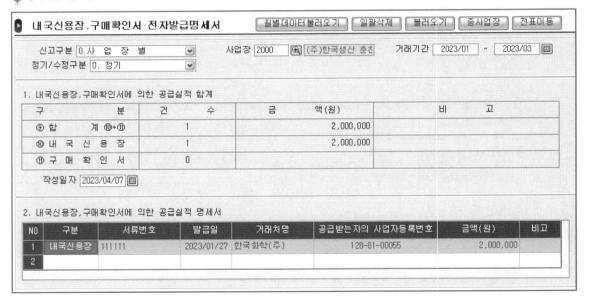

'사업장: 2000.(주)한국생산 춘천지사', '과세기간: 2023/01~2023/03'으로 조회한다.

📍 [회계관리] – [부가가치세관리] – [영세율매출명세서]

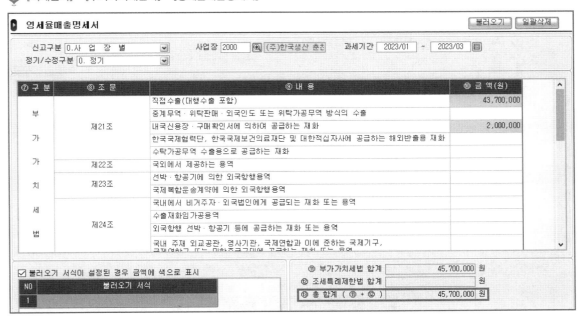

18 ④

오른쪽 상단의 '주(총괄납부)사업장등록' 버튼을 클릭하여 조회한다. '주(총괄납부)사업장등록'이 등록된 경우로 '주사업
장총괄납부' 적용 사업자이다.

📍 [시스템관리] – [회사등록정보] – [사업장등록]

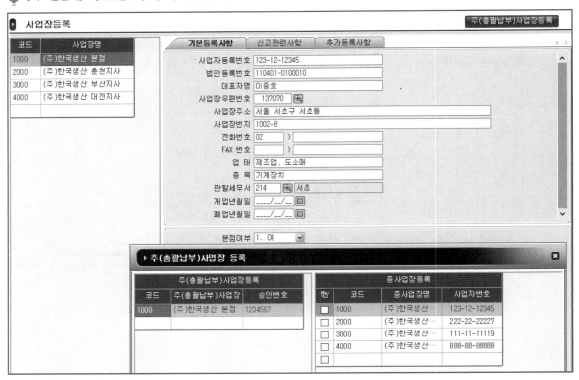

또는 아래 화면에서 '조회구분: 2.회계'로 조회한다. 부가가치세 신고유형은 '0.사업장별 신고'로 등록되어 있다. '0.사업
장별 신고'의 경우 '사업장별과세원칙' 또는 '주사업장총괄납부'에 해당된다.

📍 [시스템관리] – [회사등록정보] – [시스템환경설정]

시스템환경설정

조회구분 2. 회계   환경요소

구분	코드	환경요소명	유형구분	유형설정	선택범위	비고
회계	31	부가가치세 신고유형	유형	0	0.사업장별 신고 1.사업자단위 신고(폐…	
회계	32	전표입력 품의내역검색 조회…	여부	0	0-사용자 조회권한 적용,1-미적용	
회계	34	전표복사사용여부	여부	1	0.미사용1.사용	
회계	35	금융CMS연동	유형	88	00.일반,03.기업,05.KEB하나(CMS플러스)…	
회계	37	거래처코드자동부여 코드값…	유형	0	0 - 최대값 채번, 1 - 최소값 채번	
회계	39	고정자산 비망가액 존재여부	여부	1	여:1 부:0	
회계	41	고정자산 상각완료 시점까지…	여부	0	1.여 0.부	
회계	45	거래처등록의 [프로젝트/부…	유형	2	0.적용안함, 1.[빠른부가세]입력만 적용…	

19 ③

'사업장: 2000.(주)한국생산 춘천지사', '기간: 2023/04/01~2023/06/30'을 입력한 후 오른쪽 상단의 '불러오기' 버튼을 클릭한다. 세금계산서 수취분 수출기업수입분납부유예 금액을 확인한다.

[회계관리] – [부가가치세관리] – [부가세신고서] – 일반과세 탭

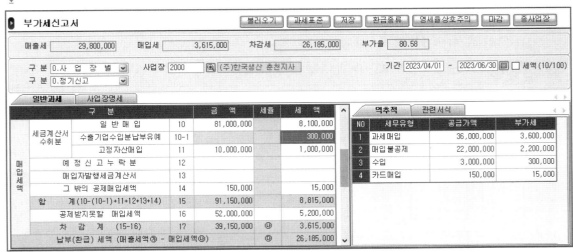

20 ①

'사업장: 2000.(주)한국생산 춘천지사', '조회기간: 신고기준일, 2023/04/01~2023/06/30'으로 조회한다. 수출에 관한 거래는 없으므로 수출실적명세서는 작성하지 않아도 된다.

ㅣ오답 풀이ㅣ

② 매입세액불공제내역 – 24.매입불공제

③ 매입처별 세금계산서합계표 – 21.과세매입

④ 매출처별 세금계산서합계표 – 11.과세매출

◉ [회계관리] – [전표/장부관리] – [매입매출장] – 세무구분별 탭

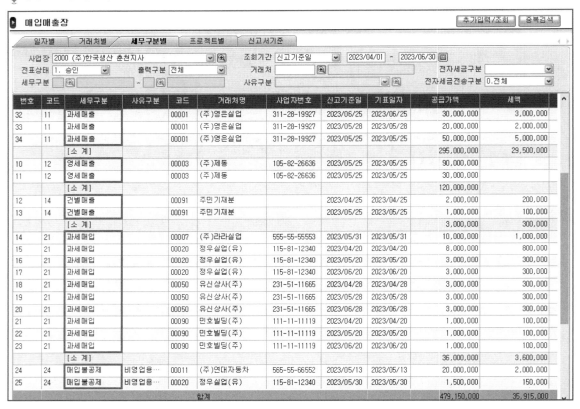

21 ④

- '기간: 2023/06/30'으로 조회한다.
- 노무비는 당기제품제조원가와 연결되므로 노무비가 증가하면 당기제품제조원가도 증가한다.

⊙ [회계관리] – [결산/재무제표관리] – [원가보고서] – 관리용 탭

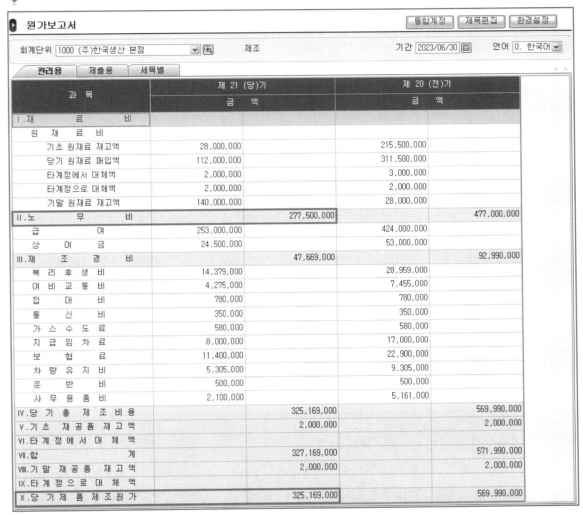

과 목	제 21 (당)기 금액		제 20 (전)기 금액	
Ⅰ.재 료 비				
원 재 료 비				
기초 원재료 재고액	28,000,000		215,500,000	
당기 원재료 매입액	112,000,000		311,500,000	
타계정에서 대체액	2,000,000		3,000,000	
타계정으로 대체액	2,000,000		2,000,000	
기말 원재료 재고액	140,000,000		28,000,000	
Ⅱ.노 무 비		277,500,000		477,000,000
급 여	253,000,000		424,000,000	
상 여 금	24,500,000		53,000,000	
Ⅲ.제 조 경 비		47,669,000		92,990,000
복 리 후 생 비	14,379,000		28,959,000	
여 비 교 통 비	4,275,000		7,455,000	
접 대 비	780,000		780,000	
통 신 비	350,000		350,000	
가 스 수 도 료	580,000		580,000	
지 급 임 차 료	8,000,000		17,000,000	
보 험 료	11,400,000		22,900,000	
차 량 유 지 비	5,305,000		9,305,000	
운 반 비	500,000		500,000	
사 무 용 품 비	2,100,000		5,161,000	
Ⅳ.당 기 총 제 조 비 용		325,169,000		569,990,000
Ⅴ.기 초 재 공 품 재 고 액		2,000,000		2,000,000
Ⅵ.타 계 정 에 서 대 체 액				
Ⅶ.합 계		327,169,000		571,990,000
Ⅷ.기 말 재 공 품 재 고 액		2,000,000		2,000,000
Ⅸ.타 계 정 으 로 대 체 액				
Ⅹ.당 기 제 품 제 조 원 가		325,169,000		569,990,000

원가보고서

통합계정 제목편집 환경설정

회계단위 1000 (주)한국생산 본점 제조 기간 2023/06/30 언어 0. 한국어

관리용 제출용 세목별

22 ④

'자산유형 : 20800.차량운반구'로 조회하여 '2080007.1톤트럭'의 PJT를 '1004.대전공장'으로 등록한다.

◉ [회계관리] – [고정자산관리] – [고정자산등록] – 주요등록사항 탭

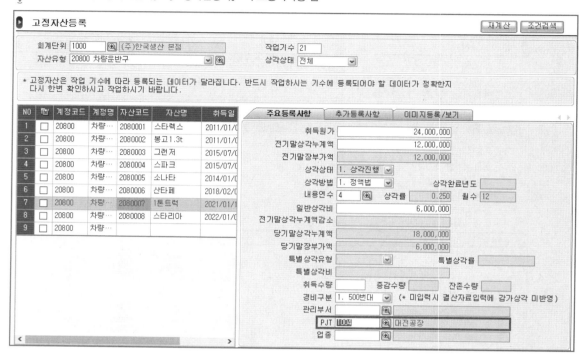

'경비구분 : 1.500번대', 'PJT : 1004.대전공장', '기간 : 2023/01~2023/12'로 조회한다.

◉ [회계관리] – [고정자산관리] – [감가상각비현황] – 총괄 탭

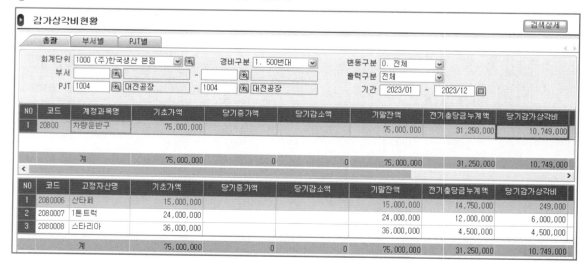

23 ①

'프로젝트'란에서 광주공장, 부산공장, 울산공장, 대전공장을 선택하고 '기간: 2023/04/01~2023/04/30'으로 조회한다.

📍 [회계관리] - [결산/재무제표관리] - [관리항목별원가보고서] - 프로젝트별 탭

관리항목별원가보고서   환경설정   제목편집

회계단위별 | 부문별 | 부서별 | **프로젝트별** | PJT분류별

회계단위 1000 (주)한국생산 본점   PJT분류   프로젝트 선택전체
기간 2023/04/01 ~ 2023/04/30   0. 계정별

과 목	계	광주공장	부산공장	울산공장	대전공장
I.재 료 비					
원 재 료 비					
기초 원재료 재고액	60,000,000	5,000,000	33,000,000	9,000,000	13,000,000
당기 원재료 매입액	12,000,000		3,000,000	3,000,000	6,000,000
기말 원재료 재고액	72,000,000	5,000,000	36,000,000	12,000,000	19,000,000
II.노 무 비	23,500,000	3,000,000	10,000,000	6,500,000	4,000,000
급 여	23,500,000	3,000,000	10,000,000	6,500,000	4,000,000
III.제 조 경 비	4,490,000	1,000,000	1,310,000	630,000	1,550,000
복 리 후 생 비	1,930,000	250,000	500,000	430,000	750,000
여 비 교 통 비	470,000	150,000	50,000	20,000	250,000
보 험 료	1,360,000	450,000	660,000		250,000
차 량 유 지 비	500,000	110,000	50,000	90,000	250,000
사 무 용 품 비	230,000	40,000	50,000	90,000	50,000
IV.당 기 총 제 조 비 용	27,990,000	4,000,000	11,310,000	7,130,000	5,550,000
V.기 초 재 공 품 재 고 액					
VI.타 계 정 에 서 대 체 액					
VII.합 계	27,990,000	4,000,000	11,310,000	7,130,000	5,550,000
VIII.기 말 재 공 품 재 고 액					
IX.타 계 정 으 로 대 체 액					
X.당 기 제 품 제 조 원 가	27,990,000	4,000,000	11,310,000	7,130,000	5,550,000

24 ④

'기간: 2023/01~2023/06'으로 조회한다. 상반기에 1월, 6월에 상여금이 발생하였으나 보기에는 6월만 있으므로 6월이 정답이다.

📍 [회계관리] - [결산/재무제표관리] - [기간별원가보고서] - 월별 탭

기간별원가보고서   환경설정   제목편집

월 별 | 분기별 | 반기별 | 전년대비

회계단위 1000 (주)한국생산 본점   기간 2023/01 ~ 2023/06   출력구분 0. 계정별

과 목	계	1월	2월	3월	4월	5월	6월
I.재 료 비							
원 재 료 비							
기초 원재료 재고액	28,000,000	28,000,000	65,000,000	98,000,000	107,000,000	119,000,000	135,000,000
당기 원재료 매입액	112,000,000	36,000,000	33,000,000	9,000,000	12,000,000	16,000,000	6,000,000
타계정에서 대체액	2,000,000	2,000,000					
타계정으로 대체액	2,000,000	1,000,000					1,000,000
기말 원재료 재고액	140,000,000	65,000,000	98,000,000	107,000,000	119,000,000	135,000,000	140,000,000
II.노 무 비	277,500,000	30,000,000	28,500,000	115,000,000	28,500,000	28,500,000	47,000,000
급 여	253,000,000	24,000,000	28,500,000	115,000,000	28,500,000	28,500,000	28,500,000
상 여 금	24,500,000	6,000,000					18,500,000

25 ①

- '기간: 2023/01~2023/01'로 조회하여 기말원재료재고액에 8,000,000원을 입력한다.
- 실제 재료소비량: 원재료비 57,000,000원 ÷ 단위당 실제 소비가격 5,700원 = 10,000단위

[회계관리] − [결산/재무제표관리] − [결산자료입력] − 결산자료 탭

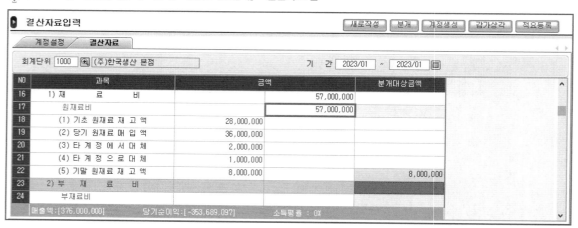

NO	과목	금액	분개대상금액
16	1) 재 료 비		57,000,000
17	원재료비		57,000,000
18	(1) 기초 원재료 재 고 액	28,000,000	
19	(2) 당기 원재료 매 입 액	36,000,000	
20	(3) 타 계 정 에 서 대 체	2,000,000	
21	(4) 타 계 정 으 로 대 체	1,000,000	
22	(5) 기 말 원재료 재 고 액	8,000,000	8,000,000
23	2) 부 재 료 비		
24	부재료비		

매출액:[376,000,000]   당기순이익:[-353,689,097]   소득평률 : 0%

이론

01	④	02	③	03	④	04	①	05	③	06	④	07	④	08	④	09	①	10	②
11	③	12	②	13	③	14	④	15		2,000		16		900,000		17		발생주의	
18	②	19	③	20	④	21	②	22	③	23	④	24		비과세소득		25		소득처분	
26		6,000,000		27	③	28	②	29	④	30		120		31	4	32		25	

01 ④

타사와 상관없이 자사에 맞는 패키지를 선택해야 한다.

02 ③

SaaS(Software as a Service)는 클라우드 컴퓨팅 서비스 사업자가 클라우드 컴퓨팅 서버에 소프트웨어를 제공하고, 사용자가 원격으로 접속해 해당 소프트웨어를 활용하는 모델이다.

03 ④

| 오답 풀이 |

① JIT(적시생산공급방식): 제조공정의 시간을 단축하기 위해 필요한 재료를 필요한 때에 필요한 양만큼 제조하는 방식이다.
② MBO(목표관리): 조직 구성원들의 참여 과정을 통해 조직단위와 구성원의 목표를 명확하게 설정하고 그에 따라 생산활동을 수행하도록 한 뒤 업적을 측정·평가함으로써 관리의 효율화를 기하는 포괄적 조직체제이다.
③ MRP(자재소요량계획): 제품을 생산할 때 부품이 투입될 시점과 투입되는 양을 관리하기 위한 시스템이다.

04 ①

ERP는 'MRP Ⅰ → MRP Ⅱ → ERP → 확장형 ERP' 순서로 발전해 왔다.

05 ③

트랜잭션이 아닌 비즈니스 프로세스에 초점을 맞춰 사용자에게 시스템 사용법과 새로운 업무처리 방식을 모두 교육해야 한다.

06 ④

재무제표는 재무상태표, 손익계산서, 현금흐름표, 자본변동표로 구성되며, 주석을 포함한다.

07   ④

재무제표는 일정한 가정하에서 작성되며, 그러한 기본가정으로는 기업실체, 계속기업 및 기간별 보고가 있다. 기간별 보고의 가정이란 기업실체의 존속기간을 일정한 기간 단위로 분할하여 각 기간별로 재무제표를 작성하는 것을 말한다.

08   ④

- 매출액 − 매출원가 = 매출총이익
- 매출총이익 − 판매비 및 일반관리비 = 영업이익
- 영업이익 + 영업외수익 − 영업외비용 = 법인세비용차감전순이익
- 법인세비용차감전순이익 − 법인세비용 = 당기순이익

09   ①

순매출액은 기업의 주된 영업활동에서 발생한 제품, 상품, 용역 등의 총매출액에서 매출할인, 매출환입, 매출에누리 등을 차감한 금액을 말한다.

10   ②

현금흐름표는 일정 기간 현금흐름의 변동 내용을 표시하는 재무보고서로, 현금흐름에 영향을 미치는 영업활동, 재무활동, 투자활동으로 구분 표시된다.

11   ③

가수금에 대한 설명이다.

12   ②

선급보험료가 비용의 이연에 해당한다. 선수임대료는 수익의 이연에 해당하며, 미지급임차료는 비용의 예상에 해당한다.

13   ③

- 발생주의에 의하면 2023년 비용은 3개월만 해당된다. 나머지 9개월은 다음 연도의 비용으로 이연시켜야 한다.
- 선급비용으로 처리한 1,200,000원 중 300,000원을 당기 보험료로 처리하고, 그만큼을 선급비용에서 차감해야 한다.

14   ④

- 매출할인, 매출에누리, 매출환입은 총매출액에서 차감(−)한다.
- 매입할인은 총매입액에서 차감(−)한다.
- 매입운임은 총매입액에 가산(+)한다.

15   2,000

현금 및 현금성자산: 자기앞수표 500원 + 타인발행수표 200원 + 우편환증서 150원 + 보통예금 450원 + 당좌예금 100원 + 만기가 도래한 배당금지급통지표 300원 + 일람출급어음 300원 = 2,000원

16 900,000

매출원가: 기초재고액 100,000원 + 당기 총매입액 1,300,000원 − 매입할인 100,000원 − 매입환출 100,000원 − 매입에 누리 100,000원 − 기말재고액 200,000원 = 900,000원

17 발생주의

현금주의 회계에서는 수익을 현금수입할 때에 인식하고, 비용을 현금지출할 때에 인식한다. 반면에 발생주의 회계에서는 재고자산·서비스를 구매자나 수요자에게 실제로 인도(교환)할 때 수익으로 인식하고, 비용에 대한 인식 역시 기업이 물품·노동·서비스를 실제로 이용·소비할 때 인식한다. 따라서, 현금주의 인식기준을 단순히 적용하면 기간손익계산은 매우 불합리하게 되므로 오늘날 기업회계는 현금주의보다도 발생주의에 의한다.

18 ②

역무의 제공이 완료되는 때 또는 대가를 받기로 한 때를 공급시기로 볼 수 없는 경우에는 역무의 제공이 완료되고 그 공급가액이 확정되는 때가 공급시기이다.

19 ③

내국법인 중 비영리법인은 각 사업연도 소득(국내외소득 중 수익사업소득)과 토지 등 양도소득에 대하여 법인세 납세의무가 있다.

20 ④

외국법인은 국내사업장이 없을 경우에 부동산소득이나 양도소득이 있는 때는 그 자산의 소재지가 납세지이다.

21 ②

기업이 정한 회계기간을 그대로 사업연도로 인정하나, 1년을 초과할 수 없도록 하고 있다.

22 ③

① 업무추진비 한도초과액 및 ② 기부금 한도초과액은 기타사외유출, ④ 임원상여금 한도초과액은 상여에 해당한다.

23 ④

• 세무상 상각범위액(손금한도액)보다 100,000원을 과대계상하였으므로 해당 금액을 손금불산입(상각부인)하여야 하며, 다음 처리 시까지 유보로 소득처분해야 한다.
• 회사가 계상한 감가상각비 550,000원 − 법인세법상 상각범위액(가정) 450,000원 = 한도초과액 100,000원

24 비과세소득

각 사업연도 소득금액에서 이월결손금, 비과세소득, 소득공제를 순차적으로 차감해서 과세표준을 산출한다.

25 **소득처분**

법인세법상 소득처분에 관한 설명이다.

26 **6,000,000**

- 소모품비 1,000,000원 + 사업장 임차료 5,000,000원 = 6,000,000원
- 토지의 자본적 지출 관련 매입세액, 접대비 및 이와 유사한 비용 관련 매입세액, 비영업용 승용자동차(1,000cc 초과) 구입비 매입세액은 부가가치세법상 불공제세액에 해당한다.

27 **③**

조업도가 감소함에 따라 단위당 고정비는 증가한다.

28 **②**

제조간접원가는 변동원가와 고정원가 둘다 가능하다.

29 **④**

직접노무비 임률차이: 실제직접노동시간 600시간 × (실제임률 @1,000원/시간 − 표준임률 @800원/시간) = 120,000원 불리한 차이

30 **120**

기말재공품의 평가를 평균법과 선입선출법으로 계산할 경우 완성품환산량의 차이는 기초재공품의 완성품환산량 차이만큼 발생한다.
- 기초재공품 수량 200개 × 60% = 120개
- 평균법 완성품환산량 940개 − 선입선출법 완성품환산량 820개 = 120개

31 **4**

- 공헌이익: 매출액 1,000,000원 × 공헌이익률 0.4 = 400,000원
- 영업이익: 공헌이익 400,000원 − 고정비 300,000원 = 100,000원
- 영업레버리지도(DOL): 공헌이익 400,000원 ÷ 영업이익 100,000원 = 4

32 **25**

- 공헌이익: 매출액 2,000,000원 × 공헌이익률 0.4 = 800,000원
- 영업이익: 공헌이익 800,000원 − 고정비 600,000원 = 200,000원
- 안전한계율: (영업이익 200,000원 ÷ 공헌이익 800,000원) × 100% = 25%

01	③	02	③	03	④	04	②	05	③	06	④	07	③	08	①	09	①	10	③
11	①	12	②	13	①	14	②	15	④	16	②	17	④	18	③	19	②	20	③
21	③	22	①	23	②	24	④	25	①										

01 ③

'모듈구분: A.회계관리'로 조회하면 ERP13A03.김수빈 사원은 '사용가능한메뉴' 항목에서 전표승인해제 메뉴를 확인할 수 있다.

◉ [시스템관리] – [회사등록정보] – [사용자권한설정]

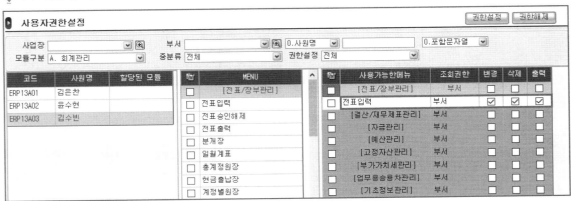

[사용자권한설정] 메뉴에서 A.회계관리로 조회를 했을 때 나오는 세 명의 직원 모두 전표입력 권한이 있는 것을 확인할 수 있다. 이 중 회계팀이 아닌 직원을 찾기 위해 [시스템관리] – [회사등록정보] – [사원등록]에서 사원들을 조회해보면 ERP13A03.김수빈 사원이 회계팀이 아닌 영업부 소속인 것을 알 수 있다.

◉ [시스템관리] – [회사등록정보] – [사원등록]

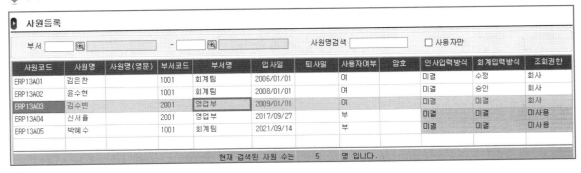

02   ③

82500.교육훈련비 계정의 관리항목 설정에 D1.프로젝트는 등록되어 있지 않다.

◉ [시스템관리] – [기초정보관리] – [계정과목등록]

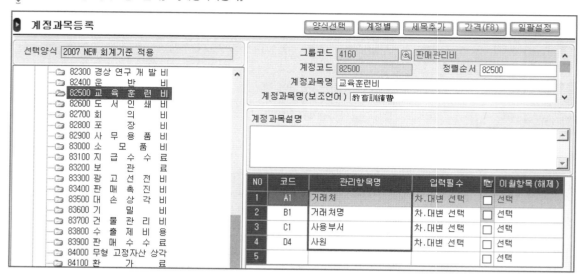

03   ④

오른쪽 상단의 '조건검색' 버튼을 클릭하여 '조건검색' 창에서 '거래처구분: 신용카드'로 검색한다. 화면의 왼쪽에서 확인 가능한 거래처의 수는 4개이다.

◉ [시스템관리] – [기초정보관리] – [금융거래처등록]

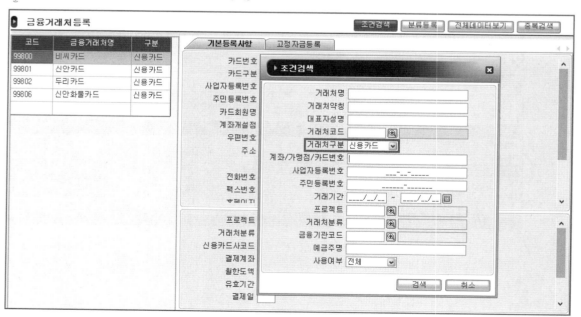

04 ②

98001.신안은행 금융거래처 '당좌한도액' 자리에 100,000,000원을 입력 후, 메뉴 종료 시 "데이터가 수정되었습니다. 저장하시겠습니까?" 메시지창에 '예'를 눌러 수정된 금액을 저장한다.

📍 [시스템관리] – [기초정보관리] – [금융거래처등록] – 기본등록사항 탭

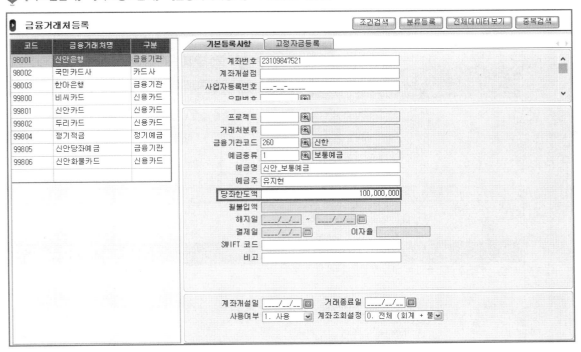

• '조회기간: 2023/03/08~2023/03/08'로 조회한다.

📍 [회계관리] – [자금관리] – [자금현황] – 총괄거래현황 탭

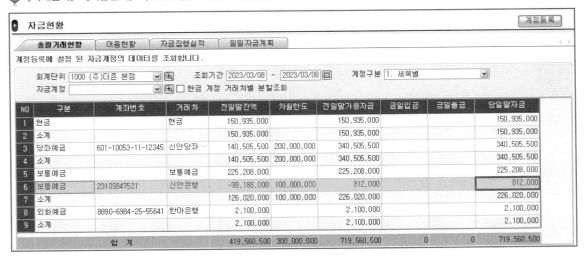

오른쪽 상단의 '증빙설정' 버튼을 클릭하여 적격증빙별 전표증빙을 모두 연결한 후 조회한다.

◉ [회계관리] – [전표/장부관리] – [지출증빙서류검토표(관리용)] – 집계 탭

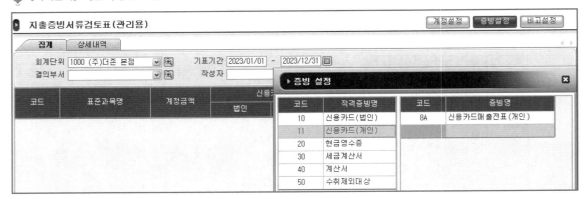

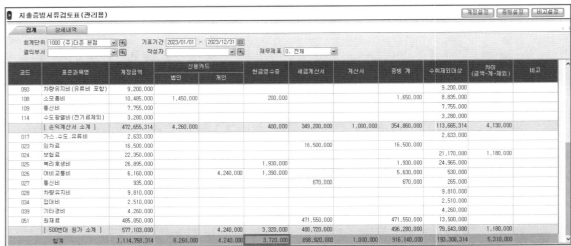

코드	표준과목명	계정금액	신용카드 법인	신용카드 개인	현금영수증	세금계산서	계산서	증빙 계	수취제외대상	차이 (금액-계-제외)	비고
093	차량유지비 (유류비 포함)	9,200,000							9,200,000		
108	소모품비	10,485,000	1,450,000		200,000			1,650,000	8,835,000		
109	통신비	7,755,000							7,755,000		
114	수도광열비 (전기료제외)	3,280,000							3,280,000		
	[손익계산서 소계]	472,655,314	4,260,000		400,000	349,200,000	1,000,000	354,860,000	113,665,314	4,130,000	
017	가스.수도.유류비	2,633,000							2,633,000		
023	임차료	16,500,000				16,500,000		16,500,000			
024	보험료	22,350,000							21,170,000	1,180,000	
025	복리후생비	26,895,000			1,930,000			1,930,000	24,965,000		
026	여비교통비	6,160,000		4,240,000	1,390,000			5,630,000	530,000		
027	통신비	935,000				670,000		670,000	265,000		
028	차량유지비	9,810,000							9,810,000		
034	접대비	2,510,000							2,510,000		
039	기타경비	4,260,000							4,260,000		
051	원재료	485,050,000				471,550,000		471,550,000	13,500,000		
	[500번대 원가 소계]	577,103,000		4,240,000	3,320,000	488,720,000		496,280,000	79,643,000	1,180,000	
	합계	1,114,758,314	8,260,000	4,240,000	3,720,000	898,920,000	1,000,000	916,140,000	193,308,314	5,310,000	

06 ④

'사용기간(과세기간: 2023/01/01~2023/01/31'로 조회한다. '사용일자(요일): 2023/01/10(화)', '시작시간(시분): 09:00', '사원명: 신서율', '주행거리(km): 80'을 입력한 후 오른쪽 상단의 '주행 전/후 거리 재계산' 버튼을 클릭한다.

◉ [회계관리] – [업무용승용차관리] – [업무용승용차 운행기록부]

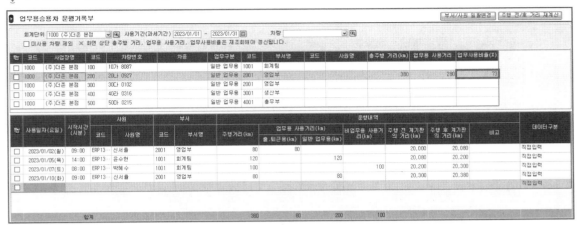

07 ③

• '조회구분: 1.수금일, 2023/02/02~2023/02/02'로 조회한다.

◉ [회계관리] – [자금관리] – [받을어음명세서] – 어음조회 탭

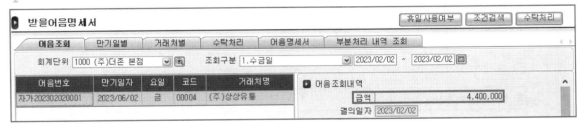

• 어음금액 4,400,000원×할인율 13%×3개월/12개월 = 143,000원
• 매각거래로 처리하므로 할인료는 매출채권처분손실로 회계처리한다.

08 ①

◉ [회계관리] – [결산/재무제표관리] – [기간별손익계산서] – 분기별 탭

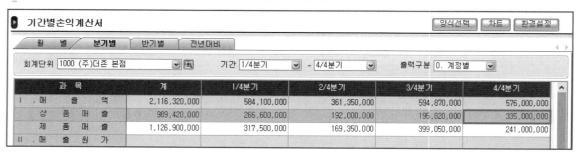

◉ [회계관리] – [결산/재무제표관리] – [손익계산서] – 관리용 탭

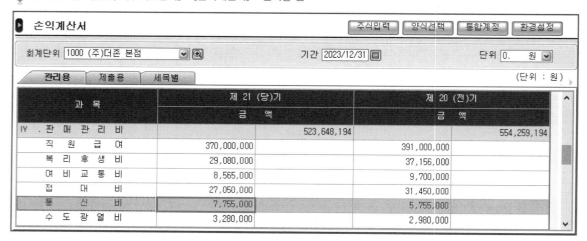

◉ [회계관리] – [결산/재무제표관리] – [기간별손익계산서] – 반기별 탭

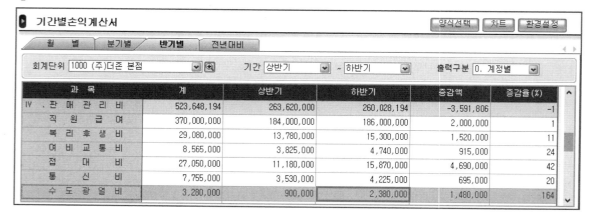

'PJT: 선택전체', '기간: 2023/01/01~2023/06/30'으로 조회한다.

📍 [회계관리] – [결산/재무제표관리] – [관리항목별손익계산서] – PJT별 탭

09   ①

'조회기간: 2023/01~2023/01', '집행방식: 2.승인집행', '관리항목: 0.부서별, 1001.회계팀'으로 조회한다.

📍 [회계관리] – [예산관리] – [예산실적현황]

10 ③

'기간: 2023/10/16~2023/11/08'로 조회한다.

◉ [회계관리] – [전표/장부관리] – [일월계표] – 일계표 탭

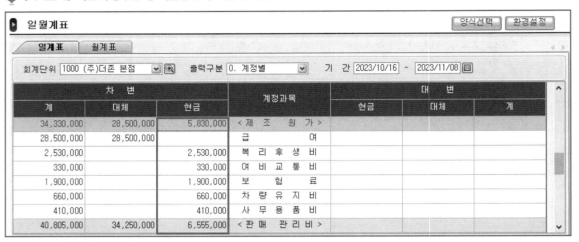

차 변			계정과목	대 변		
계	대체	현금		현금	대체	계
34,330,000	28,500,000	5,830,000	< 제 조 원 가 >			
28,500,000	28,500,000		급 여			
2,530,000		2,530,000	복 리 후 생 비			
330,000		330,000	여 비 교 통 비			
1,900,000		1,900,000	보 험 료			
660,000		660,000	차 량 유 지 비			
410,000		410,000	사 무 용 품 비			
40,805,000	34,250,000	6,555,000	< 판 매 관 리 비 >			

11 ①

전표입력 메뉴의 오른쪽 상단에 '환경설정'을 조회한다. '등록된 거래처명 수정' 옵션에 체크가 선택되어 있어 거래처명 수정이 가능하다.

◉ [회계관리] – [전표/장부관리] – [전표입력]

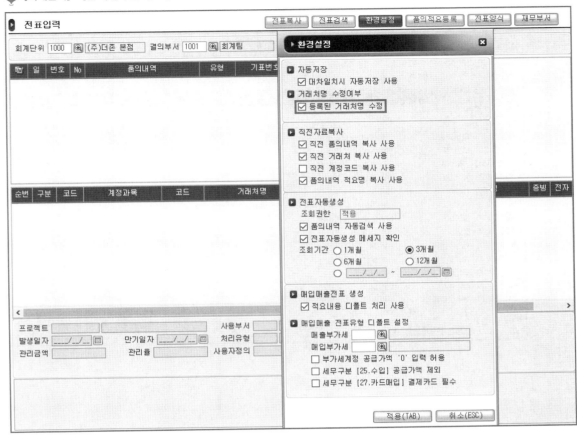

12 ②

- '기표기간: 2023/10/01~2023/10/31', '결의사원: ERP13A01.김은찬'으로 조회한다.
- 입금액 15,000,000원 − 출금액 12,385,000원 = 2,615,000원

[회계관리] – [전표/장부관리] – [현금출납장] – 결의사원별 탭

날짜	적요	사원		거래처		입금	출금	잔액
	[전 월 이 월]					214,945,000	151,790,000	63,155,000
2023/10/16		ERP13A01	김은찬				100,000	63,055,000
2023/10/20	여비교통비	ERP13A01	김은찬				530,000	
2023/10/20	보험료	ERP13A01	김은찬				1,900,000	
2023/10/20	차량유지비	ERP13A01	김은찬				660,000	
2023/10/20	사무용품비	ERP13A01	김은찬				350,000	
2023/10/20	접대비	ERP13A01	김은찬				2,530,000	
2023/10/20		ERP13A01	김은찬	98001	신안은행	15,000,000		
2023/10/20	접대비	ERP13A01	김은찬				355,000	
2023/10/20	접대비	ERP13A01	김은찬				130,000	71,600,000
2023/10/30	복리후생비	ERP13A01	김은찬				2,530,000	
2023/10/30	여비교통비	ERP13A01	김은찬				330,000	
2023/10/30	보험료	ERP13A01	김은찬				1,900,000	
2023/10/30	차량유지비	ERP13A01	김은찬				660,000	
2023/10/30	사무용품비	ERP13A01	김은찬				410,000	65,770,000
	[월 계]					15,000,000	12,385,000	
	[누 계]					229,945,000	164,175,000	

13 ①

'기간: 2023/02~2023/06', '계정과목: 1.계정별, 25100.외상매입금'으로 조회한다.

⊙ [회계관리] – [전표/장부관리] – [총계정원장] – 월별 탭

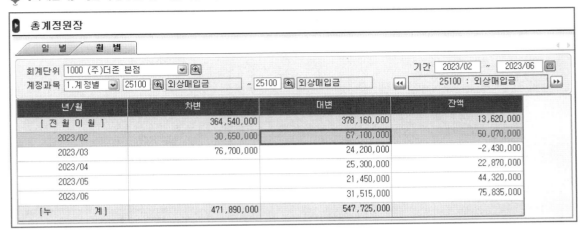

14 ②

'결의부서: 1001.회계팀', '전표상태: 미결', '결의기간: 2023/07/01~2023/12/31'로 조회한다.

⊙ [회계관리] – [전표/장부관리] – [전표승인해제]

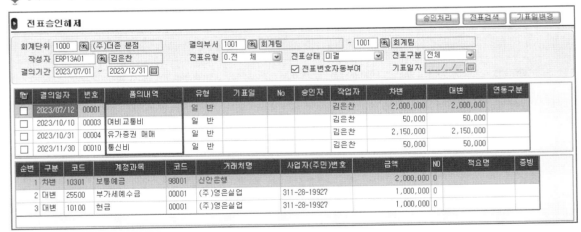

15 ④

'사업장: 2000.(주)더존 지점', '과세기간: 2023/01~2023/03'으로 조회하고 자료를 입력하여 보증금이자(간주임대료)를 계산한다.

[회계관리] – [부가가치세관리] – [부동산임대공급가액명세서]

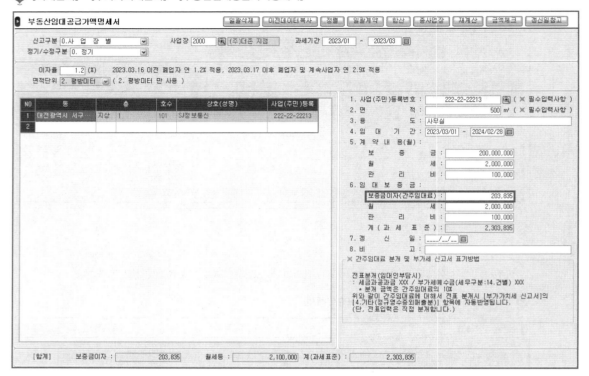

TIP '데이터가 존재하지 않습니다. 전표에서 데이터를 불러오시겠습니까' 창이 뜨면 '예' 버튼을 누르고 실행되는 '복사' 보조창을 닫는다.

'회계단위: 2000.(주)더존 지점'의 3월 30일에 '14.건별매출'로 거래내역을 입력한다. 자동으로 입력된 40101.국내매출액은 F5를 눌러 삭제하고, 10800.외상매출금은 81700.세금과공과금으로 수정한다.

◉ [회계관리] – [전표/장부관리] – [전표입력]

TIP 전표입력 후 'Enter'를 눌러 '상태', '승인', '승인자: 김은찬'이 생성되었는지 확인한다. 공급가액을 203,835원이 아닌 203,830원으로 입력하는 것은 부가세 계산을 위해 원단위에서 절사한 것이다.

'사업장: 2000.(주)더존 지점', '조회기간: 신고기준일, 2023/01/01~2023/03/31', '출력구분: 1.매출', '세무구분: 14.건별매출'로 조회한다.

◉ [회계관리] – [전표/장부관리] – [매입매출장] – 세무구분별 탭

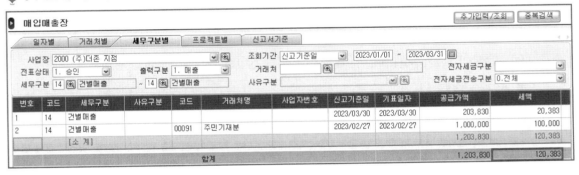

16　②

'사업장: 2000.(주)더존 지점', '거래기간: 2023/10~2023/12'를 입력한 후 오른쪽 상단의 '불러오기' 버튼을 클릭한다.

◉ [회계관리] – [부가가치세관리] – [수출실적명세서]

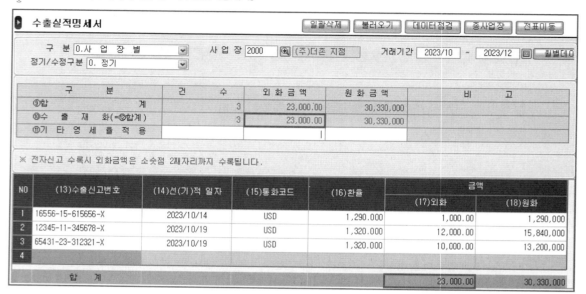

17　④

'사업장: 2000.(주)더존 지점', '기간: 2023/07~2023/09'를 입력한 후 오른쪽 상단의 '불러오기' 버튼을 클릭한다.

◉ [회계관리] – [부가가치세관리] – [세금계산서합계표] – 전자세금계산서분(11일이내 전송분) 탭

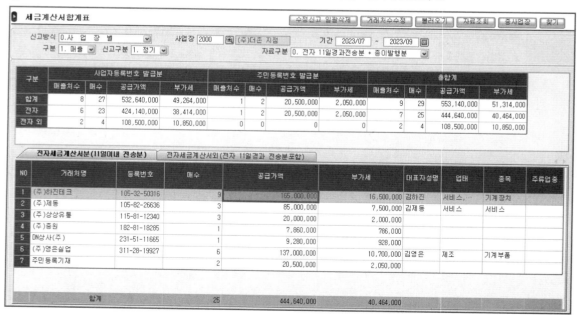

18 ③

'회계단위: 2000.(주)더존 지점'의 6월 1일의 거래내역을 조회한 후 13500.부가세대급금을 클릭해서 고정자산과표에
'기계장치' '공급가액: 2,000,000'원을 입력한다.

📍 [회계관리] – [전표/장부관리] – [전표입력]

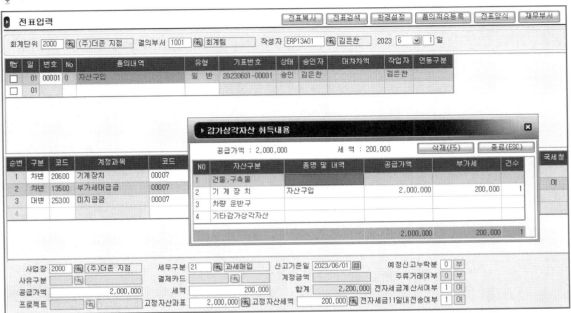

'사업장: 2000.(주)더존 지점', '기간: 2023/04~2023/06'을 입력한 후 오른쪽 상단의 '불러오기' 버튼을 클릭한다.

📍 [회계관리] – [부가가치세관리] – [건물등감가상각자산취득명세서]

19 ②

'사업장: 2000.(주)더존 지점', '기간: 2023/10~2023/12'를 입력한 후 불러오기한 자료를 확인한다.

[회계관리] – [부가가치세관리] – [신용카드발행집계표/수취명세서] – 신용카드발행집계표 탭

20 ③

'사업장: 2000.(주)더존 지점', '조회기간: 신고기준일, 2023/10/01~2023/12/31', '출력구분: 1.매출'을 입력한 후 오른쪽 상단의 '예정신고누락분 조회' 버튼을 클릭하여 조회한다.

[회계관리] – [전표/장부관리] – [매입매출장] – 신고서기준 탭

21 ③

◉ [회계관리] – [결산/재무제표관리] – [기간별원가보고서] – 반기별 탭

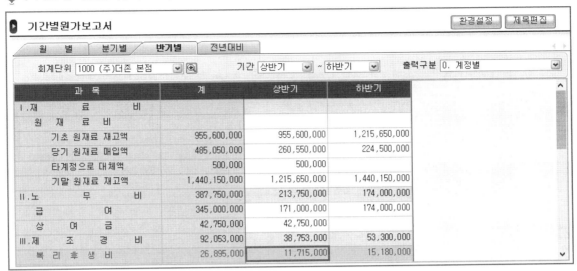

'부서: 3001 생산부', '기간: 2023/01/01~2023/12/31'로 조회한다.

◉ [회계관리] – [결산/재무제표관리] – [관리항목별원가보고서] – 부서별 탭

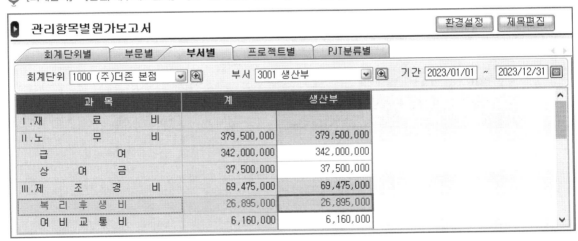

'기간: 2023/02~2023/04'로 조회한다.

⊙ [회계관리] – [결산/재무제표관리] – [기간별원가보고서] – 월별 탭

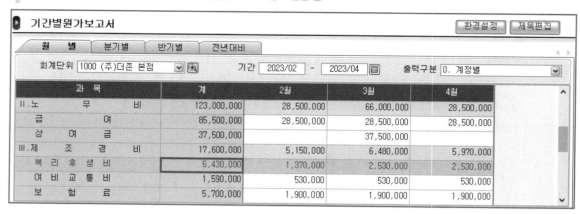

과 목	계	2월	3월	4월
Ⅱ.노　무　비	123,000,000	28,500,000	66,000,000	28,500,000
급　　여	85,500,000	28,500,000	28,500,000	28,500,000
상　여　금	37,500,000		37,500,000	
Ⅲ.제　조　경　비	17,600,000	5,150,000	6,480,000	5,970,000
복　리　후　생　비	6,430,000	1,370,000	2,530,000	2,530,000
여　비　교　통　비	1,590,000	530,000	530,000	530,000
보　험　료	5,700,000	1,900,000	1,900,000	1,900,000

22 ①

• '기간: 2023/01/31'로 조회한다.
• 단위당 매출액: 매출액 233,100,000원 ÷ 판매량 25,000개 = 9,324원
• 손익분기점 판매량: 고정비 60,000,000원 ÷ (단위당 매출액 9,324원 – 단위당 변동비 3,324원) = 10,000개

⊙ [회계관리] – [결산/재무제표관리] – [손익계산서] – 관리용 탭

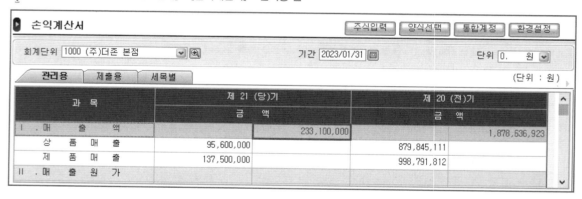

과 목	제 21 (당)기 금 액		제 20 (전)기 금 액	
Ⅰ.매　출　액		233,100,000		1,878,636,923
상　품　매　출	95,600,000		879,845,111	
제　품　매　출	137,500,000		998,791,812	
Ⅱ.매　출　원　가				

23 ②

'자산유형 : 20800.차량운반구'로 조회하여 '208003.1톤트럭'을 등록한다.

◉ [회계관리] – [고정자산관리] – [고정자산등록]

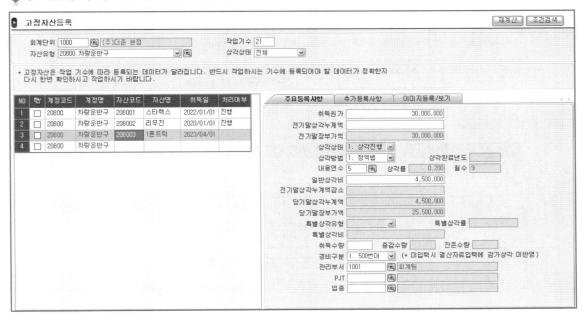

'경비구분 : 1. 500번대', '기간 : 2023/01~2023/12'로 조회한다.

◉ [회계관리] – [고정자산관리] – [감가상각비현황] – 총괄 탭

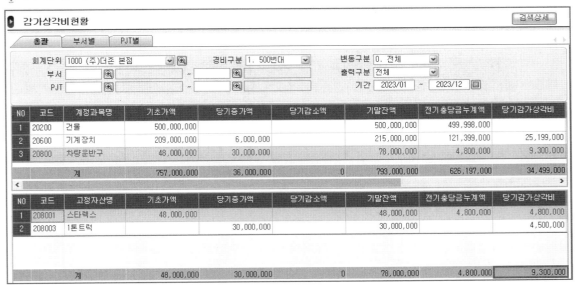

24 ④

6월 30일을 조회하여 원재료 계정의 '타계정구분'란에 커서를 두고 F2를 눌러 '2.타계정대체출고'로 수정한다.

◉ [회계관리] – [전표/장부관리] – [전표입력]

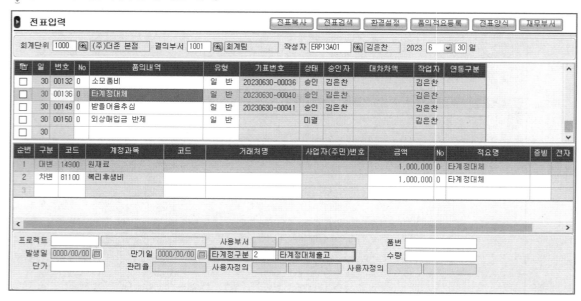

'기간: 2023/06/30'으로 조회한다.

◉ [회계관리] – [결산/재무제표관리] – [원가보고서] – 관리용 탭

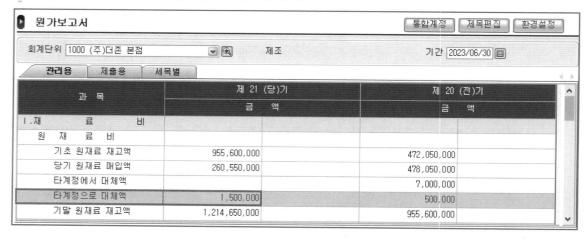

25 ①

'기간: 2023/12/31'로 설정하고 조회해서 확인되는 전기 원재료 매입액은 478,050,000원이다.

◉ [회계관리] – [결산/재무제표관리] – [원가보고서] – 관리용 탭

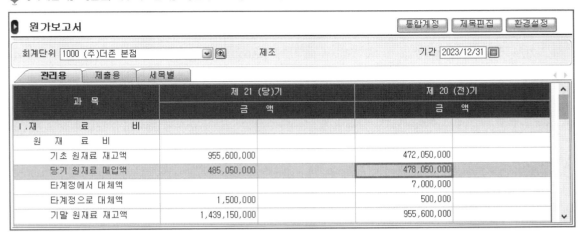

과 목	제 21 (당)기 금 액	제 20 (전)기 금 액
Ⅰ.재　　　료　　　비		
원　재　료　비		
기초 원재료 재고액	955,600,000	472,050,000
당기 원재료 매입액	485,050,000	478,050,000
타계정에서 대체액		7,000,000
타계정으로 대체액	1,500,000	500,000
기말 원재료 재고액	1,439,150,000	955,600,000

이론

01	①	02	①	03	③	04	③	05	③	06	②	07	②	08	④	09	③	10	③
11	①	12	④	13	③	14	②	15		743,000		16		투자		17		자본조정	
18	②	19	②	20	③	21	④	22	③	23	①	24		결산조정		25		9, 30	
26		10,000		27	④	28	③	29	④	30		860		31	2	32		0.3	

01 ①

PaaS(Platform as a Service)는 사용자가 소프트웨어를 개발할 수 있는 토대를 제공해 주는 서비스 모델이다. 데이터베이스 클라우드 서비스와 스토리지 클라우드 서비스는 IaaS(Infrastructure as a Service)에 속한다.

02 ①

비즈니스 애널리틱스는 구조화된 데이터(Structured Data)와 비구조화된 데이터(Unstructured Data)를 동시에 이용한다.

03 ③

총소유비용은 ERP 시스템에 대한 투자비용의 개념으로, 라이프사이클(Life – cycle)을 통해 발생하는 전체 비용을 계량화하는 것이다.

04 ③

ERP 도입의 최종 목표는 업무 효율화를 통해 고객만족도를 높이고 이윤을 극대화하는 것으로 업무효율을 위한 전체모듈에 대한 전면수정이 아닌, 업무 효율을 위한 프로세스의 개선을 목표로 한다.

05 ③

ERP를 도입하는 것은 경영혁신을 위해서이다. 기존 업무처리 방식을 개선하고자 도입하는 것이므로 기존 업무처리에 따라 패키지를 수정하는 것은 바람직하지 않다.

06 ②

각 기업의 회계기간은 정관에서 정한다.

07 ②

재무제표는 일정한 가정하에서 작성되며, 기본가정은 기업 실체의 가정, 계속기업 및 기간별 보고의 가정이 있다. 기업 실체의 전제(가정)에 대한 설명이다.

08 ④

(라) 총수익: 순손실 △15 + 총비용 70 = 55
(나) 기초자본: 기말자본 175 − 당기순손실 △15 = 190
(가) 기초부채: 기초자산 450 − 기초자본 190 = 260
(다) 기말부채: 기말자산 240 − 기말자본 175 = 65

09 ③

재무제표 중 손익계산서에 대한 설명이다.

10 ③

현금의 차입 및 상환활동, 신주발행이나 배당금의 지급활동과 같이 부채 및 자본 계정에 영향을 미치는 거래는 현금흐름표의 재무활동에 대한 설명이다.

11 ①

매출채권은 기말결산 시 장부를 마감하는 과정에서 집합손익 계정으로 대체하여 마감하지 않고 차기이월/전기이월로 마감하는 자산 계정이자 영구 계정이다. 매출원가, 이자비용, 감가상각비는 비용 계정으로 집합손익 계정으로 대체한다.

12 ④

- 기말자본 = 기초자본 + 총수익 − 총비용
- 기말자산 + 총비용 = 기말부채 + 기초자본 + 총수익

13 ③

- 현금 및 현금성자산 항목: 우편환증서 150,000원 + 자기앞수표 200,000원 + 보통예금 500,000원 + 현금 100,000원 + 국세환급금통지서 30,000원 = 980,000원

14 ②

매입과 관련된 에누리와 환출액은 취득원가에서 차감한다.

15 743,000

- 매출액: 5,000,000원
- 매출원가: 기초상품 재고액 2,000,000원 + (당기매입액 3,000,000원 + 매입상품 운반비 7,000원) − 기말상품 재고액 1,500,000원 = 3,507,000원
- 매출총이익: 매출액 5,000,000원 − 매출원가 3,507,000원 = 1,493,000원
- 판매비와관리비: 급여 550,000원 + 감가상각비 150,000원 + 접대비 50,000원 = 750,000원
- 영업이익: 매출총이익 1,493,000원 − 판매비와관리비 750,000원 = 743,000원

16　　**투자**

현금흐름표는 일정 기간 현금흐름의 변동 내용을 표시하는 재무보고서로, 현금흐름에 영향을 미치는 영업활동, 재무활동, 투자활동으로 구분 표시된다.

17　　**자본조정**

일반기업회계기준에서는 재무상태표상 자본은 자본금, 자본잉여금, 자본조정, 기타포괄손익누계액, 이익잉여금으로 분류한다.

18　　②

납세의무자는 사업자 또는 재화를 수입하는 자이며, 부가가치세를 실질적으로 부담하는 사람은 최종소비자이다.

19　　②

저소득층의 세부담에 대한 역진성을 완화하는 것은 면세제도이다.

20　　③

법인세는 납세자와 담세자가 동일한 직접세로서 납세자와 담세자가 다른 간접세와 대비된다.

21　　④

외국법인은 국내사업장이 없는 경우로서 부동산소득이나 양도소득이 있는 때는 그 자산의 소재지가 납세지이다.

22　　③

사업연도에 관한 설명이다. 사업연도는 법령이나 법인의 정관 등에서 정하는 1회계기간으로 기업이 정한다.

23　　①

기업업무추진비(접대비) 한도초과는 기타사외유출에 해당한다.

24　　**결산조정**

결산조정에 대한 설명으로 회계장부에 수익 또는 비용으로 인식하여 과세소득을 반영하는 것이다.

25　　9, 30

법인은 각 사업연도의 종료일이 속하는 달을 기준으로 3개월 이내에 법인세 과세표준 세액을 납세지 관할 세무서장에게 신고 및 납부하여야 한다.

26   10,000

자본금과 적립금조정명세서(乙)은 유보금액을 관리하는 서식이다. 따라서 소득금액조정합계표 및 자본금과 적립금조정명세서(乙) 모두에 연관이 있는 항목은 유보로 처분되는 항목을 의미한다. 대손충당금 한도초과액 5,000원과 건물 감가상각비 한도초과액 5,000원은 유보로 처리한다.

27   ④

직접노무비 임률차이: 실제노동시간 600시간×(실제임률 @500원/시간−표준임률 @400원/시간)=60,000원 불리한 차이

28   ③

고객의 주문에 의해서만 비행기를 생산하는 항공업은 개별원가계산을 적용하기에 가장 적합하다.

29   ④

조업도의 증가에 따른 단위당 변동비의 원가행태는 일정하다.

30   860

9월 노무비 발생액: 현금지급액 600원 − 전월 미지급노무비 150원 − 당월 선급노무비 240원 + 당월 미지급노무비 370원 + 전월선급노무비 280원 = 860원

<table>
<tr><td colspan="4" align="center">노무비</td></tr>
<tr><td>당월지급액</td><td align="right">600</td><td>전월미지급</td><td align="right">150</td></tr>
<tr><td>당월미지급</td><td align="right">370</td><td>당월소비액</td><td align="right">?</td></tr>
<tr><td>전월선급액</td><td align="right">280</td><td>당월선급액</td><td align="right">240</td></tr>
<tr><td></td><td align="right">1,250</td><td></td><td align="right">1,250</td></tr>
</table>

31   2

- 공헌이익: 매출액 1,000,000원×공헌이익률 0.5=500,000원
- 영업이익: 공헌이익 500,000원−고정비 250,000원=250,000원
- 영업레버리지도(DOL): 공헌이익 500,000원÷영업이익 250,000원=2

32   0.3

- 매출액 S − 변동비 0.5S − 고정비 FC = 목표이익 0.2S
- 매출액 S = 고정비 FC ÷ (0.3)

01	④	02	④	03	③	04	②	05	①	06	④	07	②	08	②	09	③	10	③
11	①	12	②	13	④	14	①	15	③	16	④	17	③	18	②	19	③	20	②
21	①	22	①	23	④	24	④	25	③										

01 ④

- 미결: 전표입력 시 미결전표가 생성되고 전표 수정, 삭제가 불가하다.
- 수정: 전표입력 시 대차차익이 없는 경우 승인전표가 생성되고 미결전표만 수정, 삭제가 가능하다.
- 승인: 전표입력 시 대차차익이 없는 경우 승인전표가 생성되고 모든 전표를 수정, 삭제가 가능하다.

◎ [시스템관리] – [회사등록정보] – [사원등록]

'모듈구분: A.회계관리'로 조회하면 ERP13A02.유지현 사원은 '사용가능한메뉴' 항목에서 전표승인해제 메뉴를 확인할 수 없다.

◎ [시스템관리] – [회사등록정보] – [사용자권한설정]

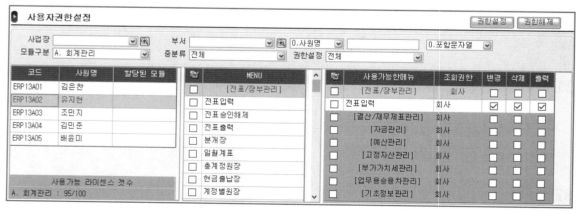

02 ④

'조회구분: 2.회계'로 조회한다. '자산코드자동부여'의 유형설정이 '0.부'로 등록되어 있으므로 고정자산등록 시 사용자가 코드를 직접 입력한다.

📍 [시스템관리] – [회사등록정보] – [시스템환경설정]

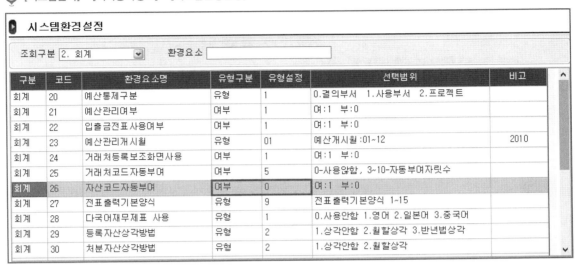

구분	코드	환경요소명	유형구분	유형설정	선택범위	비고
회계	20	예산통제구분	유형	1	0.결의부서 1.사용부서 2.프로젝트	
회계	21	예산관리여부	여부	1	여:1 부:0	
회계	22	입출금전표사용여부	여부	1	여:1 부:0	
회계	23	예산관리개시월	유형	01	예산개시월:01~12	2010
회계	24	거래처등록보조화면사용	여부	1	여:1 부:0	
회계	25	거래처코드자동부여	여부	5	0-사용않함, 3~10-자동부여자릿수	
회계	26	자산코드자동부여	여부	0	여:1 부:0	
회계	27	전표출력기본양식	유형	9	전표출력기본양식 1~15	
회계	28	다국어재무제표 사용	유형	1	0.사용안함 1.영어 2.일본어 3.중국어	
회계	29	등록자산상각방법	유형	2	1.상각안함 2.월할상각 3.반년법상각	
회계	30	처분자산상각방법	유형	2	1.상각안함 2.월할상각	

03 ③

00008.청우유통(주)의 구분을 '2.무역'으로 변경한 후 오른쪽 상단의 '조건검색' 버튼을 클릭하여 '조건검색' 창에서 '거래처구분: 2.무역'으로 검색한다.

[시스템관리] – [기초정보관리] – [일반거래처등록]

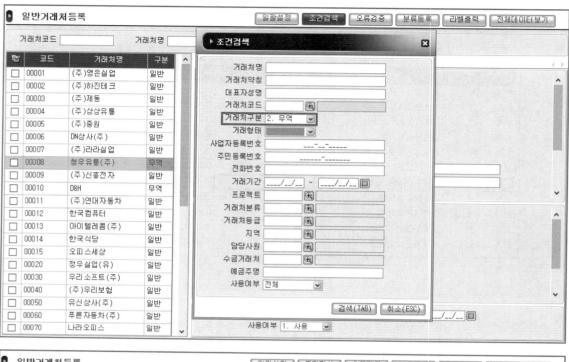

04 ②

'기간: 2023/02~2023/06', '계정과목: 1.계정별, 10800.외상매출금'으로 조회한다.

📍 [회계관리] – [전표/장부관리] – [총계정원장] – 월별 탭

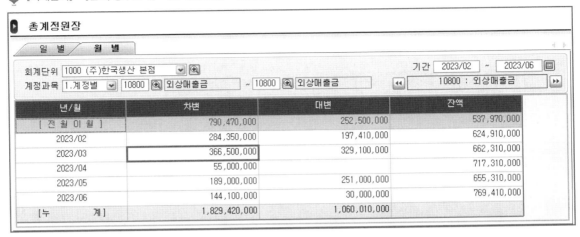

년/월	차변	대변	잔액
[전 월 이 월]	790,470,000	252,500,000	537,970,000
2023/02	284,350,000	197,410,000	624,910,000
2023/03	366,500,000	329,100,000	662,310,000
2023/04	55,000,000		717,310,000
2023/05	189,000,000	251,000,000	655,310,000
2023/06	144,100,000	30,000,000	769,410,000
[누 계]	1,829,420,000	1,060,010,000	

05 ①

'관리항목1: C1.사용부서', '관리내역: 1001.회계팀~1001.회계팀', '관리항목2: D1.프로젝트', '관리내역: 1000.서울공장~1000.서울공장', '기표기간: 2023/01/01~2023/03/31', '계정과목: 1.계정별, 81300.접대비'로 조회한다.

📍 [회계관리] – [전표/장부관리] – [관리내역현황] – 잔액 탭

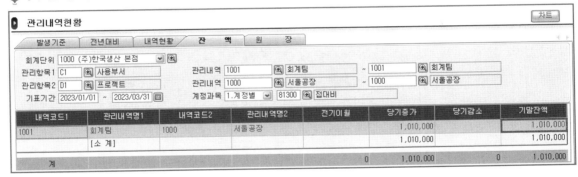

내역코드1	관리내역명1	내역코드2	관리내역명2	전기이월	당기증가	당기감소	기말잔액
1001	회계팀	1000	서울공장		1,010,000		1,010,000
	[소 계]				1,010,000		1,010,000
계				0	1,010,000	0	1,010,000

06 ④

'기표일자: 2023/01/01~2023/12/31'을 입력한 후 '새로불러오기' 버튼을 클릭하여 조회한다.

◉ [회계관리] – [전표/장부관리] – [기간비용현황] – 입력 탭

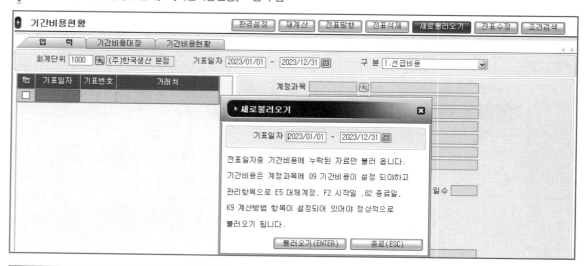

'계약기간: 2023/01~2023/12'로 조회하여 조회기간비용을 확인한다.

◉ [회계관리] – [전표/장부관리] – [기간비용현황] – 기간비용현황 탭

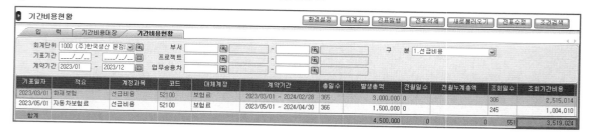

07 ②

- '기간: 2023/12/31'로 조회한다.
- 당기 소모품(자산)으로 조회되는 금액은 67,000,000원이다.
- 사용액: 소모품 67,000,000원 – 기말재고액(미사용액) 4,000,000원 = 63,000,000원
- 사용액 63,000,000원은 차변에 소모품비(비용)로 인식한다.

◉ [회계관리] – [결산/재무제표관리] – [재무상태표] – 관리용 탭

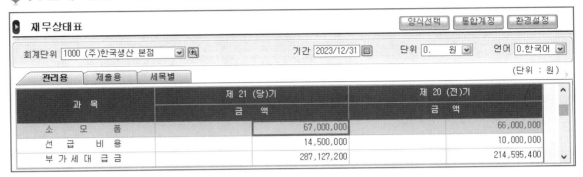

08 ②

'자산유형: 20800.차량운반구'로 조회한다. 추가등록사항 탭에서 자산변동처리의 '일자: 2023/07/05', '구분: 2.양도', '금액: 24,000,000'을 입력하고 '당기감가상각비'란을 확인한다.

◉ [회계관리] – [고정자산관리] – [고정자산등록] – 추가등록사항 탭

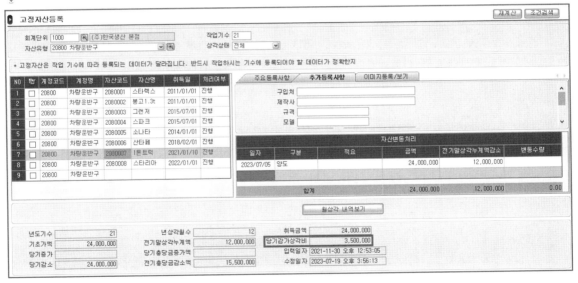

09 ③

오른쪽 상단의 '증빙설정' 버튼을 클릭하여 적격증빙별 전표증빙을 모두 입력하여 조회한다.

◉ [회계관리] – [전표/장부관리] – [지출증빙서류검토표(관리용)] – 집계 탭

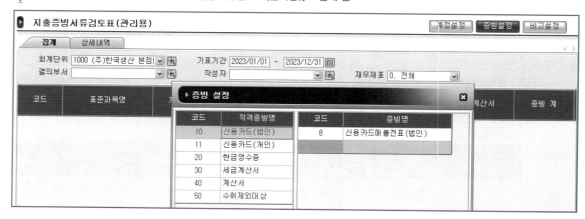

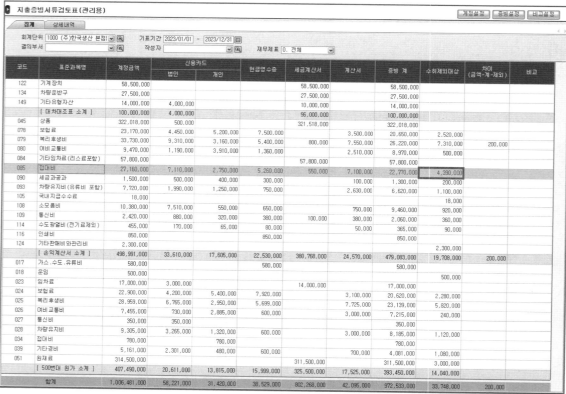

10   ③

'기표기간: 2023/01/01~2023/12/31'을 입력한 후 오른쪽 상단의 '불러오기' 버튼을 클릭한다.

📍 [회계관리] – [업무용승용차관리] – [업무용승용차 관련비용 명세서(관리용)] – 명세서 탭

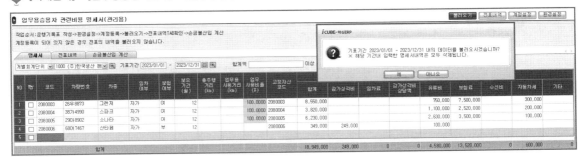

손금불산입 탭으로 이동하여 '29아8902' 차량의 손금산입 금액을 조회한다.

📍 [회계관리] – [업무용승용차관리] – [업무용승용차 관련비용 명세서(관리용)] – 손금불산입 계산 탭

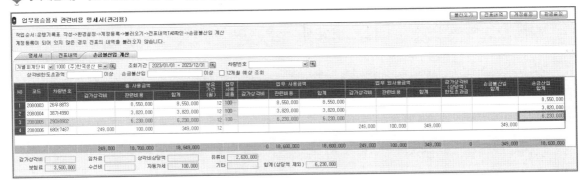

11 ①

'기간: 2023/03/01~2023/06/30'으로 조회한다.

◉ [회계관리] – [전표/장부관리] – [일월계표] – 일계표 탭

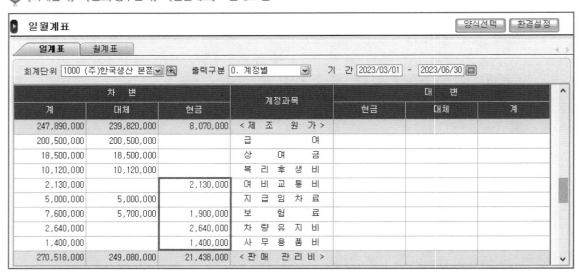

12 ②

'조회기간: 2023/02~2023/02', '집행방식: 2.승인집행', '관리항목: 0.부서별, 1001.회계팀'으로 조회한다.

◉ [회계관리] – [예산관리] – [예산초과현황]

예산초과현황

조회기간 `2023/02` ~ `2023/02` 📅   과목구분 `1. 예산과목` ▼   집행방식 `2. 승인집행` ▼
관리항목 `0.부서별` ▼ `1001 회계팀` ▼🔍   표시구분 `1. 모두 표시` ▼

코드	계정과목	신청예산	편성예산	실행예산	집행실적	차이	집행율(%)
80200	직원급여		20,000,000	20,000,000	20,000,000		100
81100	복리후생비		3,000,000	3,000,000	2,530,000	470,000	84
81200	여비교통비		1,500,000	1,500,000		1,500,000	0
81300	접대비		2,800,000	2,800,000	2,530,000	270,000	90
81400	통신비		500,000	500,000	540,000	-40,000	108
81500	수도광열비		50,000	50,000		50,000	0
82100	보험료		2,000,000	2,000,000	1,710,000	290,000	86
82200	차량유지비		400,000	400,000	540,000	-140,000	135
82700	회의비		50,000	50,000		50,000	0
82900	사무용품비		300,000	300,000	230,000	70,000	77
83100	지급수수료		1,000,000	1,000,000		1,000,000	0
	합계	0	31,600,000	31,600,000	28,080,000	3,520,000	88.861

13 ④

전표입력 메뉴의 오른쪽 상단에 '환경설정'을 조회한다. '세무구분 [25.수입] 공급가액 제외' 옵션에 체크가 선택되어 있지 않아 공급가액을 필수로 입력해야 한다.

◉ [회계관리] – [전표/장부관리] – [전표입력]

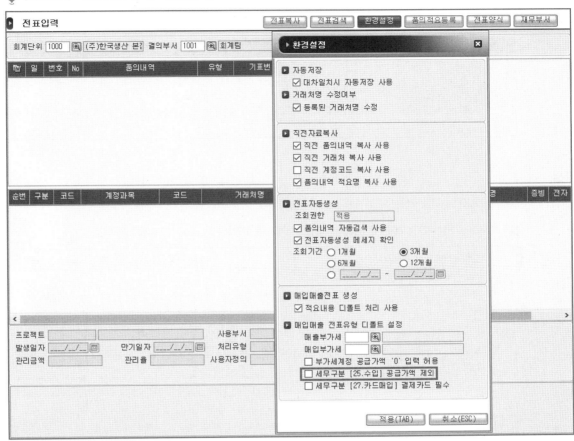

14 ①

📍 [회계관리] – [결산/재무제표관리] – [기간별손익계산서] – 분기별 탭

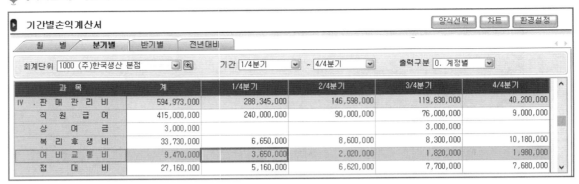

15 ③

'사업장: 2000.(주)한국생산 춘천지사', '기간: 2023/01~2023/03'을 입력한 후 불러오기한 자료를 확인한다.

📍 [회계관리] – [부가가치세관리] – [신용카드발행집계표/수취명세서] – 신용카드발행집계표 탭

16 ④

'사업장: 2000.(주)한국생산 춘천지사', '과세기간: 2023/10~2023/12'로 조회하고 자료를 입력하여 보증금이자(간주임대료)를 계산한다.

⊙ [회계관리] – [부가가치세관리] – [부동산임대공급가액명세서]

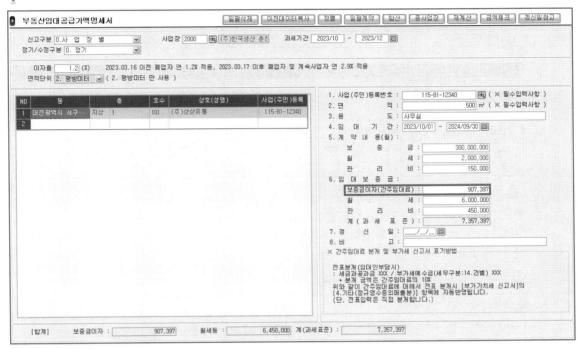

TIP '데이터가 존재하지 않습니다. 이전 데이터를 복사하시겠습니까?' 창이 뜨면 '예' 버튼을 누르고 실행되는 '복사' 보조창을 닫는다.

'회계단위: 2000.(주)한국생산 춘천지사'의 12월 31일에 '14.건별매출'로 거래내역을 입력한다.

📍 [회계관리] – [전표/장부관리] – [전표입력]

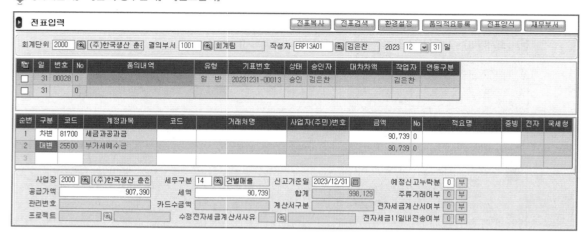

자동으로 입력된 40101.국내매출액은 F5를 눌러 삭제하고, 10800.외상매출금은 81700.세금과공과금으로 수정한다.
전표입력 후 'Enter'를 눌러 '상태: 승인', '승인자: 김은찬'이 생성되었는지 확인한다.
'사업장: 2000.(주)한국생산 춘천지사', '조회기간: 신고기준일, 2023/10/01~2023/12/31', '출력구분: 1.매출', '세무구분: 14.건별매출'로 조회한다.

📍 [회계관리] – [전표/장부관리] – [매입매출장] – 세무구분별 탭

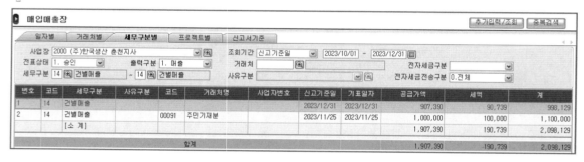

17 ③

'사업장: 2000.(주)한국생산 춘천지사', '조회기간: 신고기준일, 2023/04/01~2023/06/30'으로 조회한다. '23.면세매입'에 관한 거래는 없으므로 매입처별 계산서 합계표를 작성하지 않아도 된다.

ㅣ오답 풀이ㅣ

① 신용카드수취명세서 – 27.카드매입

② 매입세액불공제 내역 – 24.매입불공제

④ 매출처별 세금계산서 합계표 – 11.과세매출

📍 [회계관리] – [전표/장부관리] – [매입매출장] – 신고서기준 탭

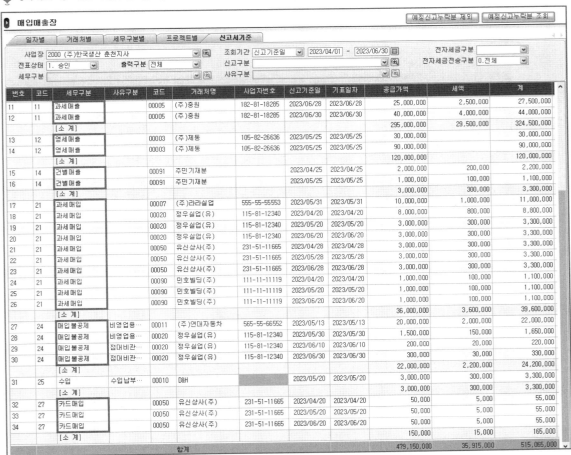

전자세금계산서외탭에서 주민등록기재분 조회 및 수정은 자료구분 [0.전자 11일경과전송분 + 종이발행]에서만 가능합니다.
(*상세조회 매입매출장 메뉴 참조요망)

19 ③

'사업장: 2000.(주)한국생산 춘천지사', '기간: 2023/07/01~2023/09/30'을 입력한 후 오른쪽 상단의 '불러오기' 버튼을 클릭한다. 오른쪽 상단의 '과세표준' 버튼을 클릭하여 과세표준명세의 '과세표준명세 – 28.제조업, 도소매' 금액을 확인한다.

◉ [회계관리] – [부가가치세관리] – [부가세신고서] – 일반과세 탭

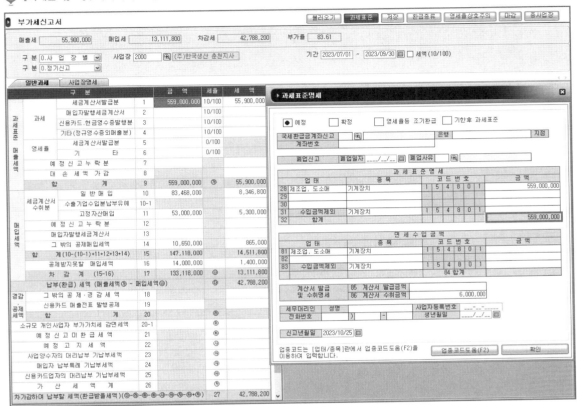

20 ②

'회계단위: 2000.(주)한국생산 춘천지사'의 2월 5일에 거래내역을 입력한다.

📍 [회계관리] – [전표/장부관리] – [전표입력]

'사업장: 2000.(주)한국생산 춘천지사', '거래기간: 2023/01~2023/03'으로 조회하고, 상단의 '불러오기' 버튼을 눌러 '내국신용장'을 선택한 후, '예(ENTER)' 버튼을 누른다.

📍 [회계관리] – [부가가치세관리] – [내국신용장·구매확인서 전자발급명세서]

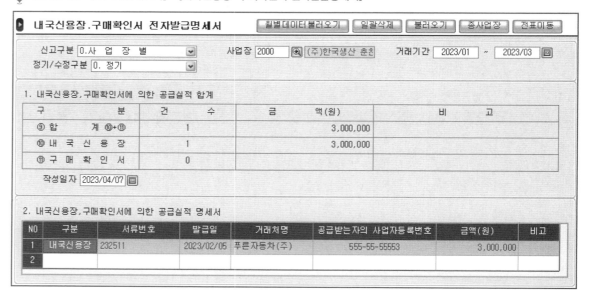

'사업장: 2000.(주)한국생산 춘천지사', '과세기간: 2023/01~2023/03'으로 조회한 후에 상단의 '불러오기' 버튼을 눌러 새로 데이터를 불러온다.

📍 [회계관리] – [부가가치세관리] – [영세율매출명세서]

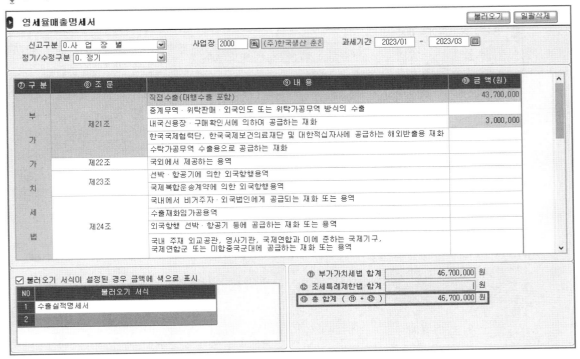

21 ①

- '회계단위: 1000.(주)한국생산 본점', '기간: 2023/01/31'로 조회한다.
- 단위당 매출액: 매출액 376,000,000원 ÷ 판매량 40,000개 = 9,400원
- 손익분기점 판매량: 고정비 20,000,000원 ÷ (단위당 매출액 9,400원 − 단위당 변동비 1,400원) = 2,500개

📍 [회계관리] – [결산/재무제표관리] – [손익계산서] – 관리용 탭

과 목	제 21 (당)기 금 액		제 20 (전)기 금 액	
Ⅰ.매 출 액		376,000,000		2,701,250,000
상 품 매 출	276,000,000		1,300,500,000	
제 품 매 출	100,000,000		1,400,750,000	

22   ①

'부문'란에서 '2001. 영업부문'을 선택하고 '기간: 2023/01/01~2023/06/30'으로 조회한다.

◉ [회계관리] - [결산/재무제표관리] - [관리항목별원가보고서] - 부문별 탭

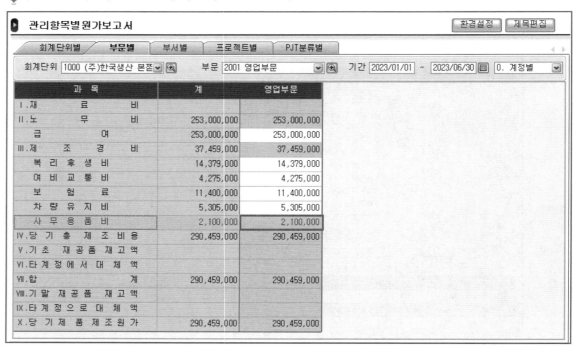

과 목	계	영업부문
I.재　료　비		
II.노　무　비	253,000,000	253,000,000
급　　여	253,000,000	253,000,000
III.제　조　경　비	37,459,000	37,459,000
복 리 후 생 비	14,379,000	14,379,000
여 비 교 통 비	4,275,000	4,275,000
보　험　료	11,400,000	11,400,000
차 량 유 지 비	5,305,000	5,305,000
사 무 용 품 비	2,100,000	2,100,000
IV.당 기 총 제 조 비 용	290,459,000	290,459,000
V.기 초 재 공 품 재 고 액		
VI.타 계 정 에 서 대 체 액		
VII.합　　　계	290,459,000	290,459,000
VIII.기 말 재 공 품 재 고 액		
IX.타 계 정 으 로 대 체 액		
X.당 기 제 품 제 조 원 가	290,459,000	290,459,000

23 ④

'자산유형: 20600.기계장치'로 조회하여 '1007.압축기'의 관리부서를 '3001.생산부'로 등록한다.

◎ [회계관리] – [고정자산관리] – [고정자산등록] – 주요등록사항 탭

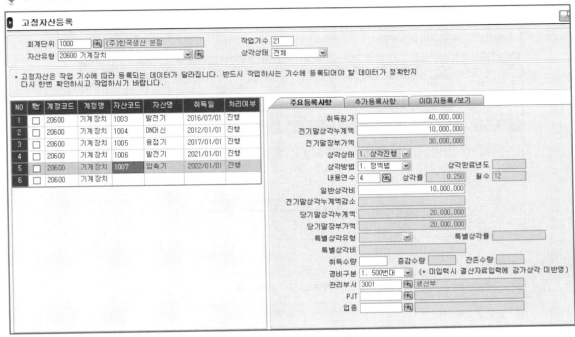

'부서: 3001.생산부', '기간: 2023/01~2023/12'로 조회한다.

◎ [회계관리] – [고정자산관리] – [감가상각비현황] – 총괄 탭

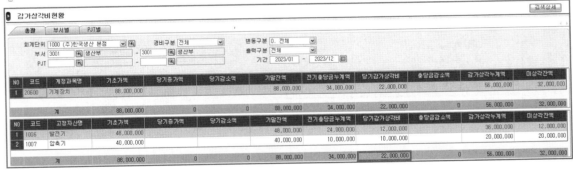

24 ④

6월 30일을 조회하여 원재료 계정의 '타계정구분'란에 커서를 두고 F2를 눌러 '2.타계정대체출고'로 수정한다.

◉ [회계관리] – [전표/장부관리] – [전표입력]

'기간: 2023/06/30'으로 조회한다.

◉ [회계관리] – [결산/재무제표관리] – [원가보고서] – 관리용 탭

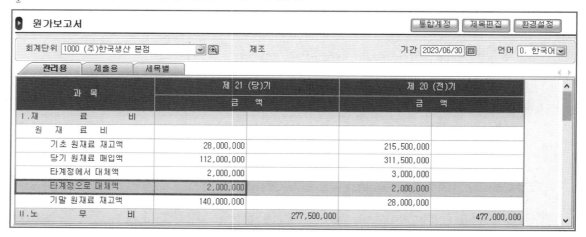

25 ③

'기간: 2023/03/31'로 조회한다.

📍 [회계관리] – [결산/재무제표관리] – [원가보고서] – 관리용 탭

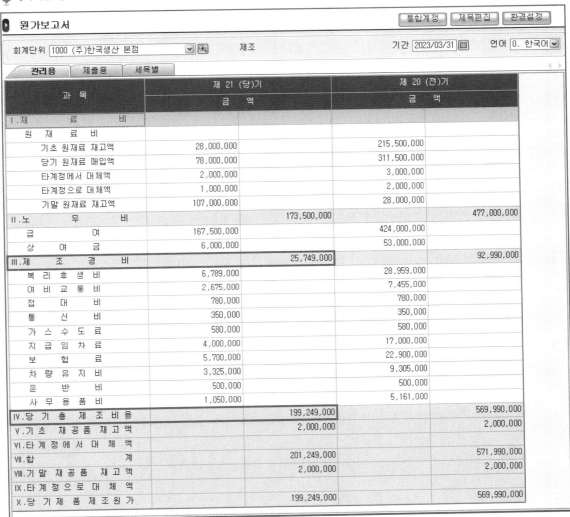

원가보고서				통합계정	제목편집	환경설정

회계단위 1000 (주)한국생산 본점   제조   기간 2023/03/31   언어 0. 한국어

관리용 | 제출용 | 세목별

과 목	제 21 (당)기 금 액		제 20 (전)기 금 액	
I.재 료 비				
원 재 료 비				
기초 원재료 재고액	28,000,000		215,500,000	
당기 원재료 매입액	78,000,000		311,500,000	
타계정에서 대체액	2,000,000		3,000,000	
타계정으로 대체액	1,000,000		2,000,000	
기말 원재료 재고액	107,000,000		28,000,000	
II.노 무 비		173,500,000		477,000,000
급 여	167,500,000		424,000,000	
상 여 금	6,000,000		53,000,000	
III.제 조 경 비		25,749,000		92,990,000
복 리 후 생 비	6,789,000		28,959,000	
여 비 교 통 비	2,675,000		7,455,000	
접 대 비	780,000		780,000	
통 신 비	350,000		350,000	
가 스 수 도 료	580,000		580,000	
지 급 임 차 료	4,000,000		17,000,000	
보 험 료	5,700,000		22,900,000	
차 량 유 지 비	3,325,000		9,305,000	
운 반 비	500,000		500,000	
사 무 용 품 비	1,050,000		5,161,000	
IV.당 기 총 제 조 비 용		199,249,000		569,990,000
V.기 초 재 공 품 재 고 액		2,000,000		2,000,000
VI.타 계 정 에 서 대 체 액				
VII.합 계		201,249,000		571,990,000
VIII.기 말 재 공 품 재 고 액		2,000,000		2,000,000
IX.타 계 정 으 로 대 체 액				
X.당 기 제 품 제 조 원 가		199,249,000		569,990,000

이론

01	③	02	④	03	②	04	③	05	④	06	①	07	③	08	③	09	③	10	④
11	③	12	③	13	④	14	④	15	신뢰성			16	5,000,000			17	1,000,000		
18	④	19	④	20	①	21	②	22	④	23	①	24	5,000,000(혹은 5,300,000)						
25	세무조정		26	소득처분		27	④	28	④	29	①	30	기회						
31	700		32	50															

01 ③

ERP 도입 시에는 커스터마이징이 최소화되는 방향으로 선택해야 한다.

02 ④

기업 경영의 핵심과 과정을 전면 개편하여 경영성과를 향상시키는 신속하고 극단적, 전면적인 혁신기법은 리엔지니어링(Re – Engineering)이다.

03 ②

사용자권한설정 메뉴에서 사원별로 권한이 부여된 메뉴의 정보에만 접근할 수 있으므로 사용권한 없이 접근할 수 있는 것은 아니다.

04 ③

기존 정보 시스템(MIS) 업무처리 대상은 업무(Task) 중심이고, ERP는 프로세스(Process) 중심으로 업무를 처리한다.

05 ④

확장된 ERP 환경에서 CRM 시스템에 대한 설명이다.

06 ①

재무정보가 갖추어야 할 가장 중요한 질적 특성은 목적적합성과 신뢰성이다. 재무정보의 비교가능성은 목적적합성과 신뢰성만큼 중요한 질적특성은 아니나, 목적적합성과 신뢰성을 갖춘 정보가 기업실체 간에 비교가능하거나 또는 기간별 비교가 가능할 경우 재무정보의 유용성이 제고될 수 있다.

07 ③

계속기업의 가정에 대한 전제이다.

08 ③

| 오답 풀이 |

① 재무상태표: 일정 시점의 재무상태 / 정태적 보고서 / 발생주의
② 손익계산서: 일정 기간의 경영성과 / 동태적 보고서 / 발생주의
④ 자본변동표: 일정 기간의 자본현황 / 동태적 보고서 / 발생주의

09 ③

- 매출총이익: 매출액 150,000원 − 매출원가 100,000원 = 50,000원
- 영업이익: 매출총이익 50,000원 − 판매비와관리비 18,500원 = 31,500원
- 판매비와관리비: 복리후생비 15,000원 + 감가상각비 3,500원 = 18,500원

10 ④

(가) 투자활동은 영업활동에 필요한 자산을 취득하거나 처분하는 활동 등을 의미한다.
(나) 영업활동은 제품이나 서비스를 만들어 고객에게 전달하는 활동 등을 의미한다.
(다) 재무활동은 기업이 필요한 자금을 조달하고 부채를 상환하는 활동 등을 의미한다.

11 ③

당기 2월에 현금으로 지급한 1년분 임차료를 전액 당기의 비용으로 계상하는 회계처리는 현금주의에 입각한 것이다. 발생주의는 당기에 해당하는 11개월 부분만 당기비용으로 인식한다.

12 ③

유동성 배열법은 유동성이 큰 순서로 배열하는 방법으로 현금(당좌자산), 상품(재고자산), 토지(유형자산), 영업권(무형자산) 순으로 기록된다.

13 ④

발생주의에 의하면 2023년 비용은 8월부터 12월까지 5개월만 해당된다. 나머지 7개월은 다음 연도의 비용으로 이연시켜야 한다. 다음 연도 7개월분은 선급비용으로 인식하는 결산수정분개를 해야 한다.
(차) 선급비용   70,000   (대) 임차료   70,000

14 ④

- 매출할인, 매출에누리, 매출환입은 총매출액에서 차감(−)한다.
- 매출운임은 판매비와관리비로 처리한다.
- 매입할인은 총매입액에서 차감(−)한다.
- 매입운임은 총매입액에 가산(+)한다.

15 신뢰성

재무정보가 갖추어야 할 가장 중요한 질적특성은 목적적합성(또는 관련성)과 신뢰성이다.

16 5,000,000

<table>
<tr><td colspan="4" align="center">외상매입금</td></tr>
<tr><td>당기상환</td><td align="right">5,000,000</td><td>기초잔액</td><td align="right">2,500,000</td></tr>
<tr><td>기말잔액</td><td align="right">A</td><td>당기발생</td><td align="right">7,500,000</td></tr>
<tr><td></td><td align="right">10,000,000</td><td></td><td align="right">10,000,000</td></tr>
</table>

17 1,000,000

매출원가: 기초재고액 100,000원 + 당기총매입액 1,400,000원 – 매입할인 100,000원 – 매입환출 100,000원 – 매입에누리 100,000원 – 기말재고액 200,000원 = 1,000,000원

18 ④

- 공급가액에 포함하지 않는 항목: 에누리, 환입, 연체이자, 국고보조금, 매출할인 등
- 과세표준에서 공제하지 않는 항목: 대손금, 장려금(단, 장려금을 재화로 지급하는 경우에는 사업상 증여에 해당되므로 포함하여 과세한다)
- 과세표준: 상품매출액 10,000,000원 – 매출할인 250,000원 – 매출에누리 100,000원 + 판매장려상품 지급 200,000원 = 9,850,000원

19 ④

소득세법 제160조의2, 부가가치세법 제32~34조에 따르면, 세금계산서는 사업자가 제15조 및 제16조에 따른 재화 또는 용역의 공급시기에 재화 또는 용역을 공급받는 자에게 발급하여야 한다. 제32조에도 불구하고 세금계산서(전자세금계산서를 포함한다. 이하 같다)를 발급하기 어렵거나 세금계산서의 발급이 불필요한 경우 등 대통령령으로 정하는 경우에는 세금계산서를 발급하지 아니할 수 있다. 발급하기 어렵거나 발급이 불필요한 모든 상황에 대해 세금계산서 발급을 거부하는 것이 아니라 일부 대통령령으로 정하는 경우에만 세금계산서 발급을 안 할 수 있다.

20 ①

내국법인 중 비영리법인은 각 사업연도 소득(국내외소득 중 수익사업소득)과 토지 등 양도소득에 대하여 법인세 납세의무가 있다.

21 ②

- 익금산입 금액: 자기주식처분이익 100,000원 + 자산수증이익 500,000원 + 상품판매대금 1,000,000원 = 1,600,000원
- 익금산입 항목: 자기주식처분이익, 자산수증이익, 매출액
- 익금불산입항목: 감자차익, 부가가치세 매출세액, 법인세 환급액

22 ④

법인세 신고 시 필수첨부서류는 기업회계기준을 준용하여 작성한 재무상태표, 포괄손익계산서 및 이익잉여금처분계산서(결손금처리계산서), 세무조정계산서이다.

23 ①

내국법인은 법인등기부상 본점 또는 주사무소의 소재지가 납세지이다.

24 **5,000,000(혹은 5,300,000)**

- 공제 가능 매입세액: 제품매입 및 매입운반비용 매입세액 5,000,000원
- 토지관련 매입세액과 접대비관련 매입세액은 불공제이다.

건축하면서 포장공사를 하면 건축물 취득 과세표준으로 보기 때문에 해당사항에서는 매입세액 공제가 가능하다. 즉, 위의 문제는 상황에 따라 답이 달라질 수 있다.

특히 해당 문제의 경우 "부가46015 − 1857", "부가 − 3403" 등 공장부지 포장공사가 매입세액으로 공제되는 판례 등이 존재하므로 이에 5,300,000원도 복수정답으로 인정된다.

25 **세무조정**

세무조정에 대한 설명이다.

26 **소득처분**

법인세법상 소득처분에 관한 설명이다.

27 ④

과거의 의사결정 결과로 인해 이미 발생된 원가(역사적 원가)로, 현재의 의사결정에는 영향을 미치지 못하는 원가이다. 보유하고 있는 재고자산의 제조원가 1,000,000원이 (주)생산성의 매몰원가(sunk cost)이다.

28 ④

원가집계는 재료비 → 재공품 → 제품 → 매출원가 순으로 계산된다.

29 ①

단계배부법은 부문별 원가계산에서 보조부문비를 제조부문에 배분할 때 이용되는 방법이다.

30 **기회**

기회원가란 의사결정 시 여러 대안들 중 한 가지를 선택함으로써 포기해야 하는 대안의 가치를 의미한다. 수영을 위해 포기하게 되는 피아노학원에 대한 기존에 지출되던 수강료는 기회원가에 해당한다.

31 **700**

총공헌이익: 매출액 2,000원 − (직접재료비 700원 + 직접노무비 300원 + 변동제조간접비 200원 + 변동판매비와관리비 100원) = 700원

32 **50**

- 공헌이익: 매출액 1,000,000원 × 공헌이익률 0.4 = 400,000원
- 영업이익: 공헌이익 400,000원 − 고정비 200,000원 = 200,000원
- 안전한계율: 영업이익 200,000원 ÷ 공헌이익 400,000원 × 100% = 50%

01	④	02	③	03	③	04	②	05	②	06	③	07	①	08	①	09	②	10	③
11	③	12	①	13	④	14	③	15	①	16	②	17	③	18	①	19	④	20	④
21	④	22	①	23	④	24	②	25	③										

01 ④

'사용여부: 0.미사용'으로 조회한다. 00090.민호빌딩(주)과 00100.대전시청은 사용여부가 '0.미사용'으로 설정되어 있다.

◉ [시스템관리] – [기초정보관리] – [일반거래처등록]

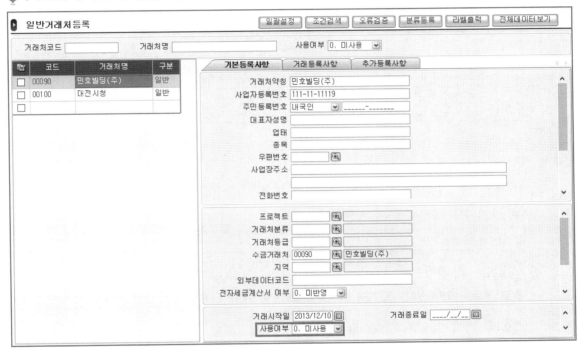

02 ③

81200.여비교통비 계정의 증빙필수입력여부가 '3.차변필수'로 조회된다.

📍 [시스템관리] – [기초정보관리] – [계정과목등록]

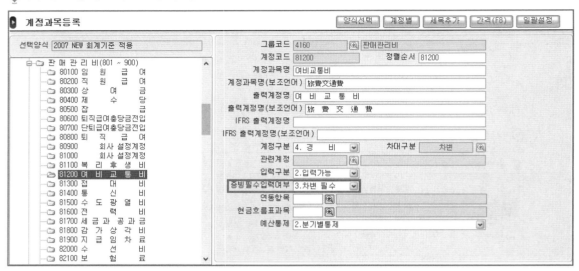

03 ③

ERP13A02.윤수현 사원과 ERP13A03.김수빈 사원은 전표입력 메뉴를 사업장 권한으로 조회할 수 없다.

📍 [시스템관리] – [회사등록정보] – [사용자권한설정]

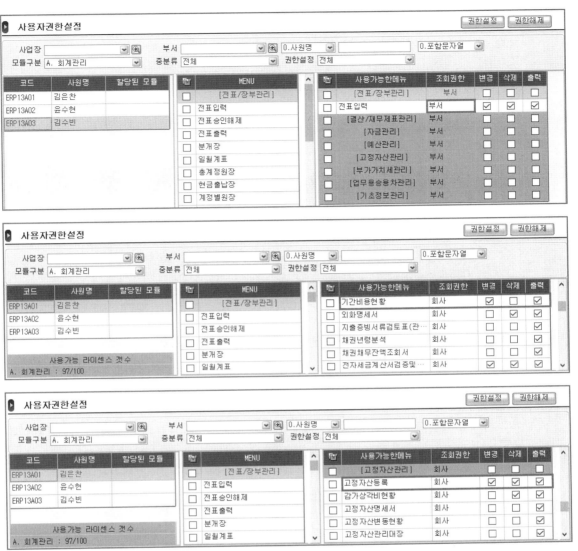

'모듈구분: A.회계관리'로 조회하면 ERP13A01.김은찬 사원은 '고정자산등록' 변경권한을 가지고 있으므로 '자본적지출'의 변동처리를 입력할 수 있다.

04 ②

'PJT: 서울공장, 광주공장, 부산공장, 울산공장', '기간: 2023/01/01~2023/06/30'으로 조회한다.

◉ [회계관리] – [결산/재무제표관리] – [관리항목별손익계산서] – PJT별 탭

05 ②

'결의기간: 2023/10/01~2023/10/31', '전표상태: 미결'로 조회한다.

◉ [회계관리] – [전표/장부관리] – [전표승인해제]

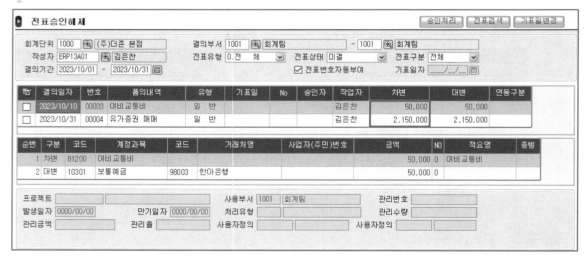

06 ③

보험여부가 '0.부'인 차량은 생산부의 관리 차량이다.

◎ [회계관리] – [업무용승용차관리] – [업무용승용차 차량등록]

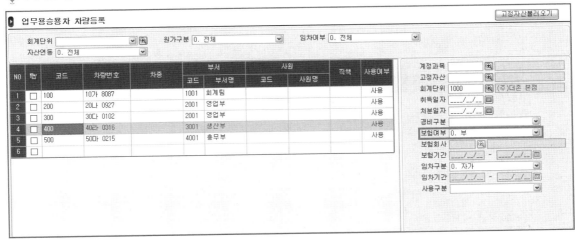

07 ①

'구분: 1.재무상태표'로 조회해서 12200.소모품을 찾아 확인한다.

◎ [시스템관리] – [초기이월관리] – [회계초기이월등록]

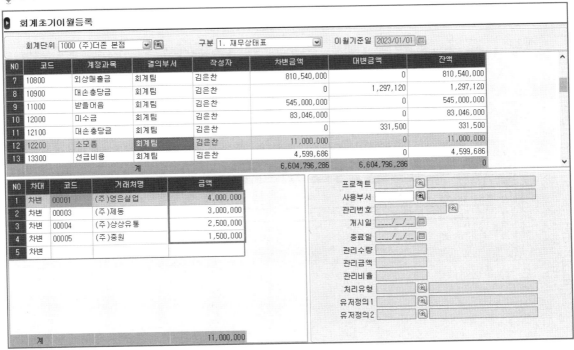

①

'조회기간: 2023/07~2023/12', '집행방식: 2.승인집행'으로 조회한다.

⊙ [회계관리] – [예산관리] – [예산초과현황]

예산초과현황

코드	계정과목	신청예산	편성예산	실행예산	집행실적	차이	집행율(%)
80200	직원급여	180,000,000	180,000,000	180,000,000	246,000,000	-66,000,000	137
81100	복리후생비	9,000,000	9,000,000	9,000,000	19,710,000	-10,710,000	219
81200	여비교통비	9,000,000	9,000,000	9,000,000	5,120,000	3,880,000	57
81300	접대비	30,000,000	30,000,000	30,000,000	20,740,000	9,260,000	69
81400	통신비	900,000	900,000	900,000	1,105,000	-205,000	123
81500	수도광열비	900,000	900,000	900,000	330,000	570,000	37
82100	보험료	12,000,000	12,000,000	12,000,000	13,680,000	-1,680,000	114
82200	차량유지비	4,900,000	4,900,000	4,900,000	4,000,000	900,000	82
82900	사무용품비	2,100,000	2,100,000	2,100,000	1,840,000	260,000	88
	합계	248,800,000	248,800,000	248,800,000	312,525,000	-63,725,000	125.613

②

오른쪽 상단의 '고정자금' 버튼을 클릭하여 '자금계획입력 – 고정자금등록' 창을 확인한다. 임차료는 2023년 10월 31일 까지만 고정적으로 지출되므로 12월 고정지출 금액은 10월에 비해 2,000,000원 감소한다.

⊙ [회계관리] – [자금관리] – [일자별자금계획입력] – 자금계획입력 탭

일자별자금계획입력

자금시재계정 | 고정자금 | 입금/출금 계정등록 | 자금반영 | 과목등록 | 자금복사

자금계획입력 | 자금계획상세보기

회계단위 1000 (주)더존 본점   계획년월 2023/01

전월말 시재액 : 0

일자	코드	자금과목	코드	거래처명	적요	금액	잔액

자금계획입력-고정자금등록

일자	적요	코드	자금과목명	코드	거래처	금액	기간	
07	년차입금상환	5110	차입금상환	98001	신안은행	6,800,000	2019/01/01	~ 2022/12/31
20	일용직인건비	2210	인건비	98001	신안은행	4,900,000	2021/04/01	~ 2023/12/31
25	임차료	2990	기타경상지출	00090	민호빌딩(주)	2,000,000	2019/01/01	~ 2023/10/31
25	전화요금	2310	일반경비	00013	아이텔레콤(주)	200,000	2020/01/01	~ 2023/12/31
27	직원경비지급	2310	일반경비	98003	한아은행	1,000,000	2013/07/01	~ 2023/04/30

10 ③

- '채권잔액일자: 2023/12/31', '전개월수: 6', '계정과목: 1.계정별, 10800.외상매출금'으로 조회한다.
- 조회조건 이전 가장 많은 채권 잔액을 보유한 거래처는 '(주)영은실업' 거래처이다.

📍 [회계관리] – [전표/장부관리] – [채권년령분석]

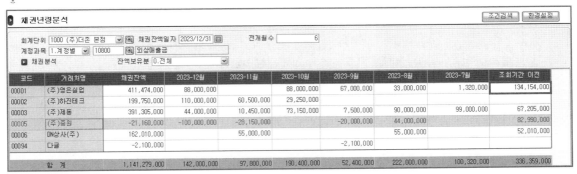

코드	거래처명	채권잔액	2023-12월	2023-11월	2023-10월	2023-9월	2023-8월	2023-7월	조회기간 이전
00001	(주)영은실업	411,474,000	88,000,000		88,000,000	67,000,000	33,000,000	1,320,000	134,154,000
00002	(주)하진테크	199,750,000	110,000,000	60,500,000	29,250,000				67,205,000
00003	(주)제동	391,305,000	44,000,000	10,450,000	73,150,000	7,500,000	90,000,000	99,000,000	67,205,000
00005	(주)중원	-21,160,000	-100,000,000	-28,150,000		-20,000,000	44,000,000		82,990,000
00006	DN상사(주)	162,010,000		55,000,000			55,000,000		52,010,000
00094	다글	-2,100,000				-2,100,000			
	합 계	1,141,279,000	142,000,000	97,800,000	190,400,000	52,400,000	222,000,000	100,320,000	336,359,000

11 ③

'관리항목: A1.거래처', '기표기간: 2023/07/01~2023/09/30', '계정과목: 1.계정별, 25100.외상매입금~25100.외상매입금'으로 조회한다.

📍 [회계관리] – [전표/장부관리] – [관리항목원장] – 잔액 탭

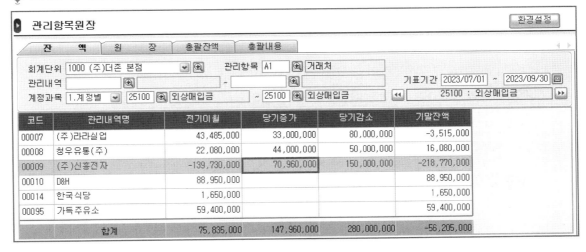

코드	관리내역명	전기이월	당기증가	당기감소	기말잔액
00007	(주)라라실업	43,485,000	33,000,000	80,000,000	-3,515,000
00008	청우유통(주)	22,080,000	44,000,000	50,000,000	16,080,000
00009	(주)신흥전자	-139,730,000	70,960,000	150,000,000	-218,770,000
00010	D&H	88,950,000			88,950,000
00014	한국식당	1,650,000			1,650,000
00095	가득주유소	59,400,000			59,400,000
	합계	75,835,000	147,960,000	280,000,000	-56,205,000

12 ①

'기표기간: 2023/05/01~2023/05/31', '결의부서: 1001.회계팀~1001.회계팀'으로 조회한다.

📍 [회계관리] - [전표/장부관리] - [현금출납장] - 결의부서별 탭

날짜	적요		부서	거래처		입금	출금	잔액
	[전 월 이 월]					172,985,000	33,450,000	139,535,000
2023/05/20	복리후생비	1001	회계팀				2,530,000	
2023/05/20	여비교통비	1001	회계팀				530,000	
2023/05/20	보험료	1001	회계팀				1,900,000	
2023/05/20	차량유지비	1001	회계팀				660,000	
2023/05/20	사무용품비	1001	회계팀				350,000	
2023/05/20	접대비	1001	회계팀				2,530,000	131,035,000
2023/05/25	주민기재	1001	회계팀	00091	주민기재분	110,000		131,145,000
2023/05/28	여비교통비	1001	회계팀				530,000	
2023/05/28	차량유지비	1001	회계팀				660,000	
2023/05/28	사무용품비	1001	회계팀				350,000	129,605,000
	[월 계]					110,000	10,040,000	
	[누 계]					173,095,000	43,490,000	

13 ④

'조회구분: 2.만기일, 2023/01/01~2023/12/31'로 조회한다.

📍 [회계관리] - [자금관리] - [받을어음명세서] - 어음조회 탭

14 ③

'자산유형 : 20600.기계장치'로 조회한다. '1010.융합기'를 입력한다.

◎ [회계관리] – [고정자산관리] – [고정자산등록]

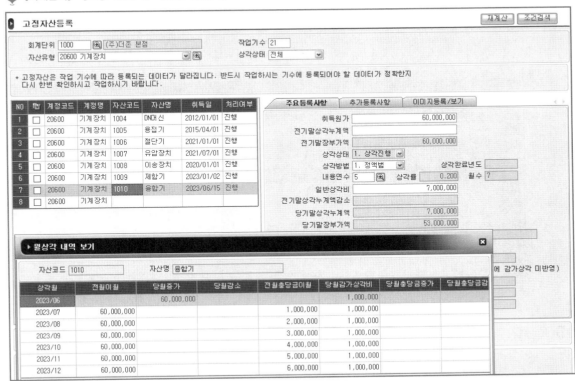

'경비구분: 전체', '기간: 2023/06~2023/06'으로 조회한다.

📍 [회계관리] – [고정자산관리] – [감가상각비현황] – 총괄 탭

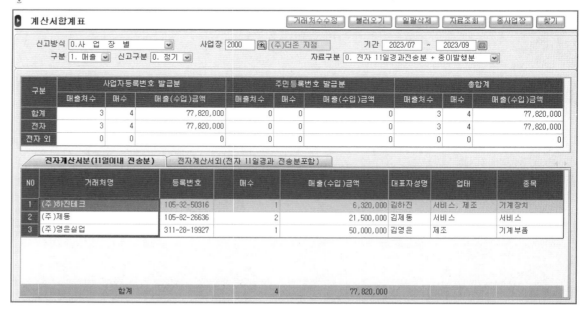

15 ①

'사업장: 2000.(주)더존 지점', '기간: 2023/07~2023/09', '구분: 1.매출'로 조회한다.

📍 [회계관리] – [부가가치세관리] – [계산서합계표] – 전자계산서분(11일이내 전송분) 탭

16 ②

'사업장: 2000.(주)더존 지점', '조회기간: 2023/07~2023/09'를 입력하고 오른쪽 상단의 '불러오기' 버튼을 클릭하여
신용카드등수취명세서 탭을 확인한다.

◉ [회계관리] – [부가가치세관리] – [신용카드발행집계표/수취명세서] – 신용카드/현금영수증수취명세서 탭

◉ [회계관리] – [부가가치세관리] – [신용카드발행집계표/수취명세서] – 신용카드발행집계표 탭

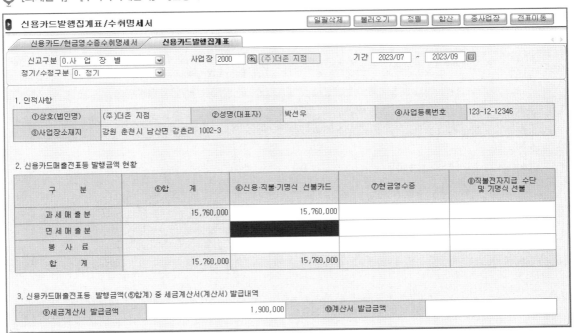

17   ③

'사업장: 2000.(주)더존 지점', '기간: 2023/10/01~2023/12/31'을 입력한 후 오른쪽 상단의 '불러오기' 버튼을 클릭한다. 오른쪽 상단의 '과세표준' 버튼을 클릭하여 과세표준명세의 '면세수입금액 – 84.합계' 금액을 확인한다.

[회계관리] – [부가가치세관리] – [부가세신고서] – 일반과세 탭

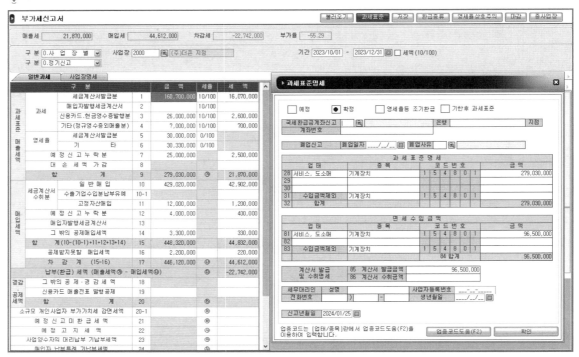

18 ①

자동으로 입력되는 14600.상품을 14900.원재료로 수정한다.

📍 [회계관리] – [전표/장부관리] – [전표입력]

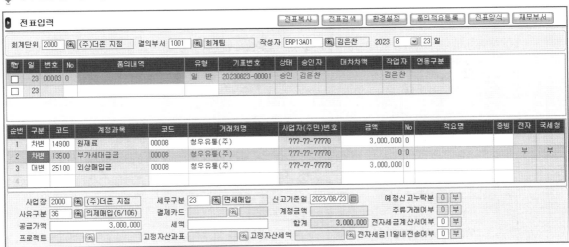

'사업장: 2000.(주)더존 지점', '조회기간: 2023/07~2023/09'를 입력하고 오른쪽 상단의 '불러오기' 버튼을 클릭한다.

📍 [회계관리] – [부가가치세관리] – [의제매입세액공제신고서] – 공제신고서 탭

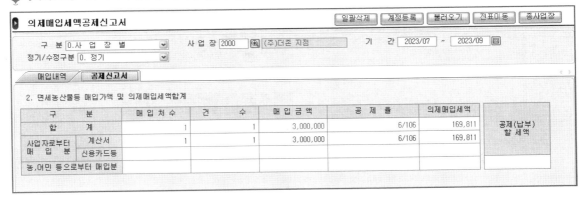

19   ④

'사업장: 2000.(주)더존 지점', '기간: 2023/10/01~2023/12/31'을 입력한 후 오른쪽 상단의 '불러오기' 버튼을 클릭한다.

예정신고누락분은 매출세액 누락 2,500,000원, 매입세액 누락 400,000원으로 매입세액 누락이 더 작다.

신용카드수취명세서 매입내역에서 고정자산 매입으로 인한 세액은 300,000원이다.

[회계관리] – [부가가치세관리] – [부가세신고서] – 일반과세 탭

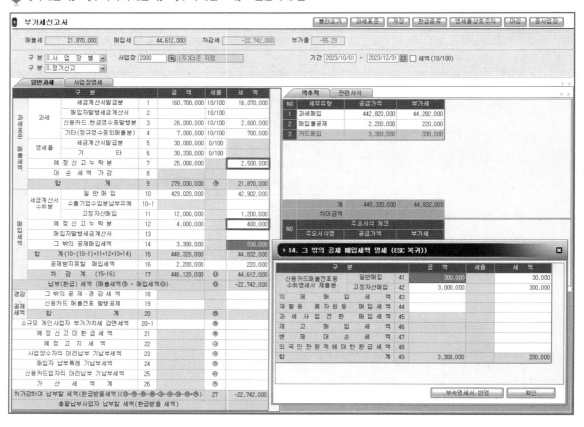

20 ④

'사업장: 2000.(주)더존지점', '조회기간: 신고기준일, 2023/10/01~2023/12/31'으로 조회한다. 사업자단위과세 사업장별세액명세서는 부가세 신고유형이 사업자단위과세신고일 경우 신고하는 서식이다.

| 오답풀이 |

① 수출실적명세서 - 16.수출
② 매입세액불공제내역 - 24.매입불공제
③ 신용카드발행집계표/수취명세서 - 27.카드매입

◉ [회계관리] - [전표/장부관리] - [매입매출장] - 세무구분별 탭

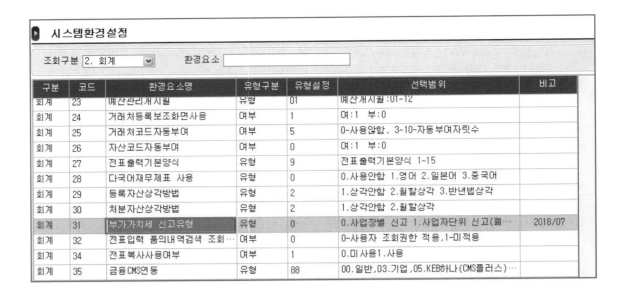

시스템환경설정

조회구분 `2. 회계` ▼　　　환경요소 [　　　　　　　　　　]

구분	코드	환경요소명	유형구분	유형설정	선택범위	비고
회계	23	예산관리개시월	유형	01	예산개시월 :01~12	
회계	24	거래처등록보조화면사용	여부	1	여:1 부:0	
회계	25	거래처코드자동부여	여부	5	0-사용않함, 3~10-자동부여자릿수	
회계	26	자산코드자동부여	여부	0	여:1 부:0	
회계	27	전표출력기본양식	유형	9	전표출력기본양식 1~15	
회계	28	다국어재무제표 사용	유형	0	0.사용안함 1.영어 2.일본어 3.중국어	
회계	29	등록자산상각방법	유형	2	1.상각안함 2.월할상각 3.반년법상각	
회계	30	처분자산상각방법	유형	2	1.상각안함 2.월할상각	
회계	31	부가가치세 신고유형	유형	0	0.사업장별 신고 1.사업자단위 신고(폐…	2018/07
회계	32	전표입력 품의내역검색 조회…	여부	0	0-사용자 조회권한 적용,1-미적용	
회계	34	전표복사사용여부	여부	1	0.미사용1.사용	
회계	35	금융CMS연동	유형	88	00.일반,03.기업,05.KEB하나(CMS플러스)…	

21 ④

6월 30일을 조회하여 원재료 계정의 '타계정구분'란에 커서를 두고 F2를 눌러 '2.타계정대체출고'로 수정한다.

◉ [회계관리] – [전표/장부관리] – [전표입력]

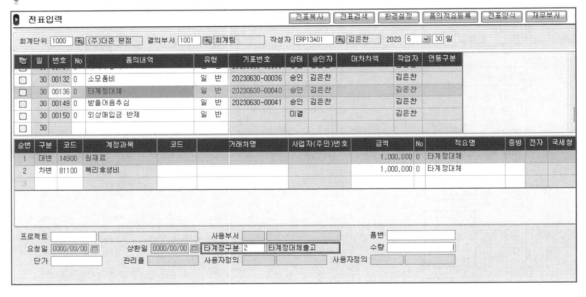

전표입력　　　　　　　　　　　전표복사　전표검색　환경설정　품의적요등록　전표양식　재무부서

회계단위 `1000` (주)더존 본점　결의부서 `1001` 회계팀　작성자 `ERP13A01` 김은찬　2023 6 ▼ 30 일

☑	일	번호	No	품의내역	유형	기표번호	상태	승인자	대차차액	작업자	연동구분
☐	30	00132	0	소모품비	일 반	20230630-00036	승인	김은찬		김은찬	
☐	30	00136	0	타계정대체	일 반	20230630-00040	승인	김은찬		김은찬	
☐	30	00149	0	받을어음추심	일 반	20230630-00041	승인	김은찬		김은찬	
☐	30	00150	0	외상매입금 반제	일 반		미결			김은찬	
☐	30										

순번	구분	코드	계정과목	코드	거래처명	사업자(주민)번호	금액	No	적요명	증빙	전자	국세청
1	대변	14900	원재료				1,000,000	0	타계정대체			
2	차변	81100	복리후생비				1,000,000	0	타계정대체			
3												

프로젝트 [　　　]　　　　　　　　사용부서 [　]　　　　　　　　품번 [　　　　]

요청일 `0000/00/00` 📅　상환일 `0000/00/00` 📅　타계정구분 `2` 타계정대체출고　수량 [　　　]

단가 [　　　]　관리율 [　]　사용자정의 [　]　　　사용자정의 [　]

22 ①

- '기간: 2023/01~2023/03'으로 조회한다. 기말상품재고액에 0원을 입력하면 상품매출원가는 746,970,000원이다.
- 당기 상품매입액이 더 작다.

| 오답 풀이 |

② 1분기 결산 시 이전월 결산내역이 없으므로 역분개는 생성되지 않는다.

④ 1~3월 감가상각비 반영 시 차량운반구 1,200,000원이 반영된다.

◉ [회계관리] – [결산/재무제표관리] – [결산자료입력] – 결산자료 탭

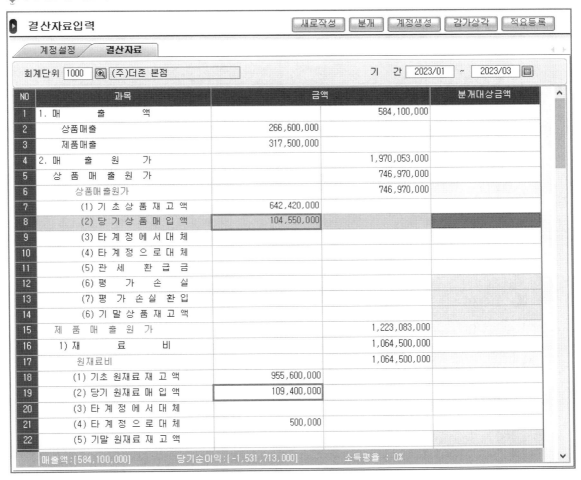

결산자료입력 ［새로작성］ ［분개］ ［계정생성］ ［감가상각］ ［적요등록］

［계정설정］ ／결산자료／

회계단위 1000 🔍 (주)더존 본점 기 간 2023/01 ~ 2023/03 📖

NO	과목	금액	분개대상금액
1	1. 매 출 액		584,100,000
2	상품매출	266,600,000	
3	제품매출	317,500,000	
4	2. 매 출 원 가		1,970,053,000
5	상 품 매 출 원 가		746,970,000
6	상품매출원가		746,970,000
7	(1) 기 초 상 품 재 고 액	642,420,000	
8	(2) 당 기 상 품 매 입 액	104,550,000	
9	(3) 타 계 정 에 서 대 체		
10	(4) 타 계 정 으 로 대 체		
11	(5) 관 세 환 급 금		
12	(6) 평 가 손 실		
13	(7) 평 가 손 실 환 입		
14	(6) 기 말 상 품 재 고 액		
15	제 품 매 출 원 가		1,223,083,000
16	1) 재 료 비		1,064,500,000
17	원재료비		1,064,500,000
18	(1) 기초 원재료 재 고 액	955,600,000	
19	(2) 당기 원재료 매 입 액	109,400,000	
20	(3) 타 계 정 에 서 대 체		
21	(4) 타 계 정 으 로 대 체	500,000	
22	(5) 기말 원재료 재 고 액		

매출액 : [584,100,000] 당기순이익 : [-1,531,713,000] 소득평율 : 0%

23 ④

📍 [회계관리] – [결산/재무제표관리] – [기간별원가보고서] – 분기별 탭

TIP '매출원가 및 원가경비선택' 창이 뜨면 '확인(ENTER)' 버튼을 누른다.

24 ②

- '기간: 2023/01'로 조회하여 기말원재료재고액에 400,000,000원을 입력한다.
- 실제 재료소비량: 원재료비 604,100,000원 ÷ 단위당 실제 소비가격 5,000원 = 120,820단위

📍 [회계관리] – [결산/재무제표관리] – [결산자료입력] – 결산자료 탭

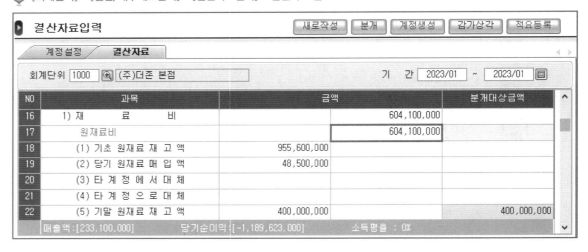

25 ③

'프로젝트'란에서 서울공장, 광주공장, 울산공장, 대전공장을 선택하고 '기간: 2023/03/01~2023/03/31'로 조회한다.

📍 [회계관리] – [결산/재무제표관리] – [관리항목별원가보고서] – 프로젝트별 탭

과 목	계	서울공장	광주공장	울산공장	대전공장
Ⅰ.재 료 비					
원 재 료 비					
기초 원재료 재고액	93,000,000	71,000,000	22,000,000		
당기 원재료 매입액	6,000,000		6,000,000		
기말 원재료 재고액	99,000,000	71,000,000	28,000,000		
Ⅱ.노 무 비	46,000,000			23,000,000	23,000,000
급 여	18,500,000			11,500,000	7,000,000
상 여 금	27,500,000			11,500,000	16,000,000
Ⅲ.제 조 경 비	5,230,000		1,540,000	1,310,000	2,380,000
복 리 후 생 비	2,280,000		600,000	500,000	1,180,000
여 비 교 통 비	380,000		60,000	50,000	270,000
보 험 료	1,450,000		600,000	660,000	190,000
차 량 유 지 비	810,000		160,000	50,000	600,000
사 무 용 품 비	310,000		120,000	50,000	140,000
Ⅳ.당 기 총 제 조 비 용	51,230,000		1,540,000	24,310,000	25,380,000
Ⅴ.기 초 재 공 품 재 고 액					
Ⅵ.타 계 정 에 서 대 체 액					
Ⅶ.합 계	51,230,000		1,540,000	24,310,000	25,380,000
Ⅷ.기 말 재 공 품 재 고 액					
Ⅸ.타 계 정 으 로 대 체 액					
Ⅹ.당 기 제 품 제 조 원 가	51,230,000		1,540,000	24,310,000	25,380,000

이론

01	④	02	④	03	④	04	①	05	③	06	④	07	②	08	③	09	③	10	③
11	③	12	③	13	④	14	①	15	피드백			16	2,500			17	20,000		
18	④	19	④	20	②	21	③	22	①	23	②	24	전단계세액공제						
25	사업연도		26	거래징수		27	④	28	②	29	③	30	1,020						
31	고정		32	1,000,000															

01   ④

아웃소싱을 할 경우 ERP 시스템 구축 후에도 IT 아웃소싱 업체에 의존성이 생기는 단점이 있다.

02   ④

클라우드 컴퓨팅은 모든 어플리케이션을 보관할 수 없으므로 사용자가 필요로 하는 어플리케이션을 지원받지 못하거나 설치하는 데 제약이 있을 수 있다.

03   ④

커스터마이제이션(또는 커스터마이징)에 대한 설명이다.

| 오답 풀이 |

① 정규화(Nomalization): 서로 다른 데이터를 분석에 용이하게 하기 위해 일정 규칙에 따라 변형하여 정보를 이용하기 쉽게 만드는 작업

② 트랜잭션: 데이터베이스의 상태를 변환시키는 작업의 논리적 단위 또는 데이터베이스 내에서 한 번에 수행되어야 할 일련의 연산 단위

③ 컨피규레이션(Configuration): 사용자가 원하는 작업방식으로 소프트웨어를 구성하는 것으로 파라미터를 선택하는 과정

04   ①

ERP는 각 단위별이 아닌 통합하여 업무처리하는 방식을 추구하는 시스템이다.

05   ③

ERP를 도입하는 것은 경영혁신을 위해서이다. 기존 업무처리 방식을 개선하고자 도입하는 것이므로 기존 업무처리에 따라 패키지를 수정하는 것은 바람직하지 않다.

06 ④

(가) 기업실체의 가정: 회계실체의 공준이라고도 하며, 특정 기업체를 소유주나 다른 기업실체와는 독립적으로 존재하는 회계단위로 간주하고, 특정 회계단위의 경제활동에 대한 재무정보를 측정·보고 하는 것을 말한다.

(나) 계속기업의 가정: 목적과 의무를 이행하기에 충분할 정도로 기업실체가 장기간 존속한다는 것을 말한다. 즉, 기업실체의 경영활동을 청산하거나 중대하게 축소시킬 의도와 필요가 없다고 가정한다.

(다) 기간별 보고의 가정: 기업실체의 기간을 일정 기간의 단위로 분할하여 기간별로 경제적 의사결정에 유용한 정보를 보고하는 것을 말한다.

07 ②

회계정보가 갖추어야 할 가장 중요한 질적 특성은 목적적합성과 신뢰성이다.

08 ③

• 유동성 배열법은 재무상태표 작성기준에 해당한다.
• 손익계산서 작성기준은 발생주의, 총액주의, 수익·비용 대응의 원칙, 실현주의, 구분표시 원칙이다.

09 ③

• 매출총이익: 매출액 220,000원 − 매출원가 80,000원 = 140,000원
• 판매비와관리비: 급여 60,000원 + 광고선전비 10,000원 + 접대비 15,000원 + 감가상각비 20,000원 = 105,000원
• 영업이익: 매출총이익 140,000원 − 판매비와관리비 105,000원 = 35,000원

10 ③

영업외수익은 기업의 주된 영업활동이 아닌 활동으로부터 발생한 수익을 말한다.

11 ③

미수금은 자산 계정에 속하며, 선수금, 예수금, 가수금은 부채 계정에 속한다. 참고로 가수금은 임시 계정이지만 부채의 성격을 가진 계정이다.

12 ③

발생주의는 당기에 해당하는 부분만 당기수익으로 인식하는 방법이다. 당기 5월에 현금으로 받은 1년분 임대료를 전액 당기의 수익으로 계상하는 회계처리는 현금주의에 입각한 것이다.

13 ④

유가증권은 취득한 후에 만기보유증권, 단기매매증권, 그리고 매도가능증권 중의 하나로 분류하여야 한다(일반기업회계 기준문단 6.22.). 장기투자의 목적으로 보유하는 것은 매도가능증권으로 분류한다. 단기매매증권은 단기간 내에 매매차익을 목적으로 할 경우 사용하는 계정과목이다.

14 ①

재고자산평가손실: 실제재고수량 100개 × (취득원가 @900원 − 공정가치 @800원) = 10,000원

15 **피드백**

회계정보의 질적특성에는 목적적합성과 신뢰성이 있다. 그 중 목적적합성에는 예측가치, 피드백가치, 적시성 등이 있다.

16 **2,500**

현금 및 현금성자산의 합계액: 자기앞수표 700원 + 당좌예금 500원 + 타인발행당좌수표 200원 + 우편환증서 150원 + 보통예금 450원 + 전신환증서 100원 + 배당금지급통지표 300원 + 일람출급어음 100원 = 2,500원

17 **20,000**

매출채권처분손실: 받을어음 액면가 5,000,000원 × 연 2% × 73일/365일 = 20,000원

18 ④

모든 거래단계마다 부과하는 과세방식은 다단계거래 방식이라고 불리며 부가가치세에 대한 설명이다.

19 ④

납세지가 변경된 경우에는 그 변경된 날부터 15일 이내에 변경 후의 납세지 관할 세무서장에게 이를 신고하여야 한다(법인세법 제9조 및 제11조).

20 ②

법인세비용은 손금불산입 항목이다.

21 ③

- 업무와 관련된 광고선전비는 전액 손금으로 인정된다.
- 접대비 또한 한도 내 금액에 대해 손금인정이 되며 기업업무추진비로의 명칭 변경은 2024.1.1. 이후이다.

22 ①

자기주식처분이익은 익금사항이며 소득처분은 자본잉여금과 관련된 것으로 기타이다.

23 ②

- 각 사업연도 소득: 당기순이익 + 익금산입 및 손금불산입 − 손금산입 및 익금불산입
- 과세표준: 각 사업연도 소득 − 이월결손금 − 비과세소득 − 소득공제
- 산출세액: 과세표준 × 세율
- 결정세액(차감납부할 세액): 산출세액 − 공제감면세액 + 가산세 및 감면분 추가납부세액 − 기납부세액

24 **전단계세액공제**

전단계세액공제법은 납세자의 매출세액에서 매입세액을 차감한 세액을 납부세액으로 하는 방법을 말한다.

25 **사업연도**

법인의 소득을 계산하는 1회계기간을 사업연도라고 한다.

26 **거래징수**

부가가치세 과세는 거래가 발생한 시점에 공급자가 공급받는 자에게 세액을 징수하여 신고기간에 징수한 세액을 신고, 납부한다.

27 **④**

공장 내 식당에서 근무하는 영양사의 급여는 간접노무비로서 제조간접비에 해당한다.

28 **②**

- 직접재료원가: 1월 초 재고 6,000원 + 당월 구입액 41,000원 − 1월 말 재고 7,000원 = 40,000원
- 당월총제조원가: 직접재료원가 40,000원 + 직접노무원가 + 제조간접원가 30,000원 = 103,000원
- ∴ 직접노무원가 = 33,000원

29 **③**

종합원가계산은 기말재공품의 평가가 필요하며, 완성품환산량에 따라 원가를 완성품과 기말재공품으로 집계하여 계산한다.

30 **1,020**

가공원가 완성품환산량 : 기초재공품 수량 200개×0.5 + 당기 착수 후 완성수량 800개×1 + 기말재공품 수량 200개× 0.6 = 1,020개

31 **고정**

영업레버리지도(DOL)란 고정원가가 지레 작용을 함으로써 매출액의 변화율에 따른 영업이익의 변화율이 반응하는 효과를 말한다. 따라서 고정원가의 비중이 큰 기업은 영업레버리지도 또한 크게 나타난다.

32 **1,000,000**

- 법인세차감전목표이익: 법인세차감후목표이익 120,000원 ÷ (1 − 0.4) = 200,000원
- 공헌이익률: (단위당 판매가격 @1,000원 − 단위당 변동비 @700원) ÷ 단위당 판매가격 @1,000원 = 0.3
- ∴ 목표달성 매출액: (고정비 100,000원 + 세전이익 200,000원) ÷ 공헌이익률 0.3 = 1,000,000원

실무 시뮬레이션

01	③	02	④	03	③	04	③	05	①	06	④	07	③	08	③	09	①	10	④
11	②	12	②	13	④	14	②	15	④	16	①	17	①	18	④	19	②	20	①
21	③	22	③	23	①	24	②	25	④										

01　　③

'조회구분: 2.회계'로 조회한다. '전표복사사용여부'의 유형설정이 '1.사용'으로 등록되어 있다.

📍 [시스템관리] – [회사등록정보] – [시스템환경설정]

구분	코드	환경요소명	유형구분	유형설정	선택범위	비고
회계	20	예산통제구분	유형	1	0.결의부서 1.사용부서 2.프로젝트	
회계	21	예산관리여부	여부	1	여:1 부:0	
회계	22	입출금전표사용여부	여부	1	여:1 부:0	
회계	23	예산관리개시월	유형	01	예산개시월:01~12	2010
회계	24	거래처등록보조화면사용	여부	1	여:1 부:0	
회계	25	거래처코드자동부여	여부	5	0-사용안함, 3~10-자동부여자릿수	
회계	26	자산코드자동부여	여부	0	여:1 부:0	
회계	27	전표출력기본양식	유형	9	전표출력기본양식 1~15	
회계	28	다국어재무제표 사용	유형	1	0.사용안함 1.영어 2.일본어 3.중국어	
회계	29	등록자산상각방법	유형	2	1.상각안함 2.월할상각 3.반년법상각	
회계	30	처분자산상각방법	유형	2	1.상각안함 2.월할상각	
회계	31	부가가치세 신고유형	유형	0	0.사업장별 신고 1.사업자단위 신고(폐지) 2.사업자단위 과세	
회계	32	전표입력 품의내역검색 조회	여부	0	0-사용자 조회권한 적용,1-미적용	
회계	34	전표복사사용여부	여부	1	0.미사용1.사용	
회계	35	금융CMS연동	유형	88	00.일반,03.기업,05.KEB하나(CMS플러스),06.국민,11.농협(중앙회),20.우…	
회계	37	거래처코드자동부여 코드값…	유형	0	0 - 최대값 채번, 1 - 최소값 채번	
회계	39	고정자산 비망가액 존재여부	여부	1	여:1 부:0	
회계	41	고정자산 상각완료 시점까지…	여부	0	1.여 0.부	
회계	45	거래처등록의 [프로젝트/부…	유형	2	0.적용안함, 1.[빠른부가세]입력만 적용, 2.[빠른부가세+분개라인] 둘다…	

02 ④

| 오답 풀이 |

① 본사 프로젝트의 구분은 완료이다.

② '대전공장', '춘천공장', '본사'의 원가구분은 '2.도급'이다.

③ 프로젝트 분류는 중부, 남부 2개의 분류가 등록되어 있다.

◉ [시스템관리] – [기초정보관리] – [프로젝트등록]

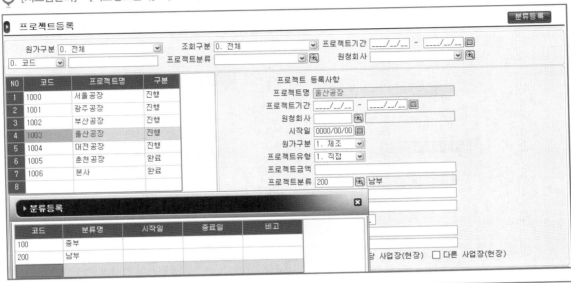

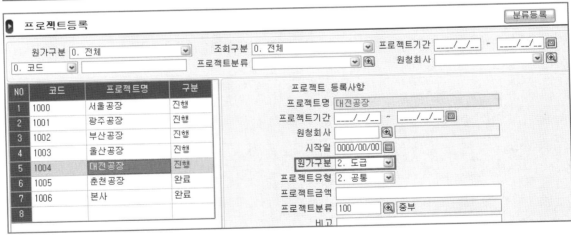

03 ③

예수금 계정의 관리항목에 프로젝트가 등록되어 있지 않으므로 프로젝트별 이월이 불가능하다.

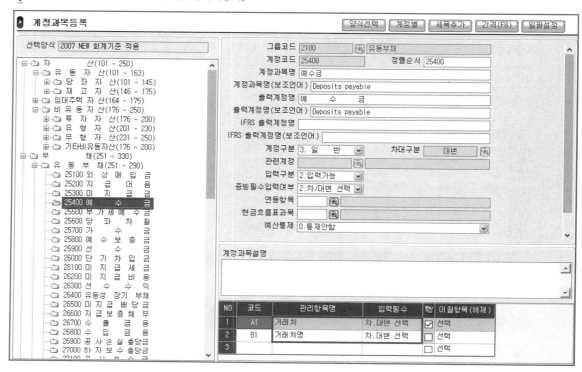

[시스템관리] – [기초정보관리] – [계정과목등록]

04   ③

'관리항목: 0.부서별, 1001.회계팀', '계정과목: 81300.접대비'로 조회한 후 당기편성 탭에서 '조정일자: 2024/06/02', '조정대상월: 2024/06', '구분: 2.예산전용'을 입력하면 '예산전용' 창이 실행된다. '조정과목: 81200.여비교통비', '조정항목: 1001.회계팀', '조정금액: 300,000'을 입력하고 '확인' 버튼을 클릭한다.

◉ [회계관리] – [예산관리] – [예산조정입력] – 당기편성 탭

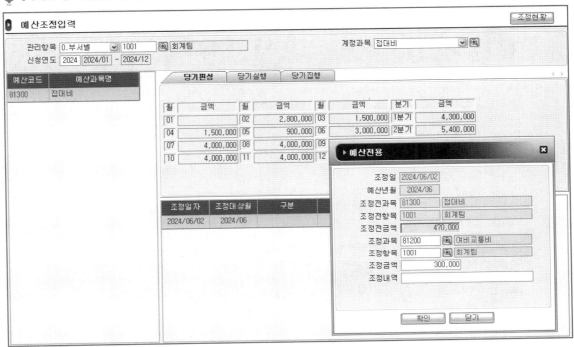

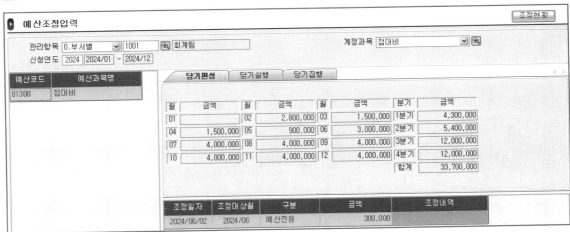

'조회기간: 2024/06', '집행방식: 2.승인집행', '부서: 1001.회계팀'으로 조회한다.

⊙ [회계관리] – [예산관리] – [예산실적현황] – 부서별 탭

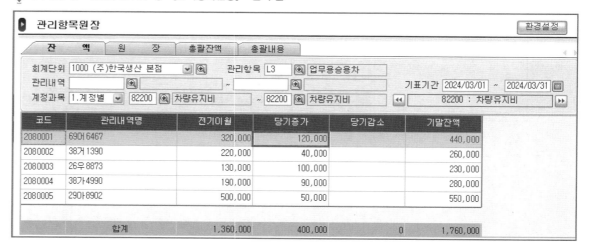

예산실적현황

부서별 | 부문별 | 회계단위별 | 프로젝트 | 프로젝트분류

조회기간 2024/06 ~ 2024/06   예산그룹 [ ] ~ [ ]
부서 1001 회계팀   집행방식 2. 승인집행

코드	예산과목명	누계예산대비실적				당월예산대비실적			
		실적	예산	잔여예산	집행율(%)	실적	예산	잔여예산	집행율(%)
80200	직원급여	17,000,000	20,000,000	3,000,000	85	17,000,000	20,000,000	3,000,000	85
81100	복리후생비	2,530,000	3,000,000	470,000	84	2,530,000	3,000,000	470,000	84
81200	여비교통비	530,000	900,000	370,000	59	530,000	900,000	370,000	59
81300	접대비	2,530,000	2,700,000	170,000	94	2,530,000	2,700,000	170,000	94
81400	통신비		500,000	500,000	0		500,000	500,000	0
81500	수도광열비		50,000	50,000	0		50,000	50,000	0
82100	보험료	1,710,000	2,000,000	290,000	86	1,710,000	2,000,000	290,000	86
82200	차량유지비	570,000	400,000	-170,000	143	570,000	400,000	-170,000	143
82700	회의비		50,000	50,000	0		50,000	50,000	0
82900	사무용품비	230,000	300,000	70,000	77	230,000	300,000	70,000	77
83100	지급수수료		1,000,000	1,000,000	0		1,000,000	1,000,000	0
합 계		25,100,000	30,900,000	5,800,000	81	25,100,000	30,900,000	5,800,000	81

코드	예산과목명	누계예산대비실적				당월예산대비실적			
		실적	예산	잔여예산	집행율(%)	실적	예산	잔여예산	집행율(%)
81200	여비교통비	530,000	900,000	370,000	59	530,000	900,000	370,000	59
합 계		530,000	900,000	370,000	59	530,000	900,000	370,000	59

05 ①

'관리항목: L3.업무용승용차', '기표기간: 2024/03/01~2024/03/31', '계정과목: 1.계정별, 82200.차량유지비'로 조회한다.

⊙ [회계관리] – [전표/장부관리] – [관리항목원장] – 잔액 탭

관리항목원장   [환경설정]

잔 액 | 원 장 | 총괄잔액 | 총괄내용

회계단위 1000 (주)한국생산 본점   관리항목 L3 업무용승용차
관리내역 [ ] ~ [ ]   기표기간 2024/03/01 ~ 2024/03/31
계정과목 1.계정별 82200 차량유지비 ~ 82200 차량유지비   82200 : 차량유지비

코드	관리내역명	전기이월	당기증가	당기감소	기말잔액
2080001	69어6467	320,000	120,000		440,000
2080002	38거1390	220,000	40,000		260,000
2080003	26우8873	130,000	100,000		230,000
2080004	38가4990	190,000	90,000		280,000
2080005	29아8902	500,000	50,000		550,000
합계		1,360,000	400,000	0	1,760,000

'기간: 2024/02/01~2024/02/29'로 조회한다.

| 오답 풀이 |

① 상품매출액은 143,500,000원이다.

② 판매용 상품은 모두 대체거래에서 조회되므로 현금으로 매입하지 않았다.

③ 외상매출금의 회수는 대변의 금액으로 197,410,000원을 회수하였다.

📍 [회계관리] – [전표/장부관리] – [일월계표] – 일계표 탭

일월계표   〔양식선택〕〔환경설정〕

| 일계표 | 월계표 |

회계단위 1000 (주)한국생산 본점 출력구분 0. 계정별   기 간 2024/02/01 ~ 2024/02/29

차 변			계정과목	대 변		
계	대체	현금		현금	대체	계
284,350,000	284,350,000		외 상 매 출 금		197,410,000	197,410,000
			받 을 어 음		50,000,000	50,000,000
1,100,000	1,100,000		미 수 금			
8,750,000	8,750,000		부 가 세 대 급 금			
57,000,000	57,000,000		< 재 고 자 산 >			
24,000,000	24,000,000		상 품			
33,000,000	33,000,000		원 재 료			
22,500,000	22,500,000		[비 유 동 자 산]		2,000,000	2,000,000
22,500,000	22,500,000		< 유 형 자 산 >		2,000,000	2,000,000
20,000,000	20,000,000		기 계 장 치			
2,000,000	2,000,000		비 품		2,000,000	2,000,000
500,000	500,000		감 가 상 각 누 계 액			
70,700,000	70,700,000		<< 부 채 >>		185,600,000	185,600,000
70,700,000	70,700,000		< 유 동 부 채 >		185,600,000	185,600,000
69,750,000	69,750,000		외 상 매 입 금		84,700,000	84,700,000
			지 급 어 음		60,000,000	60,000,000
			미 지 급 금		3,850,000	3,850,000
			부 가 세 예 수 금		35,950,000	35,950,000
950,000	950,000		미 지 급 비 용		1,100,000	1,100,000
74,320,000	67,390,000	6,930,000	<< 손 익 >>		358,500,000	358,500,000
			< 매 출 액 >		358,500,000	358,500,000
			상 품 매 출		143,500,000	143,500,000
			제 품 매 출		215,000,000	215,000,000
35,470,000	32,030,000	3,440,000	< 제 조 원 가 >			
28,500,000	28,500,000		급 여			
2,530,000	2,530,000		복 리 후 생 비			
530,000		530,000	여 비 교 통 비			

07 ③

'PJT: 서울공장, 광주공장, 부산공장, 울산공장', '기간: 2024/01/01~2024/03/31'로 조회한다.

◎ [회계관리] – [결산/재무제표관리] – [관리항목별손익계산서] – PJT별 탭

과목	계	서울공장	광주공장	부산공장	울산공장
V . 영 업 이 익	700,130,000	9,960,000	145,950,000	300,110,000	244,110,000
VI . 영 업 외 수 익					
VII . 영 업 외 비 용					
VIII . 법인세비용차감전순이익	700,130,000	9,960,000	145,950,000	300,110,000	244,110,000
IX . 법 인 세 비 용					

08 ③

'계정과목: 1.계정별, 25100.외상매입금~25100.외상매입금', '기표기간: 2024/01/01~2024/03/31'로 조회한다.

◎ [회계관리] – [전표/장부관리] – [거래처원장] – 잔액 탭

코드	거래처명	사업자번호	전기(월)이월	증가	감소	잔액	거래처분류코드	거래처분류명	국가코드	국가명	대표자성명
00006	DN상사(주)	231-51-11665	30,200,000		9,000,000	21,200,000					
00007	(주)라라실업	555-55-55553	83,200,000		40,000,000	43,200,000					
00009	(주)신흥전자	109-81-12234	92,700,000	25,300,000	25,400,000	92,600,000					
00020	정우실업(유)	115-81-12340	88,178,800	32,400,000	50,000,000	70,578,800					김수진
00050	유신상사(주)	231-51-11665	120,040,000	127,600,000	48,300,000	199,340,000					최병일
00005	(주)중원	182-81-18285	44,000,000	22,000,000		66,000,000	1000	강남구			
	합계		458,318,800	207,300,000	172,700,000	492,918,800					

09 ①

- '기간: 2024/03/31'로 조회한다.
- 미수금 459,598,000원×1% – 대손충당금 2,481,960원 = 2,114,020원

◎ [회계관리] – [결산/재무제표관리] – [재무상태표] – 관리용 탭

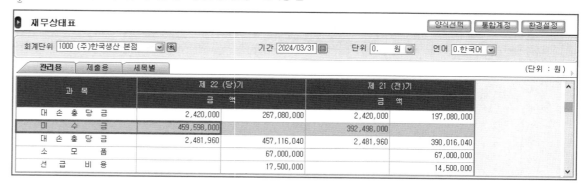

과 목	제 22 (당)기		제 21 (전)기	
	금 액		금 액	
대 손 충 당 금	2,420,000	267,080,000	2,420,000	197,080,000
미 수 금	459,598,000		392,498,000	
대 손 충 당 금	2,481,960	457,116,040	2,481,960	390,016,040
소 모 품		67,000,000		67,000,000
선 급 비 용		17,500,000		14,500,000

10 ④

'회계단위: 1000.(주)한국생산 본점'의 5월 1일에 거래내역을 입력한다.

◉ [회계관리] – [전표/장부관리] – [전표입력]

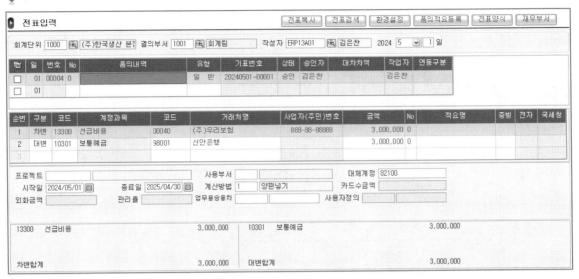

'계약기간: 2024/01~2024/12'로 조회한다.

◉ [회계관리] – [전표/장부관리] – [기간비용현황] – 기간비용현황 탭

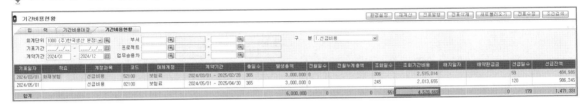

11 ②

'00001.(주)영은실업'의 거래등록사항 탭에서 '여신한도액'을 '40,000,000'로 입력하고 '00003.(주)제동'의 거래등록사항 탭에서 '여신한도액'을 '30,000,000'으로 입력한다.

⊙ [시스템관리] – [기초정보관리] –[일반거래처등록] – 거래등록사항 탭

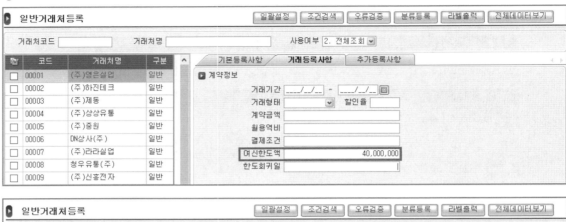

'회계단위: 1000.(주)한국생산 본점', '기준일자: 2024/06/30'으로 조회한다.

⊙ [회계관리] – [전표/장부관리] – [채권채무잔액조회서] – 여신한도체크 탭

12 ②

- '기간: 2024/03/31'로 조회한다.
- 사용액: 소모품 67,000,000원 − 기말재고액 37,000,000원 = 30,000,000원
- (차) 소모품비   30,000,000   (대) 소모품   30,000,000

◉ [회계관리] – [결산/재무제표관리] – [재무상태표] – 관리용 탭

재무상태표				양식선택	통합계정	환경설정

회계단위 1000 (주)한국생산 본점   기간 2024/03/31   단위 0. 원   언어 0.한국어

관리용	제출용	세목별			(단위 : 원)

과 목	제 22 (당)기		제 21 (전)기	
	금 액		금 액	
미 수 금	459,598,000		392,498,000	
대 손 충 당 금	2,481,960	457,116,040	2,481,960	390,016,040
소 모 품		67,000,000		67,000,000
선 급 비 용		17,500,000		14,500,000
부 가 세 대 급 금		308,657,200		287,127,200

13 ④

'관리항목: C1.사용부서', '관리내역: 1001.회계팀~5001.인사팀', '기표기간: 2024/01/01~2024/12/31', '계정과목: 1.계정별, 82700.회의비~82700.회의비'로 조회한다.

◉ [회계관리] – [전표/장부관리] – [관리내역현황] – 전년대비 탭

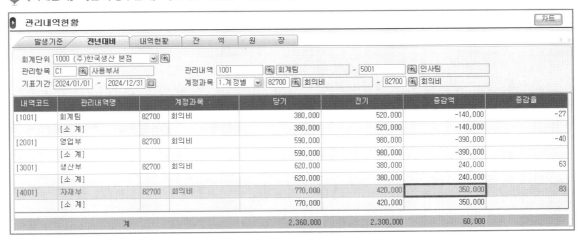

내역코드	관리내역명	계정과목		당기	전기	증감액	증감율
[1001]	회계팀	82700	회의비	380,000	520,000	-140,000	-27
	[소 계]			380,000	520,000	-140,000	
[2001]	영업부	82700	회의비	590,000	980,000	-390,000	-40
	[소 계]			590,000	980,000	-390,000	
[3001]	생산부	82700	회의비	620,000	380,000	240,000	63
	[소 계]			620,000	380,000	240,000	
[4001]	자재부	82700	회의비	770,000	420,000	350,000	83
	[소 계]			770,000	420,000	350,000	
계				2,360,000	2,300,000	60,000	

14 ②

◉ [회계관리] – [업무용승용차관리] – [업무용승용차 차량등록]

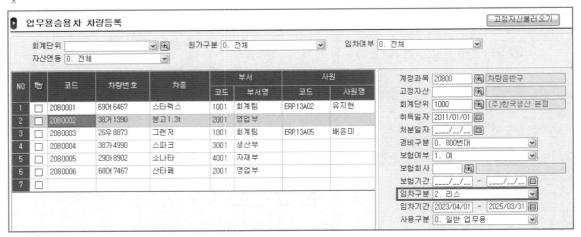

15 ④

'사업장: 2000.(주)한국생산 춘천지사', '기간: 2024/04/01~2024/06/30'을 입력한 후 오른쪽 상단의 '불러오기' 버튼을 클릭한다.

◉ [회계관리] – [부가가치세관리] – [부가세신고서]

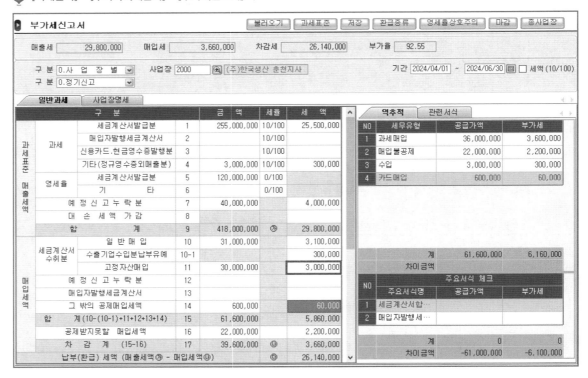

14번 그 밖의 공제매입세액 자리를 더블클릭하면 팝업 창에서 고정자산매입 세액 50,000원을 확인할 수 있다.

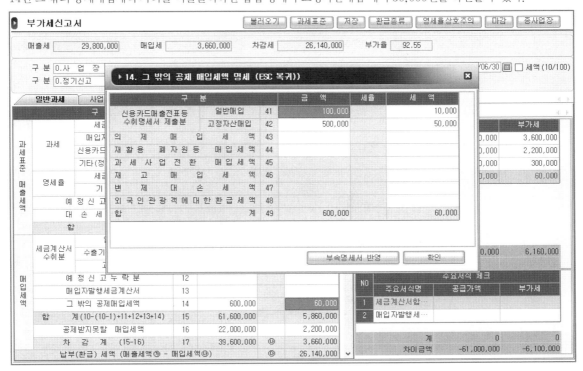

오른쪽 상단의 '과세표준' 버튼을 클릭하면 업태와 종목을 확인할 수 있다.

▶ 과세표준명세

☐ 예정　　● 확정　　☐ 영세율등 조기환급　　☐ 기한후 과세표준

| 국세환급금계좌신고 | | 🔍 | | | 은행 | | 지점 |
| 계좌번호 | | | | | | | |

| 폐업신고 | 폐업일자 ＿＿＿＿/＿＿/＿＿ 🔲 | 폐업사유 | 🔍 | |

과 세 표 준 명 세

	업 태	종 목	코 드 번 호							금 액
28	제조업, 도소매	기계장치	1	5	4	8	0	1		418,000,000
29										
30										
31	수입금액제외	기계장치	1	5	4	8	0	1		
32	합계									418,000,000

면 세 수 입 금 액

	업 태	종 목	코 드 번 호							금 액
81	제조업, 도소매	기계장치	1	5	4	8	0	1		
82										
83	수입금액제외	기계장치	1	5	4	8	0	1		
						84 합계				

| 계산서 발급 및 수취명세 | 85 계산서 발급금액 | |
| | 86 계산서 수취금액 | |

| 세무대리인 | 성명 | | 사업자등록번호 | ＿＿＿-＿＿-＿＿＿＿＿ |
| 전화번호 | |) | - | |

| 신고년월일 | 2024/07/25 🔲 |

업종코드는 [업태/종목]란에서 업종코드도움(F2)을
이용하여 입력합니다.

[업종코드도움(F2)]　　[확인]

16 ①

'회계단위: 2000.(주)한국생산 춘천지사', '결의부서: 1001.회계팀'의 1월 30일에 거래내역을 입력한다.

◉ [회계관리] – [전표/장부관리] – [전표입력]

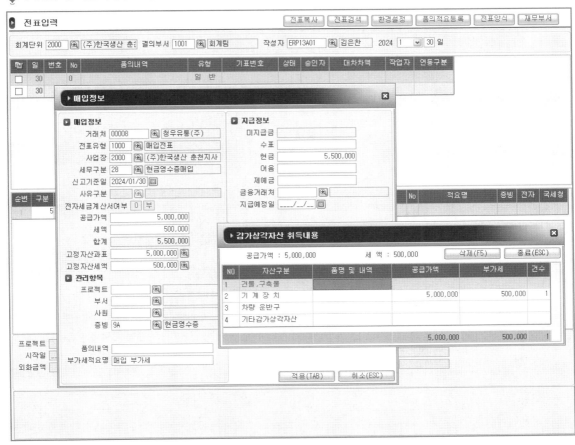

자동으로 입력되는 14600.상품을 20600.기계장치로 수정한다.

📍 [회계관리] – [전표/장부관리] – [전표입력]

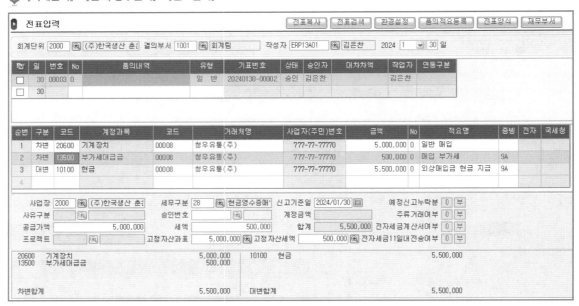

'사업장: 2000.(주)한국생산 춘천지사', '기간: 2024/01~2024/03'을 입력하고 오른쪽 상단의 '불러오기' 버튼을 클릭하여 현금영수증수취명세서 탭을 확인한다.

📍 [회계관리] – [부가가치세관리] – [신용카드발행집계표/수취명세서] – 신용카드/현금영수증수취명세서 탭

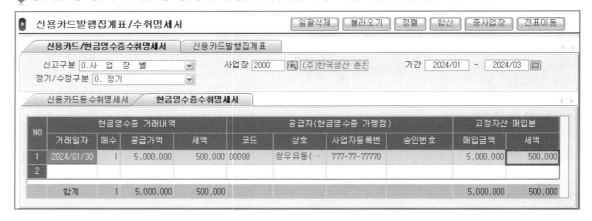

17 ①

'사업장: 2000.(주)한국생산 춘천지사', '기간: 2024/04~2024/06'을 입력한 후 오른쪽 상단의 '불러오기' 버튼을 클릭한다.

⊙ [회계관리] – [부가가치세관리] – [매입세액불공제내역]

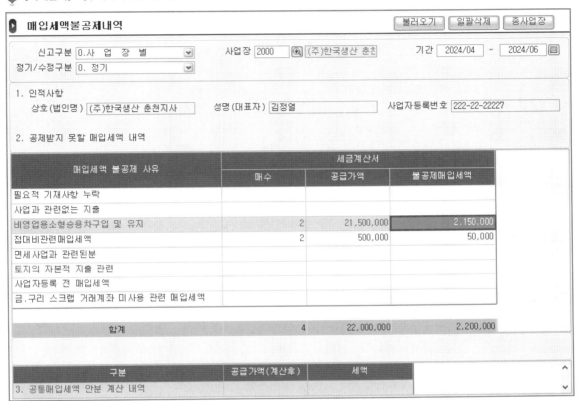

18 ④

'회계단위: 2000.(주)한국생산 춘천지사', '결의부서: 1001.회계팀'의 2월 10일에 거래내역을 입력한다.

◉ [회계관리] − [전표/장부관리] − [전표입력]

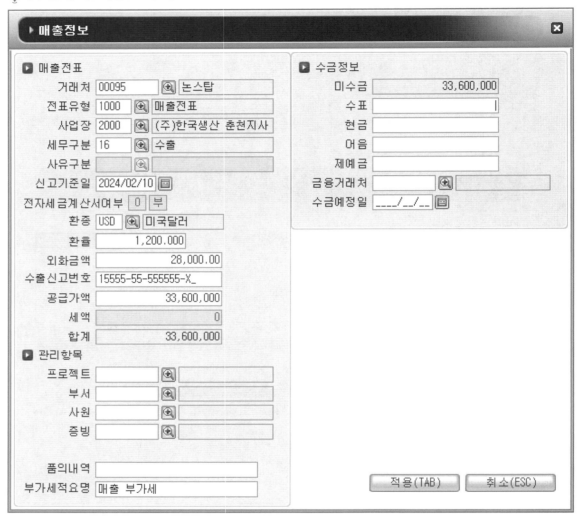

자동으로 입력되는 40101.국내매출액을 40102.해외매출액으로 수정한다.

◉ [회계관리] – [전표/장부관리] – [전표입력]

'사업장: 2000.(주)한국생산 춘천지사', '거래기간: 2024/01~2024/03'을 입력한 후 오른쪽 상단의 '불러오기' 버튼을
클릭하여 '수출실적명세서' 창이 뜨면 '불러오기' 버튼을 클릭한다.

◉ [회계관리] – [부가가치세관리] – [수출실적명세서]

| 수출실적명세서 | 일괄삭제 | 불러오기 | 데이터점검 | 종사업장 | 전표이동 |

| 구 분 | 0.사 업 장 별 | | 사 업 장 | 2000 | (주)한국생산 춘천 | 거래기간 | 2024/01 ~ 2024/03 | 월별데이터보기 |
| 정기/수정구분 | 0. 정기 | | | | | | | |

구 분	건 수	외화금액	원화금액	비 고
⑨합 계	4	69,000.00	77,300,000	
⑩수 출 재 화(=⑫합계)	4	69,000.00	77,300,000	
⑪기 타 영 세 율 적 용				

※ 전자신고 수록시 외화금액은 소숫점 2째자리까지 수록됩니다.

| NO | (13)수출신고번호 | (14)선(기)적 일자 | (15)통화코드 | (16)환율 | 금액 | |
					(17)외화	(18)원화
1	33333-33-333333-X	2024/01/10	USD	1,100.000	3,000.00	3,300,000
2	44444-44-444444-X	2024/01/26	USD	1,050.000	28,000.00	29,400,000
3	22222-22-222222-R	2024/01/31	USD	1,100.000	10,000.00	11,000,000
4	15555-55-555555-X	2024/02/10	USD	1,200.000	28,000.00	33,600,000
5						
	합 계				69,000.00	77,300,000

19 ②

'사업장: 2000.(주)한국생산 춘천지사', '기간: 2024/01/01~2024/03/31'을 입력한 후 오른쪽 상단의 '불러오기' 버튼을 클릭한다. 오른쪽 상단의 '과세표준' 버튼을 클릭하여 과세표준명세의 '면세수입금액 – 84.합계' 금액을 확인한다.

◎ [회계관리] – [부가가치세관리] – [부가세신고서] – 일반과세 탭

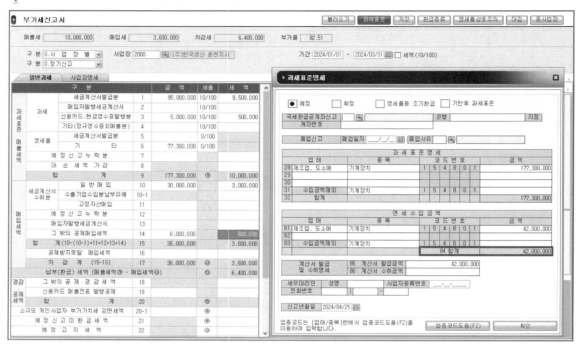

20 ①

'사업장: 2000.(주)한국생산 춘천지사', '조회기간: 신고기준일, 2024/04/01 ~ 2024/06/30'으로 조회한다. 수출에 관한 거래는 없으므로 수출실적명세서는 작성하지 않아도 된다.

| 오답 풀이 |

② 세금계산서합계표 – 11.과세매출, 21.과세매입
③ 매입세액불공제내역 – 24.불공제
④ 신용카드발행집계표/수취명세서 – 27.카드매입

📍 [회계관리] – [전표/장부관리] – [매입매출장] – 세무구분별 탭

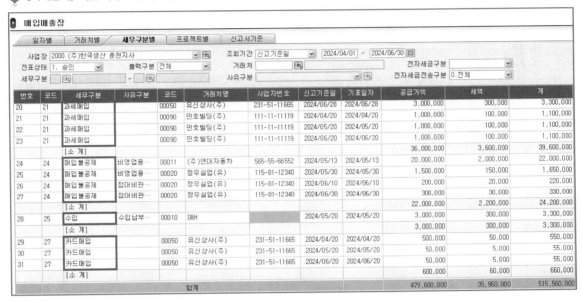

21 ③

'구분: 3.500번대 원가'에서 50100.원재료비를 조회한다. 조회하고 잘못 입력된 기말재고액을 제조원가보고서에서 확인한 기초 원재료 재고액 금액으로 수정한다.

📍 [시스템관리] – [초기이월관리] – [회계초기이월등록]

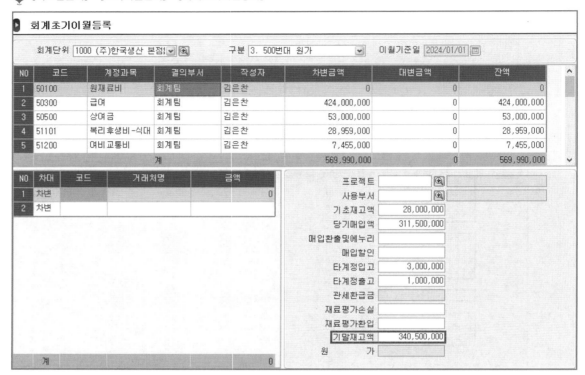

22 ③

📍 [회계관리] – [결산/재무제표관리] – [기간별원가보고서] – 반기별 탭

기간별원가보고서 환경설정 제목편집

월별	분기별	반기별	전년대비

회계단위 1000 (주)한국생산 본점 기간 상반기 ~ 하반기 출력구분 0. 계정별

과 목	계	상반기	하반기	
I.재 료 비				
원 재 료 비				
기초 원재료 재고액	340,500,000	340,500,000	453,500,000	
당기 원재료 매입액	311,500,000	112,000,000	199,500,000	
타계정에서 대체액	3,000,000	2,000,000	1,000,000	
타계정으로 대체액	1,000,000	1,000,000		
기말 원재료 재고액	654,000,000	453,500,000	654,000,000	
II.노 무 비	477,000,000	277,500,000	199,500,000	
급 여	424,000,000	253,000,000	171,000,000	
상 여 금	53,000,000	24,500,000	28,500,000	

23 ①

'경비구분: 1.500번대', '기간: 2024/01~2024/06'로 조회한다.

📍 [회계관리] – [고정자산관리] – [감가상각비현황] – 총괄 탭

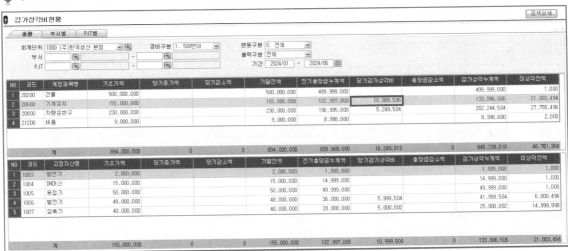

24 ②

- '기간: 2024/01/31'로 조회한다.
- 단위당 매출액: 매출액 376,000,000원 ÷ 판매량 40,000개 = 9,400원
- 손익분기점 판매량: 고정비 77,000,000원 ÷ (단위당 매출액 9,400원 − 단위당 변동비 2,400원) = 11,000개

[회계관리] – [결산/재무제표관리] – [손익계산서] – 관리용 탭

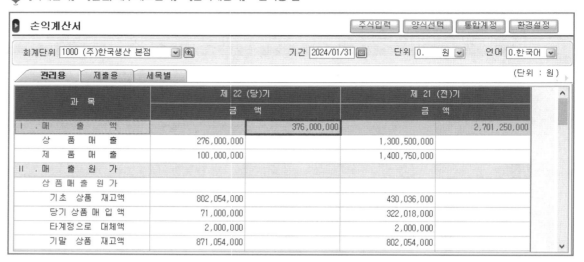

과 목	제 22 (당)기 금 액		제 21 (전)기 금 액	
Ⅰ.매 출 액		376,000,000		2,701,250,000
상 품 매 출	276,000,000		1,300,500,000	
제 품 매 출	100,000,000		1,400,750,000	
Ⅱ.매 출 원 가				
상 품 매 출 원 가				
기초 상품 재고액	802,054,000		430,036,000	
당기 상품 매 입 액	71,000,000		322,018,000	
타계정으로 대체액	2,000,000		2,000,000	
기말 상품 재고액	871,054,000		802,054,000	

25 ④

◎ [회계관리] – [결산/재무제표관리] – [기간별원가보고서] – 분기별 탭

과 목	계	1/4 분기	2/4 분기	3/4 분기	4/4 분기
가 스 수 도 료	580,000	580,000			
지 급 임 차 료	17,000,000	4,000,000	4,000,000	6,000,000	3,000,000
보 험 료	22,900,000	5,700,000	5,700,000	5,800,000	5,700,000
차 량 유 지 비	9,305,000	3,325,000	1,980,000	2,020,000	1,980,000
운 반 비	500,000	500,000			
사 무 용 품 비	5,161,000	1,050,000	1,050,000	1,150,000	1,911,000
IV.당 기 총 제 조 비 용	569,990,000	199,249,000	125,920,000	137,550,000	107,271,000
V.기 초 재 공 품 재 고 액	2,000,000	2,000,000	2,000,000	2,000,000	2,000,000
VI.타 계 정 에 서 대 체 액					
VII.합 계	571,990,000	201,249,000	127,920,000	139,550,000	109,271,000

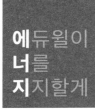

에듀윌이
너를
지지할게

ENERGY

삶의 순간순간이
아름다운 마무리이며
새로운 시작이어야 한다.

– 법정 스님

여러분의 작은 소리
에듀윌은 크게 듣겠습니다.

본 교재에 대한 여러분의 목소리를 들려주세요.
공부하시면서 어려웠던 점, 궁금한 점,
칭찬하고 싶은 점, 개선할 점, 어떤 것이라도 좋습니다.

에듀윌은 여러분께서 나누어 주신 의견을
통해 끊임없이 발전하고 있습니다.

에듀윌 도서몰 book.eduwill.net
• 부가학습자료 및 정오표: 에듀윌 도서몰 → 도서자료실
• 교재 문의: 에듀윌 도서몰 → 문의하기 → 교재(내용, 출간) / 주문 및 배송

2024 에듀윌 ERP 정보관리사 회계 1급

발 행 일	2024년 5월 10일 초판
편 저 자	유슬기
펴 낸 이	양형남
개 발	정상욱, 신은빈
펴 낸 곳	(주)에듀윌
등록번호	제25100-2002-000052호
주 소	08378 서울특별시 구로구 디지털로34길 55
	코오롱싸이언스밸리 2차 3층

www.eduwill.net
대표전화 1600-6700

2024 최신판

에듀윌 ERP 정보관리사
회계 1급

펴낸곳 (주)에듀윌 **펴낸이** 양형남 **출판총괄** 오용철 **에듀윌 대표번호** 1600-6700
주소 서울시 구로구 디지털로 34길 55 코오롱싸이언스밸리 2차 3층 **등록번호** 제25100-2002-000052호
협의 없는 무단 복제는 법으로 금지되어 있습니다.

고객의 꿈, 직원의 꿈, 지역사회의 꿈을 실현한다

에듀윌 도서몰	• 부가학습자료 및 정오표: 에듀윌 도서몰 > 도서자료실
book.eduwill.net	• 교재 문의: 에듀윌 도서몰 > 문의하기 > 교재(내용, 출간) / 주문 및 배송